暨南史學

JI NAN SHI XUE

第十五辑

主编 纪宗安 马建春

GUANGXI NORMAL UNIVERSITY PRESS
广西师范大学出版社
·桂林·

图书在版编目（CIP）数据

暨南史学．第十五辑 / 纪宗安，马建春主编．—桂林：广西师范大学出版社，2018.1
ISBN 978-7-5598-0660-4

Ⅰ．①暨… Ⅱ．①纪…②马… Ⅲ．①史学—中国—文集 Ⅳ．①K207-53

中国版本图书馆 CIP 数据核字（2018）第 025226 号

广西师范大学出版社出版发行
（广西桂林市五里店路 9 号 邮政编码：541004
网址：http://www.bbtpress.com）
出版人：张艺兵
全国新华书店经销
广西民族印刷包装集团有限公司印刷
（南宁市高新区高新三路 1 号 邮政编码：530007）
开本：787 mm × 1 092 mm 1/16
印张：15.5 字数：280 千字
2018 年 1 月第 1 版 2018 年 1 月第 1 次印刷
定价：58.00 元

目　录

《晋官品》的问世时间及其文献渊源

张　帅

[提要]《通典》卷三十七《职官十九》列有《晋官品》,对于这一材料,学界讨论甚少,以至于在一些关节问题上,迄无清晰的说明。例如,《晋官品》问世的时间,它是否属于晋朝制度,它的文献渊源等。本文通过对《晋官品》中一些官称的辨析,以及相关文献的梳理,在这些问题上提出了初步的看法。另外,于《晋官品》关系最易混淆的《晋令》,历来被认为是同一文献,本文也通过考证予以撇清。

[关键词]《晋官品》;元康改制;《晋令》

一、问题的提出

关于《晋官品》出现的时间,学界讨论甚少;关于它的文献渊源,亦不见有现成的说法。然而在官品沿革、官阶制等一些问题的研究中,《晋官品》又常常是绕不开的,本文的主旨便是试着对相关问题进行一些探讨。

西晋一朝有两次制度改革,其一在晋初武帝泰始年间(265—274年,与曹魏末咸熙改制是同一次,它跨越了魏晋两代),其二在惠帝元康时期(291—299)。

先来看看相关史料:

《晋书·文帝纪》魏咸熙元年(264):"秋七月,帝奏司空荀凯定礼仪,中护军贾充正法律，尚书仆射裴秀议官制，太保郑冲总而裁焉。始建五等爵。”[①]

同书《刑法志》：“文帝为晋王……于是令贾充定法律，令与太傅郑冲、司徒荀凯、中书监荀勖、中军将军羊祜、中护军王业、廷尉杜友、守河南尹杜预、散骑侍郎裴楷、颍川太守周雄、齐相郭颀、骑都尉成公绥、尚书郎柳轨及吏部令史荣邵等十四人典其事……合二十篇，六百二十条，二万七千六百五十七言。”[②]

同书《武帝纪》泰始四年(268)：“春正月辛未，以尚书令裴秀为司空。丙戌，律令成，封爵赐帛各有差。”[③]《刑法志》又记曰：“泰始三年，事毕，表上……武帝亲自临讲，使裴楷执读。四年正月，大赦天下，乃班新律。”[④]

这便是这次制度改革的过程，它起于曹魏咸熙元年，成于西晋武帝泰始三年，颁布于四年正月丙戌，由荀凯、贾充、裴秀等人负责，用时将近四年。

关于元康年间的改革制度，在《晋书·惠帝纪》中找不到现成的记载，但是用其他材料来进行旁证，还是可以肯定此事的存在。这次改订制度，可以看作对泰始令的修正，或者向泰始令的回归，它虽然在规模上不如第一次，但也相当可观。

首先来看《晋书》的一条材料。《晋书·刘颂传》：“元康初，从淮南王允入朝。会诛杨骏，颂屯卫殿中，其夜，诏以颂为三公尚书。又上疏论律令事，为时论所美。久之，转吏部尚书，建九班之制，欲令百官居职希迁，考课能否，明其赏罚。贾郭专朝，仕者欲速，竟不施行。”[⑤]按同书《石苞传》附子崇传：“元康初，杨骏辅政，大开封赏，多树党援。”石崇等的奏章云：“至于班赏行爵，优于泰始革命之初。”[⑥]则泰始之后，官职渐趋萎滥，杨骏时尤甚，是故朝臣屡有奏议。《刘颂传》虽谓“竟不施行”，但从后来的结果看，这件事情多少还是有所作为的。

《通典·职官典》“特进”条：“晋惠帝元康中定令，特进，位次诸公，在开府、骠骑上，冠进贤两梁冠，黑介帻，五时朝服，佩水苍玉。”[⑦]《唐令拾遗·衣服令》径将此条令文记作《晋元康令》。则元康年间有令文出台，且有官制部分，当无疑义。

西晋一代还有一些有关官制的故事或法令性文件，也可以证明元康年间有过较为完

---

① 《晋书》卷二《文帝纪》，中华书局，1974年，第44页。(唐)徐坚：《初学记》卷一一《太尉司徒司空》引《荀彧家传》：“文帝平蜀，议复五等，表魏朝，使公(荀凯)定礼仪，中护军贾充正法律，尚书仆射裴秀议官制。公遂删定旧文，行正式，为一代之典。书成奏上，藏于秘府。其服色旗帜法驾之式，礼乐牺牲柴燎之典，袷禘迁毁配食之制，及于明堂辟雍之仪，皆公所定。”(中华书局，1962年，第257页)

② 《晋书》卷三〇《刑法志》，第927页。

③ 《晋书》卷三《武帝纪》，第56页。

④ 《晋书》卷三〇《刑法志》，第927—928页。

⑤ 《晋书》卷四六《刘颂传》，第1308页。

⑥ 《晋书》卷三三《石苞传》，第1006页。

⑦ 《通典》卷三四《职官十六》，中华书局，1988年，第934页。

整而非零散的官品修订。《通典·职官典》"都水使者"条:"元康中,复有水衡都尉。"注中有《元康百官名》。[①] 又《新唐书·艺文志》有陆机《晋惠帝百官名》三卷,同书还见于侯康《补晋书艺文志》。[②] 按惠帝所用年号颇多(11 个),除元康为 9 年,政局还相对稳定一些外,其他年号不过一二年,且不见有官制改作。则《晋惠帝百官名》这样的文献,当与《元康百官名》为一事,甚至很有可能便是同一文本。无论如何,从"元康官名"这样的字样来说,否认元康年间有过与官制相关的改作,是不合适的。

另外,虽泰始四年春已颁布晋令,但其后仍不断有制礼作乐的活动。

《晋书·礼志》:"及晋国建,文帝又命荀凯因魏代前事,撰为新礼,参考今古,更其节文,羊祜、任恺、庾峻、应贞并共刊定,成百六十五篇,奏之。太康初,尚书仆射朱整奏付尚书郎挚虞讨论之。虞表所宜损增云云。"又曰:"虞讨论新礼讫,以元康元年上之。所陈惟明堂五帝、二社六宗及吉凶王公制度,凡十五篇。"[③]

又同书《挚虞传》:"元康中,迁吴王友。时荀凯撰《新礼》,使虞讨论得失而后施行……虞又议玉辂、两社事,见《舆服志》……自元康以来,不亲郊祀,礼仪弛废。虞考正旧典,法物粲然。"[④]

魏末晋初撰《晋令》时,仪礼部分便是荀凯负责。所谓《新礼》,当是扩充此一部分而成。这一过程历时颇长,如从咸熙元年(264)算起,到元康元年(291)挚虞上书讨论新礼,已 27 年。

另有作乐一事。《晋书·律历志》述定乐事:"魏武始获杜夔,使定乐器声调。夔依当时尺度,权备典章。及武帝受命,遵而不革。至泰始十年,光禄大夫荀勖奏造新度,更铸律吕。元康中,勖子藩嗣其事,未及成功,属永嘉之乱,中朝典章,咸没于石勒。"[⑤]同书《乐志》:"(荀)勖既以新律造二舞,次更修正钟声。会勖薨,未竟其业。元康三年,诏其子藩修定金石,以施郊庙。"[⑥]《宋书·乐志》记此事又云:"至于秦奏《五行》,魏舞《咸熙》,皆以用享。爰逮晋氏泰始之初,傅玄作晋郊庙哥诗三十二篇。元康中,荀蕃受诏成父勖业,金石四县,用之郊庙。"[⑦]则定乐一事,荀勖肇其端,子蕃承其业,虽因中州丧乱未成,也可见西晋一代重建制度的努力。荀勖又是《晋令》的参与者之一,尤可见自魏末以来制度建造的绵延不绝。

---

① 《通典》卷二七《职官九》,第 770 页。

② 侯康一书转引自张鹏一《晋令辑存》卷一《官品令第四》,徐清廉校补,三秦出版社,1989 年,第 51 页。

③ 《晋书》卷一九《礼上》,第 582 页。

④ 《晋书》卷五一《挚虞传》,第 1426 页。

⑤ 《晋书》卷一六《律历上》,第 474 页。

⑥ 《晋书》卷二二《乐上》,第 693 页。

⑦ 《宋书》卷一九《乐一》,中华书局,1974 年,第 543 页。

以上所述，在于指出司马氏在魏末掌握政权后便一直致力于重建制度，这一过程有两次高峰，一次在魏末晋初，咸熙、泰始之际，一次在元康年间。官品为制度之一端，也是我们本文所特别注意者。现在回到本节一开始所提出的问题，《通典・晋官品》的出现大概是在什么时候？如果上文两个高峰的说法可以成立，那么《晋官品》便应由其中之一托出。以下为考证。

二、《晋官品》出台时间的界定

首先，《通典・晋官品》当与司马氏过江后的官品无关。

《晋官品》有"司隶校尉"，在第三品。《晋书・职官志》"司隶校尉"条："及渡江，乃罢司隶校尉官，其职乃扬州刺史也。"[①]《通典・职官典》"司隶校尉"条略同："及东晋渡江，罢司隶校尉官，变其职为扬州刺史。"[②]则其事甚明，不烦详辨。那么，"司隶校尉"之出现在《晋官品》，可见这份官品起码与东晋无关。

又《晋官品》有"散骑侍郎"，在第五品。然而根据《晋书・职官志》："散骑侍郎四人，魏初与散骑常侍同置。自魏至晋，散骑常侍、侍郎与侍中、黄门侍郎共平书奏事，江左乃罢。"[③]《宋书・百官志》《通典・职官典》所记略同。这是《晋官品》非东晋制度的又一证据。

一般来说，如果某一名称在某一朝代已经废止，那么它出现在这一朝典章制度上的可能性便很小。具体到官品，假设某一官称在东晋已经废止，它出现在东晋官品上的可能性便不是很大。虽然《晋官品》可能比较特殊，它或许是两晋制度的和合，但这种推测并不可靠。

按《晋书・职官志》"中书舍人"条："案晋初初置舍人、通事各一人，江左合舍人通事谓之通事舍人，掌呈奏案。后省，而以中书侍郎一人直西省，又掌诏命。"[④]查《通典》，《魏官品》《晋官品》并有"中书通事舍人"，在第七品。如果说《晋官品》中的"中书通事舍人"为东晋官称的话，不可解释的是，为何《魏官品》中也有此职？《魏官品》出于咸熙年间，[⑤]且查洪饴孙《三国职官表》，[⑥]并不见曹魏一代有中书通事舍人。唯一可能的解释是，《魏

---

① 《晋书》卷二四《职官志》，第 739 页。

② 《通典》卷三二《职官十四》，第 883 页。

③ 东晋无散骑侍郎，而有通直散骑侍郎与员外散骑侍郎。《宋书》卷四〇《百官下》："初晋武帝置员外散骑侍郎四人，元帝使二人与散骑侍郎通直，故谓之通直散骑侍郎，后增为四人。"（第 1244 页）

④ 《晋书》卷二四《职官志》，第 735 页。

⑤ 笔者在另一篇文章中对此有所证明，参看《再论〈魏官品〉问世时间及其相关文献》，《中共山西省直机关党校学报》2016 年第 6 期。

⑥ 洪饴孙：《三国职官表》，载刘祜仁点校《后汉书三国志补表三十种》，中华书局，1984 年。

官品》《晋官品》中混杂有后朝官称,但不能据此就认为此官品为后朝制度,因为这样的情况毕竟是少数。

又上引"司隶校尉"一条,如果杜佑《晋官品》是将两晋制度并录的话,那么扬州刺史也应该出现在官品中,[①]或者起码在司隶校尉下加注以为说明。但我们现在看到的《晋官品》并不是这样处理的,那就不好说这是两朝官品的合录了。

其次,《晋官品》也不会是西晋前期制度改造的产物。

《晋官品》有"著作郎""丞郎",在第六品。按《晋书·职官志》"著作郎"条:"魏明帝太和中,诏置著作郎,于此始有其官,隶中书省。及晋受命,武帝以缪徵为中书著作郎。元康二年,诏曰:'著作旧属中书,而秘书既典文籍,今改中书著作为秘书著作。'于是改隶秘书省。后别自置省而犹隶秘书。著作郎一人,谓之大著作郎,专掌史任,又置佐著作郎八人。"[②]又同书"秘书监条":"及晋受命,武帝以秘书并中书省,其秘书著作之局不废。惠帝永平中,复置秘书监,其属官有丞,有郎,并统著作省。"[③]则魏、晋并有中书著作郎,晋又有秘书著作、佐著作、著作丞、著作郎。而《魏官品》只有"著作丞郎"(第六品)、"中书佐著作"(第七品)与"著作(令)史"(第八品),无著作郎。征诸史籍,曹魏一代著作郎可考得7人,著作佐郎可考得1人。[④] 则所谓"著作丞郎"的"丞"字,或为衍文,或应作"佐";而"中书佐著作"或应作"中书著作佐郎"。那么,著作丞郎的出现应晚在惠帝永平以后,《晋官品》出现较晚的说法是足资取信的。

又《晋官品》有"黄沙治书侍御史",在第六品。按《晋书·职官志》"治书侍御史"条:"泰始四年,又置黄沙狱治书侍御史一人,秩与中丞同,掌诏狱及廷尉不当者皆治之。后并河南,遂省黄沙治书侍御史。"[⑤]则黄沙治书侍御史置于泰始年间以后,这是《晋官品》晚出的又一证据。

又《晋官品》有"太子詹事",在第三品。《通典·职官典》"太子詹事"条:"晋不置,至咸宁元年,复置以掌宫事。及永康中,复不置。自太安以来,又置,终孝怀之代。"[⑥]按《晋书·职官志》"太子太傅、少傅"条:"泰始三年,武帝始建官,各置一人,尚未置詹事……咸宁元年,以给事黄门侍郎杨珧为詹事……其后太尉汝南王亮,车骑将军杨骏,司空卫瓘、石鉴皆领傅保,犹不置詹事,以终武帝之世。惠帝元康元年,复置詹事……及永康中复不

---

① 《通典》卷三八《职官二十·陈官品》便有"扬州刺史"(第1033页),所以不能认为扬州刺史不入官品。

② 《晋书》卷二四《职官志》,第735页。

③ 《晋书》卷二四《职官志》,第735页。

④ 《三国职官表》,第1457—1458页。

⑤ 《晋书》卷二四《职官志》,第738页。

⑥ 《通典》卷三〇《职官十二》,第823页。

置詹事也。自太安已来置詹事,终孝怀之世。"[1]则太子詹事的出现,最早也在咸宁元年,且不能便依《通典》所说,认为咸宁以后都有此职,它时置时废,但元康以后直到晋朝南迁基本未断(永康到太安,其间只有一年)。这也是《晋官品》晚出之证。

又《晋官品》有"太子保傅",在第三品。《晋书·职官志》"太子太傅、少傅"条:"太子太傅、少傅,皆古官也。泰始三年,武帝始建官,各置一人……及愍怀建官,乃置六傅,三太、三少,以景帝讳师,故改太师为太保……然自元康之后,诸傅或二或三,或四或六……渡江之后,有太傅少傅,不立师保。"《通典》所记略同,又云:"及杨珧为卫将军,领少傅……命太尉贾充领太保,司空齐王攸领太傅……其后,太尉汝南王亮,车骑将军杨骏,司空卫凯、石鉴皆领傅、保。"[2]则就此时期来说,太子保、傅只存在于魏晋之际和惠帝以后。按武帝泰始三年建官所置犹是二傅,则《晋官品》的"保傅"不可能出于此时文献,那么只有可能是在"第二个高峰期"出现的。我们将《晋官品》的出现定于此时,又多了一条证据。

又阎步克先生在证《魏官品》时所用很多材料亦可证成《晋官品》之晚出。例如:《魏官品》第四品中有前军、左军、右军、后军四将军,《晋官品》同。而其中"后军"的出现很晚,要到了泰始八年。《魏官品》又有"兰台谒者",在第八品,但这一官称的出现也到了晋武帝时。[3]

综上,《晋官品》的出现不会在西晋前期,也不会在晋渡江以后,而极有可能是在惠帝年间,元康重定官品时。

三、《晋官品》与《晋令》

《晋令》是魏晋之交的重要律令文献,在晋代法令中,《晋令》是存世时间最长的文本,所以一般的认识倾向于《晋官品》来自《晋令》。[4] 但上一节的考察已指出,《晋官品》的出现不会太早,它更像是西晋后期的产物。接下来,我们就直接将《晋官品》与《晋令》进行对比,为上述观点提供进一步的支撑。

《隋书·经籍志》有《晋令》四十卷,《旧唐书·经籍志》同,不过其后有注:"贾充等撰。"《新唐书·艺文志》同,撰写人除贾充外,又有杜预。关于这次订令的经过,前述已详。从咸熙元年(264)秋七月开始,到西晋武帝泰始四年(268)正月丙戌颁布,用时四年。关于《晋令》的流传,程树德《九朝律考》云:"是书宋初尚存,《太平御览》屡引之,然王应麟

---

① 《晋书》卷二四《职官志》,第742页。

② 《晋书》卷二四《职官志》:"以景帝讳师,故改太师为太保。"(第742页)

③ 参考阎步克《品位与职位:秦汉魏晋南北朝官阶制度研究》,中华书局,2002年,第226—239页。

④ 如程树德《九朝律考》就有多处用《晋官品》来纠改《晋令》,商务印书馆,2010年。

所纂《玉海》，则已于《汉书注》及《宋礼志》辑其佚文，是南渡后此本已佚，故《宋史·艺文志》即不著录。"[①]《晋令》的具体内容，在《汉书》《宋书》等正史，《资治通鉴》《文选注》《通典》《唐六典》《唐令拾遗》《北堂书钞》《艺文类聚》《初学记》《太平御览》等书中都有过引用，《唐六典》中甚至还有完整的《晋令》目录。[②] 近人张鹏一辑得《晋令辑存》一书，程树德《九朝律考·晋律考下》有《晋令》一篇。《晋令》中有《官品令》一篇，一般认为便是《晋官品》。

按《晋官品》有"中书侍郎"，在第五品。然《唐六典》卷九"中书侍郎"条注引《晋令》："中书侍郎四人，品第四，给五时朝服，进贤一梁冠。"[③]《唐令拾遗》此条同。程树德《九朝律考·晋律考下》将中书侍郎列在第五品，虽引有《唐六典》，但注明"'四'疑'五'之误"。[④] 作者显然是依据了《晋官品》及相关文献，如果问题仅此一处，这样的改动还是较为可靠的，但显然不是这么简单。

又《晋官品》有"秘书监"，在第三品。按《唐六典》卷十"秘书省监"条注："《晋令》云，品第五，绛朝服，铜印黑绶，进贤两梁冠，佩水苍玉。"程书此处注曰："'五'疑'三'之讹。"[⑤]此时便不能让人信服了。

又《唐六典》卷十"秘书丞"条注："《晋令》云：秘书丞，品第六，铜印黑绶，进贤一梁冠，绛朝服。"[⑥]卷十"秘书郎"条注："《晋令》，秘书郎中，品第六，进贤一梁冠，绛朝服。"[⑦]卷十"著作佐郎"条注："《晋令》：著作佐郎，品第六，进贤一梁冠，绛朝服。"[⑧]查《晋官品》第六品，并无此三职。[⑨]

---

① 程树德：《九朝律考》，第227页。

② 《唐六典》卷六《尚书刑部》："晋命贾充等撰《令》四十篇：一户，二学，三贡士，四官品，五吏员，六俸廪，七服制，八祠，九户调，十佃，十一复除，十二关市，十三捕亡，十四狱官，十五鞭杖，十六医药疾病，十七丧葬，十八杂上，十九杂中，二十杂下，二十一门下散骑中书，二十二尚书，二十三三台秘书，二十四王公侯，二十五军吏员，二十六选吏，二十七选将，二十八选杂士，二十九宫卫，三十赎，三十一军战，三十二军水战，三十三至三十八皆军法，三十九、四十皆杂法。"（陈仲夫点校，中华书局，2014年，第184—185页）按其中有"官品"，又有"尚书"。张旭华先生曾推测《魏令》中之《尚书官令》便是《官品令》，对照《晋令》，我们认为这种推测并不可取。参见张旭华《〈魏官品〉产生时间及相关问题试释——兼论官品制度创立于曹魏初年》，《郑州大学学报》（社会科学版）2006年第5期。

③ 《唐六典》卷九《中书省》，第275页。

④ 程树德：《九朝律考》，第287页。

⑤ 程树德：《九朝律考》，第282页。

⑥ 《唐六典》卷一〇《秘书省》，第297页。

⑦ 《唐六典》卷一〇《秘书省》，第297页。

⑧ 《唐六典》卷一〇《著作局》，第301页。

⑨ 《晋官品》第六品有与之相似的三职，分别是中书著作丞郎、秘书郎和中书著作郎，但很难说便是三者的异称。

综上，我们的结论是：《晋官品》很有可能与《晋令》无关，它更像是第二次制度创作时的产物。

作者简介：
张帅，山西大学历史文化学院博士研究生。

南朝梁的赎刑及其转折意义[①]

李勤通

[**提要**]赎刑分为法定刑和非法定刑，法定刑包括独立赎刑和附属赎刑，非法定刑则指始自汉代的钱赎。梁朝赎刑包括三个阶段：第一，梁初采用汉制设立非法定的赎刑；第二，梁律赎刑包括赎罪和收赎，赎罪是对秦汉初期独立赎刑的继承，收赎则是将汉代钱赎由非法定刑转变为法定刑的结果；第三，梁律收赎几经废立并在梁武帝后期最终确立。梁律赎刑有四个特征：赎罪与收赎的双系统、死罪不收赎、罚金刑归入赎刑、以绢为赎金。其中独立赎刑历经秦汉律—魏晋律—梁律—北周律而消失。收赎因梁律将汉代钱赎法定化而成为隋唐律赎刑的重要渊源，形成汉代非法定钱赎—梁律法定收赎—北齐赎刑、北周收赎—隋唐赎刑的发展脉络。南北朝成为赎刑制度发展的转折期。北齐律作为独立赎刑的消失之始，又兼容收赎制度，是赎刑转折期的集大成者，它成功地将财产刑从主刑中剥离，创造了隋唐律五刑的真正雏形。

[**关键词**]梁律；独立赎刑；收赎；北齐律；隋唐五刑

赎刑由来已久[②]，《尚书·舜典》有"金作赎刑"[③]，马融注《史记·五帝本纪》称："意善

---

① 基金项目：中央高校基本科研业务费531107050867；2016年湖南省哲学社会科学基金青年项目（批准号16YBQ017）。

② 在文献中，赎刑、赎罪等多种不同的说法是并存的，在一定程度上它们的差别不大。但梁律对赎刑有一个非常清晰的划分，即赎罪与收赎。因此，本文将赎刑作为上位概念，以赎罪和收赎作为下位概念来使用。

③ （汉）孔安国传、（唐）孔颖达正义：《尚书正义》，黄怀信整理，上海古籍出版社，2007年，第88页。

功恶，使出金赎罪，坐不戒慎者。"《尚书·吕刑》有"两造具备，师听五辞。五辞简孚，正于五刑。五刑不简，正于五罚。五罚不服，正于五过。"孔颖达疏："五刑之辞不如众所简核，不合入五刑，则正之于五罚，罚谓取其赎也。"[①]《隋书·刑法志》对魏晋南北朝时期的赎刑发展作了详细记载，其中南朝梁的赎刑被明确区分为赎罪与收赎。这一区分对认识赎刑的发展有极为重要的作用。但是这一点并未受到应有的重视。而且由于材料比较少，梁律赎刑的相关研究鲜见，本文试图对梁朝赎刑进行深入考察，并借以分析南朝赎刑在赎刑发展史上的地位及南北朝赎刑间的关联。

一、赎刑的制度功能与类型化

梁朝关于赎刑的制度有两种——赎罪与收赎。[②] 赎罪和收赎的差异在于，前者与其他刑罚构成主体刑罚体系，后者则是一种刑罚替代性执行方式。梁朝赎刑受到了赎刑历史的影响。如何理解这种分类思路需要对赎刑本身有深入的了解。

（一）赎刑的制度功能

赎刑起源于它的制度性功能。从先秦到秦汉时期，社会对赎刑的需求在不断发生变化，赎刑的功能也就不断发生变化。从《尚书》的记载来说，早期赎刑有两种不同功能。这两种不同功能显示赎刑具有不同的起源。第一，《舜典》的"金作赎刑"，根据马融所注的"意善功恶，使出金赎罪"，可知赎刑首先起源于对过失犯罪的惩罚。当然不排除马融的解释受到汉儒"原心定罪"观念的影响，但赎刑确实作为应对过失犯罪的重要手段持续发挥作用。如汉代有"贼杀人、斗而杀人，弃市。其过失及戏而杀人，赎死；伤人，除"[③]的规定。《唐律》同样规定："诸过失杀伤人者，各依其状，以赎论。"[④]第二，《尚书·吕刑》中赎刑的记载体现了司法实践中疑罪的处理方式。中国古人并没有疑罪从无的观念，但又秉持慎刑的思想，故《尚书·吕刑》载"五刑之疑，有赦；五罚之疑，有赦，其审克之"[⑤]，并详细记载了不同刑罚所对应的赎刑金额。关于赎刑的这一功能，张建国认为，根据我国古代的刑罚原理，它在汉初也当然存在。[⑥] 但是这一点并没有足够的依据。根据《唐律

---

① （汉）孔安国传、（唐）孔颖达正义：《尚书正义》，第782—783页。

② 吕志兴也提出梁律中有收赎与赎罪两种。参见吕志兴《南朝法制的创新及其影响》，《法学研究》2011年第4期。但他对收赎与赎罪的认识却是错误的。他将赎罪界定为疑罪或轻罪时的刑罚，并未认清赎罪作为独立赎刑的特征。

③ 朱红林：《张家山汉简〈二年律令〉集释》，社会科学文献出版社，2005年，第27页。

④ （唐）长孙无忌等：《唐律疏议》，刘俊文点校，中华书局，1983年，第436页。

⑤ （汉）孔安国、（唐）孔颖达：《尚书正义》，第783页。

⑥ 参见张建国《论西汉初期的赎》，《政法论坛》2002年第5期。

疏议》中“疑罪”的定义，疑罪主要涉及事实不清(“事有疑似，处断难明”)下有罪与无罪的判断。《唐律》明确规定：“诸疑罪，各依所犯，以赎论。”①而从张家山汉简《奏谳书》的案例来看，赎刑主要出现于事实清楚时此罪与彼罪的刑罚适用疑虑上。② 因此，无证据证明当时有疑罪从赎的规定。③ 但是，从《尚书》来看，我们仍然可以得出赎刑起源于刑法处理过失犯罪与疑罪时罪刑相当的需求的结论。

在《尚书》记载之外，赎罪又发展出三种功能。第一，国家为缓解财政危机而通过赎罪聚敛财富。《国语·齐语》载春秋时，管仲为了解决齐国甲兵短缺的情况就采取“制重罪赎以犀甲一戟，轻罪赎以鞼盾一戟”④的政策。⑤ 汉代类似的事情增多，如《汉书·食货志》载汉景帝时“上郡以西旱，复修卖爵令，而裁其贾以招民；及徒复作，得输粟与县官以除罪”，《汉书·贡禹传》载汉武帝时“用度不足，乃行一切之变，使犯法者赎罪”。第二，通过赎罪来实现赏罚分明或者显示恩泽。秦汉二十等爵制度的一个功能就是赎罪。《商君书·境内篇》载：“爵自二等以上有刑罪则贬，爵自一级以下有刑罪则已。”⑥而《二年律令》载：“贼杀伤父母，牧杀父母，殴詈父母，父母告子不孝，其妻子为收者，皆锢，令毋以爵偿、免除及赎。”⑦秦代立二十等爵制度是为了奖励军功。这样有功者可以爵抵罪，实际上体现了功过相抵的观念。⑧ 尤其是汉代赎刑在很大程度上成为皇帝专管之后，赎刑更能表现出皇帝的恩泽。⑨ 第三，为完善刑罚体系而设计了赎刑。作为刑罚体系的一部分，秦汉时期赎刑与死、城旦春、鬼薪白粲等并列，作为与特定罪行相适应的刑罚。《二年律令》有一条规定：“告不审及有罪先自告，各减其罪一等，死罪黥为城旦舂，城旦舂完为城旦舂，完为城旦舂罪□，□鬼薪白粲及府(腐)罪耐为隶臣妾，耐为隶臣妾罪耐为司寇，

---

① (唐)长孙无忌等：《唐律疏议》，第575页。

② 如张家山汉简《奏谳书》载：“北地守谳：奴宜亡，越塞，道戍卒官大夫有署出，弗得，疑罪。廷报：有当赎耐。”张家山二四七号汉墓竹简整理小组：《张家山汉墓竹简[二四七号墓]》，文物出版社，2006年，第96页。这里的“疑罪”显然就是指地方官员不知道戍卒“有”是不是有罪，所以向上级奏谳请求指示。

③ 《汉书·贡禹传》载：“孝文皇帝时，贵廉洁，贱贪污，贾人、赘婿及吏坐赃者皆禁锢不得为吏，赏善罚恶，不阿亲戚，罪白者服其诛，疑者以与民，亡赎罪之法，故令行禁止，海内大化。”这意味着汉初处理疑罪的方式是“以与民”，即朝着疑罪从轻或者疑罪从无的方向发展，但不能想当然地得出是判处赎罪。

④ (三国)韦昭注：《国语》，上海古籍出版社，2008年，第111页。

⑤ 不过值得注意的是，管仲以甲和盾作为赎罪标的，但到秦朝时，甲和盾为赀刑的对象。参见[日]富谷至《秦汉刑罚制度研究》，柴生芳、朱恒晔译，广西师范大学出版社，2001年，第33页。

⑥ 蒋礼鸿：《商君书锥指》，中华书局，1986年，第120页。

⑦ 朱红林：《张家山汉简〈二年律令〉集释》，第43页。

⑧ 西嶋定生认为爵的抵罪功能是其本质机能，体现了“刑不上大夫”的理念，并将爵与礼联系在一起。参见[日]西嶋定生《二十等爵制》，武尚清译，国际文化出版公司，1992年，第241页。

⑨ 参见[日]富谷至《秦汉刑罚制度研究》，第132页。

司寇、迁及黥颜罪赎耐，赎耐罪罚金四两，赎死罪赎城旦舂，赎城旦舂罪赎斩，赎斩罪赎黥，赎黥罪赎耐，耐罪□金四两罪罚金二两，罚金二两罪罚金一两。”[①]按照减罪一等的说法，我们可以看出从死罪、黥城旦舂、完城旦舂（后缺）、鬼薪白粲、腐罪、耐隶臣妾、耐司寇、司寇、迁、黥颜、赎耐、罚金四两以及赎死、赎城旦舂、赎斩、赎黥、赎耐、罚金四两、罚金二两、罚金一两等两个刑罚体系。[②] 赎有其特定的罪行针对性，属于财产刑。因此，未被规定为与罪行对应的刑罚是不能用赎来替换的。

赎刑的功能逐渐增多的过程也是它从起源到发展的过程。从赎刑的功能可以发现，赎刑的运行存在多样性。或者说，被命名为赎刑的刑罚制度内涵丰富。不同功能的赎刑尽管可能同时存在于刑罚体系中，但它们有可能并非同一事物，因此不能以单一的思维去理解。为进一步理解赎刑，我们需要对它进行类型化，从而梳理清楚此赎刑与彼赎刑之间的关系。

（二）赎刑的类型化

在赎刑的分类上，学者多从主刑和换刑的角度进行划分。但他们对于主刑与换刑的认识却是不一样的。第一，根据与五刑的关系进行区分。戴炎辉认为赎刑有三种地位：闰刑，指五刑之外的特殊刑；易刑（换刑），用以代替本刑（五刑）者；赎刑，与作为真刑的五刑相对的刑罚。[③] 他主要在与五刑相对立的意义上来定位赎刑的。而明辉则提出正刑的两个标准——独立适用性和普遍适用性，这看似是根据功能进行分类，但考察具体论述，他把特定内容的刑罚确定为主刑，然后与之相对的确定为换刑，实际上与戴炎辉的分法有异曲同工之妙。[④] 第二，根据功能的差异进行区分。富谷至认为作为换刑的“赎罪是指通过赎买使本应受处的刑罚向缓和方向转变的代替刑或换刑”[⑤]，而作为主刑的刑罚是适应罪刑均衡而出现的，能够与具体犯罪情节实现一一对应。第三，根据规则适用特征进行区分。按照张建国的观点，赎刑既是作为整个刑罚体系一部分的常态刑罚，又是针对特定人适用的特权刑罚。前者强调特定赎刑是针对特定的犯罪情节，只要触犯该条律令，无论任何人都要适应，这属于正刑，目的是构建罪刑相当的刑罚体系。后者强调在根据特定情节已经可以判处刑罚之时，基于某些人的特殊身份而用其他刑罚代替，这属于换刑，目的是适应特权需求。这些分类方法都有自己的道理。主刑与换刑的区分适

---

① 朱红林：《张家山汉简〈二年律令〉集释》，第 98 页。

② 韩树峰认为该条表征两个降级序列，一个是死刑与徒刑的降级序列，一个是独立赎罪的降级序列。参见韩树峰《汉魏法律与社会》，社会科学文献出版社，2011 年，第 28 页。

③ 参见戴炎辉《唐律通论》，元照出版有限公司，2010 年，第 182 页。

④ 参见明辉《中国古代赎刑的制度与文化思考——兼与富谷至先生商榷》，《华东政法大学学报》2010 年第 2 期。

⑤ ［日］富谷至：《秦汉刑罚制度研究》，第 38—39 页。

用于当一种刑罚方式可以取代另一种时，前者被称为主刑后者则被称为换刑，本质上它是依照适用上的法定时间顺序进行的分类。但这样也暴露其固有缺陷。比如对特殊主体来说，换刑对其而言就是首先适用的刑罚，是第一位的。从时间上来看，被称为正刑的反而是后适用的。那么正刑与换刑之分在这里就变得很模糊。[①] 在主刑与换刑有明确区分的基础上，不同学者对于秦汉时期的赎刑究竟属于主刑还是换刑有不同的观点。目前来看，一般认为秦汉的赎刑具有双重性，即这一时期既有属于正刑的赎刑，也有属于换刑的赎刑。[②] 但也有不同意见，如富谷至认为秦代的赎刑只有正刑的形态，到汉文帝刑制改革后才出现具有替代刑色彩的赎刑。[③]

综合上述观点，我们会发现赎刑主要有两种表现形式，即法定刑和非法定刑。韩树峰总结秦汉赎刑为独立赎刑和附属赎刑两种形态。[④] 所谓独立赎刑和附属赎刑实际是对正刑与换刑的另一种说法，只不过它更加强调赎刑自身的视角。笔者认同这种分类，但对附属赎刑的定性存在疑问。韩树峰通过对《二年律令·贼律》中"贼杀伤父母，牧杀父母，殴詈父母，父母告子不孝，其妻子为收者，皆锢，令毋以爵偿、免除及赎"等条的解读认为，因为"毋以爵偿、免除及赎"具有非法定性，之前的"令"意味着附属赎刑主要是通过皇帝诏令的临时立法表现出来的。[⑤] 但问题是这一条恰恰说明皇帝诏令之前存在可"以爵偿、免除及赎"的规定。同时，赎罪本就是爵的功能，[⑥]以爵赎罪应该是定制而非临时立法。[⑦] 那么作为法定刑的赎刑就有两种：独立赎刑和附属赎刑。独立赎刑是连接肉刑或徒刑与其他财产刑的刑罚，[⑧]呈现的是刑罚严厉程度的阶梯性变化，与其他财产刑并

---

① 南玉泉认为秦代对特殊身份的人所采用的替代赎刑本质上就是独立赎刑的观点，实际上就反映了这种困惑。参见南玉泉《读秦汉简牍再论赎刑》，载徐世虹主编《中国古代法律文献研究》第五辑，社会科学出版社，2012 年，第 72—73 页。

② 参见[日]角谷常子《秦汉时代的赎刑》，陈青、胡平生译，载李学勤、谢桂华主编《简帛研究二〇〇一》，广西师范大学出版社，2001 年，第 587—593 页；张建国《论西汉初期的赎》，《政法论坛》2002 年第 5 期；朱红林《竹简秦汉律中的"赎罪"与"赎刑"》，《史学月刊》2007 年第 5 期；南玉泉《读秦汉简牍再论赎刑》，第 67—83 页；等等。

③ 参见[日]富谷至《秦汉刑罚制度研究》，第 38—43、125—133 页。

④ 参见韩树峰《汉魏法律与社会》，第 26 页。

⑤ 参见韩树峰《汉魏法律与社会》，第 33 页。

⑥ 《商君书·境内篇》载："爵自二级以上有刑罪则贬，爵自一级以下有刑罪则已。"（蒋礼鸿：《商君书锥指》，第 120 页）高敏认为前者属于"降爵赎罪"，后者属于"以爵抵罪"。参见高敏《云梦秦简初探（增订本）》，河南人民出版社，1981 年，第 163 页。可见以爵赎罪应为定制。

⑦ 参见宋磊《汉初无赎刑说考论》，《商丘师范学院学报》2014 年第 4 期。

⑧ 作为独立刑罚体系的一部分，独立赎刑是否构成一个完整的降序系统则未可知。作为一个完整的降序系统，魏晋律、梁律等反而表现得更为明显，秦律则不是很明显。如角谷常子否定秦律为死—刑—耐—赎—赀的降序系统，认为赎刑并非这一完成系统的组成部分。参见[日]角谷常子《秦汉时代的赎刑》，第 590 页。但如韩树峰所言，赎刑仍可以看作独立刑罚体系的一部分，只是可能有两个序列。

无二致；而附属赎刑则是由于特殊条件的存在与独立刑罚相对应的特殊刑罚执行方式，其中爵赎是主要方式。① 因此，秦及汉初的法定刑中包含独立赎刑与附属赎刑（爵赎）两种。不过，汉代的赎刑发生很大变化。本来爵与军功密切联系在一起，秦律中的附属赎刑也主要表现为爵赎。但以汉惠帝"民有罪，得买爵三十级以免死罪"为标志，以爵赎罪的附属赎刑渐渐转变成以钱（这里的钱不仅包括货币，而且包括其他不同的物质资料）赎罪的附属赎刑。② 但这种钱赎与爵赎并不相同。③ 爵赎依存于爵的功能性，包含功赏过罚的统治理念。④ 钱赎则依存于皇帝的临时诏令，也即爵赎这种附属赎刑实际在汉律中逐渐消失了。新出现的钱赎不再具有法定性，而是作为非法定刑存在。钱赎是由皇帝基于一定事由、在一定时期内规定的替代性刑罚执行方式，不具有稳定性，且面向不特定群体。因此无论是从统治理念还是从适用对象，汉代的钱赎与秦及汉初的爵赎都已经无法相比。因此，秦汉时期赎刑的发展过程是由独立赎刑与附属赎刑（爵赎）并存到独立赎刑与非法定的钱赎并存。⑤ 南朝梁的赎刑体系正是由作为法定刑的独立赎刑与作为非法定刑的钱赎构成的，它的赎罪对应独立赎刑，它的收赎对应汉代钱赎这种非法定刑。不过在整个梁朝赎刑的发展中，收赎出现从非法定向法定的转变，这是梁朝收赎与汉代钱赎的重大差别。

---

① 参见韩树峰《汉魏法律与社会》，第34—35页。

② 参见朱红林《竹简秦汉律中的"赎罪"与"赎刑"》，《史学月刊》2007年第5期。《汉书·贡禹传》称："孝文皇帝时……亡赎罪之法。"程树德、沈家本等据此认为汉初等无赎罪之制。参见（清）沈家本《历代刑法考》，邓经元、骈宇骞点校，中华书局，1985年，第443页；程树德《九朝律考》，中华书局，2003年，第48页。现代学者根据出土文献中存在的赎刑制度认为，这些观点是错误的。参见[日]富谷至《秦汉刑罚制度研究》，第126页。但如果我们从独立赎刑、附属赎刑（爵赎）、钱赎的三分法来看的话，贡禹所谓亡赎罪之法实际上指的是在汉文帝时期取消了汉惠帝时存在的钱赎，而独立赎刑的存在并不能否定钱赎的不存在。因此，程树德等的观点仍然可以在这种意义上成立。韩树峰认为贡禹的说法是因为汉文帝将自汉初的附属赎刑废除的结果。参见韩树峰《汉魏法律与社会》，第37页。这种看法也有一定道理，但他并未注意到爵赎到钱赎的变化存在从法定到非法定的转变。

③ 有学者将爵赎与钱赎视为相同的事物。参见李均明《简牍法制论稿》，广西师范大学出版社，2011年，第46页。这显然是存在问题的，爵与钱存在本质上的区别，同时爵赎具有法定性而钱赎不具有法定性。

④ 艾永明对功过相抵的原则有所论述。参见艾永明《官当新论——回归法律史解释的考察》，《比较法研究》2012年第6期。不过笔者认为功过相抵更适合对爵的定性而非对官。

⑤ 有学者注意到秦汉时期有三种不同的赎刑，即作为概括性罪的概念的赎罪、作为刑罚执行方式的赎罪、作为除罪减刑途径的赎罪。参见孙剑伟《汉代赎罪问题考述》，《北京大学研究生学志》2006年第2期。但是这些概念的界定之间多有混淆之处，例如他所谓概括性的赎罪实际就是独立适用的赎刑，一旦认定其为独立适用的赎刑它就内含刑罚执行方式。所以该文存在很大问题。也有学者已经注意到秦汉时期这三种不同的刑罚。参见李俊芳《汉晋财产刑的传承与变迁》，《江西社会科学》2009年第5期。但该文并没有对此展开论述，也并未认识到这种分类的重要意义。

二、《隋书·刑法志》中南朝梁的赎刑解析

秦汉时期的赎刑已经发生很大变化，到魏晋南北朝时期赎刑的变化更大，法定赎刑逐渐消失，非法定赎刑逐渐法定化并成为刑罚制度的重要组成部分。也就是说，作为财产刑与爵赎的赎刑消失，钱赎逐渐法定化并成为隋唐赎刑的渊源。而钱赎的法定化正是源于南朝梁律，同时梁律中作为财产刑的赎刑并未消失。历史地看，梁朝的赎刑经历了三个时期：第一，梁武帝初期称“乃制权典，依周、汉旧事，有罪者赎”；第二，梁律中的赎刑，又分两种——赎罪和收赎；第三，梁武帝又对收赎进行了两次废立。这期间，赎刑与魏晋相比发生不少变化，也并非完全承继周、汉之制。同时，赎刑的理念也可能发生不少变化。

（一）梁武帝初的赎刑

《隋书·刑法志》记载：“梁武帝承齐昏虐之余，刑政多僻。既即位，乃制权典，依周、汉旧事，有罪者赎。其科，凡在官身犯，罚金。鞭杖杖督之罪，悉入赎停罚。其台省令史士卒欲赎者，听之。”其中有这样几个信息：第一，梁初的赎刑制度乃是借鉴周、汉的做法；第二，梁初的赎刑在性质上属于“权典”；第三，梁初的赎刑具有替代性的面相；第四，梁初的赎刑优待官员、士卒。这样，梁初赎刑的定性就能够在一定程度上把握。

首先，作为“权典”且是律文之外由梁武帝直接制定的，赎刑应该属于非法定刑的范畴。按照富谷至的观点，汉代作为财产刑的独立赎刑在文帝十三年被劳役刑吸收，代之以皇帝临时性的赎罪诏书，也即非法定刑。[①] 但这一判断有问题。《后汉书·陈宠传》载汉章帝时“今律令死刑六百一十，耐罪千六百九十八，赎罪以下二千六百八十一”。显然赎刑在东汉仍旧存在，且数量巨大。因此，东汉时独立赎罪仍旧作为刑罚体系的一部分存在。据张建国考证，魏律在刑罚上多承汉制保留赎刑，晋律虽然对魏律改动很大，但却保留了死罪、耐罪以及赎罪三大类。[②] 既然魏晋都有赎刑，而南朝法律多受张杜律的影响，基本上应该保留了独立赎刑，为何《隋书·刑法志》称梁初的赎刑乃是“依周、汉旧事”？这说明，梁初的赎刑与魏晋律中的赎刑有着本质区别。显然梁初赎刑更可能是作为附属刑罚或者非法定刑存在。《梁书·武帝纪》载天监元年(502)梁武帝诏令曰：“金作赎罪，有闻自昔，入缣以免，施于中世，民悦法行，莫尚乎此。”这说明帛作为赎刑标的与东

---

① 参见[日]富谷至《秦汉刑罚制度研究》，第126页。

② 参见张建国《魏晋五刑制度略论》，《中外法学》1994年第4期。不过他显然认为魏晋赎罪是作为附属刑罚存在的，这是错误的。

汉的缣赎关系要更加密切。[①] 而缣赎是典型的非法定刑。周朝赎刑则主要针对疑罪。因此尽管梁初的赎刑制度祖述周、汉,但主要是对汉代尤其是东汉收赎的借鉴。这种以缣赎的权典观念并未因为梁律的制定而消失。证据是,天监二年颁定新律后,《梁书·武帝纪》又载天监三年梁武帝除赎罪诏令云"金作权典,宜在蠲息。可除赎罪之科"。由此可见,缣赎的制度仍然存在于天监二年制度的梁律中,这就是《隋书·刑法志》所载梁律收赎的来源。

(二)梁律的赎刑

梁初的赎刑作为非法定刑并没有因为梁律的制度而消失,反而因为梁律的制定而法定化了。《隋书·刑法志》载天监二年梁武帝颁定梁律,梁律对赎刑制度进行了非常详细的规定。一方面它承继梁初作为权典的赎刑,另一方面它又延续自秦汉以来一直存在的作为财产刑的独立赎刑。这使得它非常有特点。同时,它又具有很强的时代性,各个细节反映了魏晋南北朝时期社会经济发展的独特性。具体来看,主要有以下特征。

第一,其中赎刑有赎罪与收赎之分。赎罪与收赎在梁律中是两个截然不同的系统。[②] 首先,梁律有跟晋律相同的赎罪。赎罪的赎金与晋律中的赎金完全一致。《唐六

---

① 东汉纳缣入赎的例子很多。如《后汉书·明帝纪》载中元二年(57)诏令:"天下亡命殊死以下,听得赎论:死罪入缣二十匹,完城旦至司寇作三匹。其未发觉,诏书到先自告者,半入赎。"永平十五年(72)又诏令:"亡命自殊死以下赎:死罪缣四十匹,右趾至髡钳城旦舂十匹,完城旦至司寇五匹,犯罪未发觉,诏书到日自告者,半入赎。"《后汉书·章帝纪》载建初七年(82)诏令:"亡命赎:死罪入缣二十匹,右趾至髡钳城旦舂十匹,完城旦至司寇三匹。吏人有罪未发觉,诏书到自告者,半入赎。"其后汉和帝、汉顺帝、汉灵帝皆有纳缣入赎的诏令。因此,有学者直接提出:"在东汉,赎金以缣为计算单位。"参见程维荣《两汉赎刑考》,《西北政法大学学报》1988年第1期。

② 如果梁律没有这种双系统的赎罪,作为独立赎刑很容易会被认为是一种替代性刑罚执行方式。如《隋书·刑法志》载北齐刑制为五,而赎罪不在其中,且赎罪的规定为:"赎罪旧以金,皆代以中绢。死一百匹,流九十二匹,刑五岁七十八匹,四岁六十四匹,三岁五十匹,二岁三十六匹。各通鞭笞论。一岁无笞,则通鞭二十四匹。鞭杖每十,赎绢一匹。至鞭百,则绢十匹。无绢之乡,皆准绢收钱。自赎笞十已上至死。又为十五等之差。当加减次,如正决法。合赎者,谓流内官及爵秩比视、老小阉痴并过失之属。"这说明北齐的赎罪针对的是特殊人群,更类似于梁的收赎,赎罪消失。相比之下,北周的赎刑却有两个不同的规定:"其赎杖刑五,金一两至五两。赎鞭刑五,金六两至十两。赎徒刑五,一年金十二两,二年十五两,三年一斤二两,四年一斤五两,五年一斤八两。赎流刑,一斤十二两,俱役六年,不以远近为差等。赎死罪,金二斤。""应赎金者,鞭杖十,收中绢一匹。流徒者,依限岁收绢十二匹。死罪者一百匹。其赎罪,死罪五旬,流刑四旬,徒刑三旬,鞭刑二旬,杖刑一旬。限外不输者,归于法。"由此可知,北周的赎刑与梁律更相似,既有赎罪也有收赎。如果不注意这一点,就很可能会得出北齐与北周的赎罪制度更相似的结论。如叶炜就认为北齐与北周的赎罪是一致的,其实是他把北周的赎罪双体系认成了单体系。按照叶炜的说法,北周金二斤换成中绢一百匹,而梁金二斤换成十二匹,北周的黄金的购买力远高于梁。但实际情况却是北朝的黄金价格比南朝要低。参见彭信威《中国货币史》,上海人民出版社,2007年,第171页;叶炜《北周〈大律〉新探》,《文史》2001年第1辑。

典》卷六"刑部郎中员外郎条"载晋律的赎罪制度"赎死，金二斤；赎五岁刑，一斤十二两；四岁、三岁、二岁各以四两为差"[1]，而《隋书·刑法志》载梁律中的赎罪制度是"赎死者金二斤，男子十六匹。赎髡钳五岁刑笞二百者，金一斤十二两，男子十四匹。赎四岁刑者，金一斤八两，男子十二匹。赎三岁刑者，金一斤四两，男子十匹。赎二岁刑者，金一斤，男子八匹"。由此可知，梁律有与晋律完全一致的赎罪。其次，梁律有晋律所没有的收赎。《隋书·刑法志》又载梁律中的收赎为"有髡钳五岁刑，笞二百，收赎绢，男子六十匹。又有四岁刑，男子四十八匹。又有三岁刑，男子三十六匹。又有二岁刑，男子二十四匹"。从赎金对比来说，收赎的赎金要远超赎刑。比如，作为赎刑的"赎髡钳五岁刑"赎金为黄金一斤十四两或中绢男子十二匹，作为收赎的"髡钳五岁刑"则为中绢男子六十匹，后者是前者的五倍。这充分说明，在梁律中有赎罪与收赎两个完全不同的刑罚体系，它们分别作为财产刑的独立赎刑和作为替代刑罚的收赎。相比之下，晋律中并没有直接规定作为替代的收赎。[2] 再次，收赎与法定的附属赎刑相似但不同。两者的相似性在于它们都是法律的明确规定，两者的根本不同在于它们的根源有异。梁律的收赎是从梁初的"权典"转化来的，起源于非法定刑，是将钱赎这一皇权任意立法的权力进行法制化的表现。秦及汉初的法定附属赎刑主要是爵赎，是不同主体政治功绩的功能体现。从权威来说，法定刑的权威来自法律，而非法定刑的权威则来自皇帝的临时诏令。收赎的法制化将两者结合在一起。皇帝诏令需要转化成法律才更具有确定性和统一性，并构成对皇帝的约

① (唐)李林甫等:《唐六典》，陈仲夫点校，中华书局，1992 年，第 181 页。

② 按照《太平御览·刑法部十七》的说法，晋律中有收赎：其一，"其年老小笃癃病及女徒，皆收赎"。其二，"诸应收赎者，皆月入中绢一匹，老小女人半之"。其三，"赎死，金二斤也"。参见(宋)李昉《太平御览》，中华书局，1960 年，第 2909 页。这里面有几个疑点：第一，根据对老少废疾的优待条，年老小笃癃病及女徒都要收赎。但《晋书·刑法志》载晋律规定："减枭斩族诛从坐之条，除谋反適养母出女嫁皆不复还坐父母弃市"，显然女性在特定场合要受弃市之刑。那么这一条中的"皆"字就错了。第二，从这个记载来看，作为收赎的赎死与作为独立赎刑的赎死存在重叠。根据"月入中绢一匹"的算法进行计算，晋律中的收赎为二年刑二十四匹、三年刑三十六匹、四年刑四十八匹、五年刑六十匹、死刑金二斤。也就是说，当一个人被处以死刑时，他可以缴纳金二斤免死，而一个人犯下仅低于徒刑的罪行也只是需要缴纳金二斤。作为独立刑罚，赎死的严重程度远要低于徒刑。但死刑收赎和赎死的赎金却完全一样，这显然不合理。第三，《太平御览》收录了两个晋朝赎罪的例子，但两者都属于皇帝专门下诏允许收赎的，属于非正常情况，不能据此认为晋律中有收赎的存在。第四，《唐六典》卷六"刑部郎中员外郎条"载："宋及南齐之篇目及刑名之制略同晋氏，唯赎罪绢兼之。"(唐)李林甫等:《唐六典》，第 181 页。这说明《唐六典》记载晋律并无绢赎，《太平御览》却认为晋律存在绢赎。同时，《晋书·刑法志》中魏晋都没有收赎的说明。因此，《太平御览》关于晋律收赎的规定不足信。不过《晋书·刑法志》载张斐《晋律表》称"月赎不计日"似乎与《太平御览》的记载有联系，但这太过薄弱不足为据。

束，这与律令政治的发展方向是一致的。[①] 这一观念有可能促进了收赎制度的法定化。汉代作为非法定刑的钱赎到梁朝被法定化。

第二，收赎中死罪不赎。梁律收赎有髡钳五岁刑、四岁刑、三岁刑、二岁刑，但没有死刑收赎。这与汉代、北齐、北周有明显区别。比如《汉书·惠帝纪》有汉惠帝时"民有罪，得买爵三十级以免死罪"的规定，又如《汉书·武帝纪》汉武帝天汉四年（前97）有"令死罪（人）[入]赎钱五十万减死一等"诏令。北齐与北周的收赎中有明确的赎死。梁律没有收赎究竟是史书记载遗漏还是确实没有死刑收赎不得而知，但如果记载真的出现这么大失误可能性不大。那么为何梁律中死刑不收赎？或与魏晋南北朝时期死刑变化有关。相比秦汉，魏晋南北朝是死刑大量减少的时期。[②] 死刑减少后，剩余的死刑罪名相对严重，如果允许适用收赎的话就会严重违背传统正义观念。儒家认为："逆天地者罪及五世，诬文武者罪及四世，逆人伦者罪及三世，谋鬼神者罪及二世，手杀人者罪及其身。故曰大罪有五，而杀人为下矣。"[③]在法律儒家化迅速的南北朝时期，死刑更加慎重，也就更不容易被规避。这就与后世对赎刑的限制（如十恶不赎）存在内在联系。但同样是死刑罪名减少的北朝却允许赎死刑，如何解释？这里还需要注意一个原因：南朝死刑减等能适用其他方式，即恩赦。南朝历史约一百七十年共恩赦两百五十五次，北朝历史约两百年共恩赦两百三十四次，北朝恩赦次数更少，因此更需要多元化的方式解决死刑减免问题。[④] 梁武帝在位四十八年共恩赦五十二次，而且多为大赦、赦天下，大辟以下均被赦免。[⑤] 恩赦相比法制化的赎刑更能代表皇帝的恩典，有助于提高皇权的合法性，而南朝却面临皇帝地位不巩固的现实，因此将死刑的减免直接归之皇帝更符合当时政权建设的需要。

第三，罚金刑归入赎刑。《隋书·刑法志》载梁律规定："罚金一两已上为赎罪。"这样就将罚金归入赎刑。赎刑为财产刑，罚金同样是财产刑。韦昭注《国语》："小罪，不入于五刑者。以金赎，有分两之差，今之罚金是也。"[⑥]沈家本指出："罚金乃刑之最轻者。"[⑦]罚金在春秋战国时就已出现，张家山竹简《奏谳书》载："时鲁法：盗一钱到廿，罚金一两；过

---

① 参见高明士《律令法与天下法》，五南图书出版股份有限公司，2012年，第37页。梁律初定时收赎可能准备作为定制存在，遵循着诏令需变成法律才具有普遍性（或者用后世不为永格者不得引为后比来理解）的观念，但由于种种原因很快被废止了。而《隋书·刑法志》载梁武帝信佛后"每断重罪，则终日弗怿"，说明即使梁武帝不想断重罪也得依法而定。

② 参见胡兴东《中国古代死刑制度史》，法律出版社，2008年，第205页。

③ 王德明主编：《孔子家语译注》，广西师范大学出版社，1998年，第329页。

④ 参见陈俊强《皇权的另一面》，北京大学出版社，2007年，第18、21页。

⑤ 大赦指的是大辟罪以下并免，包括笞、杖、徒、流、死等刑罚都会被减免。参见陈俊强《皇权的另一面》，第123页。当然根据诏书的不同，大赦范围也会有限制。

⑥ （三国）韦昭注：《国语》，第111页。

⑦ （清）沈家本：《历代刑法考》，第1533页。

廿到百，罚金二两。”[①]秦朝时罚金并没未被列入刑罚体系中，[②]但有与罚金相类似的赀刑。据《睡虎地秦简·法律问答》载：“抉籥，赎黥。”何谓“抉籥”？“抉籥者已抉启之乃为抉，且未启亦为抉？抉之弗能取启去，一日而得，论皆何也？抉之且欲有盗，弗能取启去，若未启而得，当赎黥，抉之非欲盗也，已启乃为抉，未启当赀二甲。”[③]可知，赎刑要比赀刑为重。而罚金作为法定刑出现在西汉，是与赎刑并列的刑罚。汉初赎刑标的约为金二斤八两、一斤八两、一斤四两、一斤、十二两、八两，而根据对张家山汉简的总结，罚金标的为金二斤、一斤、八两、四两、二两、一两。[④] 尽管罚金的最低额度少于赎刑，但两者有交叉且累积方式也并不相同。罚金是前后不断翻倍，赎刑是前后加四两。而到曹魏时，《晋书·刑法志》载魏律“依古义制为五刑。其死刑有三，髡刑有四，完刑、作刑各三，赎刑十一，罚金六，杂抵罪七，凡三十七名，以为律首”。魏律将赎刑与罚金并列。《晋书·刑法志》又载：“生罪不过十四等，死刑不过三，徒加不过六，囚加不过五，累作不过十一岁，累笞不过千二百，刑等不过一岁，金等不过四两。”又据前引《唐六典》条注晋律：“又有杂抵罪、罚金十二两、八两、四两、二两、一两之差。弃市以上为死罪，二岁刑以上为耐罪，罚金一两以上为赎罪。”罚金刑在晋律中从理念上开始被并入赎刑。这一点延续到梁律，梁律既有罚金之称，又统称为“赎罪”。与此同时，罚金刑在魏晋有被笞刑代替的趋势，《晋书·刑法志》载：“魏明帝改士庶罚金之令，男听以罚代金，妇人加笞还从鞭督之例，以其形体裸露故也。”以至于有人认为到唐律中罚金变成了笞刑与杖刑。[⑤] 但如果注意到罚金刑与赎刑在理念上的同化，当知罚金刑并非变成笞、杖，而是被并入赎刑，后来又随独立赎刑的消失而消失了。

第四，梁律的赎金有金与绢两种。梁律的赎刑在用金作为标的的同时，也允许以绢作为标的。金作赎刑是上古之制，但《尚书·舜典》中的金可能是指铜，[⑥]而随着货币的变迁赎刑标的也在不断发生变化。作为财产刑，秦时独立赎罪的标的为何并没有直接证据。但当犯罪人不能支付金钱的时候，则可以用劳役刑代替，如“毋令居赀赎债将城旦舂，城旦司寇不足以将，令隶臣妾将”[⑦]。据《睡虎地秦简·司空律》可知：“有罪以赀、赎

---

① 张家山二四七号汉墓竹简整理小组：《张家山汉墓竹简[二四七号墓]》，第107页。

② 参见[日]富谷至《秦汉刑罚制度研究》，第121页。

③ 睡虎地秦墓竹简整理小组：《睡虎地秦墓竹简》，文物出版社，1978年，第164页。

④ 参见闫晓君《汉初的刑罚体系》，《法律科学》2006第4期。

⑤ 参见[日]藤田高夫《秦汉罚金考》，杨振红译，载李学勤、谢桂华主编《简帛研究二〇〇一》，广西师范大学出版社，2001年，第612页。

⑥ 《尚书·舜典》中“金作赎刑”中的金，孔安国以为“金，黄金”，孔颖达则称：“此传黄金：《吕刑》黄铁，皆是今之铜也。古之赎罪者皆用铜，汉始改用黄金。”（汉）孔安国传、（唐）孔颖达正义：《尚书正义》，第88、91页。

⑦ 睡虎地秦墓竹简整理小组：《睡虎地秦墓竹简》，第53页。

及有责债于公，以其令日问之，其弗能入及偿，以令日居之，日居八钱；公食者，日居六钱。”[①]劳役刑要转换成半两钱计算金额，可知赎金大概需要用铜钱来计算。虽然秦朝实行黄金与铜钱并行的金钱本位，但并没有用黄金来赎的证据。汉代继承了秦朝的金钱本位制度。随着黄金在西汉的盛行，[②]黄金成为赎刑的主要标的。[③] 故《二年律令·具律》规定：“赎死，金二斤八两。赎城旦舂、鬼薪白粲，金一斤八两。赎斩、府（腐），金一斤四两。赎劓、黥，金一斤。赎耐，金十二两。赎迁，金八两。有罪当府（腐）者，移内官，内官府（腐）之。”[④]而且也可以平价入钱。[⑤] 到东汉时，黄金作为货币的地位并未消失，但黄金逐渐退出流通领域。结果缣成为赎刑的重要标的。魏晋南北朝时期，赎刑开始时仍旧继承西汉时期以黄金为标的的方式。梁律开始同时采用黄金与绢作为标的。按照前引《太平御览》的说法，中绢作为赎刑标的在晋律中已经出现。但一方面《太平御览》的记载本身就存在问题，另一方面绢作为货币在晋代存在争议，不太可能作为赎刑标的进入法律。[⑥] 由于黄金在两晋进一步退出流通领域，而官府又久不铸钱，所以谷帛的货币性在两晋得到提高。[⑦] 但《晋书·食货志》载：“黄初二年（221），魏文帝罢五铢钱，使百姓以谷帛为市。至明帝世，钱废谷用既久，人间巧伪渐多，竞湿谷以要利，作薄绢以为市，虽处以严刑而不能禁也……魏明帝乃更立五铢钱，至晋用之，不闻有所改创。”也即，绢作为货币存在固有缺陷，到东晋时仍旧不能取代钱的地位。[⑧] 因此直接将中绢作为赎刑标的规定进刑律中几乎不可能。梁朝就是可考的绢作为赎刑标的入律之始。[⑨] 当然按前引《唐六

---

① 睡虎地秦墓竹简整理小组：《睡虎地秦墓竹简》，第 84 页。

② 参见彭信威《中国货币史》，第 103 页。

③ 其他标的如铜钱、爵位、竹、谷、缣、粟、马、军功等。参见高叶青《汉代的罚金和赎刑》，《南都学坛》2004 年第 6 期。

④ 朱红林：《张家山汉简〈二年律令〉集释》，第 98 页。

⑤ 《二年律令·金布律》载：“有罚、赎、责（债），当入金，欲以平贾（价）入钱，及当受购、偿而毋金，及当出金钱县官而欲以除其罚、赎、责（债），及为人除者，皆许之。”朱红林：《张家山汉简〈二年律令〉集释》，第 248 页。

⑥ 程树德引《唐六典》认为晋律赎罪可以兼用绢，但他同时又引《世说新语》认为当时也可以用布来赎。（参见程树德《九朝律考》，第 240 页）绢是否作为法定标的存在于晋律中很可疑。也有可能因为魏晋南北朝时期金在流通领域地逐渐退出导致在实践中可以用绢、布来替代，却无法确定是否已经入律。孔颖达则提出“汉及后魏，赎罪皆用金。后魏以金难得，合金一两收绢十匹”。[参见（汉）孔安国、（唐）孔颖达《尚书正义》，第 91 页]不过，这也无法说明北魏的绢赎是已经入律还是仅限于具体操作。而由北周律杖刑收赎金一两或中绢一匹，死刑收赎金二斤或中绢一百匹，可知北周时期金一两大约在绢一匹到三匹之间。但魏晋南北朝的金价由于金逐渐退出流通领域而提高，这里却下降了三成到十成。显然这个记载不足采信。

⑦ 参见高敏主编《中国经济通史·魏晋南北朝卷（下）》，经济日报出版社，2007 年，第 899 页。

⑧ 参见《晋书·食货志》桓玄与孔琳之关于废钱币用谷帛的的辩论。

⑨ 《晋书·刑法志》中“魏律序”载：“《金布律》有罚赎入责以呈黄金为价”，可知魏律赎罪标的是金。

典》的材料，绢在宋、齐已成为赎刑标的，《南齐书·王子良传》所载南齐永明四年(486)的“钱帛相半，为制永久”之规定尤其值得注意。但一方面这一说法无法证实以绢赎罪是入律还是仅限于司法实践，另一方面梁律纳绢入赎与东汉的纳缣入赎存在密切关系。如果宋、齐已实现绢赎免罪，那么梁朝就无须祖述汉代的缣赎。而绢赎的产生根本上与绢帛在货币中地位的逐渐提高有关。东晋南迁后，江左多用谷帛，梁初尤其如此，《隋书·食货志》称：“梁初，唯京师及三吴、荆、郢、江、湘、梁、益用钱。其余州郡，则杂以谷帛交易。”谷帛作为法定货币的地位得到肯定，那么梁律规定金帛并行作为赎罪标的就更加顺理成章。因此，梁律可能是以绢为法定赎刑标目之始。

(三)梁朝收赎的废立

梁朝赎刑的发展并非“一以贯之”，而是几经波折。《隋书·刑法志》载天监二年四月梁律颁布之后，天监三年十月就“诏以金作权典，宜在蠲息。于是除赎罪之科”，但大同十一年(545)十月梁武帝复开赎罪之科。作为权典的收赎大约存在了一年，消亡三十八年后又重新确立。从权典的定位来说，收赎显然在天监三年被否定了，后又被承认。这里面有着多方面的原因。

梁初收赎的存在主要是为了笼络官吏，争取他们的支持。《梁书·钟嵘传》载天监初年时钟嵘言：“永元肇乱，坐弄天爵，勋非即戎，官以贿就。挥一金而取九列，寄片札以招六校，骑都塞市，朗将填街。”可见官吏极为腐败。梁武帝承齐和帝禅让之后也需要笼络人心，因此使用收赎是有必要的。不过，梁武帝同时采取更加积极的措施以应对弊政，尤其体现在选拔人才方面。《梁书·武帝纪中》载天监元年梁武帝“分遣内侍，周省四方，观政听谣，访贤举滞……若怀宝迷邦，蕴奇待价，蓄响藏真，不求闻达，并依名腾奏，罔或遗隐。”一方面漂白原有官吏，另一方面对官吏进行换血，梁武帝试图革新弊政、重振朝纲，甚至对自己的亲信也不手软。[①] 在这种改革背景下，赏罚严明就成为必要的政治措施，这样收赎作为权典则必然成为贪官污吏摆脱刑罚的途径，但这样也会加剧官员腐败。因此，作为“权典”的收赎从天监元年作为临时措施到梁律作为法定刑仅存在数年就消失了。

但是到了大同十一年，无论是梁朝的吏治还是梁武帝的治国理念都发生了很大变化。梁武帝前期推崇儒家，整顿吏治。但总体来说，他对官吏保持较为宽容的态度，结果尾大不掉。《隋书·刑法志》载天监末期“帝锐意儒雅，疏简刑法，自公卿大臣，咸不以鞫狱留意”。结果导致“奸吏招权，巧文弄法，货贿成市，多致枉滥”。一方面，普通民众遭遇司法不公，“公平难遇其人，流泉易启其齿，将恐玉科重轻，全关墨绶，金书去取，更由丹笔”。另一方面，“王侯骄横转甚，或白日杀人于都街，劫贼亡命，咸于王家自匿，薄暮尘

① 有学者研究认为梁武帝前期在吏治方面是用人得当、吏治严明的。参见杨恩玉《治世盛衰：“元嘉之治”与“梁武帝之治”初探》，齐鲁书社，2009年，第153、235页。

起，则剥掠行路，谓之打稽”。因此，收赎再次成为漂白贵族与贪官污吏的途径。另一个可能原因是，梁武帝崇佛导致他对犯罪的宽容度提高。对此，《隋书·刑法志》称：“武帝年老，厌于万机，又专精佛戒，每断重罪，则终日弗怿。”结果，《南史·梁本纪中》称他“溺于释教，弛于刑典。”收赎作为对罪犯网开一面的制度就容易成为一种符合他心意的选择。

因此，收赎作为一种政治手段，扮演着支持统治的功能。梁朝之始，收赎作为洗白腐败官僚的手段存在。腐败官僚需要收赎才能洗白，才能再次以正义的形象出现在社会面前。当吏治走向清明时，收赎就不再有存在的必要。而当吏治再次走向腐败，收赎又被提出来作为洗白官僚，维护政府形象的工具。

三、南朝梁的赎刑之承继及其影响

梁朝的赎刑并非无中生有，它深受赎刑历史的影响，具有赎刑的普遍特征。但由于时代变革，它也表现出自己的特征，尤其扮演了一种转折性的角色，并对后世产生了一定影响。同时认清梁朝的赎刑制度也有助于分析南朝法律对于隋唐法律的影响。

梁朝的赎刑祖述周汉，但它又分为两部分。每一部分各有其来源。在赎罪这一层面，作为从秦汉以来就存在的独立赎刑之延续，它是完善整个刑罚制度的重要内容。梁律这一部分的继承性相当明显。下面将自汉至北周的独立赎刑体系列表如下：①

	赎死	赎城旦舂、鬼薪白粲	赎斩、府(腐)	赎劓、黥	赎耐	赎迁
汉律（具律）	金二斤八两	金一斤八两	金一斤四两	金一斤	金十二两	金八两

	赎死	赎钛右趾髡钳五岁刑	赎钛左趾髡钳五岁刑	赎髡钳五岁刑笞一百	赎髡钳五岁刑	赎四岁刑	赎三岁刑	赎两岁刑	赎一岁刑	赎半岁刑	赎百日刑
魏律	金二斤八两	金二斤六两	金二斤四两	金二斤二两	金二斤	金一斤十二两	金一斤八两	金一斤四两	金一斤	金十四两	金十二两

	赎死	赎髡钳五岁刑笞两百	赎(髡钳?)四岁刑	赎(髡钳?)三岁刑	赎(髡钳?)二岁刑	赎罚金一	赎罚金二	赎罚金三	赎罚金四	赎罚金五
晋律	金二斤	金一斤十二两	金一斤八两	金一斤四两	金一斤	金十二两	金八两	金四两	金二两	金一两

① 汉律内容据《二年律令·具律》整理而成，魏律、晋律参考张建国的《魏晋五刑制度略论》整理而成，梁律、北周大律则据《隋书·刑法志》整理而成。

	赎死	赎髡钳五岁刑	赎四岁刑	赎三岁刑	赎二岁刑	赎罚金一	赎罚金二	赎罚金三	赎罚金四	赎罚金五
梁律	金二斤或男子十六匹	金一斤十二两或男子十四匹	金一斤八两或男子十二匹	金一斤四两或男子十匹	金一斤或男子八匹	金十二两或男子六匹	金八两或男子四匹	金四两或男子二匹	金二两或男子一匹	金一两或男子二丈

	赎死	赎流	赎五年刑	赎四年刑	赎三年刑	赎二年刑	赎一年刑	赎鞭刑一	赎鞭刑二	赎鞭刑三	赎鞭刑四	赎鞭刑五	赎杖刑一	赎杖刑二	赎杖刑三	赎杖刑四	赎杖刑五
北周律	金二斤	金十二两	金一斤八两	金一斤五两	金一斤二两	金十五两	金十二两	金十两	金九两	金八两	金七两	金六两	金五两	金四两	金三两	金二两	金一两

从汉律到梁律，我们可以看到独立赎刑的变化其实很小。金作为货币的流通地位从汉代到魏晋南北朝有了很大变化，金价不断提高，但作为独立赎刑的金数的变化程度却远远不及。独立赎刑作为一种刑罚保持了很强的稳定性。其中梁律对于晋律的延续基本属于摹写状态，只是为应对时代的变化，梁律开始把绢作为赎刑标的规定到刑律中。当然晋律开始将罚金纳入赎刑的范畴也是一个时代特色，不过这不是梁律首创。另外，从汉律到梁律，赎刑经历了赎肉刑到赎徒刑的转变。因此，我们可以看到梁律的赎刑主要是以继承前代为主的。而到北齐律乃至隋律中，独立赎刑制度消失了。[①] 作为一种财产刑的独立赎刑经历秦汉律—魏晋律—梁律—北周律后就终结了。[②] 北齐律是最早没有独立赎刑的。至于原因，对比一下梁律与北齐律、北周律的刑罚体系大概可以清楚。梁律的刑罚体系为死刑—徒刑—赎刑—罚金刑（观念上被认为是赎刑），北齐律则为死刑—流刑—徒刑—鞭刑—杖刑，北周律则为死刑—流刑—徒刑—鞭刑—杖刑—赎刑（罚金）。[③] 北齐律、北周律相比梁律的刑罚体系要完整很多，取消独立赎刑后整个刑罚体系仍旧完整，可以实现罚当其罪。而对比北齐律与北周律会发现鞭、杖刑发展的趋势，北周律保持独立赎刑制度增加了刑罚体系的复杂程度，与传统五刑观念也相悖。这也印证了《隋书·刑法志》对北周律“其大略滋章，条流苛密，比于齐法，烦而不要”的判断。

---

① 叶炜认为唐律中针对过失犯罪和疑罪的赎死是赎刑的延续。但他并未认清作为赎刑和收赎的区别。参见叶炜《北周〈大律〉新探》。比如唐律不仅规定过失杀人的赎罪，也规定了过失伤人的赎罪，且“各依其罪从赎法”，（唐）长孙无忌等：《唐律疏议》，第 286 页。显然唐律的赎刑远超赎死的范畴。而且过失犯罪和疑罪也被公认为所谓换刑的犯罪，是一种替代性刑罚执行方式。

② 富谷至认为独立体系从汉代就消失了。参见[日]富谷至《秦汉刑罚制度研究》，第 133 页。但魏晋承汉制仍然在律法中规定了独立赎刑，显然独立赎刑到周律才消失。

③ 参考前述赎刑与罚金刑从晋律、梁律以来在观念上的重合就可发现，罚金刑在北周尚存。

梁律的收赎则具有独特性。从收赎的出现来看，梁律也非首创。但从前文可知，梁律所引以为据的汉代收赎并未见于法定刑之中，而是主要作为非法定刑存在。因此，梁律中收赎的地位是转折性的。由于北齐律中的赎刑已经完全转变为以收赎为主，而北周律则是收赎与赎罪并存，所以收赎制度沿着汉代非法定钱赎—梁朝法定收赎—北齐赎刑、北周收赎—隋唐赎刑的脉络前进。汉朝的钱赎是非法定刑，梁初在借鉴之时也以皇帝特别法的方式颁布，只是又在短时间内将其规定在梁律中。也只有在汉代非法定刑的钱赎中，我们才能看到钱、粟、财、竹、缣等作为收赎标的出现。[①] 这种变化并非不重要，汉代非法定刑的钱赎随着时代发展变得越来越重要。爵的功能弱化、官的功能兴起需要一种新的赎刑体系的出现，而且这种赎刑体系必须是稳定的。梁律的收赎将钱赎变成法定刑，这是梁朝赎刑最重要的独特性。

如此赎刑的变化就有两条脉络，南北朝时期出现了独立赎刑的消亡和收赎的从非法定化到法定化。继续分析会发现收赎从梁律到北周律、北齐律再到隋律都有法定化的一面，兹作表如下：[②]

	髡钳五岁刑，笞二百	**四岁刑**	**三岁刑**	**二岁刑**
梁律	男子绢六十匹	男子绢四十八匹	男子绢三十六匹	男子绢二十四匹

	死刑	**流刑**	**五岁刑**	**四岁刑**	**三岁刑**	**二岁刑**	**一岁刑**	**鞭一百**	**鞭九十**	**鞭八十**	**鞭七十**	**鞭六十**	**杖五十**	**仗四十**	**杖三十**	**杖二十**	**杖十**
北周律	绢一百匹	绢七十二匹	绢六十匹	绢四十八匹	绢三十六匹	绢二十四匹	绢十二匹	绢十匹	绢九匹	绢八匹	绢七匹	绢六匹	绢五匹	绢四匹	绢三匹	绢二匹	绢一匹

	死刑	**流刑**	**五岁刑**	**四岁刑**	**三岁刑**	**二岁刑**	**一岁刑**	**鞭一百**	**鞭九十**	**鞭八十**	**鞭七十**	**鞭六十**	**杖五十**	**仗四十**	**杖三十**	**杖二十**	**杖十**
北齐律	绢一百匹	绢九十二匹	绢七十八匹	绢六十四匹	绢五十匹	绢三十六匹	绢二十四匹	绢十匹	绢九匹	绢八匹	绢七匹	绢六匹	绢五匹	绢四匹	绢三匹	绢二匹	绢一匹

① 参见孙艳《秦汉赎刑考论》，东北师范大学硕士学位论文，2006 年，第 9—11 页。

② 以下据《隋书·刑法志》整理而成。

	死刑	流二千里	流一千五百里	流一千里	徒三年	徒两年半	徒两年	徒一年半	徒一年	杖一百	杖九十	杖八十	杖七十	杖六十	笞五十	笞四十	笞三十	笞二十	笞十
隋律	铜一百二十斤	铜一百斤	铜九十斤	铜八十斤	铜六十斤	铜五十斤	铜四十斤	铜三十斤	铜二十斤	铜十斤	铜九斤	铜八斤	铜七斤	铜六斤	铜五斤	铜四斤	铜三斤	铜二斤	铜一斤

从这个对比图来看，梁律与北周律、北齐律最大的差别在于没有死刑和流刑的收赎。梁律没有死刑收赎的原因前文已经提及，而流刑虽然在梁朝已经出现，但并非法定常用刑。而北朝自北魏开始，流刑就已经成为法定常用刑。除此之外，北周的赎刑制度与梁律的收赎从徒刑的收赎标的来说极为相似，差额也相同。只是梁律没有鞭杖之赎，不过北周律的鞭杖刑的收赎标的是紧随徒刑收赎的。因此，梁律应当是影响了北周律的。至于北齐律，它相对梁律变化很大，但也非无本之木。它采用绢赎和收赎的赎罪体系。据《魏书·刑法志》载，北魏律的赎刑“当刑者赎，贫则加鞭二百”，如果其为收赎的话，那意味着对家贫者而言刑罪可以直接用鞭刑取代且无差等之别，这根本不可能，所以应是将刑罪降等改为赎刑(非收赎)。因此，北齐律的收赎系统也极有可能来自梁律，但变通很大。梁律的收赎之所以能对北朝产生影响，第一，梁朝与北朝来往密切，梁朝南北使节往来频繁，《北史·李崇附李谐传》载梁使到东魏“既南北通好，务以俊乂相矜，衔命接客，必尽一时之选，无才地者不得与焉。梁使每入，邺下为之倾动，贵胜子弟盛饰聚观，礼赠优渥，馆门成市……魏使至梁，亦如梁使至魏，梁武亲与谈说，甚相爱重”，北朝对于梁朝的情况可能所知甚多，尤其注意刘璠承、刘祥父子编订《梁典》于北周，①可知北周对于梁朝制度是十分熟悉的；第二，梁武帝时期，军事战争取得丰硕成果，对北朝战争胜多于败，②《梁书·兰钦传》更载武帝时曾以战争胜利逼迫“西魏相宇文黑泰致马二千匹，请结邻好”，这样也对重视武功的北朝引进梁朝的制度产生足够动力；第三，梁末陈初动乱之际，梁人大量北迁，③对北朝政治产生一定影响；第四，收赎所代表的钱赎能够应对从爵功能的弱化到官功能的崛起这种时代变迁，而官的重要性在北魏从品官制度的改革开始就变

① 梁人刘璠承承圣元年(552)归降西魏，受到周文帝重视，历任西魏职官，著有《梁典》三十卷。其子刘祥续修《梁典》，与其侄刘行本等均受周武帝器重。参见《北史·刘璠传》《北史·刘祥传》《北史·刘行本传》。由此可知，西魏及北周对梁朝的制度是十分熟悉的，而且也有相当一部分梁人北迁到北齐。

② 参见杨恩玉《治世盛衰:“元嘉之治”与“梁武帝之治”初探》，第191页。

③ 参见姜婧《梁末至陈南人北迁研究》，上海师范大学硕士学位论文，2013年，第17—19页。

得越发重要(爵与官的转变对赎罪的影响见下文);第五,梁律颁定于天监二年(503),收赎重新入律在大同十一年(545);北周律颁定于保定三年(563);北齐律颁定于河清三年(564),梁律时间上在先。[①] 梁律的赎刑极有可能影响了北周律与北齐律,进而影响了隋律。对比隋律,《隋书·刑法志》载其赎刑限定为"其在八议之科及官品第七已上犯罪,皆例减一等。其品第九已上犯者,听赎",可知其亦属于收赎的范畴。虽然隋律改赎绢为赎铜,但从各刑律的对比来看,隋律与北齐律的相似性更高。[②] 相比北周律,北齐律与隋律的鞭刑与徒刑的收赎标的更为紧密,而且隋律的赎刑是单系统的。那么隋律的赎刑制度就更可能是循着梁律收赎—北齐律赎刑—隋律赎刑发展而来。

另外,梁律可能对隋律赎刑产生的一个直接影响,即收赎的适用对象。梁律收赎的初衷当是针对官员。《隋书·刑法志》载北齐律针对的是"合赎者,谓流内官及爵秩比视、老小阉痴并过失之属",又载北周律有"妇人当笞者,听以赎论"的规定,但未知其他,隋律则规定"其在八议之科,及官品第七已上犯罪,皆例减一等。其品第九已上犯者,听赎",这说明梁律与北齐律、隋律的赎刑都针对官员,而隋律更加细致。梁初收赎针对的官员群体广大,而隋律则与官员的品阶联系在了一起。这一点对探讨收赎制度在梁初兴起的原因有所启示。当秦之时,作为替代刑罚的附属赎刑主要针对有爵者。秦汉时期,爵意味着从皇帝到庶民的权力秩序体系,[③]皇权通过这种方式控制社会并塑造了一种特权分配模式。反映到法律上,爵在功能上意味着减、免、赎的特权。[④] 但以军功为主要获取途径的爵位到了汉代已经衰落,表现为爵位泛滥和与官阶的分离。[⑤] 政府的社会控制方式从武力走向文治。文治依赖的不是传统贵族系统而是新兴的官僚阶层。如果说爵位不可避免地与贵族观念联系在一起,[⑥]官僚阶层则将社会观念从重视人转向了重视事。爵位制度与官僚制度的差异是从身份制到管理科层制的转变,这意味着一种不同的社会管理方式。那么皇权想要控制社会就需要将特权分配从贵族向官僚倾斜。官僚制度成为新的趋势。尽管汉代二十等爵制度仍旧存在,但刑罚对官僚的优待也开始表现出来,如

① 当时南北朝之间是存在制度借鉴的。如阎步克指出,梁武帝的官阶制度改革就是参考北魏孝文帝官阶制度改革而来。参见阎步克《品位与职位》,中华书局,2009年,第187页。北魏修洛都则参考了南齐的宫殿制度。参见《南齐书·魏虏传》;陈寅恪《隋唐制度渊源略论稿·唐代政治述论稿》,商务印书馆,2011年,第71页。

② 按照叶炜的分析,北齐律与北周律的赎刑制度具有很强的相似性,尽管他并没有区分北周律的赎刑与收赎,还是有一定的借鉴意义。参见叶炜《北周〈大律〉新探》。

③ 参见[日]西嶋定生《二十等爵制》,第323页。

④ 张伯元:《"爵戍"考》,《华东政法大学学报》2004年第1期。

⑤ 参见阎步克《品位与职位》,第122、126页。

⑥ 参见阎步克《品位与职位》,第125页。

上请[1]、颂系[2]等。至于官阶是否与收赎联系在一起则不可考。当然爵位制度在刑罚中的影响并未消失，比如北魏律中的“五等列爵及在官品令从第五，以阶当刑二岁；免官者，三载之后听仕，降先阶一等”，乃至隋唐律八议中的议贵、上请等。到了魏晋时期，贵族制与官僚制并存。贵族在刑罚上享受特权或通过政治影响力来影响司法。[3] 同时，皇权在对抗贵族的时候对官僚制度也有更强的依赖，官僚的刑罚特权也就更为明确，[4]如晋律规定“除名，比三岁刑”，“免官，比三岁刑”[5]。到了梁律，梁武帝依赖下层社会的寒门子弟，并试图改革官品制提高庶族官僚的地位。[6] 此时，收赎制度顺应对官僚的优待，正式将收赎与官僚制联系了起来，并涵盖了官、吏两个群体。这一点具有开创性。如果纯粹从官员角度出发的话，梁律呈现出由对官员的适用变成了死刑、收赎、赎罪、罚金的体系。这样也有助于我们理解为什么梁律的收赎没有死刑。如果梁律的收赎有死刑的话，那么刑律对官员的威慑就变小了很多。而北朝从北魏官品制改革开始对官员的依赖就逐渐提高，科层制行政机构的强化要求对官员进一步优待。因此，北齐律也将赎刑与官品联系在了一起。到了隋朝开国，隋文帝更加重视官僚机构的作用，他接受了北周“选无清浊”的做法，废九品中正制，在中央和地方进行官僚机构改革。[7] 在这种情况下，隋律对官僚采取了厚待的作风，并根据品位制度将七品以上减等与九品以上听赎结合成了隋律的赎刑制度，在继承隋律基础上的唐律中，官僚特权得到更加全面的规定，但是赎刑制度在官僚方面仍限于八品、九品之官，唯增加了荫蔽其亲属的规定。自此，收赎受到从爵位制到官僚制转变的影响，也实现了自身的变化，与官僚制紧密联系在了一起。

四、结语

分析赎刑制度需要区分清楚法定刑和非法定刑，法定刑包括独立赎刑和附属赎刑，非法定刑则来自汉代的钱赎。梁初的赎刑是非法定刑，是承继周、汉之制的“权典”，但又

---

① 如《汉书·宣帝纪》载：“举廉吏，诚欲得其真也。吏六百石位大夫，有罪先请，秩禄上通，足以效其贤材，自今以来毋得举。”

② 如《汉书·惠帝纪》载：“爵五大夫、吏六百石以上及宦皇帝而知名者有罪当盗械者，皆颂系。”

③ 参见金观涛、刘青峰《兴盛与危机》，法律出版社，2011年，第239页。

④ 魏晋南北朝的制度很难严格区分贵族制与官僚制，主要因为这一时期的贵族制也主要是通过官僚系统的方式表现出来。参见［日］川胜义雄《六朝贵族制社会的成立》，载刘俊文主编《日本学者研究中国史论著选译（第四卷）》，夏日新等译，中华书局，1992年，第2页。

⑤ 《太平御览》，第2909页。

⑥ 参见［日］川本芳昭《中华的崩溃与扩大——魏晋南北朝》，余晓潮译，广西师范大学出版社，2014年，第143页。

⑦ 参见冀英俊《隋朝君臣关系研究》，南开大学博士学位论文，2013年，第64—65页。

在顺应权力运行法制化的过程中被纳入梁律中，实现从非法定刑到法定刑的转变。这使得梁律的赎刑有赎罪和收赎两种。从这里可以得到两个非常重要的结论。第一，梁律的赎刑体系提供了一个非常有价值的参照系。独立赎刑被明确指出来，而其终结意味着隋唐五刑制度走出关键一步。从秦律开始，秦汉律、魏晋律、梁律、北周律中独立赎刑的存在意味着财产刑（包括独立赎刑和罚金刑）都作为统一刑罚体系的一部分存在着，即作为主刑存在。隋唐律五刑制度形成的关键一步正是财产刑从主刑剥离中剥离出来。从晋律开始，罚金刑观念上隶属独立赎刑，而北齐律最早取消独立赎刑（也就是独立赎刑与罚金刑的消失）正式开启了这一步。第二，收赎的出现及其法定化是隋唐律中主要适用于官员及其亲属（当然也存在其他情形）的赎刑之重要起源。收赎起源于汉代君主用以换取财富的钱赎制度。这一制度到梁朝时被法定化。收赎受到爵位制到官僚制转变的影响，成为官僚特权分配的重要表现。梁朝迈出了收赎制度法定化的关键一步，隋唐律所规定的赎刑实际上相当于梁律中的收赎。当然，隋唐律中的赎刑还适用于疑罪，这与梁律有所不同。综合这两点来说，梁律在赎刑发展史上具有转折性，而北齐律在赎刑的发展上具有集大成的地位，后者既取消了独立赎刑制度，又规定了收赎制度。从五刑体系之完整性上来说，北齐律除未从杖鞭改为笞杖之外具备了隋唐律五刑制度的核心特征，而北周律则因独立赎刑的存在实际上是六刑体系。因此，南北朝时期是赎刑制度发展最为关键的时期。当然从整个刑罚制度的发展来看，在南北朝到隋唐律的发展过程中，南朝律法不仅对北朝产生影响，也最终影响到隋唐律的发展，不过这种影响究竟到了什么程度还有待进一步考察。

作者简介：

李勤通，湖南大学法学院助理教授。

唐后期岭南科举进士与文化发展论考[①]

王承文

[**提要**]唐后期有相当一批岭南籍士人得以进士及第，并成为唐朝政坛和文坛上一种十分引人注目的历史现象。论文在尽可能搜集史料的基础上，对唐后期岭南科举进士群体的出身和事迹等作了比较全面的考察，认为唐代北方家族大量南迁以及岭南地域经济社会发展和习俗风尚改善等，是唐后期岭南进士大量出现的根本原因。

[**关键词**]唐后期；岭南；科举进士

一、引言

唐代岭南各地经济社会发展的差异比较明显，唐朝中央根据各地实际情况，实行了“南选”和“北选”两种不同的选官制度。即在一些经济文化发展较好的地区，如广州、桂州、连州、韶州等地，实行全国统一的由中央吏部主持的铨选，又称为“北选”。而在一些经济文化较为落后特别是一些“夷獠杂居”以及“溪洞”比较集中的地区，则实行“南选”，即选拔岭南本地的人士充当这些地区的州县官员[②]。与此同时，唐朝还在岭南推行科举制度，用以选拔优秀士人参与国家政治事务。唐代三位岭南籍宰相张九龄、姜公辅、刘瞻以及其他不少士人，就是通过这种方式进入仕途的。对此学术界迄今为止还未见有专门讨论。

---

① 本文为2016年度教育部重大课题攻关项目“古代环南海开发与地域社会变迁研究”(批准号：16JZD034)阶段性研究成果之一。

② 王承文：《唐代“南选”与岭南溪洞豪族》，《中国史研究》1998年第1期；《唐代南选制度相关问题的新探索》，《唐研究》第十九卷，北京大学出版社，2013年。

唐朝一般每年都设科取士。其考生来源主要分生徒和乡贡两种。来自各级学馆者称为生徒。未入学馆而直接来自州县者，称为乡贡。唐玄宗开元二十五年(737)二月规定："应诸州贡士：上州岁贡三人，中州二人，下州一人；必有才行，不限其数。"①唐代岭南七十余州，其中绝大多数都属于下州。从原则上来说，这70余州都可以按规定推举乡贡举人。唐玄宗天宝十三载(754)七月敕称："如闻岭南州县，近来颇习文儒。自今已后，其岭南五府管内白身，有词藻可称者，每至选补时，任令应诸色乡贡。仍委选补使准其考试，有堪及第者，具状闻奏。如有情愿赴京者，亦听。"②以上敕令中所谓"应诸色乡贡"，就是指中央礼部主持的秀才、明经、进士等科举考试。至唐武宗会昌五年(845)所发布的《举格节文》，则对各地方节镇所送明经和进士人数作了进一步限定，其中称："金汝、盐丰、福建、黔府、桂府、岭南、安南、邕、容等道，所送进士不得过七人，明经不得过十人。"③以上"桂府"指桂州都督府，"岭南"在此是代指广州都督府，"安南"指安南都护府，"邕"指邕州都督府，"容"指容州都督府。以上五个都督府号称岭南"五管"或"五府"。也就是说，鉴于岭南等地经济文化发展与北方中原和江南等地的差距，唐朝规定岭南等地的各都督府每年所贡生员，参加进士考试的贡生不得超过7人，参加明经考试的不得超过10人。

众所周知，在唐朝科举制度中，以进士考试最为重要，其社会地位亦最高。而在唐代后期却有相当一批岭南籍士人得以进士及第，并成为唐后期政坛和文坛上一种非常引人注目的现象。根据我们对有关资料的统计，从公元618年唐朝建立到755年"安史之乱"爆发，时间长达137年，整个岭南地区科举进士仅为4人，即冈州(今广东新会县)冯煜、韶州张九龄、钦州宁原悌、广州邓信夫④。然而从"安史之乱"到公元906年唐朝灭亡，共151年间，岭南籍进士却多达35人。本文旨在对唐后期岭南科举进士群体作一比较全面的考察，并从一个具体方面揭示岭南区域的开发和社会文化的重要变迁。

---

① (唐)王定保：《唐摭言》卷一《贡举厘革并行乡饮酒》，《唐五代笔记小说大观》，上海古籍出版社，2000年，第1576页。

② (宋)王溥：《唐会要》卷七五《南选》，上海古籍出版社，1991年，第1622页。

③ (唐)王定保：《唐摭言》卷一《会昌五年举格节文》，第1577页。

④ 关于冈州冯煜，见(唐)林宝《元和姓纂》卷一"冯氏"条，岑仲勉校记，中华书局1994年，第15页；(明)黄佐《广东通志》卷一一《选举表上》列举了张九龄、宁原悌、邓信夫(广东省地方史志办公室誊印，1997年)。(清)郝玉麟《广东通志》卷三一《选举》记载显庆四年(659)，韶州曲江人张宏雅进士及第，并为广东历史上第一个进士。(《景印文渊阁四库全书》第563册，台湾商务印书馆，1986年，第334—335页)然而，《新唐书》卷七二下《宰相世系表二下》(第2681页)以及黄佐《广东通志》卷一一《选举表上》、卷五五《张弘雅传》，均明确记载张弘雅实为明经及第。

二、唐后期岭南科举进士事迹考证

有关唐后期岭南进士，明代黄佐《广东通志·选举表》、郭棐《粤大记·科第》以及清代徐松《登科记考》等资料都不够完整。因此，我们将在尽可能全面搜集历史资料的基础上，按照进士及第的时间先后，对唐后期岭南籍进士的籍贯、家族背景、科举考试和从政经历、文学成就和历史影响等多方面进行考证。

（一）潮州赵德

明代黄佐《广东通志·选举表》记载其为大历十三年(778)进士，潮州潮阳人，官观察衙推、勾当军事①。而黄佐《广东通志·赵德传》却又称："赵德，海阳人，进士。元和间韩愈刺潮，置乡校，延德摄海阳尉，为衙推官，勾当州学事。"②赵德在历史上的知名，在极大程度上与韩愈在元和十四年(819)贬任潮州刺史有关。潮州位于岭南东南部沿海，属于开发较晚的地区。韩愈《潮州请置乡校牒》称：

> 此州学废日久。进士明经，百十年间，不闻有业成贡于王庭，试于有司者。……赵德秀才，沈雅专静，颇通经，有文章，能知先王之道，论说且排异端而宗孔氏，可以为师矣。请摄海阳县尉，为衙推官，专勾当州学，以督生徒，兴恺悌之风。③

韩愈很看重与赵德的交往，在其离别潮州改任袁州(今江西宜春)刺史时，又撰有《别赵子》一诗，其诗原注曰："赵子名德，潮州人。愈刺潮，德摄海阳尉，督州学生徒，愈移袁州，欲与俱，不可，诗以别之。"其诗曰："我迁于揭阳，君先揭阳居。揭阳去京华，其里万有余。不谓小郭中，有子可与娱。心平而行高，两通诗与书。婆娑海水南，簸弄明月珠。及我迁宜春，意欲携以俱。摆头笑且言，我岂不足欤。又奚为于北，往来以纷如。海中诸山中，幽子颇不无。"④不过，韩愈既然称潮州"进士明经，百十年间，不闻有业成贡于王庭，试于有司者"，那么，作为潮州人的赵德是否真正拥有进士的身份，就需要进一步来证明。

苏轼所撰《潮州韩文公庙碑》称："始潮人未知学，公命进士赵德为之师，自是潮之士皆笃于文行，延及齐民，至于今，号称易治。"⑤而其《又与吴子野》一文又称："文公庙碑近

---

① (明)黄佐:《广东通志》卷一一《选举表上》，第240页。

② (明)黄佐:《广东通志》卷五五《赵德传》，第1140页。

③ (唐)韩愈:《潮州请置乡校牒》，《全唐文》卷五五四，中华书局，1983年，第5611—5612页。

④ (唐)韩愈:《别赵子》，《全唐诗》卷三四一，中华书局，1960年，第3828页。

⑤ (宋)苏轼:《东坡全集》卷八六《潮州韩文公庙碑》，《景印文渊阁四库全书》第1108册，第386页。

已寄去。潮州自文公未到,已有文行之士如赵德者。盖风俗之美久矣。"[①]苏轼认为从赵德的经历可知,潮州在韩愈出任刺史之前,赵德就有进士身份,而且潮州很可能也没有像韩愈所描述的那么原始落后。宋代《潮阳图经》亦称:"州人之知书者,或以为自文公(指韩愈)始。虽然,赵德潮人也,人不知学,奚而有德,德盖其知名。公《请置乡校牒》亦曰'进士明经,百十年间不闻于有贡于王庭者',则非冥然不知学也。公之意岂亦勉邦人为进取计,有若闽之举进士自欧阳詹如之意耶?至《别赵子诗》则曰:'海中诸山中,幽子颇不无。'……则其当时同门合志若德之辈行者,不无人也。自是以后,业儒者益众。太平兴国(976—984)间,始有联名桂籍者出。"[②]

后世典籍亦都把赵德看成是古代潮州开发史上具有标志性的人物。《明一统志》记载:"唐赵德,潮州人。举进士,沈雅专静,通经,有文章,能知先王之道,其论说排异端而宗孔子。韩愈刺潮,请置乡校,命德为师。邦人知学自此始。今郡学韩愈庙皆祀之,号天水先生。"[③]明代梅州籍学者李士淳(1585—1665)撰《梅州书院记》称:"潮州自唐以前,声教罕通,文物未著。山川灵异之气,半湮于荆榛瘴疠山林海市之中。自昌黎出守,赵德为师,士始知学。山川之色亦遂烂然一新。"[④]明代海南籍著名学者丘浚亦很推崇赵德,称:"自此潮人日趣文学,立祠祀之至今。"[⑤]

(二)爱州姜公辅和姜公复

姜公辅,唐安南都护府所属爱州(今越南清化省)日南县人。唐德宗建中元年(780),姜公辅以制举中的"贤良方正能直言极谏科"而进士及第[⑥]。其官至唐德宗朝宰相。《新唐书·宰相世系表》记载姜公辅家族来源曰:"九真姜氏,本出天水。"九真郡就是爱州。该书又记载,姜公辅祖父姜神翊,为舒州刺史。其父姜挺。姜公辅本人"相德宗";其弟姜(公)复,为比部郎中[⑦]。在此前的研究中,我们证明了姜公辅属于北方家族的后裔。姜公辅本人也属于唐后期岭南籍士人通过进士考试而步入唐朝政坛的典型[⑧]。

姜公复为姜公辅之弟。《大越史记全书》记载唐德宗兴元元年(784),"九真姜公辅仕于唐,第进士,补校书郎,以制策异等,授右拾遗翰林学士兼京兆户曹参军";又称"弟姜公

---

① (宋)苏轼:《东坡全集》卷八三《又与吴子野》,《景印文渊阁四库全书》第1108册,第333页。

② 《永乐大典方志辑佚》第四册(马蓉等点校,中华书局,2004年,第2609页)引作《(潮州府)图经志》。按(宋)王象之《舆地纪胜》卷一〇〇《潮州》引作《潮阳图经》(李勇先校点,四川大学出版社,2005年,第3400页)。

③ 《明一统志》卷八〇《潮州府》,《景印文渊阁四库全书》第473册,第701页。

④ (清)郝玉麟:《广东通志》卷五一《风俗志》,《景印文渊阁四库全书》第564册,第405页。

⑤ (明)丘浚:《大学衍义补》卷八二,《景印文渊阁四库全书》第712册,第933页。

⑥ 《唐会要》卷七六《贡举中》,第1644页。

⑦ 《新唐书》卷七三下《宰相世系表三下》,第2963—2964頁。

⑧ 王承文:《唐代北方家族与岭南溪洞社会》,《唐研究》第二卷,北京大学出版社,1996年。

复亦举进士，终比部侍郎”[①]。姜公复进士及第时间应在姜公辅之后。《全唐文》收录姜公复《对兵部射策判》，并为其所作小传称：“姜公复，天水人。徙居九真，官比部郎中。”[②]

（三）广州姜诚

姜诚，黄佐《广东通志・选举表》和郭棐《粤大记・科第》均记载其为唐德宗贞元六年（790）进士，广州东莞人，官少府少监[③]。雍正年间《广东通志・选举志》误作少府太监[④]。

（四）韶州张仲方

张仲方，黄佐《广东通志・选举表》记载其为贞元六年（790）进士[⑤]。张仲方出自唐朝粤北始兴张氏家族，属于唐初因官移贯的北方家族后裔[⑥]。白居易撰《唐故银青光禄大夫秘书监张仲方墓志铭并序》，比较详细地记载了张仲方的家族来源及其事迹，其文称：“公讳仲方，字靖之，其先范阳人。晋司空茂先之后，永嘉南迁，始徙居于韶之曲江县，后嗣因家焉。唐朝赠太常卿讳弘愈，公之曾祖也。岭南节度使、广州刺史、殿中监讳九皋，公之王父也。赠尚书右仆射讳抗，公之皇考也。赠颍川郡太夫人陈氏，公之皇妣也。都昌令仲端以下四人，公之兄也。监察御史仲孚以下二人，公之弟也。……公即仆射府君第五子。贞元中进士举及第，博学选登科，初补集贤院校书郎。”[⑦]张仲方的祖父是曾任广州刺史的张九皋，其伯祖父则是开元年间著名宰相张九龄。可见其出身相当显赫。然而白居易将西晋末年“永嘉南迁”，看成是始兴张氏家族定居曲江县的开始，则属于记载有误。

根据白居易所撰墓志，张仲方历官殿中侍御史、金州刺史、度支郎中、曹州刺史、郑州刺史、谏议大夫、福建观察使、京兆尹、华州刺史、御史大夫、秘书监，等等。白居易称其“勋至上柱国，阶至银青光禄大夫，封至曲江县开国伯，食邑七百户”。开成二年（837）四月卒，诏赠礼部尚书。白居易又称其“幼好学，长善属文，俯取科第如拾地芥”，“文献始兴公九龄，即公之伯祖，开元中以儒学诗赋独步一时，及辅弼明皇帝，号为贤相。余庆济美，

---

① 陈荆和编校：《大越史记全书・外纪》卷五，东京大学东洋文化研究所，1984年，第160页。

② （唐）姜公复：《对兵部射策判》，《全唐文》卷六二二，第6281页。

③ （明）黄佐：《广东通志》卷一一《选举表上》，第240页；（明）郭棐：《粤大记》卷四《科第》，黄国声点校，中山大学出版社，1998年，第63页。

④ （清）郝玉麟：《广东通志》卷三一《选举》，第335页。

⑤ （明）黄佐：《广东通志》卷一一《选举表上》，第240页。

⑥ 王承文：《唐代北方家族与岭南地域文化意象嬗变论略——以唐代张九龄和粤北始兴张氏家族为例》，《敦煌吐鲁番文书与中古史研究：朱雷先生八秩荣诞祝寿集》，上海古籍出版社，2016年，第196—223页。

⑦ （唐）白居易：《白居易集笺校》卷七〇，朱金成笺校，上海古籍出版社，1988年，第3776—3777页。

宜在于公。公沿其业，袭其文，而不嗣其位，惜哉！矧公为人温良冲淡，恬然有君子德，立朝直清贞谅……在唐张氏，世为儒宗。文献既没，郁生我公。我公沨沨，学奥词雄。缘情体物，有文献风。庆袭于家，道积厥躬”[①]。《旧唐书·张仲方传》在很大程度上直接依据白居易所作《张仲方墓志铭》，又称“张仲方，韶州始兴人”，“仲方贞确自立，绰有祖风”[②]。与唐后期大多数岭南籍士人相比，张仲方的入仕之路，则在较大程度上得益于其父祖辈在唐朝政坛的影响。史书记载“高郢为仆射，张仲方之父友也。初，仲方为儿童时，郢见而奇之，曰：此子非常，必为国器。吾获高位，必振发之。后郢为御史大夫，首请仲方为御史”[③]。而唐代韶州曲江张氏家族在张九龄、张九皋、张九章兄弟之后，亦以张仲方及其后裔最为显赫。郝玉麟编纂的《广东通志》也称：“仲方徙家长安，五世孙国子祭酒璘迁蜀。十世孙浚仕宋为丞相，封魏国公。浚生栻，为世大儒。”[④]张仲方著述颇丰。白居易称其“著文集三十卷，藏于家，纂制诏一百卷行于代，尤工五言章句，诗家流称之。尝撰《先仆射府君神道碑》及《丞相文献始兴公庙碑》，由文得礼，秉笔者许之”[⑤]。《新唐书·艺文志》亦著录《张仲方集》三十卷。然《文苑英华》和《全唐文》仅收录其《驳赠司徒李吉甫谥议》《竹箭有筠》《披沙拣金赋》[⑥]。而《全唐诗》则仅收录其《赋得竹箭有筠》《赠毛仙翁》二首[⑦]。

（五）韶州张仲孚

张仲孚，前引白居易所撰《张仲方墓志铭》记载“监察御史（张）仲孚以下二人，公之弟也”。《旧唐书·张仲方传》则记载张仲方之弟张仲孚，“登进士第，为监察御史”[⑧]。黄佐《广东通志·选举表》和郭棐《粤大记·科第》，均记载张仲孚为贞元十年（794）进士，官监察御史。清代《广西通志》还记载唐代张仲孚曾出任岭南节度判官[⑨]。

（六）交州廖有方

廖有方是唐后期安南籍著名文士。宋代计有功《唐诗纪事》称：“（廖）有方，交州人。

---

① （唐）白居易：《白居易集笺校》卷七〇，第3776—3777页。

② 《旧唐书》卷一七一《张仲方传》，第4442—4446页。

③ 《册府元龟》卷八四三《总录部·知人二》，中华书局，1960年，第10013页。

④ （清）郝玉麟：《广东通志》卷四四《张仲方传》，第24页。

⑤ （唐）白居易：《白居易集笺校》卷七〇《唐故银青光禄大夫秘书监张公墓志铭并序》，第3777页。《文苑英华》卷九四五，中华书局，1966年，第4973页。

⑥ 《文苑英华》卷一一八，第539—540页；卷一八七，第918页；卷八四一，第4448—4449页。《全唐文》卷六八四，第7004—7005页。

⑦ 《全唐诗》卷四六六，第5300页。

⑧ 《旧唐书》卷一七一《张仲方传》，第4446页。

⑨ （清）金鉷：《广西通志》卷五〇《秩官》，《景印文渊阁四库全书》第566册，第458页。

柳子厚以序送之。”[①]元代越南史家黎崱《安南志略》也是把廖有方作为唐代交州“名人”来记载的[②]。《全唐诗》卷四九〇小传称廖有方：“交州人，元和十一年(816)进士第。改名游卿，官校书郎。”[③]然而仅收其《题旅榇》诗一首。《全唐文》卷七一三小传相同。然也仅收其《书胡馆板记》一篇[④]。

2006年1月，西安碑林博物馆在西安东郊征集到一方唐代墓志——《唐故京兆府云阳县令廖君墓铭》，墓志主人就是唐后期交州诗人廖有方[⑤]。墓志为我们进一步研究廖有方的生平事迹，提供了极其珍贵的历史资料。

首先，根据碑文，廖有方又名廖游卿。其初名廖有方，字游卿。后以字为名，并重新取字秦都。至于碑文所称“更名者，时政咸许，故君得以字为名，而新其字”，唐代范摅《云溪友议》和宋代《唐诗纪事》等记载，均称廖有方在元和十一年进士及第后，改名为廖游卿[⑥]。至于其改字“秦都”，则与其后来定居京兆长安有关。其次，廖有方的籍贯为交州州治所在的交趾。至于廖有方的郡望或祖籍，碑文称“□□临湘□寻其曩贯”，因碑文残损无法完全确定。很可能是在湖南境内。碑文载明了其家世情况。碑文称：“曾祖怀恩，潮州刺史。祖芬，衡阳□□。父伯元，严州刺史，君严州次子。严州大历以还，宦于广州，君自婴抱，值哥舒晃、吕太一之乱。逮弱冠，始事宗人廖从政于□□□习通经传，后有谈于廉郡者，遂馆于郡学，由是仍振文笔闻□交趾。”据此可知，其曾祖廖怀恩官岭南潮州刺史，祖父廖芬任官衡阳，其父廖伯元，岭南严州刺史。严州，唐高宗乾封二年(667)置，治所在今广西来宾市。唐代宗大历(766—779)前后，其父曾任官广州，而此时亦正值廖有方幼年之时，先后遭遇了广州两次大的变乱：一是唐代宗广德元年(763)十一月，宦官广州市舶使吕太一叛乱[⑦]；二是大历八年(773)九月，“循州刺史哥舒晃杀岭南节度使吕崇贲，据岭南反”[⑧]。根据以上碑文，廖有方父祖曾祖三代的出仕地点，均在岭南或与岭南相近的衡州。

---

① (宋)计有功：《唐诗纪事校笺》卷四九“廖有方”条，王仲镛校笺，中华书局，2007年，第1338页。

② [越南]黎崱：《安南志略》卷一五“名人”条，武尚清点校，中华书局，2000年，第349页。

③ 《全唐诗》卷四九〇，第5550页。

④ 《全唐文》卷七一三，第7317页。

⑤ 对该碑的相关研究，参见张安兴《诗人、义士、交趾人廖有方——从一方新出土唐墓志说起》，《碑林集刊》第十三辑，陕西人民美术出版社，2008年，第64—68页；胡可先《新出土唐代诗人廖有方墓志考论》，《中山大学学报》2009年第5期。相关录文，见赵力光主编《西安碑林博物馆新藏墓志汇编》，线装书局，2007年，第690—692页。

⑥ (唐)范摅：《云溪友议》卷下“名义士”条，古典文学出版社，1957年，第67页。《唐诗纪事校笺》卷四九“廖有方”条，第1338页。

⑦ 《资治通鉴》卷二二三，唐代宗广德元年十一月，中华书局，1956年，第7157页。

⑧ 《资治通鉴》卷二二四，唐代宗大历八年九月，第7221页。

再次，关于其求学、科举考试以及改换户籍的经历。碑文称："逮弱冠，始事宗人廖从政于□□□习通经传，后有谈于廉郡者，遂馆于郡学，由是仍振文笔闻□交趾。次游太学，知文战可必，故南启二亲，尽室而北。"以上说明廖有方最初是跟随其族人廖从政修习儒家经典。后来进入交州州学中读书，并以文学才能著称。于是北上京城长安，到太学中游学。而游学的经历又使廖有方确信，自己可以在科举进士考试中胜出。因此又返回交趾，启请父母和家人一起北迁长安。而且还将其籍贯改为京兆长安。碑文称："今户籍既易，君有顷田于杜陵南一里，父母□□其中，实曰□原，虽板图无等，是宜为京兆人也。"可见，廖有方还在长安杜陵一带置田一顷。其主要原因我们认为是为了在京兆府获得"解荐"的身份。因为唐代京兆府的解送，在省试中最受瞩目，一是京兆府解送的人数要远远超出一般州府的水平；二是京兆解在省试中的登第率最高。而唐朝的乡贡举人参加礼部省试时，还必须接受礼部和户部对举人的户籍核查。因此，举子若要到他州取解，势必还要在他州重建自己的户籍，方能通过户部的户籍核查。因此，廖有方将其户籍包括父母从交趾迁到京兆长安，并在长安杜陵一带购置田一顷。

唐宪宗元和十年(815)，廖有方在长安参加进士科考试，以落选告终。然而其后廖有方的一件慷慨义举，却使自己一举成为流誉千载的著名义士，而且也成为第二年得以进士及第的重要原因。唐代范摅《云溪友议》之"名义士"条，比较完整地记载了这一事件的原委。① 廖有方在游历途中鬻马救助和瘗葬陌生寒士的慷慨义举，感动了很多人，"声动华夷"，被誉为"皇唐之义士也"。第二年，"李侍郎逢吉，放有方及第"。根据碑文，从元和十三年开始，其所出任的官职包括同州、泗州从事、试太子正字、太常寺协律郎、夏州节度掌书记改判官、大理评事、太子文学、殿中御史等等。至太和六年(832)十月，以京兆府云阳县令卒于任上。云阳县为京赤县，其县令职级为正五品上。碑文称其"前娶支氏，杜相国黄裳之亲，君尚未□，杜公异之而托其姻"。杜黄裳，京兆人，是唐德宗、唐顺宗、唐宪宗时期的宰相。

唐代著名文学家柳宗元有《送诗人廖有方序》《答贡士廖有方论文书》两篇文章，专门提到了廖有方，可见其对廖有方的高度重视。从永贞元年(805)到元和十年(815)，柳宗元谪任永州司马10年。而廖有方两次从交趾北上长安，有可能都途经柳宗元所在的永州贬所，二人有颇深的交往，故柳宗元有序文之作。《旧唐书·柳宗元传》称："江岭间为进士者，不远数千里皆随宗元师法；凡经其门，必为名士。"②韩愈《柳子厚墓志铭》亦称："衡湘以南为进士者，皆以子厚为师。其经承子厚口讲指为文词者，悉有法度可观。"③而

---

① (唐)范摅：《云溪友议》卷下"名义士"条，第60—61页。

② 《旧唐书》卷一六〇《柳宗元传》，第4214页。

③ (唐)韩愈：《韩昌黎文集校注》卷七《柳子厚墓志铭》，马其昶校注，马茂元整理，上海古籍出版社，1986年，第512页。

廖有方应属于其中之一。柳宗元对廖有方诗文以及人品的大力揄扬和推举，对于廖有方得以进士及第和誉满天下也有重要意义。

（七）韶州刘轲

刘轲字希仁，韶州曲江县人。元和十三年（818）进士，累官侍御史，唐文宗朝宏文馆学士，史馆修撰，出为洺州刺史[①]。据刘轲《上座主书》记载：

> 轲本沛上耕人，代业儒为农人家。天宝末流离于边，徙贯南鄙。边之人嗜习玩味异乎沛，然亦未尝辍耕舍学，与边俗齿。……故处边如沛焉。贞元中，轲仅能执经从师。元和初，方结庐于庐山之阳，……或农圃余隙，积书窗下，日与古人磨砻前心，岁月悠久，寖成书癖。[②]

徐松《登科记考》亦称刘轲为元和十三年（818）进士，其原籍为河南道徐州沛县（今江苏沛县）[③]。安史之乱后，其家族“徙贯南鄙”。至于其移居的具体地点，据唐代范摅《云溪友议》记载：“刘侍郎轲者，韶右人也。”[④]《大明一统志》记载：“刘轲，唐沛人，流离郴湘，至韶家焉。博学无所不通，诣长安为马植所奇，遂登第。历官至侍御史。所著有《春秋指要》《翼孟子》诸书数十卷。”[⑤]黄佐《广东通志》记载：“刘轲，字希仁，曲江人。其先家本沛上，天宝之乱，祖劾携家自淮入湘，至韶家焉。轲生大历中，父绮方商于郴，感异梦，亟买舟归，见其风骨奇秀，大异之，曰：‘兴我家者，此儿也。吾梦孟子顾临。’因以轲名之。成童嗜学，博洽靡所不通。从学月华寺僧慧朗禅师，遂穷内典。贞元初，扶风马植见其文，叹曰：‘韩愈之流也。’自是入广求师，闻寿春杨生寓罗浮，讲授《春秋》，轲杖策从之游者数年。……后以韶籍登进士第，历官史馆。”[⑥]据此，刘轲在唐代宗大历（766—779）年间出生于韶州曲江县，并且是以韶州乡贡举人的身份进士及第的。而其早年曾经耕读的罗浮山，亦是唐代后期岭南士人山林习业的一大中心[⑦]。根据《云溪友议》记载：

---

① 案《全唐文》卷七四二《刘轲小传》误记为洛州刺史（第7669页），据《唐诗纪事校笺》卷四六应为洺州刺史（第1260页）。唐代洺州治所在今河北武安县。

② （唐）刘轲：《上座主书》，《全唐文》卷七四二，第7673页。

③ （清）徐松：《登科记考》卷一八，中华书局，1984年，第674页。

④ （唐）范摅：《云溪友议》卷中“葬书生”条，第22页。

⑤ 《明一统志》卷七九《韶州府》，《景印文渊阁四库全书》第473册，第683页。

⑥ （明）黄佐：《广东通志》卷五五《刘轲传》，第1409页。

⑦ 严耕望：《唐人习业山林寺院之风尚》，《严耕望史学论文选集》，中华书局，2006年，第253页；王承文：《唐代罗浮山地区文化发展论略》，《中山大学学报》1992年第3期。

（刘轲）幼之罗浮、九疑，读黄老之书，欲学轻举之便。又于曹溪探释氏关戒，遂披僧服焉（原注：僧名溢纳）。北之筠川方等寺、庐岳东林，习《南山钞》及《百法论》，咸得宗旨焉。……后乃精于儒学，而隶文章，因策名第，历任史馆，欲书梦中之事，不可身为传记，吏部尚书退之，素知焉。[①]

吉川忠夫指出其早年行迹实出入于儒释道三教之间[②]。元和十年（815）白居易谪任江州司马，其《代书》一文记载当时庐山结庐习业者一二十人，“即其中秀出者，有彭城人刘轲。轲开卷慕孟轲为人，秉笔慕扬雄、司马迁为文，故著《翼孟》三卷，《豢龙子》十卷，杂文百余篇。而圣人之旨，作者之风，虽未臻极，往往而得。予佐浔阳郡三年，轲每著文，辄来示予。予知轲志不息，异日必能跨符（载）杨（衡）而攀陶（渊明）谢（灵运）。轲一旦尽赍所著书及所为文访予，告行，欲举进士”[③]。《白氏长庆集》卷一七所收《问刘十九》《刘十九同宿》等四首诗中，其“刘十九”即指刘轲[④]。南宋计有功《唐诗纪事》称刘轲“与吴武陵并以史才直史馆”[⑤]。唐末王定保《唐摭言》直称其“文章与韩、柳齐名”[⑥]。宋代姚铉在《唐文粹序》中，称其所编之书“纂唐贤文章之英粹”[⑦]，而其中就选录刘轲文九篇。除以上白居易《代书》所引列举刘轲著作之外，根据《新唐书·艺文志》、陈振孙《直斋书录解题》、晁公武《郡斋读书志》等记载，尚有《三传指要》十五卷、《汉书古史》十卷、《黄中通理》三卷、《翼孟》三卷、《隋鉴》一卷、《十三代名臣议》十卷、《唐年历》一卷、《牛羊日历》一卷等共十二种。清代学者辑有《刘希仁文集》。另外，近年出版的《全唐文补遗》收有新出的刘轲所撰《唐故朝议郎行陕州硖石县令上柱国侯公（绩）墓志铭》[⑧]。撰此志时刘轲署为“朝议郎、行尚书膳部员外郎、史馆修撰、上柱国”。

（八）广州卢宗回

黄佐《广东通志·选举表》和郭棐《粤大记·科第》均记载，卢宗回为元和十年（815）

① （唐）范摅：《云溪友议》卷中“葬书生”条，第22页。

② ［日］吉川忠夫：《刘轲传》，《中国中世史研究续编》，京都大学学术出版会，1995年，第473—502页。

③ （唐）白居易：《白居易集笺校》卷四四《代书》，第2760页；《全唐文》卷六七七，第6920页。

④ （唐）白居易：《白居易集笺校》卷一七，第1075、1086页。

⑤ （宋）计有功：《唐诗纪事校笺》卷四六“刘轲”条，第1260页。

⑥ （唐）王定保：《唐摭言》卷一一“反初及第”条，第1672页。

⑦ （宋）姚铉：《唐文粹序》，《唐文粹》卷首，《四部丛刊》初编，商务印书馆，1929年，第3页。

⑧ （唐）刘轲：《唐故朝议郎行陕州硖石县令上柱国侯公（绩）墓志铭》，吴钢主编：《全唐文补遗》第四辑，三秦出版社，1997年，第140—141页。

进士，广州南海人，官至集贤校理。《唐诗纪事》亦记载卢宗回“登元和进士第”①。宋代沈括《梦溪笔谈》记载：“长安慈恩寺塔有唐人卢宗回一诗颇佳，唐人诸集中不载，今记于此：‘东来晓日上翔鸾，西转苍龙拂露盘。渭水冷光摇藻井，玉峰晴色堕栏干。九重宫阙参差见，百二山河表里观。暂辍去蓬悲不定，一凭金界望长安。”②《全唐诗》卷四九〇小传记载：“卢宗回，字望渊，南海人。登元和十年进士第，终集贤校理。”收其《登长安慈恩寺塔》诗一首。黄佐《广东通志》又记载：“卢宗回，字望渊，南海人，少时读书，日夜忘寝食，同舍生见其所作，嫉之，假以他事殴宗回，宗回逊谢，恬不与校。由是为乡鄙所重，举元和十年进士，终集贤校理。久之，闻父有疾，浩然乞予告归，卒。宗回尝寓长安，有《题慈恩寺塔诗》，时人传诵，爱之为刻以牓，至今存焉。”③

（九）连州刘景

刘景，连州人。黄佐《广东通志·选举表》和郭棐《粤大记·科第》均不载。刘景为唐懿宗和唐僖宗时期宰相刘瞻的父亲。唐人所著《玉泉子》记载曰：“刘瞻之先，寒士也。十岁许，在郑细左右主笔砚。至十八九，细为御史……至三数年，所成文章皆词理优壮。凡再举成名，公召辟法寺学省清级，及生瞻及第。”④而《北梦琐言》记载为：“唐相国刘公瞻，其先人讳景，本连州人，少为汉南郑司徒掌笺札，因题商山驿侧泉石，荥阳奇之，勉以进修，俾前驿换麻衣，执贽之后致解荐，擢进士第，历台省。”⑤《唐语林》则记载为，刘景“因题商山驿侧泉石，司徒奇之，勉以进修，俾前驿换麻衣，执贽见之礼。后解荐，擢进士第，历台省”⑥。可见，刘瞻之父刘景亦为科举进士出身。根据《新唐书·宰相世系表》记载，刘景官至鄜坊从事。唐宪宗元和十年（815）至十四年，刘禹锡贬任连州刺史。刘禹锡所作《送曹璩归越中旧隐》诗序称：“予为连州，诸生以进士书刺者，浩不可纪。”⑦刘禹锡与刘景的交往，很可能也开始于此时。刘禹锡为祝贺刘景登进士第而写的《赠刘景擢第》诗曰：“湘中才子是刘郎，望在长沙住桂阳。昨日鸿都新上第，五陵年少让清光。”⑧其称刘景“住桂阳”，应指连州所属桂阳县。而刘景进士及第大致在元和年间（806—820）的后期。

---

① （宋）计有功：《唐诗纪事校笺》卷四八，第 734 页。

② （宋）沈括：《新校正梦溪笔谈》卷一四，胡道静校正，上海人民出版社，2011 年，第 109 页。

③ （明）黄佐：《广东通志》卷五五《卢宗回传》，第 1410 页。

④ （唐）阙名：《玉泉子》，收入《唐五代笔记小说大观》，上海古籍出版社，2000 年，第 1436 页。

⑤ （五代）孙光宪：《北梦琐言》卷三，贾二强点校，中华书局，2002 年，第 47 页。

⑥ （宋）王谠：《唐语林校证》卷三，周勋初校证，中华书局，1997 年，第 287 页。

⑦ （唐）刘禹锡：《刘禹锡集笺证·外集》卷八《送曹璩归越中旧隐》，瞿蜕园笺证，上海古籍出版社，1989 年，第 1459 页。

⑧ （唐）刘禹锡：《赠刘景擢第》，《全唐诗》卷三六五，第 4128 页。

（一〇）循州韦昌明

韦昌明，郭棐《粤大记·科第》记载其为长庆元年（821）进士，循州龙川县人。官秘书监丞。黄佐《广东通志·选举表》记载其唐穆宗长庆年间（821—824）进士及第。而该书又记载："韦昌明，循州龙川人，家素饶富，昌明励志读书，工于诗律词赋，长庆中进士及第，尝上书宰相李逢吉，责以协恭和衷之义，并献所作《鼎实（宝）赋》，逢吉称重之。累官校书郎，转秘书丞。秘书清华之职，自吴郡张率之后，东南胄绪未有任者。昌明耽阅麟署，惯乘鹿车，虽荀勖之注写竹书，薛夏之移坐兰阁，莫能过也，竟以勤瘁，卒于官。"[①]《全唐文》卷八一六小传称："（韦）昌明，岭南人。乾符五年官翰林学士。"而其所收韦昌明《越井记》，对于研究唐代粤东循州的开发以及韦氏家族的来源等有重要意义。由于该文极为罕见，而迄今为止学术界似乎也未见有人关注过，因此我们试作完整的征引。其文称：

> 南越王赵佗氏，昔令龙川时，建池于嶅湖之东，阻山带河，四面平旷，登山景望，惟此为中。厥土沃壤，草木渐包，垦辟定规制。北距嶅十里，东距五马峰五里，南距河里许，相对即海珠山也。凿井于治之东偏曰越井，取春秋时为南越，战国属楚为百粤。秦首置南海，即以龙川隶焉。则越之封，肇于春秋。而龙之壤，则启自越王佗也。井周围为二丈许，深五丈，虽当亢旱，万人汲之不竭。其源出嶅山，泉极清洌，味甘而香。自秦距今，八百七十余年，其迹如新。稽《史记》列传，称汉既平中国，而佗能集扬越，以保南藩称职贡，则佗之绩，良足为多。又秦徙中县之民于南方三郡，使与百越杂处，而龙有中县之民四家。昌明祖以陕中人来此，已几三十五代矣！实与越井相终始，故记之如此。乾符五年十月之吉，邑人翰林学士韦昌明记。[②]

以上所谓"秦徙中县之民于南方三郡，使与百越杂处"，据《史记·秦始皇本纪》记载："三十三年（前214），发诸尝逋亡人、赘壻、贾人略取陆梁地，为桂林、象郡、南海，以适遣戍。"[③]而汉高祖刘邦在诏令中亦称："粤人之俗，好相攻击，前时秦徙中县之民南方三郡，使与百粤杂处。"[④]根据以上记载，韦昌明实为秦朝强制性"徙民"的后裔。其原籍为陕中。陕中县，汉代称陕县，北魏改为陕中县，属恒农郡。其治所在今河南省陕县东南一百里。北周废[⑤]。

---

① （明）黄佐：《广东通志》卷五五《韦昌明传》，第1412页。
② （唐）韦昌明：《越井记》，《全唐文》卷八一六，第8592—8593页。
③ 《史记》卷六《秦始皇本纪》，第253页。
④ 《汉书》卷一下《高帝纪》，第73页。
⑤ （唐）李吉甫：《元和郡县图志》卷六，贺次君点校，中华书局，1983年，第156页。

而地处粤东东部山区的龙川建县历史悠久，秦始皇三十三年（前214）始置龙川县，赵佗为龙川令，因此，龙川是南越王赵佗的“兴王之地”，也是广东最早立县的四个古邑之一。而所谓“龙有中县之民四家”，是指龙川赵、韦、官、任四姓居民，也是最早进入龙川与当地土著族群杂居的中原人。韦氏等四家自秦朝从北方中原迁徙至粤东循州龙川县，至唐僖宗乾符五年（878），已经过去八百七十余年，整整三十五代了。这些北方家族在岭南既与越人杂处，但却又聚族而居。黄佐《广东通志》称韦昌明“家素饶富，昌明励志读书，工于诗律词赋，长庆中进士及第”等等，说明这些家族仍在较大程度上顽强地保持着北方中原文化的风尚。而韦昌明在其《越井记》中，明确记载自己的身份为唐朝翰林学士，而此则可以补史志之阙。

（一一）潮州黄僚

黄佐《广东通志·选举表》记载黄僚为宝历二年（826）进士，潮州程乡人。郭棐《粤大记·科第》记载相同。雍正年间郝玉麟《广东通志·选举志》也记载黄僚程乡人，宝历二年进士，官朝奉郎、大理寺丞，知琼州[①]。

（一二）桂州曹唐

曹唐为唐后期有重要影响的诗人。对于其籍贯，历史上有两种不同的说法。北宋陶岳《五代史补》记载曹唐为柳州人[②]。然而其他所有典籍均记载其为桂州（即桂林）人。对于曹唐是否科举进士及第，历史上也有两种不同的记载。唐代张读（834—886?）所撰《宣室集》称：“进士曹唐，以能诗，名闻当世。”[③]孙光宪《北梦琐言》称：“唐进士曹唐《游仙诗》，才情缥缈。”[④]《唐才子传》称：“曹唐字尧宾，桂州人。初为道士，工文赋诗。大中间举进士，咸通中为使府从事。”[⑤]元代郝天挺注《唐诗鼓吹》称：“曹唐字尧宾，桂州人，为道士，太和中（827—835）举进士中第，累为诸府从事。因暴病卒于家。”[⑥]《四库全书》收有

---

① （清）郝玉麟：《广东通志》卷三一《选举志》，《景印文渊阁四库全书》第563册，第335页。

② （宋）陶岳：《五代史补》卷一“曹唐死”条，傅璇琮主编：《五代史书汇编》，杭州出版社，2004年，第2482页。

③ 《太平广记》卷三四九原引作唐张荐（744—804）所著《灵怪集》（中华书局，1961年，第2768页）。然而据李剑国考证，此实出张读《宣室志》（见李剑国《唐五代志怪传奇叙录》，南开大学出版社，1993年，第460页、第829页）。

④ （五代）孙光宪：《北梦琐言》卷五“李远讥曹唐”条，第96页。

⑤ （元）辛文房：《唐才子传校笺》卷八《曹唐传》第三册，傅璇琮校笺，中华书局，1987年，第489—490页。

⑥ （金）元好问编、（元）郝天挺注：《唐诗鼓吹》卷四，《景印文渊阁四库全书》第1365册，第428页。

《曹祠部集》二卷。明嘉靖年间蒋冕所作《曹祠部集序》称"桂林在唐有二曹诗人，皆负重名于时"，"其一讳唐，字尧宾，桂林附郭人，尝为道士，太和中，举进士中第，累为诸府从事，以暴疾卒于家"①。清初汪森《粤西文载》记载："曹唐字尧宾，桂州人。为道士。太和中进士，咸通中，仕为府从事。"②其《粤西丛载》亦称："曹唐，初为道士，太和中举进士。"③《广西通志》记载为："曹唐字尧宾，临桂人，初为道士，有诗名，太和中举进士。累为诸府从事，及仕诸幕，颇多赠答。"④也有一部分资料并未明确记载其进士身份。例如，宋代晁公武《郡斋读书志》称他为"桂州人。初为道士。咸通中，为府从事，卒"⑤。而《唐诗纪事》亦称："唐字尧宾，桂州人。初为道士，后为使府从事。咸通中卒。"⑥

然而清初编成的《全唐诗》小传却又明确称："曹唐，字尧宾，桂州人。初为道士，后举进士不第。咸通中，累为使府从事。"⑦徐松《登科记考》亦未将曹唐确定为唐朝进士。至于《全唐诗》小传明确称曹唐"后举进士不第"的原因，我们认为很可能是其受到了前引唐代张读《宣室集》相关记载的影响。《宣室集》的原文为："进士曹唐，以能诗，名闻当世。久举不第，常寓居江陵佛寺中亭沼。"⑧以上一方面说曹唐"久举不第"，另一方面又说曹唐在仕途上颇多困顿坎坷，确实容易造成曹唐未考中进士的印象。然而需要指出的是，《宣室集》虽然称其"久举不第"，该书却明确记载其为"进士"，而且唐朝有进士身份的士人穷困潦倒者也不罕见。因此，综合以上各种资料来看，我们认为曹唐作为唐朝进士的身份是可以成立的。其进士及第大致在唐文宗太和年间(827—835)。

《新唐书·艺文志》著录《曹唐诗》三卷⑨。曹唐有虔诚的道教信仰，其诗亦具有浓厚的道教色彩。而且其诗对后世一直有重要而深远的影响。《北梦琐言》称"唐进士曹唐《游仙诗》，才情缥缈，岳阳李远员外每吟其诗而思其人"⑩。陶岳《五代史补》记载曹唐："少好道，为大小《游仙诗》各百篇。又著《紫府玄珠》一卷，皆叙三清十极纪胜之事。其《游仙》之句，则有《汉武帝宴西王母诗》云：'花影暗回三殿月，树声深锁九门霜。'又云：'树底有天春寂寂，人间无路月茫茫。'皆为士林所称。"⑪《唐才子传》记载曹唐"与罗隐同

---

① (唐)曹邺：《曹祠部集》，《景印文渊阁四库全书》第1083册，第129页。

② (清)汪森：《粤西文载校点》卷六八《曹唐传》，黄盛陆等校点，广西人民出版社，1990年，第159页。

③ (清)汪森：《粤西丛载》卷五，《景印文渊阁四库全书》第1467册，第420页。

④ (清)金鉷：《广西通志》卷八四《曹唐传》，《景印文渊阁四库全书》第567册，第412页。

⑤ (宋)晁公武：《郡斋读书志校证》卷一八，孙猛校证，上海古籍出版社，1990年，第927页。

⑥ (宋)计有功：《唐诗纪事校笺》卷五八，第1590页。

⑦ 《全唐诗》卷六四〇，第7336页。

⑧ (唐)张读：《宣室志》附《辑佚》，中华书局，1983年，第198页。

⑨ 《新唐书》卷六〇《艺文志四》，第1614页。

⑩ (五代)孙光宪：《北梦琐言》卷五"李远讥曹唐"条，第96页。

⑪ (宋)陶岳：《五代史补》卷一"曹唐死"条，第2482页。

时，才情不异。唐始起清流，志趣澹然，有凌云之骨，追慕古仙子高情，往往奇遇，而己才思不减，遂作《大游仙诗》五十篇，又《小游仙诗》等，纪其悲欢离合之要，大播于时……有诗集二卷，今传于世”[①]。《郡斋读书志》称曹唐“作《游仙诗》百余篇，或靳之曰：‘尧宾尝作鬼诗。’唐曰：‘何也？’‘“井底有天春寂寂，人间无路月茫茫。”非鬼诗而何？’唐乃大哂。今集中不见，然他诗及神仙者尚多”[②]。元代方回编《瀛奎律髓》收其《仙子送刘阮出洞》，评论说：“曹唐专借古仙会聚离别之事，以寓写情之妙。有如鬼语者，有太粗者。选此二首，极其精婉。”[③]《文苑英华》卷一六一收其《题武陵洞》四首；卷一六七收其《三年冬大礼》五首；卷二一六收其《长安客舍怀邵陵宴寄永州萧使君》五首；卷二二五收其《大游仙》十三首，《小游仙》十三首；卷二二九收其《送羽人王锡归罗浮》，《送刘尊师祗诏阙庭》三首；卷三三〇收其《病马》五首[④]。宋王安石编《唐百家诗选》，收曹唐《暮春戏赠吴端公》《和周侍御买剑》二诗[⑤]。宋人洪迈编《万首唐人绝句》，收其《小游仙诗》九十八首[⑥]。《全唐诗》之小传称其“诗三卷，今编二卷”。该书卷六四〇、卷六四一均收曹唐诗，共一百四十余首[⑦]。

(一三)广州郑愚

黄佐《广东通志·选举表》和郭棐《粤大记·科第》，均将郑愚进士及第的时间确定为开成二年(837)。《北梦琐言》记载：“唐郑愚尚书，广州人。雄才奥学，擢进士第，扬历清显，声称烜然。”[⑧]按唐文宗开成二年，高锴司贡籍，取进士 40 人。著名文学家李商隐即为该年进士，并曾作《寄在朝郑曹独孤李四同年》一诗[⑨]。徐松《登科记考》一方面依据前引《北梦琐言》，确定了郑愚的进士身份，然而不能确定其具体年份[⑩]；另一方面却又依据李商隐《寄在朝郑曹独孤李四同年》一诗推测“郑或即郑宪”[⑪]。而李商隐另有《和郑愚赠

---

① (宋)计有功：《唐才子传校笺》卷八，第三册，第 492、495 页。

② (宋)晁公武：《郡斋读书志校证》卷一八，第 927 页。

③ (元)方回选评：《瀛奎律髓汇评》卷四八，李庆甲集评校点，上海古籍出版社，2005 年，第 1793 页。

④ 《文苑英华》卷一六一，第 766 页；卷一六七，第 805 页；卷二一六，第 1077—1078 页；第卷二二五，第 1127—1129 页；卷二二九，第 1152—1153 页；卷三三〇，第 1720—1721 页。

⑤ (宋)王安石编：《王荆公唐百家诗选》卷一五，辽宁教育出版社，2000 年，第 216 页。

⑥ (宋)洪迈编：《万首唐人绝句》卷六一，《景印文渊阁四库全书》第 1349 册，529—538 页。

⑦ 《全唐诗》卷六四〇、卷六四一，第 7336—7353 页。

⑧ (五代)孙光宪：《北梦琐言》卷三“郑愚尚书锦半臂”条，第 53 页；《唐语林校证》卷三，第 288 页。

⑨ (唐)李商隐：《寄在朝郑曹独孤李四同年》，《全唐诗》卷五三九，第 6182 页。

⑩ (清)徐松：《登科记考》卷二七，第 1073 页。

⑪ (清)徐松：《登科记考》卷二一，第 774 页。

汝阳王孙家筝妓二十韵》一诗[①]，根据郑愚的从政经历，我们认为李商隐在《寄在朝郑曹独孤李四同年诗》中所提及的“郑”，应该就是指郑愚而非郑宪。

黄佐《广东通志》又记载：“郑愚，番禺人，世家殷富，驺僮布满溪谷，皆纨衣鼎食。愚幼颖力学，尝作诗有句曰：‘台山初罢雾，岐海正分流。渔浦扬来笛，鸿逵翼去舟。’隐然有济川之志。识者知其公辅器也。开成二年，进士擢第。”[②]据此可知，郑愚出身于广州豪富家族。然而唐代资料对郑愚从政的记载多有矛盾之处，我们认为其经历大致应为：他进士擢第后，先释褐为秘书省校书郎，累迁尚书郎。自唐懿宗咸通二年(861)以后，先后出任桂州刺史兼桂管观察使、邕州刺史兼岭南西道节度使[③]。征拜礼部侍郎。咸通八年，以礼部侍郎身份“知贡举”[④]，欧阳澥有《咏燕上主司郑愚》一诗[⑤]。咸通九年(868)至十二年，出任广州刺史兼岭南东道节度观察处置等使[⑥]。并以“抚绥功”，召拜尚书右仆射。在任三载卒。宋代计有功《唐诗纪事》称郑愚“唐末为相”[⑦]。宋代姚铉编《唐文粹》保存有郑愚所作《潭州大沩山同庆寺大圆禅师碑铭并序》[⑧]。而元代释念常所编《佛祖历代通载》卷一六《沩山灵佑禅师传》，亦提到“时相国郑愚为之碑”[⑨]。至于郑愚究竟是否真正具有唐朝宰相的身份，还需要有更坚实的资料来佐证。

郑愚的诗文遗留很少。《全唐诗》卷五九七收其《幼作》《茶诗》二首[⑩]。该书卷八七〇却又收其诗二首[⑪]。其一《醉题广州使院》应属其出任广州刺史时所作，其文称：“数年百姓受饥荒，太守贪残似虎狼。今日海隅鱼米贱，大须惭媿石榴黄。”其二《拟权龙褒体赠鄠县李令及寄朝右》称：“鄠县李长官，横琴膝上弄。不闻有政声，但见手子动。”此

---

① (唐)李商隐：《和郑愚赠汝阳王孙家筝妓二十韵》，《全唐诗》卷五四一，第6237页。

② (明)黄佐：《广东通志》卷五五《郑愚传》，第1412页。

③ 《资治通鉴》卷二五〇记载咸通三年八月，“以桂管观察使郑愚为岭南西道节度使”(第8101页)。《文苑英华》卷四五三《授郑愚岭南节度使制》，第2297页。

④ (清)徐松：《登科记考》卷二三，第855页。

⑤ (唐)欧阳澥：《咏燕上主司郑愚》，《全唐诗》卷六〇七，第7008页。

⑥ 《旧唐书》卷一九上《懿宗纪》记载咸通三年，“以邕管经略使郑愚为广州刺史，充岭南东道节度、观察处置等使”(第652页)。以上在时间上应属于误载。《唐摭言》卷一二“设奇沽誉”条：“咸通中，郑愚自礼部侍郎镇南海。”(第141页)此亦见于《唐诗纪事校笺》卷六六“郑愚”条(第1795页)。可见其出任广州是在其任礼部侍郎之后。《全唐诗》卷五九七小传称：“郑愚，番禺人，咸通中，观察桂管，入为礼部侍郎。黄巢平后，出镇南海，终尚书左仆射。”(第6910页)

⑦ (宋)计有功：《唐诗纪事校笺》卷六六《郑愚》，第1796页。

⑧ (唐)郑愚：《潭州大沩山同庆寺大圆禅师碑铭并序》，《唐文粹》卷六三，《景印文渊阁四库全书》第1344册，第27页。

⑨ (元)释念常：《佛祖历代通载》卷一六《沩山灵佑禅师传》，《大正新修大藏经》第49卷，佛陀教育基金会出版部，1990年，第640页。

⑩ 《全唐诗》卷五九七，第6910页。

⑪ 《全唐诗》卷八七〇，第9862—9863页。

外，清雍正年间《广东通志》收有郑愚《泛石岐》一诗[①]。此不见载于《全唐诗》。

（一四）广州韦滂

黄佐《广东通志·选举表》记载：韦滂，广州南海人，唐武宗会昌年间（841—846）进士，官至象州刺史。郭棐《粤大记·科第》则记载为会昌二年进士。《广西通志》卷五〇《秩官》亦记载韦滂出为唐象州刺史[②]。唐房千里所作《寄妾赵氏》一诗原序称："余初上第，游岭徼，有进士韦滂者，自南海邀赵氏而来，为余妾。"[③]唐代范摅《云溪友议》亦记载："房千里博士初上第，游岭徼诗序云：'有进士韦滂者，自南海邀赵氏而来。'"[④]

（一五）连州刘瞻

刘瞻，连州桂阳县人，以唐宣宗大中元年（847）进士及第，大中四年又登博学鸿词科。刘瞻在唐懿宗朝和唐僖宗朝两度担任宰相。对此，我们已有专门讨论[⑤]。

（一六）广州何鼎

黄佐《广东通志·选举表》和郭棐《粤大记·科第》均记载何鼎为广州番禺人，大中元年（847）进士。官容管经略使。何鼎与何泽父子均为唐末五代有一定影响的岭南籍进士。史书对其籍贯有两种记载。王定保《唐摭言》记载："何泽，韶阳曲江人也。父鼎，容管经略，有文称。泽乾宁中，随计至三峰行在，永乐崔公，即泽之同年丈人也；闻泽来举，乃以一绝振之曰：'四十九年前及第，同年唯有老夫存。今日殷勤访我子，稳将鬐鬣上龙门。'时主文与夺未分，又会相庭有所阻（原注：时崔相公彻恃权，即永乐犹子也）。因之败于垂成。后漂泊关外，梁太祖受禅，泽假广南幕职入贡，敕赐及第。"[⑥]《唐诗纪事》所载与此相同[⑦]。而《资治通鉴》则记载何泽，"广州人也"。又据胡三省所引薛居正《旧五代史》佚文称："何泽，广州人，梁贞明中清海节度使刘陟荐其才，以进士擢第。"[⑧]《新五代史》记载："何泽，广州人也。父鼎，唐末为容管经略使。泽少好学，长于诗歌。举进士，为洛阳令。"[⑨]后唐庄宗时，何泽拜仓部郎中，明宗时，数上书论事，拜吏部郎中、史馆修撰，以太

---

① （清）郝玉麟：《广东通志》卷六一，《景印文渊阁四库全书》第564册，第840页。
② （清）金𫓶：《广西通志》卷五〇《秩官》，《景印文渊阁四库全书》第566册，第462页。
③ （唐）房千里：《寄妾赵氏》，《全唐诗》卷五一六，第5900页。
④ （唐）范摅：《云溪友议》卷上"南海非"条，第12页。
⑤ 王承文：《唐代北方家族与岭南溪洞社会》，《唐研究》第二卷，北京大学出版社，1996年。
⑥ （唐）王定保：《唐摭言》卷九，第1656页。
⑦ （宋）计有功：《唐诗纪事校笺》卷六六"崔安潜"条，第1781—1782页。
⑧ 《资治通鉴》卷二七三，后唐庄宗同光二年（924），第8925页。
⑨ 《新五代史》卷五六《何泽传》，第647页。

仆少卿致仕。后晋时,召为太常少卿,以疾卒于家。黄佐《广东通志》称:“何鼎,其先曲江人,后徙番禺。少聪悟,日记万言。大中初进士,筮仕著作郎,迁泷州司马,以能名。节度使李迨礼重之,累迁容管经略使……鼎善星历,时朱全忠强逆不臣,鼎诫诸子曰:‘汝慎毋事全忠,全忠凶恶类禄山,必有庆绪之祸。’”其后“一如所言。诸子守其训,皆事(唐)庄宗。子泽,最知名”[①]。黄佐《广东通志·选举表》记载何泽为后唐同光元年(923)进士。

(一七)桂州曹邺

曹邺,桂州阳朔县人,大中四年(850)进士。唐代莫休符《桂林风土记》记载,桂林有“迁莺坊,本名阜财,在市西门,因曹邺中丞进士及第,前政令狐大夫改为迁莺坊”。《唐才子传》称:“曹邺字业之,桂林人。累举不第,为《四怨三愁五情诗》,雅道甚。特为舍人韦悫所知,力荐于礼部侍郎裴休。大中四年张温琪榜中第。看榜日上主司诗云:‘一辞桂岩猿,九泣都门月。年年孟春至,看花如看雪。’杏园宴间呈同年云:‘岐路不在天,十年行不至。一旦公道开,青云在平地。’又云:‘匆匆出九衢,童仆颜色异。故衣未及换,尚有去年泪。’又云:‘永持共济心,莫起胡越意。’佳句类此甚多,志特勤苦。仕至洋州刺史。有集一卷,今传。”[②]咸通二年(861),曹邺任太常博士,咸通十年为秘书监,至乾符六年(879)罢职南归。郑谷有《送吏部曹郎中免官南归》一诗云:“高名向已求,古韵古无俦。风月抛兰省,江山复桂州。贤人知止足,中岁便归休。”[③]其所称“中岁便归休”,是说曹邺尚在中年却已辞官返回故里。李洞撰有《送曹郎中南归时南中用军》一诗[④]。其后李洞得悉曹邺卒于乡里,又撰有《吊曹监》一诗,其中有:“吟魂醉魄归何处?御水呜呜夜绕门。”[⑤]

根据曹邺自己的说法,唐代桂州阳朔曹氏本是魏武帝曹操的后代。其《寄监察从兄》一诗云:“我祖居邺地,邺人识文星。此地星已落,兼无古时城。古风既无根,千载难重生。空留建安书,传说七子名。贱子生桂州,桂州山水清。自觉心貌古,兼合古人情。”[⑥]其《寄贾驰先辈》一诗又云:“游子想万里,何必登高台。闻君燕女吟,如自蓟北来。长安高盖多,健马东西街。尽说蒿簪古,将钱买金钗。我祖西园事,言之独伤怀。”[⑦]以上所谓“我祖居邺地”和“我祖西园事”,均与其祖居地有关。明代张鸣凤《桂故》记载:“曹邺字邺之,自云魏武之后,不知徙桂所从起。其《寄监察从兄》及《贾驰诗》述邺西园,皆云‘我

---

① (明)黄佐:《广东通志》卷五五《何鼎传》,第1414页。

② (宋)计有功:《唐才子传校笺》卷七《曹邺传》,第三册,第356—362页。

③ (唐)郑谷:《送吏部曹郎中免官南归》,《全唐诗》卷六七五,第7728页。

④ (唐)李洞:《送曹郎中南归时南中用军》,《全唐诗》卷七二一,第8271页。

⑤ (唐)李洞:《吊曹监》,《全唐诗》卷七二三,第8298页。

⑥ (唐)曹邺:《曹祠部集》卷二《寄监察从兄》,《景印文渊阁四库全书》第1083册,第138页。《全唐诗》卷五九三,第6874页。

⑦ (唐)曹邺:《曹祠部集》卷二《寄贾驰先辈》,《景印文渊阁四库全书》第1083册,第142页。

祖'，即名字并取邺，必其后也。颇慕建安七子诗，故其所为亦多古体。大中间进士及第，历祠部，终洋州刺史。"又称："本家阳朔，后居桂城阜财坊，坊在市西门。其时令狐观察以邺所居，改为迁莺坊。邺于桂有《碧浔亭宴上》诗。唐两诗人家桂州，其一名唐，字尧宾。太和间进士，曾辟为府从事。"①

曹邺在晚唐文坛尤以追慕汉魏古风而著称。《唐摭言》记载："刘驾与曹邺为友，俱攻古风诗。邺既擢第，而不即出京，俟驾成名同去，果谐所志。"②《唐诗纪事》称曹邺"能文，有特操。咸通初，为太常博士"，"邺字业之，大中进士也。唐末，以祠部郎中知洋州"③；该书卷六三又云："（刘）驾与曹邺友善，工古风。邺大中时擢第，不出京，候驾登科同去。"④《全唐诗》卷五九二、五九三共收曹邺诗108首⑤。《全唐诗续拾》卷三二收有曹邺诗3首⑥。曹邺的诗简朴、通俗易懂。如其《官仓鼠》："官仓老鼠大如斗，见人开仓亦不走。健儿无粮百姓饥，谁遣朝朝入君口？""州民言刺史，蠹物甚于蝗。"⑦《新唐书·艺文志》著录《曹邺诗》三卷，又称其"字邺之，大中进士第，洋州刺史"⑧。宋陈振孙撰《直斋书录解题》卷十九称："《曹邺集》一卷，唐洋州刺史曹邺撰。大中四年进士。"⑨《粤西文载》称："曹邺字业之，阳朔人。读书龙头山石岩中。大中间，举进士。刺洋州，至祠部郎中。有诗名。学士韦燠尝荐之于朝。时诗人如郑谷辈，皆自以为不及。"⑩《四库全书》收有《曹祠部集》二卷。明嘉靖年间蒋冕所作《曹祠部集序》称："桂林在唐有二曹诗人，皆负重名于时。其一讳邺，字邺之，阳朔县人。尝作《四怨三愁五情诗》，为中书舍人韦悫所知，力荐于主司，大中间登进士第，由天平节度掌书记迁太常博士，晋祠部郎中，仕终洋州刺史。"⑪

（一八）封州莫宣卿

莫宣卿，封州（今广东封开县）人。《登科记考》记其为大中五年（851）制科状元⑫。

---

① （明）张鸣凤：《桂故》卷六，《景印文渊阁四库全书》第585册，第773—774页。

② （唐）王定保：《唐摭言》卷四，第1615页。

③ （宋）计有功：《唐诗纪事校笺》卷六〇"曹邺"条，第1647页。

④ （宋）计有功：《唐诗纪事校笺》卷六三，第1692页。

⑤ 《全唐诗》卷五九二、卷五九三，第6861—6881页。

⑥ 陈尚君辑校：《全唐诗补编·全唐诗续拾》卷三二，中华书局，1992年，第1161—1162页。

⑦ 《全唐诗》卷五九二，第6866页。

⑧ 《新唐书》卷六〇《艺文志四》，第1613页。

⑨ （宋）陈振孙：《直斋书录解题》卷一九，上海古籍出版社，1987年，第572页。

⑩ （清）汪森：《粤西文载校点》卷六八《曹邺传》，第159页。

⑪ （唐）曹邺：《曹祠部集》，《景印文渊阁四库全书》第1083册，第129页。

⑫ （清）徐松：《登科记考》卷二二，第817页。相关研究，可参见林天尉《唐末岭南状元莫宣卿考》，《食货月刊》复刊第七卷第五期，1977年8月。

宋代以来,各种典籍对于莫宣卿作为唐朝科举状元的身份都有专门记载。宋代祝穆《方舆胜览》称:“莫宣卿,开建人。唐大中间状元及第。”[①]王象之《舆地纪胜》的记载与此相同[②]。潘自牧《记纂渊海》卷一五《封州》之“形胜”条记载“金镂村有莫状元读书堂”;其“封州人物”条亦称“唐莫宣卿状元登第”。《明一统志》则记载:“莫宣卿,开建县人。大中间进士第一。今县之金镂村,有莫状元读书堂及片玉亭。”[③]丘浚称唐代“进士科兴,江以南士固有与者,然多在中叶以后。且终唐之世,未有得抡魁者。张公在开元时,已以道侔伊吕科进。而大中间,开建之莫宣卿亦已魁天下选矣。”[④]黄佐《广东通志》称“岭南人大魁天下自宣卿始”[⑤]。唐僖宗乾符五年(878),封州刺史白鸿儒作《莫孝肃公诗集序》对莫宣卿生平事迹有最详细的记载,其文称:

> 唐宣宗大中五年,龙集辛未,设科求贤,合天下士对策于大廷,胪传以莫公宣卿为第一。公字仲节,广南封州人也。所产之乡曰文德,所居之里曰长乐。……(公)天性迥异,闻言即悟。甫七岁,资识豁然,手不释卷,过目辄成诵,时人目为神童。入郡庠,从游于梁明甫先生。梁母尤严于内训。试于有司,荐于大廷,对扬清问,首魁天下。初典翰林,未服官政,后以母老,具表陈请,乞官外补,以便就养。上可其奏,赐官台州别驾,归省迎母。未至官所,而寻卒故里。葬之于文德乡锣鼓岗。咸通九年,封州刺史李邦昌上其事于朝,钦奉上敕为唐正奏状元莫孝肃公,祀以庙食,表其里居曰文德,蠲其赋税,以充烝尝之需,永为常典。公自幼以至登第,所撰词赋诗歌,皆操笔立成,诵而咏之,如真金美玉,不落形迹;如化工生物,不事妆点,而生气宛然如在也。及今公族子姓言动气象,犹有公之遗风。虽乡曲五尺童子,与夫田野愚夫愚妇,皆重公名,莫不喜谈乐道之。[⑥]

莫宣卿的求学和出仕经历颇具有代表性。莫宣卿被赐官台州别驾,然未至官所却卒于故里。其遗集称《莫孝肃公诗集》,为其孙莫立之所辑。《文苑英华》收录其《百官乘月早朝听残漏》《水怀珠》二首[⑦]。《全唐诗》卷五六六收其《答问读书居》《百官乘月早朝听残漏》

---

① (宋)祝穆:《方舆胜览》卷三五《封州》,施和金点校,中华书局,2003年,第629页。

② (宋)王象之:《舆地纪胜》卷九四《封州》,第3243页。

③ 《明一统志》卷八一《肇庆府》,《景印文渊阁四库全书》第473册,第713页。

④ (明)丘浚:《重编琼台稿》卷九《武溪集序》,《景印文渊阁四库全书》第1248册,第170—171页。

⑤ (明)黄佐:《广东通志》卷五五《莫宣卿传》,第1414页。

⑥ (唐)白鸿儒:《莫孝肃公诗集序》,《全唐文》卷八一六,第8590—8591页。

⑦ 《文苑英华》卷一八四、一八六,第904、911页。

《水怀珠》三诗[①]。柳珪为唐朝大臣、书法家柳公绰(763—832)之孙,与莫宣卿为同年进士,其所作《送莫仲节状元归省》一诗称:"青骢聚送谪仙人,南国荣亲不及君。椰子味从今日近,鹧鸪声向旧山闻。孤猿夜叫三湘月,匹马时侵五岭云。想到故乡应腊过,药栏犹有异花薰。"[②]

至于莫宣卿的族人莫休符亦以文显。宋代陈振孙《直斋书录解题》卷八著录《桂林风土记》一卷,称"唐融州刺史权知春州莫休符撰。昭宗光化二年(899)也"[③]。《四库全书总目》著录《桂林风土记》一卷,又称"唐莫休符撰。休符里贯未详。作此记时,在昭宗光化二年,休符以检校散骑常侍守融州刺史。其终于何官,亦莫能考也"[④]。至于莫休符的"里贯",根据黄佐《广东通志》记载,莫宣卿"族人(莫)休符,受知郑愚,为融州刺史,权知春州,尝著《桂林风土记》"[⑤]。而明代张鸣凤《桂故》记载:"莫休符其自序所著《桂林风土记》",又称"惟桂林事迹阙然无闻,休符因退居,粗录见闻,曰《桂林风土记》。聊以为序,时唐光化二年九月二十三日。休符,封州开建人。"[⑥]清初汪森《粤西文载》亦记载莫休符,封州开建人,"光化(898—901)间,官融州刺史"[⑦]。

(一九)端州黄惟坚

黄佐《广东通志·选举表》和郭棐《粤大记·科第》均记载黄惟坚为端州高要人,大中五年(851)进士,官朝议郎[⑧]。同年进士有莫宣卿。郝玉麟《广东通志·选举志》相同[⑨]。

(二〇)广州杨环

杨环,黄佐《广东通志·选举表》记载其为广州南海人,咸通(860—874)年间进士。该书又记载其"力学工诗,隐居罗浮,咸通末登进士第,初任省时,梦登高台耘草得玉麟。及除弘文馆校书郎,人贺曰:'子居是职,所谓麟台芸阁也。'始悟所梦。拜官后,时事日非,即拂衣归隐。至德令周繇与环友善,极称许之。又有黄隐居者,家于朝台(广州城内),往来罗浮,与环莫逆,日以琴樽自娱,时人称曰'南滨三隐'"[⑩]。周繇《送杨环校书归

---

① 《全唐诗》卷五六六,第6554—6555页。除三诗外,还收残句一句。
② (唐)柳珪:《送莫仲节状元归省》,《全唐诗》卷五六六,第6559—6560页。
③ (宋)陈振孙:《直斋书录解题》卷八,第259页。
④ 《四库全书总目》卷七〇,中华书局,1965年,第623页。
⑤ (明)黄佐:《广东通志》卷五五《莫宣卿传》,第1414页。
⑥ (明)张鸣凤:《桂故》卷三,《景印文渊阁四库全书》第585册,第752页。
⑦ 《粤西文载校点》卷六二《莫休符传》,第364页。
⑧ (明)黄佐:《广东通志》卷一一《选举表》,第240页。
⑨ (清)郝玉麟:《广东通志》卷三一《选举志》,《景印文渊阁四库全书》第563册,第335页。
⑩ (明)黄佐:《广东通志》卷五五《杨环传》,第1416页。

广南》一诗称:“天南行李半波涛,滩树枝枝拂戏猱。初着蓝衫从远峤,乍辞云署泊轻艘。山村象踏桄榔叶,海外人收翡翠毛。名宦两成归旧隐,遍寻亲友兴何饶。”[①]据《全唐诗》卷六三五小传,周繇字为宪,池州人。咸通十二年(871)进士登第[②]。周繇应是以同榜进士的身份撰写该诗的。至于前引黄佐所提到的“黄隐居”,应是与晚唐诗人许浑有交往的隐士。许浑《送黄隐居归南海》曰:“瘴雾南边久寄家,海中来往信流槎。林藏狒狒多残笋,树过猩猩少落花。深洞有云龙脱骨,半岩无草象生牙。知君爱宿琼峰顶,坐到三更见日华。”[③]而许浑在广州所作《晚自朝台津至韦隐居郊园》,亦反映尚有许多不应辟举遁迹岭海的本地士人[④]。

(二一)封州陈万言

根据黄佐《广东通志》记载,陈万言,封川(今广东封开县)人,唐僖宗乾符二年(875)进士及第,“为歙州刺史,明恤民隐,能折强豪,时称能吏。晚归隐渔村,乃苦刻作诗,人甚称之”[⑤]。

(二二)循州郑隐

郑隐,循州人。黄佐《广东通志·选举表》和郭棐《粤大记·科第》均不载。郑隐为唐僖宗乾符二年(875)进士。而其进士及第与晚唐宰相崔沆有关。崔沆(?—881)字内融。博陵郡(今河北安平)人。宰相崔铉之子。登进士第,官员外郎,知制诰,累迁中书舍人。唐懿宗咸通十三年(872),崔沆坐事贬循州(今广东惠州)司户[⑥]。唐僖宗乾符(874—879)初,复拜中书舍人,寻迁礼部侍郎,典贡举。选名士十数人,多至卿相。乾符末,本官同平章事。唐末王定保《唐摭言》记载:

> 郑隐者,其先闽人,徙居循阳,因而耕焉。少为律赋,词格固寻常。咸康末,小魏公沆自阙下黜循州佐,于时循人稀可与言者;隐贽谒之,沆一见甚慰意,自是日与之游……以钱代隐输官,复延之上席。未几,沆以普恩还京,命隐偕行……行至商颜,诏沆知贡举。时在京骨肉,闻沆携隐,皆以书止之;沆不能舍,遂令就策试,然与诸亲约止于此耳。暨牓除之夕,沆巡廊自呼隐者三四,矍然顿气而言曰:“郑隐,崔沆不与

① 周繇:《送杨环校书归广南》,《文苑英华》卷二八二,第1435页;《全唐诗》卷六三五,第7292页。

② 《全唐诗》卷六三五,第7290页。

③ 许浑:《送黄隐居归南海》,《全唐诗》卷五三四,第6098页。

④ 许浑:《晚自朝台津至韦隐居郊园》,《全唐诗》卷五三三,第6090页。

⑤ (明)黄佐:《广东通志》卷五五《陈万言传》,第1416页。

⑥ 《旧唐书》卷一九上《懿宗纪》,第679页。

了，却更有何人肯与之！”一举及第。[①]

宋代梁克家《淳熙三山志》称：“郑隐字伯超，福清人。”[②]乾隆初年编成的《福建通志》，亦将其记载为福建籍进士[③]。而多种明清广东地方史志，一般都未将郑隐作为唐代广东进士加以记载。然而根据《唐摭言》的记载，虽然郑隐的祖籍为福建，然而其籍贯其实为岭南东南部沿海的循州。而且郑隐应该也是以循州乡贡举人的身份得以进士及第的。古代循州又称循阳郡、龙川郡和海丰郡[④]。根据徐松《登科记考》考证，郑隐为唐僖宗乾符二年(875)进士。该年为中书舍人崔沆知贡举[⑤]。而崔沆在贬任循州期间，与郑隐交好，并在举业上给予郑隐帮助和提携，使其得以进士及第。

(二三)连州邵安石

邵安石，黄佐《广东通志·选举表》记载其乾符三年(876)进士及第[⑥]。而徐松《登科记考》则考定在乾符四年[⑦]。《唐摭言》记载：“邵安石，连州人也。高湘侍郎南迁归阙，途次连江，安石以所业投献遇知，遂挈至辇下。湘主文，安石擢第。诗人章碣，赋《东都望幸诗》刺之曰：‘懒修珠翠上高台，眉月连娟恨不开；纵使东巡也无益，君王自领美人来。’”[⑧]可见，邵安石能进士及第，确实得到了高湘的提携，然而却也因此遭到了章碣(836—905)的讥讽。晚唐诗人曹松《送邵安石及第归连州觐省》曰：“及第兼归觐，宜忘涉驿劳。青云重庆少，白日一飞高。转楚闻啼狖，临湘见叠涛。海阳沈饮罢，何地佐旌旄。”[⑨]黄佐《广东通志》等不为邵安石立传，主要原因应与其后来出仕朱温的后梁王朝有关。郝玉麟《广东通志》卷四四《张鸿传》尚称：“时(张鸿)同郡邵安石、黄匪躬、吴霭等并有才名，与(张)鸿相颉颃，然皆以唐进士事朱全忠，为士论所少，视鸿有愧矣。”[⑩]

(二四)循州张昭远

张昭远，黄佐《广东通志·选举表》和郭棐《粤大记·科第》均记载其为循州归善县

---

① 《唐摭言》卷九，第1653页。
② (宋)梁克家：《淳熙三山志》卷二六《人物类一·科名》，海风出版社，2000年，第312页。
③ (清)郝玉麟纂：《福建通志》卷三三《选举》，《景印文渊阁四库全书》第529册，第4页。
④ (宋)祝穆：《方舆胜览》卷三七《循州》，第662页。
⑤ (清)徐松：《登科记考》卷二三，第870页。
⑥ (明)黄佐：《广东通志》卷一一《选举表》，第240页。
⑦ (清)徐松：《登科记考》卷二三，第875页。
⑧ (唐)王定保：《唐摭言》卷九，第1653页。
⑨ (唐)曹松：《送邵安石及第归连州觐省》，《全唐诗》卷七一六，第8233页。
⑩ (清)郝玉麟：《广东通志》卷四四《张鸿传》，《景印文渊阁四库全书》第564册，第32页。

人，乾符四年(877)进士，官至起居舍人。

(二五)广州邓承勋

邓承勋，黄佐《广东通志・选举表》和郭棐《粤大记・科第》均记载其为乾符五年(878)进士，广州南海县人，官至江州刺史。黄佐《广东通志》又记载其“积学膺荐上京，师从宰相刘瞻〔习〕制诰，久之，登乾符五年(878)进士，筮仕为虔州司马，待选家居。时节度副使柳玭甚礼重之，录其家范，以教子孙。会黄巢破广州，执节度使李迢，索玭甚急，承勋潜以小舟济玭，告难长安，后巢贼平，承勋拜江州刺史，谢病归”[①]。可见，在黄巢之乱被平定后，邓承勋辞任江州刺史而返回了广州。

(二六)连州黄匪躬

黄匪躬，黄佐《广东通志・选举表》和郭棐《粤大记・科第》均记载其为唐光启三年(887)进士，连州人。五代孙光宪《北梦琐言》记载：“近代李频、黄匪躬皆岭表人。”[②]《十国春秋》记载其为连州人，“幼负诗名，与同郡张鸿、邵安石、吴霭并有才华，登唐光启三年进士。后仕梁，掌江西锺传幕奏记，武穆王雅倾慕之。会匪躬以使事来湖南，王大喜，尽蠲其门户租役。匪躬固辞，王曰：‘老夫常恨不一挹清风，今幸得见，惟恐不足以奉汤沐。’其见重如此”[③]。

(二七)韶州孔闰

《永乐大典》所收《南雄府图经志》记载：“唐孔闰，少聪敏嗜学，年十九，唐景福(892—893)初及第，官至朝散大夫、袁州刺史。”[④]《大明一统志》之《南雄府》记载：“孔闰，保昌人。少聪明嗜学，景福初进士，官至朝散大夫，迁袁州刺史。”[⑤]黄佐《广东通志・选举表》亦记载孔闰为唐昭宗景福年间进士，南雄人，官朝散大夫、袁州刺史。郭棐《粤大记・科第》记载其为景福二年(893)进士。然而，雍正年间郝玉麟等编纂的《广东通志・选举志》，却将孔闰记载为唐高宗显庆(656—661)年间进士[⑥]，此应有误。

(二八)桂州赵观文

赵观文，桂州临桂县人。根据莫休符《桂林风土记》和徐松《登科记考》，其于唐昭宗

① (明)黄佐：《广东通志》卷五五《邓承勋传》，第1414页。

② (五代)孙光宪：《北梦琐言》卷五“罗衮不就西川辟”条，第116页。

③ (清)吴任臣：《十国春秋》卷七五《黄匪躬传》，中华书局，1983年，第1029页。

④ 《永乐大典方志辑佚》之《南雄府图经志》第4册，第2538页。

⑤ 《明一统志》卷八〇《南雄府》，《景印文渊阁四库全书》，第473册，第689页。

⑥ (清)郝玉麟：《广东通志》卷三一《选举志》，《景印文渊阁四库全书》，第563册，第334页。

乾宁二年(895)状元及第，入为翰林侍讲[①]。《唐摭言》称"昭宗皇帝颇为寒畯开路"，"赵观文古风之作，皆臻前辈之阃阈者也"[②]。宋孔仲平《珩璜新论》记载"赵观文，桂州人。桂小军也，状元及第"[③]。晚唐诗人褚载《贺赵观文重试及第》曰："一枝仙桂两回春，始觉文章可致身。已把色丝要上第，又将彩笔冠群伦。龙泉再淬方知利，火浣重烧转更新。今日街头看御膀，大能荣耀苦心人。"[④]于此可见，来自岭南桂州的赵观文状元及第，在晚唐长安还引起过不小的震动。其所谓"重试及第"，根据宋代计有功《唐诗纪事》记载："案观文乾宁二年崔凝下第八人登第，是年命陆扆重试，而观文为牓首。"[⑤]

清初汪森《粤西丛载》记载赵观文事迹，特地征引了《唐登科记》。傅璇琮先生在其《唐代科举与文学》一书的开篇称："有关唐代科举制的研究材料，最基本的应当是唐人的登科记。但唐代的登科记，无论是唐朝人所作，还是宋朝人所作，今天都已不可得见。"[⑥]正因为如此，《粤西丛载》所保存的这份《唐登科记》，应属于极其罕见的唐朝登科记遗文，而且应仅见于此。其文称：

> 二月八日昭宗御武德殿，宣翰林学士陆扆重试《曲直不相入赋》《询于刍荛诗》，考落九人，重放状头赵观文以下十有五人。敕赵观文、程晏、崔赏、封渭才藻优赡，义理昭然，深穷体物之能，曲尽缘情之妙。所试诗赋，词义精通，皆合本意。其卢赡、卢鼎、黄滔、崔仁宝、沈松、王贞白、李龟祯、张宾、陈饶、韦希震、卢赓等十人，所试诗赋，义理精通，宜跻异级，用振儒风。其赵观文四人，并卢赡等十人，并与及第。其张贻宪、孙浦、李途、李光序、李枢等五人，所试诗赋不副题目，兼词句稍下，宜付有司，许复再举。其崔砺、杜承昭、郑稼、苏楷等四名，所试最下，芜类颇甚，不及格式，合无守业，敢窃科名，付有司落下，不许再入举场。其崔疑爵秩已崇，委托殊重，依旧委中书门下商量处分，可使持节合州诸军事、合州刺史。[⑦]

以上引文中的主要史实，亦见于唐末黄滔《黄御史集》附录所收《唐昭宗实录》[⑧]。然而二者仍有不少具体细节的差别。明代张鸣凤《桂故》记载赵观文临桂人，乾宁二年状元及

---

① (唐)莫休符:《桂林风土记》,《丛书集成初编》,中华书局,1985年,第8页;《登科记考》卷二四,第907页。

② (唐)王定保:《唐摭言》卷七,第1636页。

③ (宋)孔仲平:《珩璜新论》,《景印文渊阁四库全书》第863册,第121页。

④ 褚载:《贺赵观文重试及第》,《全唐诗》卷六九四,第7990页。

⑤ (宋)计有功:《唐诗纪事校笺》卷五九,第1598页。

⑥ 傅璇琮:《唐代科举与文学》,陕西人民出版社,1986年,第1页。

⑦ (清)汪森:《粤西丛载》卷五引《唐登科记》,《景印文渊阁四库全书》第1467册,第422页。

⑧ (唐)黄滔:《黄御史集》卷八《唐昭宗实录》,《景印文渊阁四库全书》第1084册,第183页。

第，“观文起自远所，入取高第，意欲藉以涉要地，多所干济。值宦寺窃柄，大盗蜂起，遂归家，赍志以殁。郡志谓其官终侍讲，则不知之矣。至今尧山虞山两庙有观文祭器碑”①。清雍正《广西通志》记载：“赵观文，临桂人。乾宁二年状元及第。是年，试《观人文化成天下赋》，内出《白鹿宣示百僚诗》，放进士榜二十五人，观文第八，被黜者诉不当，乃重试，观文遂魁多士。是时，刘季述辈专横，观文以为言忤宰相崔荫意，谢病归。”②其“谢病归”的主要原因，应与此时大唐帝国末年的政治混乱有关。宋代陈思《宝刻丛编》卷一九《静江府》著录有唐赵观文撰、颜起正书并篆额的《唐新修尧舜二祠祭器记》，并记“乾宁五年(898)八月十五日建”③。《全唐文》卷八二八和《粤西文载》卷三七均收录有赵观文《桂州新修尧舜祠祭器碑》④。而该碑文很可能就是赵观文在其回归故里后撰写的。

(二九)封州王国才

黄佐《广东通志·选举表》和郭棐《粤大记·科第》均记王国才，封州封川人，唐昭宗乾宁三年(896)进士及第。

(三〇)连州吴蔼

吴蔼，黄佐《广东通志·选举表》和郭棐《粤大记·科第》均记载其为连州人，光化三年(900)进士。官节度掌书记。吴蔼在后梁王朝中颇受到重用。《册府元龟》记载后梁太祖乾化元年(911)十二月，“命大理卿王鄯使于安南，左散骑常侍吴蔼使于朗州，皆以旌节官告锡之也”⑤。该书又称“梁吴蔼为崇政副使，太祖乾化二年，自右散骑常侍迁刑部侍郎，与宣徽副使左散骑常侍李珽并充侍讲学士”⑥。而黄佐《广东通志》等不为其立传，也应与其出仕朱温后梁王朝有关。

(三一)连州陈用拙

陈用拙，黄佐《广东通志·选举表》记其为唐天祐元年(905)进士。官至南汉中书舍人。而黄佐《广东通志》又记载：“陈拙字用拙，以字显，连州人，少肄习礼乐，尤长于诗。(唐)天祐元年(905)擢进士第，授著作郎，见朱温弑逆，假使节南归，加清海军节度使、刘

---

① (明)张鸣凤：《桂故》卷六，《景印文渊阁四库全书》第585册，第774页。

② (清)金鉷：《广西通志》卷七六《乡贤·赵观文传》，《景印文渊阁四库全书》第567册，第293页。

③ (宋)陈思：《宝刻丛编》卷一九《静江府》，《景印文渊阁四库全书》第682册，第482页。

④ (唐)赵观文：《桂州新修尧舜祠祭器碑》，《全唐文》卷八二八，第8721—8722页。

⑤ 《册府元龟》卷二一三，第2556页。

⑥ 《册府元龟》卷五九九，第7197页。

隐同平章事,隐遂留用之"[①]。《十国春秋》称"陈用拙,本名拙,连州人,用拙其字也。少习礼乐,工诗歌,长遂以字显。唐天祐元年(905)擢进士第,授著作郎"[②]。而司空图于唐昭宗光化二年(899)所撰《疑经后述》,却称"钟陵秀士陈用拙出其宗人岳所作《春秋折衷论》数十篇,赡博精致,足以下视两汉迂儒矣"[③]。这里的"钟陵秀士",应指陈用拙原来的籍贯或郡望。钟陵县,西晋太康初置,属豫章郡。唐朝为洪州治。在今江西省南昌市。因此,我们认为陈用拙也属于从钟陵南迁岭南的内地家族后裔。

(三二)连州刘赞

刘赞,为宰相刘瞻之子。黄佐《广东通志·选举表》不载。《北梦琐言》记载刘瞻"先婚李氏,生一子,即刘赞也……擢进士第。梁时登朝,充崇政院学士,预时俊之流"[④]。以上说明刘瞻与李氏所生之子刘赞,也是以科举进士身份进入唐末政坛的,其官至后梁王朝崇政院学士。《全唐诗》卷七二七小传称唐末名"刘赞"者有三人,称:"按唐末刘赞有桂阳人,宰相瞻之子,擢进士,仕梁充崇政殿学士。"徐松《登科记考》将其进士及第时间推断在唐末天祐二年(905)[⑤]。值得注意的是,唐后期粤北连州刘氏家族,从刘景、刘瞻到刘赞三代均为唐朝科举进士。

(三三)连州张鸿

黄佐《广东通志·选举表》记载其为唐天祐(904—907)末年进士,连州桂阳人。而郭棐《粤大记·科第》则记载其为天祐四年(907)进士。黄佐《广东通志》还记载张鸿"方将筮仕,知运祚将易,遂隐遁不出。天下闻而高之。为诗清绝,世所传诵。著述甚裕,有集十二卷行于时"[⑥]。明成化九年(1473)编成的《广州志》卷三六《艺文志》,亦著录有《张鸿诗集》十二卷。《全唐诗》未收录其诗。

(三四)康州李谨微

李谨微,郭棐《粤大记·科第》记载其天祐四年(907)进士,康州人。官番禺令。黄佐《广东通志》记载其唐天祐年间(904—907)进士及第,德庆(今广东省德庆县)人。德庆在

① (明)黄佐:《广东通志》卷五五《陈用拙传》,第1416—1417页。

② (清)吴任臣:《十国春秋》卷六二《陈用拙传》,第891页。

③ (唐)司空图:《司空表圣诗文集笺校·文集》卷三,祖保泉等笺校,安徽大学出版社,2002年,第213页。

④ (五代)孙光宪:《北梦琐言》卷一〇,第208页。

⑤ (清)徐松:《登科记考》卷二四,中华书局,1984年,第930页。

⑥ (明)黄佐:《广东通志》卷五五《张鸿传》,第1416页。

唐属于康州。而该书又记载其赴任番禺令途中，月夜遇渔父诫“世将乱矣，宜高尚云林，以保天年”，言讫不见，“谨微悟，遂隐不仕”[①]。

以上我们对唐后期岭南35位科举进士的出身、仕宦和文学创作等情况作了专门讨论。有关唐后期岭南进士大量出现的原因及其重要意义也值得我们进一步探讨。

三、唐后期岭南籍进士大量出现的原因及其意义

岭南虽然早在秦汉就已纳入中国的版图，但是却长期被视为“蛮荒”和“化外”。两汉时期，岭南士人参与中央王朝政治事务的记载完全是空白。在魏晋南北朝门阀统治时期，由于九品中正制的选官方式高度重视门第和郡望，也就基本上排除了岭南人士通过正常途径参与中央政治事务的可能。而唐朝科举制度的实行，则为岭南士人通过正常途径晋升统治阶层提供了可能。“就整个封建社会的职官制度和选举制度来说，由于各级官吏特别是高级官吏通过科举来进行选拔，地主阶级各阶层人士都可以怀牒自列于州县，报名参加考试，这就使他们有可能通过科举进入最高统治机构，从而打破了两汉以来由地主阶级中某一集团、某些家族世代垄断政权，独占高位的局面。”[②]因此，唐代岭南籍进士的大量出现并走上政坛，可以看成是“中古社会革命”[③]在岭南的重要体现。

唐后期岭南科举进士数量的大量增加，也反映了唐代北方家族南迁对岭南社会的深刻影响。唐代是北方家族向岭南大量移民的时期，其移民的原因和途经主要包括：一是整个唐朝都有不少北方官员因官而移贯岭南；二是岭南自始至终都是唐朝流人和左降官最集中的地区（由于这两种制度实际上都具有一定的强制性移民色彩，因此也成为北方家族向岭南移民的重要途径）；三是“安史之乱”以后直至唐末五代，大量北方家族为逃避战乱而移居岭南各地，其影响相当广泛深远。这些来自黄河流域和长江中下游地区的移民带来了比较先进的生产工具和生产技术，也提供了大量现成的劳动人手，因而促进了岭南较大范围内的开发[④]。

早在20世纪初，日本学者桑原骘藏就称：“对中国人来说，科举就是登龙门。过去中国人的学问教育，大半以科举为目的，因此登科者的多寡，可以说是卜算一个地方文运的指标。”[⑤]从唐后期岭南进士的籍贯分布来看，主要集中在11个州，包括：连州8人，广州

① (明)黄佐：《广东通志》卷五五《李谨微传》，第1416页。

② 吴宗国：《唐代科举制度研究》，沈阳：辽宁大学出版社，1992年，第182页。

③ 陈寅恪：《唐代政治史述论稿》，上海古籍出版社，1982年，第102—103页。

④ 王承文：《唐代北方家族与岭南溪洞社会》，《唐研究》第二卷，北京大学出版社，1996年。

⑤ [日]桑原骘藏：《历史上所见的南北中国》，刘俊文主编：《日本学者研究中国史论著选译》第一卷，中华书局，1992年，第26页。

7人，韶州4人，桂州3人，封州3人，循州3人，潮州2人，爱州2人，交州1人，端州1人，康州1人。而唐代岭南其他60个左右的州，却没有进士的记载。这种情况一方面说明唐代岭南区域内部经济社会文化发展的差异性仍然相当明显，另一方面这些有进士记载的州，绝大多数都属于唐后期北方移民比较集中的地区。因而也从一个具体方面证明了唐后期北方家族移民对岭南的重要影响。唐代三位岭南籍宰相即韶州张九龄、爱州姜公辅和连州刘瞻，均为北方移民的后裔[①]。前述韶州刘轲亦出自唐"安史之乱"后移居岭南的北方家族。直到北宋时代，不少由科举入仕的岭南士人如余靖、罗孟郊等，其家世都可以追溯到唐五代迁移岭南的外地家族[②]。当然，唐后期尚有不少并非北方移民后裔的士人科举登场，也同样能够证明岭南经济社会和文化已有较为明显的发展。

唐后期岭南进士的大量出现，又是与唐后期岭南地域社会发展和习俗风尚改善相关联的。对此唐人也有比较多的记载。众所周知，唐朝著名文学家韩愈自己一生有过三次被迫迁徙岭南的经历，并因此留下了大量怨愤哀痛的诗文，同时也把岭南描绘成蛮荒绝域。但是，当他自己能够置身于岭南之外后，却又肯定岭南已经不再是瘴疫蛮荒的绝域，其所作《送窦从事序》即称："逾瓯闽而南，皆百越之地。于天文，其次星纪，其星牵牛。连山隔其阴，巨海敌其阳。是维岛居卉服之民，风气之殊，著自古昔。唐之有天下，号令之所加，无异远近。民俗既迁，风气亦随，雪霜时降，疠疫不兴。濒海之饶，固加于初。是以人之之南海者，若东西州焉。"[③]于邵《送刘协律序》亦称："南海有国之重镇。北方之东西，中土之士庶，艅连毂击，合会于其间者，日千百焉。"[④]唐朝建立后，岭南同全国各地一样，各州县都建立有州学和县学，以推行儒学教育。唐玄宗天宝十三载(754)七月敕称："如闻岭南州县，近来颇习文儒。"[⑤]即与此有关。至唐代后期，岭南各地儒学教育也得到一定发展。例如，柳宗元《柳州文宣王新修庙碑》称柳州"古为南夷"，"至于有国，始循法度，置吏奉贡，咸若采卫，冠带宪令，进用文事。学者道尧、舜、孔子，如取诸左右，执经书，引仁义"[⑥]。任华《送魏七秀才赴广州序》云："此邦词客往来亦云多矣。"[⑦]于邵《送朱秀才归上都序》曰："尝喜南中之遇墨客者甚矣。"[⑧]柳宗元《送巽上人赴中丞叔父召序》云："洞

---

① 王承文：《唐代北方家族与岭南溪洞社会》，《唐研究》第二卷，北京大学出版社，1996年。

② (宋)祝穆《方舆胜览》卷三七《循州·人物》记载："罗孟郊，五代时自南昌迁守兴宁，官至翰林学士。有茅屋数间，号翰林堂。旁有泉，曰罗公涤砚池。"(第664页)

③ (唐)韩愈：《韩昌黎文集校注》卷四《送窦从事序》，第237—238页。

④ (唐)于邵：《送刘协律序》，《全唐文》卷四二七，第4351页。

⑤ 《唐会要》卷七五《南选》，第1622页。

⑥ (唐)柳宗元：《柳宗元集》卷五《柳州文宣王新修庙碑》，中华书局，1979年，第124—125页。

⑦ (唐)任华：《送魏七秀才赴广州序》，《全唐文》卷三七六，第3823页。

⑧ (唐)于邵：《送朱秀才归上都序》，《全唐文》卷四二八，第4364页。

庭之南竟南海，其士汪汪也，求道者多半天下。”[①]宋代海南琼州无名氏所作《宋进士题名记》称：“琼筦在古荒服之表，历汉及唐，至宣宗朝文化始洽。”[②]唐代浔州位于今广西西北部。宋初《浔州图经》亦说：“自唐大中以后，并服礼仪，衣服巾带如中国焉。”[③]以上两种宋代资料都将其地社会文化的重要转变，在时间上具体到唐宣宗大中年间(847—860)，显然均与晚唐北方移民大量迁移岭南有关。

唐代后期一些左降官仕宦岭南的经历，也反映了岭南文风的发展。柳宗元先后谪官于素称荒僻的永州和柳州，前引《旧唐书·柳宗元传》称：“江岭间为进士者，不远数千里皆随宗元师法；凡经其门，必为名士。”[④]唐人赵璘《因话录》记载元和中，“柳柳州书，后生多师效。就中尤长于章草，为时所宝。湖湘以南，童稚悉学其书，颇有能者”[⑤]。韩愈亦称“衡湘以南为进士者，皆以子厚为师，其经承子厚口讲指画为文词者，悉有法度可观”[⑥]。从贞元十九年(803)至贞元二十一年，韩愈本人亦谪官于号为“天下之穷处”的粤北连州阳山县，为阳山县令，然而，却仍然有文士区册“自南海拏舟而来”，“坐与之语，文义卓然”，“入吾室，闻《诗》《书》仁义之说，欣然喜，若有志于其间也”[⑦]。另有一窦秀才亦以相从问文章为事[⑧]。元和十年(815)至十四年，刘禹锡贬任连州刺史。前引其《送曹璩归越中旧隐诗序》称：“予为连州，诸生以进士书刺者，浩不可纪。”[⑨]张裼字公表，河间人，会昌四年(844)进士，唐懿宗咸通(860—874)末年，由户部侍郎学士承旨贬为封州司马，“封民语不可解，裼时以文义教之，渐知读书，士子日来请益，与论文章无倦时”[⑩]。

众所周知，唐代进士录取人数非常少。杜佑称：“开元、天宝之中，一岁贡举，凡有数千。”[⑪]又称：“其进士，大抵千人得第者百一二；明经倍之，得第者十一二。”“开元以后，四海晏清，士无贤不肖，耻不以文章达，其应诏而举者，多则二千人，少犹不减千人，所收百才有一。”[⑫]唐代各地士人必须首先通过地方州县考试以获得贡举资格，然后到京城参加省试。而在这些参加省试的举人中，一百人中只有一两人可以考中进士。而这也就意味

---

① (唐)柳宗元：《柳宗元集》卷二五《送巽上人赴中丞叔父召序》，第671—672页。

② (明)上官崇修、(明)唐胄纂：《琼台志》卷七《风俗》注引，正德十七年(1522)刻本，《广东历代方志集成》，岭南美术出版社，2009年，第84页。

③ (宋)王象之：《舆地纪胜》卷一一〇《浔州》，第3652页。

④ 《旧唐书》卷一六〇《柳宗元传》，第4214页。

⑤ (唐)赵璘：《因话录》卷三，上海古籍出版社，1979年，第84页。

⑥ (唐)韩愈：《韩昌黎文集校注》卷七《柳子厚墓志铭》，第512页。

⑦ (唐)韩愈：《韩昌黎文集校注》卷四《送区册序》，第266—267页。

⑧ (唐)韩愈：《韩昌黎文集校注》卷二《答窦秀才书》，第139页。

⑨ (唐)刘禹锡《刘禹锡集笺证·外集》卷八《送曹璩归越中旧隐》。

⑩ (明)黄佐：《广东通志》卷四六《张裼传》，第1152页。

⑪ 《通典》卷一八《选举六·杂议论下》，王文锦等点校，中华书局，1988年，第455页。

⑫ 《通典》卷一五《选举三·历代制下》，第357页。

着，在唐朝每年为数很少的进士名额背后，有一个庞大的士子阶层存在。具体到唐后期的岭南，在35位进士的背后，也必然意味着有一个人数可观的士人群体存在。

北宋孔平仲(1044—1111)所撰《珩璜新论》称“岭南郡县近世人物为少”[①]。然而，如果我们把唐代岭南作纵向比较和横向比较的话，就会发现孔平仲的评论并不太客观。唐代岭南所出现的历史人物，无论是从数量还是从重要性来看，都要远超秦汉至隋的任何一个时期。张九龄、姜公辅和刘瞻等通过科举考试走上仕途并进入唐朝权力的中枢。还有一大批岭南士人参与唐朝国家政治事务。与同一时期中国南方其他地区作横向比较，唐代岭南的历史人物也要比湖南、湖北、江西、福建等地更加突出。《北梦琐言》卷四“破天荒解”条：“唐荆州衣冠薮泽，每岁解送举人，多不成名，号曰‘天荒解’。刘蜕舍人以荆解及第，号为‘破天荒’。尔来余知古、关图、常修，皆荆州之居人也。率有高文，连登上科。”[②]直到大中四年(850)，荆南地区才有刘蜕“破天荒”进士及第。江西的情况也差不多[③]。唐后期福建的科举进士也有不少[④]。但是从整体上来看，福建籍士人在唐朝政坛以及文坛的地位和影响，均要远逊于岭南籍士人。

最后，从唐后期岭南籍进士的活动经历来看，还有两种值得注意的倾向，一是越到唐后期特别是唐末，岭南士人进士及第的现象愈发频密。特别是唐天祐元年(905)，全国共录取进士26人[⑤]。其中竟然有3位来自岭南连州。除了陈用拙之外，还有张鸿和李谨微。这种情况的出现，应缘于晚唐北方中原的长期战乱，加上唐朝政治的衰败，使全国各地士人通过科举出仕的意愿大大降低。然而在岭南，唐朝科举制度却仍然发挥着重要影响；二是晚唐时代有相当一批通过科举出仕的岭南籍士人，如莫宣卿、赵观文、曹邺、邓承勋等，却又辞官返回故里，还有一部分进士拒绝出仕，因而也反映了晚唐时代岭南士人的另一种流向。桑原骘藏指出：“唐末五代之乱时，不少中原士人到岭南避难，当地文运因之一代一代地得以开通。五代时期割据福建的闽和偏在岭南的南汉，文物皆相当整备，他们从北方避难的士人得到不少协助，亦自不待言。”[⑥]吴宗国也指出：“五代十国时南方各国的统治者不尽是本地人，但当地的士人始终是一支活跃的政治力量。”[⑦]晚唐五代大

---

① (宋)孔平仲：《珩璜新论》卷三，《景印文渊阁四库全书》，第863册，第121页。

② (五代)孙光宪：《北梦琐言》卷四“破天荒解”条，第81页。

③ 傅璇琮：《唐代科举与文学》，第206—207页。

④ 参见冻国栋《唐代闽中进士登场与文化发展管见》，《魏晋南北朝隋唐史资料》第11辑，武汉大学出版社，1991年，第157—166页；陈弱水：《中晚唐五代福建士人阶层兴起的几点观察》，张国刚主编：《中国社会历史评论》3卷，中华书局，2001年，第88—106页。

⑤ (清)徐松：《登科记考》卷二四，第927页。

⑥ [日]桑原骘藏：《历史上所见的南北中国》，载刘俊文主编：《日本学者研究中国史论著选译》第一卷，中华书局，1992年，第24页。

⑦ 吴宗国：《唐代科举制度研究》，第278页。

量北方官僚士大夫及其家族迁移岭南，还包括岭南本地士人阶层的增长，都成为南汉王朝建立的重要基础和前提。对此我们已另有专门讨论①。

作者简介：

王承文，中山大学历史学系教授。

① 王承文：《南汉王室源流及其与北方家族关系新证——以新出〈高祖天皇大帝哀册文碑〉为线索的考察》，《纪念岑仲勉先生诞辰130周年国际学术研讨会论文集》，中山大学，2016年11月。

从泽潞之役看会昌初年的中央政局

李向菲

[提要]唐武宗会昌初年的泽潞之役,并不是一个孤立的藩镇叛乱事件,而是清楚呈现了晚唐政治权力构成的四方力量,即皇帝、宦官、朝臣与藩镇在权衡自身利益的基础上彼此试探周旋,调整其态度与行为,从而不断确立新的政治规范的博弈过程,揭示出晚唐社会的各种矛盾已积重难返,唐帝国无可挽回地走向衰落。

[关键词]泽潞之役;宦官专权;藩镇割据;南衙北司之争

唐武宗的会昌一朝(841—846)历来被认为是晚唐一个比较强势的政府,武宗任用李德裕为相,君臣倾力合作,通过讨伐回鹘、平定泽潞,提高了朝廷的威望,唐中央似乎有了一点中兴的气象。由于李德裕的政治影响贯穿了整个会昌一朝,受到史家重视的多是这几次重大的历史事件,在一定程度上遮掩了其间的政治局势,很多政治问题的真相,比如宦官专权问题,就常为人所忽略。很多学者认为,会昌年间之所以取得一些政治影响,是因为武宗和李德裕处理好了和宦官的关系,宦官专权受到了一些抑制,宦官与朝官暂时合作起来。并进而推断讨伐回鹘、平定泽潞就是因为内政既稳,武宗君臣于是将注意力转移到边事上。笔者曾撰文讨论这个问题,通过分析会昌初年武宗李德裕君臣在朝中的尴尬处境,认为刚好与上述意见相反,恰恰由于会昌年间的宦官专权的压力,皇帝、朝官和宦官集团之间的关系极为紧张,武宗君臣不愿受制于宦官,既无力和宦官集团正面冲突,只能向外寻找其他途径,对于武宗来说,是提高中央朝廷的威望,巩固皇权;李德裕一方则是迎合皇帝,建立事功,巩固自己在朝中的地位。无论是讨伐回鹘还是平定泽潞都是在这样的背景下展开的[①]。

中国古代政治体制的实质是以君主专制为中心的中央集权政治，中晚唐政治权力构成包括四方力量，即皇帝、宦官、朝臣与藩镇，无论是藩镇割据，还是宦官专权，其过程也就是这四方力量互有消长的过程。晚唐各种矛盾积重难返，不是个别皇帝或者朝臣的强势就可以解决，各方力量都在权衡自身利益的基础上彼此试探周旋，调整其态度与行为，从而确立新的政治规范。从会昌初年的泽潞一役中可以比较清楚地看到这一点。本文将对泽潞之役再作分析，对这场战役中的藩镇和宦官集团的真实处境作一探讨，试图借此揭示在这一历史事件掩盖下的会昌初年的中央政局的真正面貌。

一

会昌三年(843)四月，泽潞节度使刘从谏病死，其子刘稹向朝廷提出继任节度使。武宗在朝臣普遍反对，只有宰相李德裕坚决支持的情况下，下诏讨伐泽潞。

泽潞镇又名昭义镇，属于“中原型藩镇”，紧邻“河朔型藩镇”[②]。东邻魏博，北接成德，西北接河东，西靠河中，南边是河南府与河阳三城，杜牧曾在宝历元年上刘悟书，书中分析泽潞的地理位置时就说其“后负燕(卢龙)、前触魏(魏博)、侧肘赵(成德)”[③]。因此其特殊的地理位置要求它担负起阻止魏博西进、成德南下，拱卫东都、屏障中原的任务，向为朝廷所倚赖。而且泽潞又是玄宗龙潜之地，从设置以来，就一直拥护唐中央，有着唐人所称赏的“素忠义”形象，一直为朝廷所重视。[④]

自元和十五年十月刘悟被任命为昭义节度使，到会昌三年，泽潞一直处于刘氏父子的控制之下。刘悟本为淄青节度使李师道的都知兵马使，宪宗元和末讨伐李师道，刘悟斩师道首以献，朝廷遂以刘悟为义成节度使以赏其功，穆宗时移镇泽潞。长庆元年，幽州朱克融叛乱，朝廷任命刘悟为卢龙节度使，希望刘悟能协助朝廷讨伐叛镇。但是刘悟迁延观望，并不出兵助战，朝廷无奈之下仍以其镇泽潞。但是从此之后，刘悟“颇纵恣，欲效河朔三镇。朝廷失意不逞之徒，多投寄潞州以求援。往往奏章论事，辞旨不逊”[⑤]。宝历元年刘悟死后，其子刘从谏继任节度，到会昌三年刘从谏病死，刘氏父子控制泽潞达十八年之久，刘从谏死前又以其从子刘稹为节度留后。唐中央讨伐泽潞正在此时，给泽潞所

---

① 李向菲:《唐武宗君臣讨伐泽潞原因新论》,《史学月刊》2009年第12期。

② 此处分类可参见张国刚《唐代藩镇研究》(湖南教育出版社,1987年)所提出的分类方法。

③ (唐)杜牧:《樊川文集》卷一一《上昭义刘司徒书》,陈允吉校点,上海古籍出版社,2007年,第836页。

④ 关于昭义镇的忠义性格,可参见张正田《唐代昭义军研究》(稻乡出版社,2007年)第五章《中央与昭义军的互动》。

⑤ 《旧唐书》卷一六一《刘悟传》,中华书局,1975年,第4231页。

定之罪名主要是针对刘从谏，具体体现在会昌三年五月十三日李德裕代朝廷所发布的《讨刘稹制》中：

故昭义节度使刘悟，顷居海岱，尝列牙爪。属师道阻兵，王师问罪，三面开网，一境离心，乘此危机，遂能归命。宪宗嘉其诚款，授以南燕；穆宗待以腹心，委之上党。招致死士，固护一方，逮于末年，已亏臣节。刘从谏生禀戾气，幼习乱风。因跋扈之资，以专封壤；恃纪纲之力，以袭兵符。暂展执珪之仪，终无上绶之请。隙驹为喻，魏豹姑务于绝河；井蛙自居，孙述颇闻于恃险。诱受亡命，妄作妖言；中诇朝廷，潜图左道。辄谋动戎师，屡奏阴谋。顾茗卵之可矜，岂泉鱼之是察。暨乎沈痼，曾靡哀鸣。犹驻将尽之魂，恣行邪僻之志。罔惑旧校，树立狡童。中使挟医，莫睹其朝服；近臣衔命，不入于垒门。逆节甚明，人神共弃。其赠官及先所授官爵，并刘稹在身官，并宜削夺。①

泽潞自设镇之始，节度使就由朝廷任命。刘悟效河朔三镇以其子为留后，自然是“已亏臣节”。史称，宝历元年九月刘悟病死，遗表请以其子刘从谏袭任。针对此事，朝中意见分歧很大。以李绛为代表的多数朝臣以泽潞镇地位十分重要，与河朔三镇不同，表示反对；但是刘从谏贿赂了当权的宰相李逢吉和中尉王守澄，甚至可能包括贿赂敬宗的爱子晋王，因此最终还是取得了节钺②。这在武宗君臣看来当然是不正当行为，也就是此《制》中所说的“因跋扈之资，以专封壤；恃纪纲之力，以袭兵符。暂展执珪之仪，终无上绶之请”。

此《制》对刘从谏处处以贼呼之，据其描述，刘从谏似乎自始就跋扈不羁。但是从史书的记载来看，实际情况并非如此。史称刘从谏为人宽厚，甚为部下所认同。而且“方年壮，思立功”③，在大和二年朝廷发兵征讨横海李同捷与镇冀王庭凑的叛乱时，刘从谏主动请缨，并且立了一功，因之进检校尚书左仆射④。这恰是泽潞忠义之风的表现，因此也可以说至少到大和六年之前，从文献记载里不但看不到刘从谏的任何跋扈之状，除去取

---

① （唐）李德裕：《李德裕文集校笺》卷三《讨刘稹制》，傅璇琮、周建国校笺，河北教育出版社，2001 年，第 30—31 页。

② 关于此事，参见《资治通鉴》“宝历元年九月”、两《唐书》之《刘悟传》等相关记载。

③ 《新唐书》卷二一四《刘悟传》：“悟苛扰，从谏宽厚，故下益附。”（中华书局，1975 年，第 6014—6015 页）

④ 《旧唐书》卷一七上《文宗纪上》（大和二年五月）：“王廷凑出兵侵邻藩，欲挠王师，以援李同捷。昭义刘从谏请出军讨之。”（第 528 页）《新唐书》卷八《文宗纪》：“八月己巳，王廷凑反。壬申，义武军节度使柳公济及廷凑战于新乐，败之。己卯，刘从谏又败之于临城。辛巳，史宪诚及李同捷战于平原，败之。癸未，刘从谏及王廷凑战于昭庆，败之。”（该书第 231 页）《新唐书》卷二一四《刘悟传》：（李听）“败馆陶，走浅口。从谏引铁骑黄头郎救之，听免。”（第 6014 页）

得旌节的方式不正当外，刘从谏几乎可以说是循规蹈矩，带领泽潞镇发挥了朝廷所希望其发挥的作用。正如李德裕在另外一篇文章中提到刘从谏时说："犹恭守诏条，咨諏善道，亦修觐礼，一至阙庭。"[①]

刘从谏对朝廷态度发生转变，当在"一至阙庭"，也就是大和六年十二月入觐之后。这次入朝据《通鉴》的记载，他是准备请求移任其他藩镇，这也是朝廷任命藩镇节度使的常例。但是入朝后"见朝廷事柄不一，又士大夫多请托，心轻朝廷，故归而益骄"[②]。

那么刘从谏所见的大和六年的朝廷政局如何呢？此前一年朝中发生了宋申锡案，文宗与宰相宋申锡密谋剪除以王守澄为首的宦官，却被王守澄等罗织罪名，诬告宋申锡谋反，宋申锡遭远贬，其他受牵连坐死及流窜者数十百人。之后以王守澄为首的宦官权势有增无减，把持朝政，朝官依附者不少，文宗"外虽包容，内不能堪"[③]。刘从谏当是目睹朝政如此，于是改变初衷，在朝广行贿赂，于是文宗加其同平章事[④]，之后就"自以位兼宰相"，对朝政开始发表言论。也就是李德裕前引《制》中所说的"诱受亡命，妄作妖言……谋动戎师，屡奏阴谋"，这才算是刘从谏真正的罪名，也是李德裕在其他诏敕中反复申说的[⑤]，基本符合大和六年以后，特别是大和九年甘露事变发生后刘从谏的表现。

大和九年的甘露事变是一次重大政治惨剧，文宗和李训、郑注等朝臣谋划诛除宦官，却被宦官集团反戈一击，屠杀了王涯等四位宰相及数千名朝臣。刘从谏和这次事变的关系如何，有没有参与，史料记载暧昧不明。大和七年，刘从谏曾表郑注为节度副使[⑥]，和郑注当有一定的交往。事变后刘从谏多次上书，自言与李训交结，指责仇士良等宦官的

---

① （唐）李德裕：《李德裕文集校笺》卷一五《论昭义三军请刘稹勾当军务状》，第 277 页。

② 《资治通鉴》卷二四四大和七年正月，第 7882 页。

③ 参见李向菲《宋申锡案考辨》，《中国学研究》第十三辑，济南出版社，2010 年。

④ 《资治通鉴》大和七年正月叙刘从谏在朝事，《考异》引《补国史》说："从谏朝觐，渥泽甚厚，自谓河朔近无比伦，颇矜臣节。文武百辟尽凑其门，从谏广行金帛赂诸权，要求登台席，人情多可。"虽然司马光认为这条史料中提到的宰相李固言"此年未为相，其说妄也"（第 7882 页），但是这条材料所描述的刘从谏广行贿赂的举动应该可信。

⑤ 如《李德裕文集校笺》卷八《代李彦佐与泽潞三军书》所说："从谏志在猖狂，招致亡命，逆人亲党，游客布衣，皆在公宴之中，列于大将之上。"（第 150 页）又如同书卷九《诛张谷等告示中外敕》说："顷者刘从谏与李训、郑注结刎颈之交，济其奸谋，以图不轨，张惶兵力，胁制朝廷，自擅一方，外为三窟。"（第 170 页）同书卷一五《论昭义三军请刘稹勾当军务状》："爰自近岁，颇聚甲兵，招致亡命之徒，遂成逋逃之薮。怵于邪说，自谓雄豪。"（第 277—278 页）同书同卷《请赐仲武诏状》："从谏入觐之初，便与郑注交结，因缘货贿，滥授均衡，及归镇后，又与李训结托，所谋狂险，中外具悉。自训、注夷灭，心不自安，颇恃甲兵，转怀悖慢。先朝外虽优宠，中实怀疑。"（第 289 页）

⑥ 事在七年九月至八年九月之间，见《资治通鉴》该年纪事。但是否如《资治通鉴》所说刘从谏此举是欲杀郑注，很值得怀疑，岑仲勉先生已有考论，可参见岑仲勉《通鉴隋唐记比事质疑》"郑注征入之重复"条，中华书局，2004 年，第 278－279 页。

罪恶，扬言要清君侧，要求朝廷为王涯等雪冤；同时，萧本案也激怒仇士良[①]。关于其上书事，《新唐书·仇士良传》载：

> 泽潞刘从谏本与训约诛郑注，及训死，愤士良得志，乃上书言："王涯等八人皆宿儒大臣，愿保富贵，何苦而反。今大戮所加，已不可追，而名之逆贼，含愤九泉。不然，天下义夫节士，畏祸伏身，谁肯与陛下共治耶？"……腾书于朝。又言："臣与训诛注，以注本宦竖所提挈，不使闻知。今四方共传宰相欲除内官，而两军中尉闻，自救死，妄相杀戮，谓为反逆。有如大臣挟无将之谋，自宜执付有司，安有纵俘劫，横尸阙下哉？陛下视不及，听未闻也。且宦人根党蔓延在内，臣欲面陈，恐横遭戮害，谨修封疆、缮甲兵，为陛下腹心。如奸臣难制，誓以死清君侧。"书闻，人人传观。复言："臣所陈系国大体，可听，则宜洗宥涯等罪；不可听，则赏不宜妄出。安有死冤不申，而生者荷禄？"固辞，累上书暴指士良等罪。[②]

观其上书，对于事变的实际情况十分了解，无论其所说"约与李训诛郑注"是否事实，李训应与刘从谏关系密切。其奏书中"今四方共传宰相欲除内官"一事，《资治通鉴》所载为："训等实欲讨除内臣"[③]，可见李训似曾向刘从谏透露过自己的计划。虽说刘从谏未必参与甘露之变，但是李训等在谋划之初，当考虑过这支力量，并拉拢之以做外援[④]。

李德裕《制》中所谓的"诱受亡命"就是指甘露事变发生后，李训、王涯等人的子孙都逃至泽潞避难，为刘从谏收留，给予厚待[⑤]。所谓的"妄作妖言"是指刘从谏多次上书；而"谋动戎师，屡奏阴谋"，则和李德裕在平定泽潞后发布的《诛张谷等告示中外敕》中所说"顷者刘从谏与李训、郑注结刎颈之交，济其奸谋，以图不轨"[⑥]，是一个意思。

刘从谏之所以能如此与朝廷相抗衡，跟当时的宦官集团相对立，跟泽潞的财力、兵力等实力雄厚有关。泽潞从刘悟开始就"招致死士，固护一方"，刘从谏又"招诱亡命"，同时，"贾人子献口马金币，即署牙将"，不断地补充兵力，到开成年间，根据张正田等学者的研究，泽潞的兵力就包括了昭义军旧将士，也就是李抱真时期创设的兵力系统，刘悟的

---

① 关于刘从谏与仇士良等宦官交恶的经过前人已有诸多讨论，兹不赘述。刘从谏三次上书还是四次上书以及上书内容的问题，可参看卢向前《李训郑注矛盾与甘露之变》，《文史》2001年第3期；萧本案可参看《新唐书》本传与《资治通鉴》的相关记载，以及李文才《唐武宗平泽潞之再评价》（《晋阳学刊》1994年第4期）、王国尧《李德裕与泽潞之役》（《唐研究》第十二卷）等文。

② 《新唐书》卷二〇七《宦者上》，第5873页。

③ 《资治通鉴》卷二四五开成元年二月，第7923页。

④ 关于李训事变前的各种部署，笔者已另撰文讨论。

⑤ 甘露余党逃亡泽潞，最终在平定泽潞时为刘稹部下郭谊所杀，此事见两《唐书·刘从谏传》、《资治通鉴》及《唐大诏令集·诛张谷等告示中外敕》等文献记载。

⑥ （宋）宋敏求编：《唐大诏令集》卷一二七政事，中华书局，2008年，第685页。

"亲从牙军"或亲卫军,刘从谏新招募的官健佣兵等等[①]。刘从谏大概同时还在巩固城防,比如修筑端氏城,李德裕在会昌五年所作的《昭义军事宜状》中说:"端氏城是刘从谏近年修筑,非常牢固。去年刘稹阻命,安全庆军元在端氏,所以敢扰西界。"[②]端氏属泽州,安全庆则在泽潞一役中被安排守住泽州西界乌岭,官军破乌岭也是泽潞一役中的一个重要转折点[③]。

又史载刘从谏"善贸易之算。徙长子道入潞,岁榷马征商人,又熬盐,货铜铁,收缗十万"。泽潞平定后,监军使似先义逸"以其军实亿万上"[④],可见其财力之雄厚。而且从其财力的雄厚状况看,是否按时上供朝廷赋税很可怀疑,据宦官孙公乂墓志载:"属刘从谏跋扈之初,不供王职,泽民幼老,几为匪人。"[⑤]所说的"不供王职"大概就包括不纳赋税。

因此,泽潞到刘从谏时期已经形成了史书所说的"养精兵十万,粮支十年"的局面[⑥],虽然此处所言数目不免夸大,但是泽潞无论财力、兵力方面都实力雄厚,为朝廷所瞩目当是事实。到了开成年间,泽潞也深为仇士良等宦官所顾忌,郑覃、李石等宰相也恰在此种情况下才"稍能秉政",文宗也"倚之亦差以自强"[⑦]。

总之,泽潞在刘氏父子控制下近二十年,在政治上,节度使不由中央派遣,父死子继;军事上,养蓄重兵,专恣一方,并倚之作为与中央政府分庭抗礼的凭借;财务上,不供王职。已经渐渐具有了"河朔型藩镇"的性质,趋于割据一方、和朝廷分离的状态。而这种状况,也正是在敬宗、文宗两朝的姑息、默许之下形成的。在刘从谏看来,他从没有意识到是在和朝廷对立,相反他一直都是以忠义自任的,一直到会昌三年四月刘从谏病危,据《资治通鉴》载,他曾对他的妻子裴氏说"吾以忠直事朝廷,而朝廷不明我志",可见他的这一自我定位到他临死都没有改变[⑧]。

但是在武宗即位之后的会昌初年,刘从谏和朝廷关系已经趋于紧张。会昌二年朝廷讨伐回鹘时,刘从谏上言请出兵助讨,武宗下诏不许[⑨];刘从谏又向武宗献九尺马被武宗拒绝,新皇帝的用心和对他的行为的看法到底如何,刘从谏大概还没有摸透。"由是与朝廷相猜恨",并因此导致了他郁郁病死。李德裕《制》中所说的"罔惑旧校,树立狡童",是

---

① 参见张正田《"中原"边缘——唐代昭义军研究》第四章《昭义军武力系统及其特征》。

② (唐)李德裕:《李德裕文集校笺》卷一六,第 315 页。

③ 李德裕《离平泉马上作》:"黑山永破和亲虏,乌岭全坑跋扈臣。"(《李德裕文集校笺·别集》卷四,第 498 页)以乌岭指代泽潞一役,可见其重要性。

④ 《似先义逸墓志》,吴钢主编:《全唐文补遗》第七辑,三秦出版社,2005 年,第 126 页。

⑤ 《唐代墓志汇编》大中 054,第 2289 页。

⑥ 《新唐书》卷二一四《刘悟传》,第 6015 页。另元稹《批刘悟谢上表》(《元氏长庆集》卷一一)、杜牧《贺中书门下平泽潞启》(《樊川文集》卷一六)等都曾言刘氏"带甲十万"。

⑦ 《资治通鉴》卷二四五开成元年三月,第 7924 页。

⑧ 《资治通鉴》卷二四七会昌三年四月,第 7979 页。

⑨ 《资治通鉴》卷二四六会昌二年十一月,第 7968 页。

指刘从谏以其从子刘稹为留后之事。立刘稹为留后的原因，据刘从谏对他的妻子所说是“我死，他人主此军，则吾家无炊火矣”。武宗对他的态度大概已经让他有所顾虑，正是在这种顾虑之下，刘从谏“乃与幕客张谷、陈扬庭谋效河北诸镇，以弟右骁卫将军从素之子稹为牙内都知兵马使”[①]。以为可以通过这种“河朔型藩镇”取得节钺的惯用方式逼皇帝就范，被迫认可其节度地位，这是对武宗的错误估计。

刘从谏是如此，刘稹及其身边将领的思路亦是如此，所以一错再错，最终导致了泽潞的处境日渐不利，一次节钺的取得过程逐渐演变成了谋叛。刘稹自始至终只想取得节度使的职位，在朝廷对泽潞战争开始之后，会昌三年十二月，刘稹的部将薛茂卿大败官军，为泽潞立了一功，于是想要得到升迁。可是有人对刘稹说：“留后所求者节耳。茂卿太深入，多杀官军，激怒朝廷，此节所以来益迟也。”所以刘稹便没有给薛茂卿以赏赐。薛茂卿怨望之下，于是向朝廷的伐叛大将王宰投诚[②]。同时，刘稹也是把自己和叛逆者完全划清了界限，据《新唐书》载，朝廷在对泽潞战争过程中，太原大将杨弁趁机叛乱，驱逐节度使李石，想要和刘稹联合对抗朝廷。而刘稹的手下诸将却建议刘稹说：“我求承袭，彼叛卒，若与之，是与反者。”于是将杨弁所派使者械送京师，同时派大将康良佺“屯鼓腰岭，败太原兵，生擒卒七百”[③]。可知泽潞给自己的定位是和杨弁等的叛乱的性质是截然不同的。就连最后杀刘稹自保的部将郭谊亦是这种想法，《资治通鉴》载郭谊杀掉刘稹投降官军后，“日望旌节；既久不闻问，乃曰：‘必移他镇。’于是阅鞍马，治行装”[④]。死到临头还不自知，也可以说明上述问题。

当时朝中舆论和其他藩镇的普遍反应也一样。在武宗决定讨平泽潞之初，朝中便一片反对声音，“议者皆云刘悟有功，稹未可亟诛，宜全恩礼”[⑤]。就连追随李德裕的李党中坚人物令狐梅亦认为，讨伐泽潞属“兵出无名，不祥”[⑥]。三镇之一的卢龙节度使张仲武在泽潞之役中的一个基本任务，就是防范回鹘的残余力量乘机侵犯，同时亦起了推动其他二镇参与战争的功能，这在李德裕的战略布局里是十分重要的一环。战争开始后，朝廷曾派遣重臣李回出使河北三镇，谕示朝廷用兵的决定。李德裕代朝廷所拟的《赐张仲武诏》中说：“臣等见李回说，仲武似疑刘稹未有罪状，及见李回说从谏积恶僭侈，便忠愤

---

① 《资治通鉴》卷二四七会昌三年四月，第7979页。

② 《资治通鉴》卷二四七会昌三年十二月，第7993页。

③ 《新唐书》卷二一四《刘稹传》，第6017页。

④ 《资治通鉴》卷二四八武宗会昌四年八月，第8809页。

⑤ 《资治通鉴》卷二四七武宗会昌三年四月，第7983页。

⑥ （唐）令狐棠：《唐故棣州刺史兼侍御史敦煌令狐公墓志铭（并序）》，吴钢主编：《全唐文补遗》第七辑，三秦出版社，2005年，第169页。

感激，告若罪状如此，朝廷固合诛夷。”[①]李回出使之事在会昌三年七月[②]，开战已两月有余，张仲武对于泽潞的罪状似仍不明所以，于是李德裕在九月赐此诏书给张仲武，谕以讨伐深意。

因此，无论是藩镇还是大多数朝臣对于武宗君讨伐泽潞的决心都估计不足。

二

泽潞之役发生时朝廷对回鹘的伐叛刚告一段落，回鹘对唐边疆屡次侵扰，以往唐廷对之基本采取和亲怀柔政策，这只是一种消极保守的策略，并不能使回鹘停止侵扰。武宗即位开始就对回鹘采取防备态度，会昌元年开始反击，最终成功击溃回鹘[③]。但是回鹘余烬尚存，对于唐边境仍然存在威胁，历时三年有余的战争也使国力难以支撑，这也是很多朝臣反对对泽潞用兵的一个理由[④]。

讨伐泽潞有种种不利，除了上述舆论上的阻力，唐廷在军力、财力上也都有很大压力。和泽潞的实力相较而言，朝廷在此役中就显得捉襟见肘，对泽潞战争打响一年后，朝廷在作战上几乎没有任何进展，军力、财力的耗费却十分巨大。宦官李敬实的墓志中记载战争开始后，“日费百万，历年不下一城，不擒一将”[⑤]。因此，导致国家财政几不能支。王国尧《李德裕与泽潞之役》一文认为此次战役中军费的负担相当大，会昌灭佛很可能就是为了提供朝廷讨伐泽潞所需的军费；在军力方面，唐中央主要参与围攻泽潞的精兵应该不会超出于五万之数，和泽潞的兵力相差悬殊，太原杨弁之乱的起因就是由于河东兵力不足所导致[⑥]。而且开战一年有余，社会生产也遭到了严重破坏，据日本僧圆仁在《入唐求法巡礼行记》中记载：

> 打潞府兵入他界不得，但在界首。频有敕催，怪无消息，征兵多时，都不闻征罚者何。彼兵众惊惧，捉界首牧牛儿、耕田夫等送入京，妄称捉叛人来。敕赐锋刀，于街衢而斩三段。两军兵马围着煞之。如此送来相续，不绝兵马。寻常街里被斩尸骸

① (唐)李德裕：《李德裕文集校笺》卷一五《请赐仲武诏状》，第289页。

② 据李德裕文集中《李回宣慰三道敕旨》(《校笺》卷七，第128页)、《幽州镇魏使状》(《校笺》卷一五，第281页)。

③ 参见岑仲勉《李德裕“会昌伐叛记”编证上》，《岑仲勉史学论文集》，中华书局，1990年；李文才《会昌伐叛考述》，《大同职业技术学院学报》，2000年第6期。

④ 参见《资治通鉴》卷二四七会昌三年四月：“上以泽潞事谋于宰相，宰相多以为：‘回鹘余烬未灭，边境尤须警备，复讨泽潞，国力不支，请以刘稹权知军情。’谏官及群臣上言者亦然。”(第7980页)

⑤ 参见《李敬实墓志》，吴钢主编：《全唐文补遗》第一辑，三秦出版社1994年，第378页。

⑥ 王国尧：《李德裕与泽潞之役》，《唐研究》第十二卷。

> 满路，血流湿土为泥。看人满于道路，天子时时看来，旗枪交横辽乱。见说，被送来者不是唐叛人，但是界首牧牛、耕种百姓，枉被捉来。国家兵马元来不入他界，恐王怪无事，妄捉无罪人送入京也。两军健儿每斩人了，割其眼肉吃。诸坊人皆云：今年长安人吃人。①

可见战争所造成的社会混乱之状。因此，有的学者就认为此役得不偿失，没有什么积极意义②。

另一方面，河朔三镇和泽潞之间存在着密切关系，三镇在讨伐过程中的态度也很关键，这也是朝廷在讨伐泽潞时需要兼顾的问题。李德裕在向武宗计议讨伐泽潞之法时就已指出："（刘）稹所恃者河朔三镇"③，如果三镇从中阻挠，朝廷的讨伐就会更加捉襟见肘。而整个战争过程中，三镇虽然没有从中阻挠，但是消极观战也对拖延战事起到了负面作用，卢龙节度使张仲武在开战两月之后对泽潞罪状似仍不明所以，表面上十分恭顺的成德节度使王元逵并不积极与战，魏博更是如此，这使得李德裕不得不多次拟诏督促河北三镇，一直到会昌四年闰七月，开战已一年多，李德裕作《论镇州奏事官高迪陈意见二事状》说："镇州、魏博兵马至多，并未分得贼势。缘不离旧处下营，一两个月，一度将兵深入"，而且建议武宗给二镇分别下诏促战，说："与元逵诏即须云一切委任元逵，与弘敬诏即须云一切委任弘敬。"④并且李德裕对大将王宰的安排，就不止是讨贼，同时还要防范魏博⑤。

在种种劣势下，武宗君臣仍然坚决讨贼，《通鉴》载："先是河北诸镇有自立者，朝廷必先有吊祭使，次册赠使、宣慰使继往商度军情。必不可与节，则别除一官；俟军中不听出，然后始用兵。故常及半岁，军中得缮完为备。"而在刘从谏病死、刘稹要求继袭节钺的时候，朝臣们也想要按照惯例先遣使开谕，但是，武宗却"即命下诏讨之"⑥，毫无商量的余地。同时，在战争进行的过程中，因刘稹数次求降，所以时时有人建议停战。何弘敬、王

---

① ［日］圆仁：《入唐求法巡礼行记》卷四，第175页。

② 李文才：《唐武宗平泽潞之再评价》，《晋阳学刊》1994年第4期。

③ 《资治通鉴》卷二四七会昌三年五月，第7980页。

④ （唐）李德裕：《李德裕文集校笺》卷一七，第326页。

⑤ 李德裕《论陈许兵马状》（会昌三年八月）："缘魏博讨贼迁延，颇招物议。"（《李德裕文集校笺》卷一五，第285页）《论河阳事宜状》（会昌三年八月）："皆由魏博未有战阵……计王宰……全军便发，不止捍蔽洛京，足以临制魏博。"（《李德裕文集校笺》卷一五，第286页）《奉宣王宰欲令直抵磁州得否宜商量奏来状》（会昌三年九月）："王宰……全军赴河阳，兼得遥制魏博。"（《李德裕文集校笺》卷一五，第288页）

⑥ 《资治通鉴》卷二四七会昌三年五月，第7984页。

宰等相继为刘稹说话,武宗君臣皆不予理睬,并传诏诸将对其求降拒不接受[①];右拾遗崔碣上疏请受刘稹之降,武宗怒贬之为邓城令[②]。在薛茂卿破科斗寨后,官军受挫,《通鉴》载武宗"亦疑之,以问李德裕,对曰:'小小进退,兵家之常。愿陛下勿听外议,则成功必矣!'上乃谓宰相曰:'为我语朝士:有上疏沮议者,我必于贼境上斩之!'议者乃止。"[③]会昌四年正月,太原杨弁兵变,消息传到长安,"朝议喧然。或言两地皆应罢兵"。对此,李德裕的态度极其坚决,说:"杨弁微贼,绝不可恕。如国力不支,宁舍刘稹。"[④]

同时,为了让河朔三镇协助讨伐,至少不会从中阻挠,李德裕对武宗建议以高官厚爵悬赏,并且以诏书的方式正式承认河北三镇节度使承袭的合法性[⑤]。河朔三镇割据在事实上存在已近百年,但是公开承认其合法性对于朝廷来说却是一个极大的妥协,这无疑有损唐中央的威望。凡此,皆见武宗和李德裕的决心,几乎可以称为是孤注一掷。

其中原因,笔者曾撰文尝试分析,认为一是武宗不愿受制于宦官,希望能通过这些战争提高自己的威望;一是李德裕欲迎合皇帝,巩固自己的地位,有所作为[⑥]。其中还有很多细节问题尚有待继续讨论。

武宗是穆宗第五子,敬宗、文宗之弟,唐代皇位继承的不稳定给皇帝特别是晚唐的皇帝留下了很深的心理阴影,尤其是文宗后期受到的宦官压制的悲惨处境,由皇位继承不稳定导致的数次宫廷斗争,如庄恪太子、陈王成美的遭遇,等等,必定也给武宗以极大的心理刺激。同样为宦官所立,同样受制于宦官,也同样不甘受宦官控制,为保住皇位甚至生命安全,武宗必会采取一些措施。对于平定回鹘,有的学者认为是"由于此时内政既稳,遂将注意力转移到边事"[⑦]。笔者认为事实正好相反,史载武宗颇好畋猎及武戏,关于其校猎的记载也有不少[⑧],和仁弱的文宗完全相反。而文宗朝两次除宦(宋申锡案和

---

① 《资治通鉴》卷二四七会昌三年七月:"刘稹上表自陈:'亡父从谏为李训雪冤,言仇士良罪恶,由此为权幸所疾,谓臣父潜怀异志,臣所以不敢举族归朝。乞陛下稍垂宽察,活臣一方!'何弘敬亦为之奏雪。"(第7987—7988页)同书同卷"八月":刘稹部将"薛茂卿破科斗寨,擒河阳大将马继等,焚掠小寨一十七,距怀州才十余里。茂卿以无刘稹之命,故不敢入。时议者鼎沸,以为刘悟有功,不可绝其嗣。"(第7989页)同书同卷"十二月":刘稹通过洺州刺史李恬致书其从兄李石,表示:"愿举族归命相公,奉从谏丧归葬东都。"李石以其书上闻,有纳降之意(7994页)。

② 《资治通鉴》卷二四七会昌三年十二月,第7994页。

③ 《资治通鉴》卷二四七会昌三年八月,第7989页。

④ 《资治通鉴》卷二四七会昌四年正月,第7995—7997页。

⑤ 参见王国尧《李德裕与泽潞之役》。

⑥ 参见李向菲《唐武宗君臣讨伐泽潞原因新论》。

⑦ 参见李文才《会昌伐叛考述》,邵金凯《李德裕与会昌政局》,《玉林师范学院学报》,2002年第3期。

⑧ 参见《资治通鉴》卷二四六会昌元年十一月:"上颇好田猎及武戏,五坊小儿得出入禁中,赏赐甚厚。尝谒郭太后,从容问为天子之道,太后劝以纳谏。上退,悉取谏疏阅之,多谏游猎。自是上出畋稍希,五坊无复横赐。""上校猎咸阳。"(第7956页)

甘露事变),两次惨败,这些教训使得武宗无力和宦官集团正面冲突,只能寻找其他途径。讨伐回鹘应该就是在这种背景下的举动,而平定泽潞则对武宗具有更为重要的意义。这时候的藩镇割据局面已经十分严峻,河北三镇割据早成定局,泽潞一镇已趋于分离,其他藩镇也面临同样的问题。在开成五年八月,武宗刚刚即位不久,义武军就发生了兵乱,节度使陈君赏为将士所逐,虽然陈君赏迅速平定了变乱[①],但是从中也可以看出当时藩镇和中央朝廷的离心状态。因此能够平定泽潞,把泽潞重置于中央控制之下,无疑可以提高朝廷威望,警示其他藩镇。

在这两次平叛战争中,武宗都得到了李德裕的坚决支持。从李德裕一方来说,其讨伐决心首先是因为不能放弃对泽潞的控制是其一贯主张[②],其次,他在朝中的处境,和武宗也有相似之处,也就是和宦官的紧张关系。

李德裕追随者令狐梅的墓志的描述可以帮助我们理解其处境,《全唐文补遗》第六辑收其弟令狐棠为其所撰墓志,现摘录如下:

公讳梅,字敬和。(中略)六代祖德棻,为国子祭酒,监修国史。(中略)外族河东薛氏,外祖讳嵩,皇昭义军节度使。公幼有奇表,长好立事。常谓:古之忠贤,不难齐尚。礼法峻节,概自言可以质诸神明。读书不务文,略取其要。(中略)元和十二年,伯舅尚书公平,作镇义成,取以为节度押衙。十四年,伯舅移镇平庐,署如义成之职。长庆三年,李公德裕在金陵,藉以为左押衙。宝历元年,右神策军护军中尉梁守谦闻公善球妙,奏署军兵马使兼押衙,且以供奉敬皇帝。公以非道,又进由景监,甚不乐,思得脱去。每驰击,佯不能。大和元年五月,果遂归金陵。李公复署旧职,充知左随身将、兼马军右厢兵马使。二年,奏授兼监察。三年,李公德裕复来义成,又与之俱授署如旧。四年冬,李公移镇西蜀,署如义成。六年八月,丁太夫人苦,自蜀奔归于郑。九年正月,李公建牙镇海,署如西蜀,兼摄润州司马。是岁,李公贬掾宜春。其六月,相国路公来镇海,不许解去。路公薨,其九月,崔公郾继来,又縻之。开成元年七月,加都教练使。十一月,丁先常侍艰。开成五年,方从李公德裕在淮海。李公入觐,再领枢衡,以例奏授云麾将军、守右卫将军、兼侍御史仍旧。会昌二年四月,封太原县开国男,食邑三百户,郊天之泽也。四年,改授右领军卫大将军,充威远营使。六年三月,授银青光禄大夫、守濮州刺史、兼侍御史不改。今上即位,改元大中。冬十二月,授代归于郑郊,以早从赞皇公故也。赞皇公既得罪殁于魑魅之乡,其门人故不为时所用,公亦不言禄者六年。大中七年夏四月,今彭阳公以宗党且旧,故亟言于

---

① 《资治通鉴》卷二四六,第7945页。

② 早在文宗大和七年七月,因宣武节度使杨元卿疾病,朝廷商议继任节度使人选。时任宰相的李德裕就建议:“徙刘从谏于宣武,因拔出上党,不使与山东连结。”只是这一建议未被文宗采纳。参见《资治通鉴》卷二四四,第7885页。

上,得授棣州刺史、充本州镇遏兵马使,兼官如故。八年六月二十九日,因疮恙薨于郡宅,享年六十有二。(中略)其在西蜀,李公德裕夺蛮所侵维州城,使部将以兵据,且飞奏。方甚矜,自护军贵人从事而下,群官列校,无不贺者。公独请间,谓朝廷必不然,不如还之,具道其状。李公怒,以为沮己。公辞疾请卧私第。不数日,诏果至。大不许,且有让。李公失色,谓左右何面目见令狐某。公即起,为言还城之难。蛮果不受城。公又陈谋,然后蛮取故城去。李公谢而敬异焉。其在右卫,李公德裕持权,先谪所恶旧相,又欲就谪所按杀之。天子为发内竖。将命矣,公闻之,驰见李公,语以大不可。李公闻语甚怒,疑其贰于己,忿谓公曰:君欲卖我乎!公曰:卖则早卖之,不至今也。今者为明公子孙谋,何见拒之深,必不听,是明公自卖其生,非某之能救也。李公命罢去,词益切。左右欲引退,公正色谓左右:汝曹何知!今是非得失,事在瞬息。不急争之,欲坐视相君为齑粉耶!李公挠愤良久,心乃惧,谢不敏。明日即奏,复发驲骑追活之。公性缜密,虽有殊德,人莫知其所自。李公始谋平上党,公讽以兵出无名,不祥。李公曰:天子恶末大于本,谏之有罪。公乃知李公欲以兵胶主意。及见斩刘从素于都市,益知无可奈何,乃为陈兵师之要以救之,荐用石雄、王宰以破壶关,又知李丕必先降,白惟信必后伏,皆如所说。李公自是益以神异见待。公因著兵书三十卷,号曰《会昌武备》。尽天下之要害,穷古今之玄微,以示李公。李公服膺,披考旬日,然后簪笏致谢。且曰:古今论兵者多矣,皆泛言大体,非急要所能用之。今则腐儒开卷,可以决胜千里,真不世之宏业也。[①]

长庆三年,李德裕在浙西观察使任,据墓志所述,令狐梅时为其左押衙;中间一度为右军中尉梁守谦奏署为神策军兵马使兼押衙,大和元年复从李德裕,之后多年便一直追随李德裕。宣宗即位后,李德裕党受到政治打击,令狐梅也因此受到牵连被贬,可见其和李德裕关系之密切。史书所载有关李德裕的重要事迹几乎都有他的参与。如墓志中所述维州之事,很多细节问题都不见于史书所载,这属于另一个问题,此处暂不讨论。

墓志所说"李公德裕持权,先谪所恶旧相,又欲就谪所按杀之",即指会昌初年,牛党成员纷纷遭贬之事。根据《通鉴》所载,以及李德裕会昌元年所作《论救杨嗣复李珏裴夷直》所说,贬谪牛党人物乃武宗旨意,李德裕连上三状救之。而此处所述,当为李德裕为相后驱逐打击异己,在令狐梅的劝说下才"追活之"[②]。令狐梅劝李德裕的原因,以及李德裕放弃打击的考虑,墓志没有说明,但是李德裕所上三状论救文中都是引"文宗贬宋申锡,至今人以为冤",如上文所述,宋申锡在大和五年被文宗引为相,欲诛除宦官,却被宦官觉察后先发制人,诬陷宋申锡谋反,贬死。或许在令狐梅和李德裕看来,这时候朝中最

---

① 吴钢主编:《全唐文补遗》第六辑,第168—170页。

② (唐)李德裕:《李德裕文集校笺》卷一二,第210页。

大的威胁，不是党争，而是宦官集团，党争的最终结果只能是宦官坐收渔利。

墓志关于平泽潞的记载亦有助于我们理解当时李德裕的伐叛意图。墓主为李党中人，和李德裕关系相当之密切，对于讨伐刘从谏尚认为是兵出无名，可见当时的舆论所向，也正如上文所分析的。李德裕回答令狐梅的质疑说："天子恶末大于本，谏之有罪。"这让令狐梅看出了"李公欲以兵胶主意"。这里的"以兵胶主意"是一个理解李德裕意图的关键词，可知，李德裕支持对泽潞讨伐的最根本的原因是希望迎合皇帝的意旨，从而巩固自己在朝中的地位，不仅仅是要把泽潞重置于中央控制之下，也绝非因为如有的学者所说是李德裕与刘从谏的私人矛盾。

而李德裕当时在朝中的尴尬处境，前引拙文曾引《资治通鉴》所载两次仇士良和宰相关于神策军权的冲突事件来说明，一次发生在开成元年四月，当时宰相为李石，一次发生在会昌二年四月，后者历来学者都称之为"丹凤楼宣赦之案"，两次事件十分相似，都是宦官听到谣言，说皇帝要将神策军归属权交给宰相，宦官忧惧而有所行动，宰相都要求释疑，由皇帝出面调停。

神策军一向是宦官依恃的根本，中晚唐历次南衙北司之争的成败就在于神策军权的归属。特别是甘露事变的发生，李训等欲将宦官一网打尽，宦官正是因为有了神策军，才能够反戈一击，据日本僧人圆仁的记载，当时死亡四千余人。[1] 并且完全把持了朝政。一朝天子一朝臣，武宗即位，完成了一次政治力量的重新组合与分配，双方关系暂时得到了缓和。但是矛盾始终存在，这种对神策军权的紧张也始终存在，所以一旦有谣言出现，双方都立刻紧张起来。

因此在会昌三年六月仇士良死之前，李德裕和仇士良之间的关系十分紧张，这一点历来研究没有分歧。不过，有学者认为，他和其他宦官的关系，特别是仇士良死后和整个宦官集团的关系，有了很大改善，所举的例子包括和王践言、杨钦义、刘行深、马存亮等的微妙关系。关于这个问题的讨论其实意义并不大。中晚唐随着宦官集团势力的扩张，官僚与宦官的接触也在日渐增加，各个阵营都在尽量寻求各方所能找到的最强大的同盟者。虽然朝官和宦官的公然交结始终会受到非议，有时候这种关系也会被敌对党派作为打击的借口。但是任何政治人物，如果不同宦官有广泛的接触，就很难取得仕途上的飞黄腾达，也不能有效地处理政务。"朝中有人好做官"，由宦官引荐是仕途顺利的终南快捷方式。备受非议的李逢吉固然是这样，他在长庆宝历年间的得势与他和王守澄中外交结，招权纳贿是分不开的。素称坚正的裴度，虽然不需要拉拢宦官求得仕途上的发展，但是在很多事情的处理上，似乎也难以避免不与宦官合作，比如在册立文宗的过程中，裴度就和王守澄、梁守谦等相互合作。连文宗提拔上来并倚之除宦的"孤寒无党援"的宋申

① [日]圆仁《入唐求法巡礼行记》卷二："又闻新天子上位，城中杀却四千余人，先帝时承恩者也。"（第83页）

锡，也和宦官脱不了干系，史书虽然并未明确记载宋申锡和宦官交结的情况，但是在大和九年文宗处置宦官杨承和时，给其所定的罪名就是“庇护宋申锡”。[①] 因此，虽然备受称扬，李德裕也不可能和宦官集团完全撇清关系，这在当时也是不可能的。但是，宦官与朝官之间无论怎么交结，他们彼此都还是归属于各自的团体，宦官和官僚始终是两个对立的集团，只是因为一时的利益会暂时联结起来。李德裕和宦官的交好并不能说明此时南衙北司之间关系的缓和。李德裕和宦官的关系正和当时其他朝官相同，既对立又个别利用，仅仅不至于敌对。而在这种政治环境中为相，李德裕要有所作为，必定要迎合武宗，成就功业，巩固自己的地位。

三

要说清楚上述问题，还是要对会昌年间的宦官集团的面貌作一分析。

甘露事变发生后，南衙北司的关系日趋紧张。首先是宦官集团的气焰更为嚣张，“自是天下事皆决于北司，宰相行文书而已。宦官气益盛，迫胁天子，下视宰相，陵暴朝士如草芥”[②]。他们对朝官有一种普遍的仇恨心理，开成元年，文宗命京兆府收王涯等十一人尸骨葬于城西，仇士良却暗地里派人又挖掘出来，将尸骨弃于渭水。曾被李训、郑注逐出朝廷去巡边的田全操等宦官在事变后又被仇士良召回，他们“在道扬言：‘我入城，凡儒服者，无贵贱当尽杀之。’……时两省官应入直者，皆与其家人辞诀。”[③]整个京城笼罩在一片恐怖的气氛中。

仇士良对朝政的干涉，对文宗的挟制，笔者已另撰文讨论。这时仇士良利用一切手段打击不附己者。宰相李石，因不屈于仇士良的威逼，每次朝中议事时都和他相抗衡，因此为朝臣所仰赖。仇士良十分嫉恨李石，开成三年正月竟然派人暗杀李石。虽然刺杀未果，但也逼得李石立刻辞去了宰相一职[④]。

其次，宦官也开始利用朝臣之间的矛盾，同时任用牛李两党党魁为相，使其互相牵制，而自己从中操纵朝政。开成年间宰相为牛党杨嗣复、李珏与李党郑覃、陈夷行，和宦官的一致对外相比，他们之间却争斗得不亦乐乎，一切朝事无论大小，不是以事论事，而是只以党派论事。《南部新书》中一则材料，很形象地描述了两党人物之间的这种斗争：

上（文宗）自延英退，独召柳公权对。上不悦曰：“今日一场大奇也。杨嗣复、李珏道张讽是奇才，请与近密官。郑覃、陈夷行即云是奸邪，须斥之于岭外。教我如何

---

① 参见李向菲《唐宋申锡案考辨》。

② 《资治通鉴》卷二四五大和九年十二月，第 7919 页。

③ 《资治通鉴》卷二四五大和九年十二月，第 7918 页。

④ 《资治通鉴》卷二四六开成三年正月，第 7931 页。

> 即是?”公权奏曰:“允执厥中。”上曰:“如何即是允执厥中?”又奏:“嗣复、李珏既言是奇才,即不合斥于岭外,郑覃、夷行既云是奸邪,亦不合职于近密。若且授荆襄间一郡守,此近于允执厥中。”旬日,又召对。上曰:“允执厥中,向道也是。”张遂为郡守。[①]

文宗不管是非对错,只在两党之间折衷,如此处理朝政,此时朝局混乱之状可见一斑。

但是,到了会昌初年,从表面上看,这种状况似乎得到了缓和。很多学者认为在武宗一朝,南衙北司的紧张关系得到了缓解,宦官势力有所削弱。从泽潞一役来看,此役的成功,学者们大都注意到了其中一个因素,就是李德裕似乎和宦官达成了某种一致,宦官并没有从中作梗;或者像有的学者认为的李德裕懂得协调好和宦官集团的关系,使得宦官在作战过程中没有干涉。他们的依据大多是根据《资治通鉴》中的一条材料:“德裕乃与枢密使杨钦义、刘行深议,约敕监军不得干预军政,每兵千人听监使取十人自卫,有功随例沾赏。二枢密皆以为然,白上行之。自御回鹘至泽潞罢兵,皆守此制。”[②]似乎李德裕与宦官集团达成了某种协议。但是,在实际作战过程中,监军使有没有干预军政则很难断定。据宦官似先义逸的墓志记载,似先义逸就曾在此役中担任过行营攻讨监军使,且发挥了一定的作用。其墓志载:

> 会昌三年,王师北伐,选内臣之可以总监者,签曰公可。初,以庄宅使抚诸军之在平阳故绛者,寻为河中、潞州两道节度并行营功讨监军使。我师在野,盗稹未夷,而大卤逐帅,扬贼要节,人心不摇,二盗授首。腾刁黄,固乌岭,擒郭谊,溃襄垣,下长子,入潞州,皆公之谋也。[③]

虽说此处对似先义逸的功绩的描述必定有谀墓的成分,但是说宦官在此次战役中完全没有参与则不大可能。史料有限,这一问题还不能完全展开讨论。

即便如学者们所认为的,其时李德裕和宦官集团关系友好,并且刘从谏甘露之变后的数次上书,不仅仅是针对仇士良,还针对了整个宦官集团。他又收留甘露余党,更是公开对宦官集团提出了挑战。因此宦官对泽潞有种仇恨心理,这种仇恨,有一件事可以看出来,前引《入唐求法巡礼行记》所载攻打泽潞时,左右神策军将把俘虏杀掉之后,还要割

---

① (宋)钱易:《南部新书》卷甲,黄寿成点校,中华书局,2002年,第4页。

② 《资治通鉴》卷二四八会昌四年八月,第8009页。

③ 王式:《唐故银青光禄大夫行内侍省内常侍员外置同正员兼掖庭局令致仕上柱国汝南郡开国公食邑二千户赐紫金鱼袋似光府君(义逸)墓志铭并序》,吴钢主编:《全唐文补遗》第七辑,第126页。

其眼肉吃。以至于"诸坊人皆云:今年长安人吃人"。双方目标一致,因此得到了宦官集团很好的配合,平泽潞自然不会受到宦官的阻挠。那么,还有一个很重要但至今没有给予多少重视的问题,就是在此次平泽潞的过程中朝廷并未调动神策军出征。以往历次的平藩战争,朝廷都会派神策军出征参与。① 而在此役中,朝廷兵力既已极为匮乏,已如前述,但是在现存的文献记载中,却基本看不到神策军出兵的痕迹②。原因何在?

这仍然与前面所说的南衙和北司之争,以及宦官集团对兵权重要性的认识有关。宦官集团和朝官的紧张对立并不能因为李德裕个人的努力而解除,其时双方关系的缓和也并没有达到能够通力合作的地步。

宦官集团对泽潞虽然仇恨,但是他们对朝臣同样有提防心理。刘从谏的实力,仇士良等在开成年间已经认识到,并对其有所顾忌。但是刘从谏虽然扬言要清君侧,实际上却并没有行动,而且在没有朝廷诏令的情况下,藩镇也不会轻易行动。泽潞虽然可恨,但还不至于危及宦官集团的存亡,他们对泽潞的仇恨远远不及对身家性命的关注。黄永年先生曾在分析建中二年的泾师之乱时指出,神策军出讨魏博,造成"宫苑之内,备卫不全",从而客观上为泾师之变创造了条件③。可见神策军出征不仅会造成兵力的损失,而且轻易出兵也很有可能被朝臣反戈一击。甘露事变的心理阴影,必定已使宦官深刻地体会到兵权的重要性;同时又可说明,此时宦官集团和朝官集团之间的矛盾并未有任何缓解,反而更为紧张,宦官不可能冒着被歼灭的危险出动神策军。

而后来的事实也证明了确实存在此种危险。会昌五年,武宗就欲夺去左右神策军军印。据《入唐求法巡礼行记》卷四是年记载:

> 四月初,有敕索两军印,中尉不肯纳印,有敕再三索。敕意索护军印,付中书门下,合掌相管两军事,一切拟令相处分也。左军中尉即许纳印,而右军中尉不肯纳印,遂奏云:"迎印之日,出兵马迎之,纳印之日,亦须动兵马纳之。"中尉意,敕若许,即因此便动兵马,起异事也。便仰所司,暗排比兵马。人君怕,且纵不索。④

武宗向中尉索印的意图很明显,就是要夺去宦官的兵权,重新收归南衙掌管;宦官当然明白其中的厉害所在,马上做出反应,做好了发动政变的准备,从而迫使武宗畏惧而放弃。

① 关于这个问题的讨论,参见张国刚《唐代的神策军》、张正田《昭义军研究》。

② 前引杜牧《韦温墓志》载:"回鹘窥边,刘稹继以上党叛,东征天下兵,西出禁兵",将泽潞之役和讨伐回鹘合起来讲,还无法判断神策军出征是单在讨伐回鹘还是两次战役都有。目前所见史料,仅此一处提及,暂且存疑。

③ 参见黄永年《六至九世纪中国政治史》第十三章,上海书店出版社,2004 年。

④ [日]圆仁:《入唐求法巡礼行记》卷四,第 183 页。

可见，禁军兵权在南衙朝臣（包括皇帝在内）与北司宦官的矛盾斗争中一直是最为敏感的问题。

在平定泽潞的过程中，刘从谏所收留的甘露余党最终没有逃脱被诛杀的命运，会昌四年李德裕代武宗所写诏书中，斥责这些人为“逆贼”。学者多认为这是李德裕对当权宦官的明显答谢。对此，岑仲勉先生在《通鉴隋唐纪比事质疑》“宣告诛张谷等罪状”条说：“仇士良虽死，宦党仍根深蒂固，胶结不解，丹凤楼宣赦之案，德裕本身亦几为所窘（会昌二年四月）。《考异》引《献替记》众人激怒武宗，要尽戮赴振武官健（五年八月），吾人如能参透其中消息，即不全归罪于德裕也。甘露之变，从谏屡上表申雪，其后又力攻士良，宦官切齿虽久而无如之何，今乘泽潞底定之便，期泄其屡年积愤，有所求于武宗。武宗以事实既成（郭谊杀害诸家，似在讨好宦寺，取得留后），亦不能曲顺其意。敕云‘或妄设妖言，成其逆志，或为草章表，饰以悖词’，无疑指从谏之攻击宦官。苟能结合当年事变，自可领会其深意。”①诚如岑先生所说，对于李德裕在会昌年间的处境，结合甘露事变后南衙北司关系极度紧张这一政治背景来看，我们对他的很多行为就会有同情之理解，对很多事件的发生也都能体会其深意。

结　语

武宗君臣的讨伐成功，对藩镇、宦官都起到了震慑作用。之后朝廷通过对泽潞节度使频繁调任，并尽量以文人为帅，加强对藩镇的控制力。宦官集团和朝官之间的关系，从史料记载中，看不到像甘露事变那样的政治惨剧发生，甚至也没有大的冲突事件发生；像宣宗慨叹的宦官“合成一片”和朝官敌对的状况似乎也没有出现。

这都是由于李德裕平泽潞的成功，完全改变了时人以及后人对泽潞的看法。李商隐《重有感》全为刘从谏而发，说“窦融表已来关右，陶侃军宜次石头”，对刘从谏整治朝政危局寄予了厚望。但是对于刘稹，却又是完全相反的看法，他的《登霍山驿楼》说：“壶关有狂孽，速继老生功”，《行次昭应县道上送户部李郎中充昭义攻讨》又说：“将军大旆扫狂童，诏选名贤赞武功”，毫无顾惜，完全是斥责的态度。而当时人们对讨平泽潞也普遍予以歌颂。比如说白居易，就有《河阳石尚书破回鹘迎贵主过上党射鹭鸶绘画为图猥蒙见示称叹不足以诗美之》诗，歌颂石雄之武功。白居易当时闲居洛阳，“无复更思身外事”，尽量避免议论朝政；但是对于平定泽潞一事却一反常态地作诗称扬，可见这一事功对人们的影响之大。

但是，藩镇、宦官、朝官和皇帝之间的复杂关系，矛盾积累已深，武宗君臣所做的这种

① 岑仲勉：《通鉴隋唐纪比事质疑》，第295—296页。

努力已经不可能起到消解矛盾的作用。所以随着武宗驾崩,李德裕贬死崖州,宣宗一改会昌之政,政局一大转换,各方力量重新洗牌,晚唐中兴努力也就化为泡影了。

作者简介:

李向菲,西安文理学院人文学院讲师。

新见唐李行素墓志所见东南史事考述

王庆昱

[提要]李行素出身于陇西李氏申公房，家族在隋代获罪，整体迁徙岭南。科举失利，投笔从戎，前往安南。随后参与镇压浙东裘甫起义，在岭南参与唐与南诏战事。回朝担任太府少卿，其间出使河西，妥善处理嗢末及敦煌归义军张义潮势力，回朝延英召见，之后历任密州经略招讨使、容管经略招讨使等职务，并卒于容管经略招讨使的任上。墓志内容涉及唐代东南农民起义及岭南容管、海南等事，构成了志主李行素的主要宦历。

[关键词]幕府；裘甫；岭南；延英；东亚视野

大唐西市博物馆新近收藏《唐故容管经略招讨处置等使检校右散骑常侍兼御史大夫上柱国陇西县开国男食邑三百户赠工部尚书李公墓志铭》志石一方。根据记载可知墓志近年出土于陕西省西安市，有志无盖。志石高 55 厘米，宽 55 厘米，志文 35 行，满行 35 字，墓志拓片及录文俱见《珍稀墓志百种》一书①。另陕西师范大学李宗俊先生最近在《唐都学刊》发文，对李行素墓志进行了考释，对墓志主人李行素家族、墓志撰写者等问题都有所考释。② 本文拟在李宗俊先生研究的基础上，对墓志涉及的中晚唐东南史事进行解读。由于墓志志石收藏在西安的大唐西市博物馆，李宗俊先生早先获得过这方墓志的拓片，最近出版的《珍稀墓志百种》收录了这方墓志的拓片图片和录文。因而为了方便起见，笔者以《珍稀墓志百种》收录墓志录文为主。

---

① 胡戟：《珍稀墓志百种》，陕西师范大学出版总社，2016 年，第 216—218 页。

② 李宗俊：《〈唐故容管经略招讨处置等使李行素墓志〉跋》，《唐都学刊》2016 年第 5 期。

根据墓志记载李行素卒于唐懿宗咸通十年(869),享年四十七,按照虚岁计算,其当生于唐穆宗长庆三年(823)。李行素生活的年代是中唐向晚唐的过渡时期,通过对墓志中史事的研究,可窥唐后期政治变化之一斑。

李宗俊先生对李行素的出身及其父祖的经历进行了考证,对李行素家族迁徙岭南,以及其父祖的宦历进行了简单的考释。并且指出了李行素墓志涉及的重大史事,诸如镇压裘甫起义、唐与南诏在岭南的战事、出使河西,处理嗢末起义及会见敦煌归义军张义潮等史事,对李行素的宦历也进行了简单的介绍,并且详细考证了墓志撰写者郑愚的相关事迹,李宗俊先生另有专文讨论嗢末及敦煌归义军张义潮事件。[①] 笔者准备在李宗俊先生研究的基础上,对李行素家族相关史实进行较详细地补考,对李行素墓志所涉中晚唐东南史事进行考释。本文所涉及的东南主要是指唐代的淮南道以南的江南道、岭南道等区域。

一、李行素家族史事补考

根据志文记载李行素出身于陇西李氏,在其五代祖之前就迁徙岭南。根据《隋书》的记载可知:"于是诛浑、敏等宗族三十二人,自余无少长,皆徙岭外。"[②]隋唐时期一般迁徙岭南都是因为获罪的缘故,李行素的先祖迁徙岭南的原因也不例外。其实李行素的家族在北朝地位显赫,"自周迄隋,郁为西京盛族,虽金、张在汉,不之尚也"[③]。然而就是这样一个在北朝、隋时期显赫的家族,入唐之后,默默无闻,不见于史书记载。这当与其家族获罪迁徙岭南,不得仕宦,长期远离政治中心有关。中古时期一般家族都重视郡望,李行素家族出自陇西李氏申公房,根据相关研究认为"北朝时期的姓族、郡姓评定,的确是以分房分家为单位,实行了评定到房支家支的原则"[④]。李行素墓志也提到其家族是北朝冠族,然而由于获罪迁徙岭南,长期远离政治中心,入唐之后只能算中下层士族家庭。

志文从李行素的五世祖李玄璋开始记载,李玄璋担任过云麾将军、郴州刺史。云麾将军是从三品的武散官。[⑤] 李玄璋担任郴州刺史,《唐刺史考全编》没有收录,可以起到补阙的作用。高祖李舜担任过殿中监,殿中监是从三品的高官,主要职责是负责皇帝在宫内的起居,一般都是皇亲和与皇室有关系的显贵担任。根据相关记载可知:"殿中监掌乘舆服御之政令,总尚食、尚药、尚衣、尚乘、尚舍、尚辇六局之官属,备其礼物,而供其职

① 李宗俊:《〈唐故容管经略招讨处置等使李行素墓志〉跋》。
② 《隋书》卷三七《李浑传》,中华书局,1973年,第1121页。
③ 《周书》卷二五《李贤传》,中华书局,1971年,第424页。
④ 郭锋:《唐史与敦煌文献论稿》,中国社会科学出版社,2002年,第143页。
⑤ 《新唐书》卷四六《百官一》,中华书局,1975年,第1197页。

事；少监为之贰。”[①]可以说是比较亲近皇帝的官员。曾祖李宿担任过循州刺史兼御史中丞，循州属于岭南道，是个下州。[②]《唐刺史考全编》没有记载，也可以起到补阙的作用。父李匡符中了进士，官不及大，赠官秘书省著作郎。《登科记考补正》没有收录李匡符中过进士的记载，也可以补阙。李行素的母亲被封为东平县君，根据唐朝的制度五品官员的母亲为县君。[③] 根据志文记载，我们可以了解李行素的家族入唐之后，官宦不显，应当属于中下层士人家庭。

外祖父刘述古，在两《唐书》无传，其事迹散见于传世唐代文献中。外叔祖刘遵古，在两《唐书》也无传，《珍稀墓志百种》作“刘迈古”，根据传世资料当作“刘遵古”。李行素的母亲被封为东平郡君，《元和姓纂》提到了刘遵古，这样记载：“监察御史刘遵古，云东平人。”[④]唐代郡望的形成，三世为官的家族才具备进入郡望家族的条件，三世持续为官，也就是近百年，这个条件是比较严苛的。[⑤] 根据墓志记载刘遵古先后担任过大理卿、金吾将军、京兆尹、湖南观察、邠宁节度使东川节度使，在唐代也是高层文官。李行素墓志的书写者是亲舅刘道贯，墓志记载“亲舅朝议郎守国子春秋博士柱国刘道贯”，在唐代属于基层文官行列，因而刘述古、刘遵古祖上任官不明，刘述古的一个儿子做了基层文官，可见刘遵古自云东平刘氏，其家族宦历不具备成为郡望的条件。

刘述古、刘遵古都是进士出身，《登科记考》记载了刘述古在贞元二十一年中了进士。[⑥] 《全唐诗》收录刘遵古《御沟新柳》诗一首，题记作贞元八年进士第。[⑦] 《登科记考补正》也记载了刘遵古贞元八年(792)中进士。[⑧] 墓志记载刘述古担任过汝州刺史，《唐刺史考全编》没有收录，可以补阙。关于刘遵古，《唐会要》记载刘遵古在元和四年担任监察御史。[⑨] 《旧唐书》记载：“(大和三年)以左金吾卫大将军刘遵古为邠宁节度使。”[⑩]《唐方镇年表》没有收录刘遵古担任邠宁节度使，但是在记述刘遵古担任剑南东川节度使之时，引用了《旧唐书》记载的刘遵古担任邠宁节度使的情况[⑪]。由此可见，李行素的外祖尽管自称东平刘氏，有冒充的嫌疑，但是刘述古、刘遵古兄弟都是进士及第，并且都做到了高层文官，这也是值得夸耀的事情，因而李行素墓志中记载了外祖父和外叔祖的宦历。

---

① (唐)李林甫等：《唐六典》，陈仲夫点校，中华书局，1992年，第322—323页。

② 《新唐书》卷四三上《地理志七上》，第1096—1097页。

③ 《新唐书》卷四六《百官志一》，第1186页。

④ (唐)林宝：《元和姓纂》，岑仲勉校，中华书局，1994年，第698页。

⑤ 郭锋：《唐史与敦煌文献论稿》，第126页。

⑥ (清)徐松：《登科记考》，中华书局，1984年，第577页。

⑦ 《全唐诗》卷三四七《御沟新柳》，中华书局，1960年，第3880页。

⑧ (清)徐松撰，孟二冬补正：《登科记考补正》，北京燕山出版社，2003年，第542页。

⑨ 《唐会要》卷一八《原庙裁制下》，上海古籍出版社，2006年，第423—424页。

⑩ 《旧唐书》卷一七上《文宗纪上》，中华书局，1975年，第531页。

⑪ 吴廷燮：《唐方镇年表》，中华书局，1980年，第1003页。

通过对李行素家族的论述，可以看到李行素家族在周隋时期显赫，隋代迁徙岭南，家道中落。从隋代迁徙岭南，一直到唐代玄宗时期的一百多年，都默默无闻。母亲刘氏郡望为东平刘氏，《元和姓纂》提到其外叔祖刘遵古自云东平刘氏，有冒充嫌疑。其外祖父和外叔祖根据墓志和传世材料，最终都做到了高层文官，但是两《唐书》都没有专门记载其事迹。因而从其家族在唐代的宦历及婚姻来看，李行素家族应属于中下层的士族的可能性较大。

二、李行素仕宦安南

李行素出身于唐代的中下层士人家庭，先后两次参加科举，但是应举不第。志文记载乘桴于海，任唐林州知军州事。唐林州属于下州，户口只有三百多，管辖三个县。[①]

李行素在科举无果之时，仗剑出走，准备前往幕府任职。根据相关研究，唐代方镇府主往往兼任一道的政务和管下数州的政务，事繁任重，非府主一人所能承担，因而大量的事情就要僚佐去做。[②] 李宗俊先生在考察了李行素家族之后，认为至少到其父辈，家族已经文武兼修。[③] 唐代对于没有出身的人士入幕，有所限制，但是唐末逐渐减弱，黄巢起义之后，白身任职于幕府的情况，更为多见。[④] 李行素前往安南幕府任职，恐怕和当时的政策有关。众所周知，在唐代西川、淮南等地是士人最渴望担任幕僚的藩镇，而边远之地诸如安南，在当时是不受士人青睐的。李行素出生于长庆三年(823)，享年四十七岁，在两次科举失败后，离家前往幕府任职，出走时的年龄当在二十多岁。为了限制藩镇幕府征召没有功名的士人任职，会昌五年(845)有敕："诸道所奏幕府及州县官，近日多乡贡进士奏请。此事已曾厘革，不合因循，且无出身，何名入仕。自今以后，不得更许如此。仍永为定例。"[⑤]李行素也许就是因为这条敕书，不得不前往偏远的安南寻找出路，也只是当了一个只有三百多户的州的知军州事。根据相关研究，唐代后期藩镇职权扩大，在有些管下州郡缺员的情况下，节帅有权委人兼摄，在唐代后期是比较普遍的现象。[⑥] 唐林州位于安南的最南边，户口也很少，可以说没有任何优势，正是在这样的情况下，李行素担任唐林州知军州事，把"军"放在"州"前，也突出了唐林州的军事重要性。

---

① 《新唐书》卷四三上《地理志七上》，第1114页。

② 石云涛：《唐代幕府制度研究》，中国社会科学出版社，2003年，第332页。

③ 李宗俊：《〈唐故容管经略招讨处置等使李行素墓志〉跋》。

④ 石云涛：《唐代幕府制度研究》，第300—303页。

⑤ 《唐会要》卷七九《诸使下》，第1714页。

⑥ 石云涛：《唐代幕府制度研究》，第339页。

三、墓志所见晚唐裘甫之乱

吕思勉先生认为裘甫之乱是黄巢之乱的先声，唐朝由此而进入衰亡时期。[①] 这一结论基本上为学界所认同，虽然裘甫起义在一年之内被镇压下去，但是为十五年之后的黄巢起义打下了基础。[②] 裘甫起义引起了唐朝政府的重视，因而唐朝政府最终派出前安南经略使王式前往浙东镇压起义，根据记载“咸通元年正月，浙东人仇甫反，安南经略使王式为浙江东道观察使以讨之”[③]。之所以唐朝政府会派王式前往浙东，是因为王式担任安南都护之时，恢复了当地的财政，成功地巩固了唐朝对安南的统治。就是在这样的情况下，王式被派往浙东镇压裘甫起义。[④] 李行素担任知唐林州军州事，之所以有机会前往浙东镇压裘甫起义，当是跟随主帅王式的缘故。

裘甫起义声势浩大，根据记载“浙东贼帅裘甫攻陷象山，官军屡败，明州城门昼闭，进逼郯县有众百人，浙东骚动”[⑤]。李碧妍先生在分析了安史之乱及在江淮发生的永王之乱到李锜事件后，认为到唐宪宗时期唐朝对江淮实行了最有效的控制，而这一地区也成为唐朝最稳定的地区。然而如果从底层社会看，这种趋势在往另一个方向发展。[⑥] 也正如李碧妍先生说的那样，唐朝后期，两浙地区长期比较安定，已经不习于征战，因而民众和官府面对突如其来的起义而不知所措。根据记载裘甫以三百人迅速扩张到三万人，甚至还建立了年号，与中央分庭抗礼。[⑦] 王式尽管是士人出身，但在当时有很高的名望，是理想的镇压起义的人选，正如史书记载：“前安南都护王式，虽儒家子，在安南威服远夷，名闻远近，可任也。”[⑧]然而这场声势浩大的战事，在李行素墓志里仅仅几个字就概括了，“后海贼裘甫寇浙东而窥府城。公以偏师殄之，擒甫以献”。关于裘甫到底是投降还是被打败擒获的，《资治通鉴考异》只是谈到裘甫是投降、欲突走、被诱而来三种可能性。[⑨] 根据墓志，可以看到：“公以偏师殄之，擒甫以献。”则裘甫很有可能是想突围而走之时，被李行素擒获。这次战争是主帅王式指挥，裘甫起义镇压之后，王式前往长安，根据记载“八

---

① 吕思勉：《隋唐五代史》，上海古籍出版社，2005 年，第 401 页。

② [英]崔瑞德编：《剑桥中国隋唐史》，中国社会科学出版社，1990 年，第 698—699 页。

③ 《新唐书》卷九《僖宗纪》，第 256 页。

④ [美]查尔斯·巴克斯：《南诏与唐代的西南边疆》，林超民译，云南人民出版社，1988 年，第 156—159 页。

⑤ 《资治通鉴》卷二五〇唐宣宗大中十三年，中华书局，2011 年，第 8199—8200 页。

⑥ 李碧妍：《危机与重构——唐帝国及其地方诸侯》，北京师范大学出版社，2015 年，第 532 页。

⑦ 《资治通鉴》二五一唐懿宗咸通元年，第 8202—8203 页。

⑧ 《资治通鉴》二五一唐懿宗咸通元年，第 8204 页。

⑨ 《资治通鉴》二五一唐懿宗咸通元年，第 8211 页。

月，裘甫至京师，斩于东市。加王式检校右散骑常侍，诸将官赏各有差”[①]。这也可以解释为什么墓志里记载的是李行素擒获了裘甫，传世史书中却记载是王式擒获了裘甫的缘故。

这场农民起义尽管在很短的时间里就被镇压了，然而两浙地区唐朝后期以来就是唐朝的财赋之地。战争的爆发，可以说拉开了晚唐的农民起义的先声。正如吕思勉先生所说：“盖唐自肃、代以来，久恃江淮财赋以为命，故其重之如此也。仇甫虽失败。然黄巢以后，卒至两河、江淮，赋不上供，而唐遂瓦解矣。”[②]

四、墓志所见岭南史事考述

由于镇压裘甫起义有功，李行素也得到了奖赏，“恩授富州刺史。赏未再落，又除藤州刺史”。尽管富州、藤州都是下州，从户口上来看，富州比藤州还多。[③] 之所以临时决定让李行素担任藤州刺史，是由于南诏要进攻邕州，藤州是重要的战略要地。但是这场战事最终唐朝还是失败了，南诏短时间占领了邕州，但是很快就退走了。[④] 李行素墓志没有提到战争失利，墓志只是说“未几，又授琼州而招讨儋耳、朱崖五郡事”。

海南在唐初冯氏降唐后，即归属唐朝管辖。但是长期以来由于本地蛮人暴动，唐前期一直作为羁縻府州来管辖。琼州作为下都督府，贞观五年初置，但是在乾封后长期没于山洞蛮，贞元五年后才重新收复。[⑤] 有学者认为唐代对海南的控制，以琼州海峡两岸及岛西两州最为稳定。[⑥] 陈伟明先生认为唐朝对岭南的用兵，主要是为了加强统治，没有解决根本矛盾，但是由于战争规模不大，相对减缓了对社会经济的破坏。[⑦] 难怪廖幼华先生把岭南的这些州称为“羁縻性正州”，也不无道理。

唐朝后期唐与南诏之间关系急剧恶化，南诏在唐朝的安南和西川连年对唐发动战争。陈寅恪先生认为：“自咸通以后，南诏侵边，影响唐财政及内乱颇与明季之‘辽饷’及流寇相类，此诚外患与内乱互相关系之显著例证也。”[⑧]墓志也记载：“哀牢益暴，又以公官御史丞，副邕州节度。寇果围朗宁，王师不振。公亲擐甲，开垒而出，首敢死之士，捐不

① 《资治通鉴》卷二五一唐懿宗咸通元年，第 8212 页。

② 吕思勉：《隋唐五代史》，第 401 页。

③ 《新唐书》卷四三上《地理志七上》，第 1104—1107 页。

④ [美]查尔斯·巴克斯：《南诏与唐代的西南边疆》，第 160—161 页。

⑤ 《新唐书》卷四三上《地理志七上》，第 1100 页。

⑥ 廖幼华：《唐宋两朝岭南西部的羁縻式正州——对南疆统治深化程度的观察》，《张广达先生八十华诞祝寿论文集》，新文丰出版公司，第 393 页。

⑦ 陈伟明：《唐代岭南用兵与安边》，《广西民族研究》1987 年第 4 期。

⑧ 陈寅恪：《唐代政治史述论稿》，生活·读书·新知三联书店，2001 年，第 355 页。

赀之身，奋而走之，褰斩无数。”关于李行素担任邕州节度副使，史书记载：“节度副使李行素率众治壕栅，甫毕，蛮军已合围。留四日，治攻具，将就，诸将请夜分道斫蛮营，承训不许；有天平小校再三力争，乃许之。小校将勇士三百，夜，缒而出，散烧蛮营，斩首五百余级。蛮大惊，间一日，解围去。承训乃遣诸军数千追之，所杀虏不满三百级，皆溪獠胁从者。承训腾奏告捷，云大破蛮贼，中外皆贺。”[①]《新唐书》也记载了这件事，提到节度副使李行素完城破南诏。[②] 因而根据墓志和传世史料的记载，在这次与南诏的战争中，李行素还是有功劳的，但是并不是如墓志所说那样，战绩辉煌。因为这次战事，邕州节度使康承训向朝廷邀功，“加康承训检校右仆射，赏破蛮之功也。自余奏功受赏者，皆承训子弟亲昵；烧营将校不迁一级，由是军中怨怒，声流道路”[③]。李行素加官御史大夫，应当和他作为节度副使有关。根据墓志记载，李行素在节度副使任上期满之后，回长安朝廷担任太府少卿，《唐九卿考》没有收录李行素担任太府少卿的情况，其担任邕州节度副使与南诏战事是咸通五年(864)，因而其当是咸通五年后担任太府少卿。孙国栋先生认为中唐以后，九卿职务荒废，地位降低，入尚书的渐渐减少，主要是与地方长官互相迁转，虽然少卿是卿的副职，但是少卿不是清官。[④] 李宗俊先生认为正是李行素在这场战争中的突出表现，不仅留名史书，还能够在中央任职。[⑤] 因而，尽管李行素在镇压裘甫起义及在与南诏的战争中，立下功劳，但是不是科举出身无疑限制了其仕进之途。

提到唐代的东南地区，陈寅恪先生曾说：“唐代自安史乱后，长安政权之得以继续维持，除文化势力外，仅恃东南八道财赋之供给。至黄巢之乱既将此东南区域之经济几全加破坏，复断绝汴路、运河之交通，而奉长安文化为中心、仰东南财赋以存立之政治集团，遂不得不土崩瓦解。大唐帝国之形式及实质，均于是告终矣。”[⑥]由此可见东南地区在唐朝政治、经济等方面的重要性，唐朝政府在安史之乱后，也一直很重视对东南地区的经营和管理。

唐后期动乱的导火索，正如《新唐书·南诏传》所说：“唐亡于黄巢，而祸基于桂林。”唐与南诏在西川和安南的战争，可以说牵动了唐帝国的神经，让唐政府疲于应付。然而最终唐朝由于征调戍边战士，引起兵变，然而自安史之乱后，南诏在与唐朝一个世纪的战争中，尽管也得到了一些好处，但是在唐朝走向灭亡的同时，南诏也衰落了。

从李行素墓志可以看到唐政府为了镇压浙东裘甫起义，征调安南军事力量前来镇压。岭南地区在唐代尽管属于蛮荒之地，然而对诸蛮的战事以及与南诏的战争，在墓志

---

① 《资治通鉴》卷二五一唐懿宗咸通五年，第 8231 页。
② 《新唐书》卷一四八《康承训传》，第 4774 页。
③ 《资治通鉴》卷二五一唐懿宗咸通五年，第 8232 页。
④ 孙国栋：《唐代中央重要文官迁转途径研究》，上海古籍出版社，2009 年，第 161 页。
⑤ 李宗俊：《〈唐故容管经略招讨处置等使李行素墓志〉跋》。
⑥ 陈寅恪：《唐代政治史述论稿》，第 204 页。

中都有反映，特别是涉及海南蛮的叛乱，更是弥足珍贵的史料。因而李行素墓志涉及的唐朝经营河西、在岭南羁縻蛮夷以及与南诏争夺安南等史事，对于我们研究唐朝边疆史地都有重要的史料价值。

五、余论

尽管李行素因科举无望，前往安南担任幕府僚属，然而中晚唐西部边疆和南部边境都相继发生战争，特别是南部边疆，有愈演愈烈之势。因而李行素得以从一介布衣，最终升任至容管经略招讨等使，有长期在岭南任职经历的李行素仕宦生涯最后的岁月，也是在岭南。

然而在再次前往岭南之前，李行素还担任了密州经略招讨使，在延英殿面见皇帝，除密州经略招讨使。根据相关研究，唐代政治生活中，延英召对起到了十分重要的作用，还具有很多重要的职能，在大明宫起到了举足轻重的作用。[①] 墓志提到："未及□也，除密州经略招讨使。延英奉辞，面加右散骑常侍。到任大兴利物之策，政用是成。"根据相关研究唐代后期新任官员拜谢皇帝都在延英殿，向皇帝辞行。[②] 根据李行素墓志记载，李行素不仅在延英殿向皇帝辞行，还得到右散骑常侍的文散官，表现了皇帝对其出任密州经略招讨使的重视。

根据相关研究，密州处于山东半岛的西南部，是山东半岛对外交流的重要港口，可以前往朝鲜半岛和日本。[③] 根据墓志记载，李行素担任密州经略招讨使在九世纪中期，这一时期不仅唐代逐渐衰弱，统一新罗也同样面临着危机。拜根兴先生认为九世纪初的张保皋，就是在面对东亚海域海盗情况日益严重的情况下，为了维护中日韩正常的贸易与交往的情况下出现的。[④] 统一新罗时期与唐代贸易最重要的港口是山东半岛的登州，只是晚唐由于战乱的原因，登州的地位开始下降。有研究认为隋唐时期登州作为中日韩交往的重要港口，综合比较起来，可以和广州相提并论。[⑤] 然而晚唐以后，由于战乱，登州的重要地位逐渐下降，根据相关研究，在北宋前期，密州取代了登州成为宋与王氏高丽交

---

① 杜文玉：《论唐大明宫延英殿的功能与地位——以中枢决策及国家政治为中心》，《山西大学学报》（哲社版）2012 年第 3 期；袁刚：《延英奏对制度初探》，《北京大学学报》（哲社版），1989 年第 5 期。

② 杜文玉：《论唐大明宫延英殿的功能与地位——以中枢决策及国家政治为中心》。

③ 孙光圻：《公元 8—9 世纪新罗与唐的海上交通》，《海交史研究》1997 年第 1 期。

④ 拜根兴：《九世纪初张保皋海洋活动的动因》，《唐朝与新罗关系史论》，中国社会科学出版社，2009 年，第 241—242 页。

⑤ 朱龙：《隋唐时期登州港的历史地位浅析》，《唐史论丛》第九辑，三秦出版社，2007 年。

通的重要港口。[①]

根据墓志李行素担任密州经略招讨使之时,"大兴利物之策",可见唐政府十分重视与外交往。根据相关研究,唐代的山东半岛,分布有很多新罗侨民的"新罗坊",山东半岛是中、日、统一新罗东亚海域交往的中心,海上贸易迅速发展。[②] 李行素担任密州经略招讨使是唐政府重视海上贸易的表现,也说明了这一时期密州地位的日益重要,最终在北宋前期成为北宋与王氏高丽交往的重要港口,可以说从晚唐就已经有这种迹象了。

作者简介:

王庆昱,暨南大学中外关系研究所博士研究生。

---

① 徐东升:《唐北宋河南地区交通与经济的变迁》,《中国经济史研究》2002 年第 1 期;刘凤鸣:《登州、密州在宋与高丽交往中的重要地位》,《山东半岛与古代中韩关系》,中华书局,2010 年,第 292—295 页。

② 刘凤鸣:《山东半岛——唐代与新罗贸易的重要基地》,《山东半岛与古代中韩关系》,第 201—208 页。

元广东地区军事镇戍探析[①]

丁书云

[提要]万户府是元代地方统治的基本军事机构,反映了一个地区的军事力量。元代广东地区的万户府主要有在广州镇守的广州路万户府,在惠州镇守的季阳万户府和归德万户府,在潮州驻扎的江州万户府,以及至正年间在德庆驻扎的益都淄莱万户府王良分部。本文拟以这些万户府及其镇戍地点为线索,来梳理元代广东道宣慰使司的军事力量,从而探讨元代在广东地区的驻军,这些驻军在镇压民变、防遏叛乱方面的作用,以及所反映的元朝统治者积极向南海诸国进取的意图。

[关键词]元代;广东;万户府;镇戍

岭南地区是元政府经略南海诸国的前沿阵地,这就使得元朝统治者在此地的镇戍有其特殊性。岭南地区军事力量的变化,其实和元政府对南海诸国政策,以及多民族居住的岭南地区人民频繁暴动密切相关。广东地区作为岭南的核心地区,元政府在此的军事镇戍,其实反映了其对岭南的经略思想。而万户府反映了一个地区的基本军事力量,史

---

① 本文是教育部哲学社会科学重大课题攻关项目"7—16 世纪中国南部边疆与海洋经略研究"(批准号 12JZD013)阶段性研究成果。

卫民、王晓欣、刘晓、陈广恩[①]等人的研究均有所涉及，但关于在广东地区驻扎的万户府，尚无人考证。本文拟以广东地区[②]为例，分析元朝在此镇戍的万户府以及所反映的统治者的意图，至于岭南的另外两个地区广西和海南，将另撰文探讨。

一、元在广东地区的驻军状况

元在广东地区进行军事镇戍，是随着对其地征服而展开的。至元十四年(1277)，南宋朝廷退往新会附近的崖山，元基本上占领了广东地区。此年，设立广东道宣慰司对广东地区进行军事管辖，本文所指广东地区，便是指元政府在此设立的广东道宣慰司的管辖范围。广东地理位置十分重要，正如陈大震在《大德南海志》中所说："广为岭南巨镇，瞰海负山，前控蕃夷，后带蛮獠，兵威镇遏诚为重事。山林险隘之地，水道津要之卫，自唐宋以来并设屯戍。"[③]如何在广东地区布置兵力和镇戍地点，可以说是对元朝统治者一个很大的考验。关于元代在广东地区的军事镇戍，资料较少，"天兵收附，威武如神，镇守兵防虽有沿革，然重极胜算非人间之所能知，故记其略"，[④]元人陈大震也只能记其大略。但是，根据所查到的资料，我们还是可以推断，元政府在广东地区镇戍的万户府主要有：广州路万户府，季阳万户府和归德万户府，江州万户府，以及益都淄莱万户府王良分部。分布在广东道宣慰司各路的情况如下：

1.广州路

广州作为广东道宣慰司的治所，元政府所派驻兵力较多。元朝建立以后，在广州设"镇守广州路万户府"，下辖各翼千户所、广东宣慰使都元帅府"随司千户所"等。但是，此万户府设置年代，千户所数量，以及镇守广州路万户府的兵员数目，从目前发现的资料来看，对以上问题进行考证虽然存在一定的难度，但是也能有所突破。至元十五年(1278)，江东宣慰使张弘范率蒙古、汉军两万人南征岭海南宋广王，原丞相伯颜麾下善射之士组成了2500人的哈必赤军，也随从张弘范征讨南宋。至元十六年(1279)，崖山之战以后，

---

① 史卫民《元代军事史》列举元在各行省设立的万户府，李治安《元代行省制度》也涉及元在各行省的万户府，王晓欣《关于元江南镇戍体系中杭州和杭州驻军的若干考述》考证了镇戍杭州的万户府，刘晓《元镇守杭州四万户新考》考证了镇守杭州的四个万户府，并且指出曾经在广东镇守的益都淄莱和益都般阳是同一个万户府，陈广恩《元益都诸万户府考》认为十三个以益都为号的万户府中，实际只有益都淄莱等路行军万户府、益都新军万户府(2个)、益都旧军万户府、益都淄莱新军万户府等五个万户府建制，各万户府军事任务及镇戍地的变动，是元朝不同时期战略目标变化的体现。

② 本文的广东地区，是指元代所设海北广东道宣慰使司的管辖范围。

③ (元)陈大震：《大德南海志》卷一〇《兵防》，《宋元方志丛刊》第8册，中华书局，1990年影印本，第8444页。

④ (元)陈大震：《大德南海志》卷一〇《兵防》，第8444页。

这2500人的哈必赤军就留戍广州，但因岁不更代，导致广州的这些哈必赤军普遍贫困，且许多士兵因身患瘴疾而死亡。至元十七年(1280)七月，朝廷才下令，"更代之"。[①] 值得注意的是，朝廷命令中用的是"更代"一词，那就说明另有2500名士兵接替这些哈必赤军在广州镇戍。由此可以推断出，随从张弘范出征的这2500名合必赤军以及后来接替他们的军队，镇戍点在广州，应属于镇守广州路万户府下属军队。这一点，参见李治安《行省制度研究》。

另，至元二十四年(1297)五月，忽必烈在江西行枢密院副使月的迷失的请求之下，"以广东系边徼之地，山险人稀，兼江西福建贼徒聚集，不时越境作乱，发江西行省忽都铁木儿麾下军五千人，往镇之"。[②] 江西行省奉诏调5000人前往广东地区镇戍，在这5000人当中，是否有一部分兵力属于镇守广州路万户府管辖，我们不得而知。但是根据江州万户府南下的时间、剿贼地点，我们可以推断，忽都铁木儿麾下的5000人便是脱落合察儿统领的江州万户府，这一点下文将详述。至元二十五年(1288)七月，广东贼钟明亮势力壮大，月的迷失又上言忽必烈："近以盗起广东，分江西、江淮、福建三省兵万人令臣将之讨贼。臣愿得蒙古军三百，并臣所籍降户万人，置万户府，撒木合儿为达鲁花赤，佩虎符。"[③]朝廷同意了月的迷失的请求。也就是说，月的迷失又向朝廷讨要了蒙古军300人，与他所收降的军队一起置立一个万户府，自己担任万户，又怕朝廷忌惮其势力壮大，推荐撒木合儿为达鲁花赤，佩虎符、掌军权。而月的迷失所建立的万户府，名称不详。可以肯定的是，月的迷失所组建的这一万户府，为了镇压钟明亮叛乱，也驻扎在广东地区，但其中是否有一部分驻扎在广州便不得而知了。

至元二十二年(1285)，元政府对江淮、江西的军队进行整编，分为上中下三万户府，"蒙古、汉人、新附诸军相参，作三十七翼"。[④] 至元二十六年(1289)五月，元廷又诏令，"诏季阳、益都、淄莱三万户军久戍广东，疫死者众，其令两年一更"。[⑤] 关于这里的"益都淄莱"万户府有几种不同的说法。一种说法是"益都淄莱"为两个不同的万户府。史卫民在他的《元代军事史》中列举江西行省所驻军队时，便将益都淄莱分别列为益都淄莱万户府和益都般阳万户府，认为二者驻扎地都是在广州地区，后来都改为镇守广州路万户府；[⑥]南开大学王晓欣也认为"江西行省广州路就有益都淄莱万户府和益都般阳万户

① 《元史》卷九九《兵志二·镇戍》，中华书局，1976年，第2541页。

② 《元史》卷九九《兵志二·镇戍》，第2543页。

③ 《元史》卷十五《世祖纪十二》，第314页。

④ 《元史》卷一三《世祖纪十》，第273页。

⑤ 《元史》卷一五《世祖纪十二》，第322页。

⑥ 史卫民：《元代军事史》，军事科学出版社，1998年，第294页。

府”，[1]也把这里的“益都淄莱”分成了两个万户府。刘晓考证认为益都淄莱万户府和益都般阳万户府实际上为同一个万户府，“般阳路即以前的淄莱路，至元二十四年改名为般阳路”。由唐兀人李恒、李世安父子统辖，传承较为明确。而至于《元史》中的“三万户”，疑应为“二万户”。[2] 本文则认同刘晓老师的观点。

至于益都淄莱万户府的驻扎地，有不少学者认为是在广州，其依据大概是《元史》关于季阳、益都淄莱万户府更代的规定，以及元人杨铸所撰《德庆路镇遏万户王侯政绩碑》。碑文记载说，益都淄莱万户府王良部在“至正十年春，以江西行省之命移镇德庆”。[3] 但是需要明确的是，王良所部镇戍德庆的背景是“德庆民猺杂处，且界广西，数罹寇虐”，朝廷派其镇戍，乃是对徭乱进行镇压，以及对德庆等路人民进行抚绥，镇戍德庆只是权宜之策。而且碑文之中也说“侯今摄治分阃，然瓜期已及，代还豫章有日矣”。[4] 豫章乃是南昌的别称，明确说明益都淄莱万户府其驻守地点一直在江西行省的治所龙兴（江西南昌），而并非在广州。另外，武德将军、益都淄莱万户府管军千户的辽东刘用家族就长期在龙兴镇守，刘用在至元年间随从李恒出征襄樊，至元十五年（1278），李恒南征，刘用在广州驻扎，至元十六年（1279），因追剿南宋余部有功而被元廷加封为武德将军，“锡佩金符，镇守龙兴”。[5] 由此可见，元朝统一之后，益都淄莱万户府便由广东而北撤至龙兴。刘用去世之后，其次子刘世英“袭父职，屡以功进爵，在军余二十年”，其后将千户之职让予其兄之子刘源，刘源“亦袭爵镇守龙兴”。[6] 文人柳贯为刘用写墓表的时间为天历二年（1329），而此时刘源已镇守龙兴达九年之久，那么可以推断刘源袭职应该在延祐七年（1320），刘世英任职长达二十年之久，可以推断其袭职应在大德初，这也足以证明元代益都淄莱万户府的镇戍地一直在江西行省治所龙兴，而非广州，这一点，陈广恩在《元益都诸万户府考》一文中亦有论证。[7] 只不过在至正年间，益都淄莱新军万户府王良分部又移镇德庆。

2.惠州路

元政府还在惠州路进行了兵力布防。如上文所述，至元二十六年（1289）五月丙申，

---

① 王晓欣：《关于元江南镇戍体系中杭州和杭州驻军的若干考述》，李治安、宋涛主编：《马可波罗游历过的城市 Quinasay：元代杭州研究文集》，杭州出版社，2012 年，第 43—44 页。

② 刘晓：《元镇守杭州四万户府新考》，《浙江学刊》2014 年第 4 期。

③ （清）阮元修：道光《广东通志》卷二一五《金石略十七》，载《广东历代方志集成》第 19 册，岭南美术出版社，第 3506 页。

④ （清）阮元修：道光《广东通志》卷二一五《金石略十七》，第 3506 页。

⑤ （元）柳贯：《待制集》卷一二《武德将军刘公墓表》，杨讷主编：《元史研究资料汇编》第 51 册，第 648 页。

⑥ （元）柳贯：《待制集》卷一二《武德将军刘公墓表》，第 646 页。

⑦ 陈广恩：《元益都诸万户府考》，《史学月刊》2015 年第 6 期。

元廷下令，“诏季阳、益都、淄莱三万户军久戍广东疫死者众，其令两年一更”。[①] 这里提到季阳万户府，其驻戍地点便是在惠州。

季阳为地名，依据《正德袁州府志》载：“本府城隍庙，旧在府治西北三十部，洪武初知府朱守仁迁于宜阳门内，相传为元万户季阳奕故址。”[②]袁州在元时为袁州路，隶属于江西行省，治所宜春，袁州城隍庙乃是季阳万户府故址。而季阳万户府是元在进攻南宋的过程中设置的，朝廷将季阳万户府万户一职授予彼时战功显赫的高闹儿，《元史·高闹儿传》记载如下：

“高闹儿，女直人。事太祖，从征西域……至元二年，移镇季阳。五年，……七年，充季阳军马总管。十年，从攻樊城，先登。十一年……宋平，护送宋太后至京师，以功进怀远大将军、万户。二十一年……二十二年，升安远大将军、季阳万户府万户。是年夏，复以兵追袭交趾世子于海之三叉口，与敌军合战，中毒矢而死。”[③]

至元二年(1265)之前，高闹儿受忽必烈之命镇戍湖北随州，以方便向南进军。至元二年(1265)，移镇季阳，元世祖需要依赖季阳军讨伐南宋，至元五年(1268)，在忽必烈命令之下，高闹儿又随元帅阿术进攻襄樊。那么，依此推断，季阳应该在襄樊以北地区并且离襄樊不远，方便蒙元朝廷进行机动灵活的军事调动。至元七年(1270)，高闹儿又被任为季阳军马总管；至元十三年(1276)，高闹儿因护送宋幼主及太后入朝而被授予季阳万户府万户，季阳万户府这一军事单位于此时出现。至元二十一年(1284)以后，高闹儿领军两千，随皇子脱欢征讨交趾，“追日烜及其子至天长海三汊口，遇敌军，与战，中毒矢而死”[④]。其子灭里干承袭父职，并继承了高闹儿季阳万户府万户职位，在元廷命令之下镇戍广东。镇戍广东何地《元史》并无说明，但《蒙兀儿史记》说灭里干“袭父职，领兵镇广州”[⑤]，可证季阳万户府起初在广州镇戍。但“寻移戍惠州，平盗谭大獠、朱珍等”[⑥]。元贞元年(1295)，又还镇袁州(江西宜春)，在袁州平叛。不久，广州南恩州盗贼动乱，灭里干又领季阳万户府之兵平定，不久返回袁州，并在袁州逝世。也就是说，从至元二十二年(1285)高闹儿去世，季阳万户府才在广州镇戍，不久又移戍惠州，到元贞元年(1295)还镇袁州，季阳万户府在广东地区镇戍有十年，在惠州也将近十年。

---

① 《元史》卷一五《世祖纪》十二，第 322 页。

② (明)徐钟：正德《袁州府志》卷五《祠庙》，《天一阁藏明代方志选刊》第 37 册，上海古籍书店，1982 年，第 2 页 a 面。

③ 《元史》卷一五一《高闹儿传》，第 3564—3565 页。

④ 屠寄：《蒙兀儿史记》卷九八《高元长传》，《元史二种》，上海古籍出版社，2012 年，第 628 页。

⑤ 屠寄：《蒙兀儿史记》卷九八《高元长传》，《元史二种》，第 628 页。

⑥ 《元史》卷一三一《高闹儿传》，第 3565 页。

河北保定行唐邸氏家族的归德万户府也曾经在惠州驻守。早在成吉思汗大举攻金之时，行唐邸顺便归附，成吉思汗授其为行唐令，后又为恒州安抚使，因军功履迁恒州等处都元帅、骠骑卫上将军，充山前都元帅等。己亥(1239年)，邸顺已跻身万户之列，从蒙古大军南下攻取归德后，便留戍归德。丙辰年，邸顺去世，其子邸浃袭其职位，跟随忽必烈，战功赫赫。至元二十三年(1286)，佩元降虎符，为归德万户，镇守吉安，其所部便被称为“归德万户府”。其后不久，邸浃便在元政府命令之下，“统领江西各万户，集兵七千戍广东”，两年后，邸浃去世，其子邸荣仁，袭佩其虎符，为宣武将军，继承归德万户职位，“镇广东惠州，感瘴疾，不任事”[①]。也就是说，邸顺家族的归德万户府也曾经在广东地区镇戍，元政府也曾让归德万户府镇守惠州，但后来因荣仁患瘴疾而不任事，至于荣仁身死之后其后辈继承归德万户者有无继续镇守广州或者惠州，则无史料记载。

由上不难看出，惠州是元政府的重要镇戍地点之一，元廷尤其是前期在惠州进行了不少兵力布防。

3.潮州路

潮州位于广东的最东部，地理位置十分重要。后人这样描述道：“潮郡东南皆海也，左控闽、漳，右临惠、广，壮全潮之形势，为两省之屏藩，浩浩乎大观也哉。”[②]元政府于至元十五年(1278)设潮州路，至元十六年(1279)设潮州路总管府，潮州路乃是岭南地区最靠东部的一路，也是文天祥组织抗元斗争的最后阵地。文天祥抗元事迹久在潮州地区传播，受此影响，有元一代，潮州地区抗元势力始终存在。因此，元朝十分重视对潮州地区的管辖。至元二十一年(1284)十一月，湖广行省右丞唆都建言：“交趾与占腊、占城、云南、暹、缅诸国接壤，可即其地立省；及于越里、潮州、毗兰三道屯军镇戍，因其粮饷以给士卒，庶免海道转输之劳。”[③]唆都建议在潮州屯军镇戍，以免元政府的海道运输之劳，从而更好地为元政府向南海诸国积极进取服务。可见，元统治者将潮州看作重要的军事镇戍之地。

但是由于资料较少，关于元在潮州地区所镇戍的军事力量没有办法进行具体考证。陈香白辑较《潮州三阳图志辑稿》大略介绍了元代在潮州的军事建置：“元革命制度一新。镇守一路，设万户府及镇抚、千户、百户以统兵。有事则战，无事则守，二年一迁调……万户府、千户、镇抚、百户衙，皆在子城之西，军营列布焉。”[④]这段资料提到了万户府、千户、镇抚、百户衙这些机构都在潮州路治所潮阳之西，可见，元代在潮州路设置了一个万户府进行军事镇戍，位置在潮阳之西。据《元史》记载，蒙古世家秃伯怯烈氏肖乃台早年南征

---

① 《元史》卷一五一《邸顺传》，第3572页。

② (清)蓝鼎元：《鹿州初集》卷一二《潮州府总图说》，《清代诗文集汇编》第247册，上海古籍出版社，2010年，第238页。

③ 《元史》卷两百〇九《外夷·安南》，第4641页。

④ 陈香白辑校：《潮州三阳图志辑稿》卷之二《建置志》，中山大学出版社，1989年，第112页。

北伐，屡立战功，其子兀鲁台也曾从攻襄樊。在兀鲁台死后，其子脱落合察尔承袭职位。至元二十年(1283)，江西行省命脱落合察尔讨伐武宁叛贼董琦，“平之，改授虎符、江州万户府达鲁花赤”。[①] 江州乃是现在江西九江，在元为江州路，至元二十二年(1285)，元设立江西行枢密院，马军戍守在江州，步军戍守在抚州。[②] 到了至元二十四年(1287)，朝廷又命脱落合察尔“移镇潮州，值贼张文惠、罗半天等啸聚江西，行枢密院檄讨之，领兵破贼寨，斩贼首罗大老、李尊长等，获其伪银三，卒于军”[③]。由此可以推断，元代在潮州镇戍的万户府乃是江州万户府，其原驻地为江州路，至元二十四年(1287)之后移镇潮州。

《元史·世祖纪》载，至元二十四年(1287)，江西行院月的迷失以广东穷边险远，江西、福建诸寇出没，不时越境作乱，“乞于江南诸省分军一万”，忽必烈下诏“发江西行省忽都铁木儿麾下军五千人，往镇守之”[④]。而脱落合察儿担任达鲁花赤的江州万户府，正是江西行省管辖的军队。上文提到至元二十年(1283)脱落合察儿受江西行省之命，讨平武宁董琦起事，他本人也正是因这次战功而升任江州万户府达鲁花赤。二十四年(1287)移镇潮州之后，正值张文惠、罗半天起义，脱落合察儿在江西行院的指派下，破贼拒敌。那么从时间、部队的来源以及潮州毗邻江西、福建的地理位置上来看，我们有理由相信移镇潮州的江州万户府，就是奉调入广的忽都铁木儿麾下的5000人。至于江州万户府镇戍潮州的时间之长短，则已无从考证。

4.德庆路

德庆路位于广东的西部地区，与广西接壤。且此地徭獠遍布境内，经常发生暴动，在元初，肇庆就为弄兵之地。至元二十四年(1287)，“广东盗起，寇肇庆，其魁邓太獠居前寨，刘太獠居后寨，相依以为固”，[⑤]刘国杰趋兵破之。至元二十六年(1289)，刘国杰又东入肇庆，攻闫太獠与萧太獠。元政府为了维护自己统治的稳固，对民众进行安抚，也在某些时段在德庆路进行了兵力布置。

如上文所述，益都淄莱新军万户府王良所部，便在至正十年(1350)移镇德庆。彼时，由于“德庆民猺杂处，且界广西，数罹寇虐”，瑶族起事较为频繁，因此江西行省便命王良为镇遏万户，分镇德庆。王良分部至正十年(1350)开始镇守德庆，至正十四年(1354)返回豫章，在德庆长达四年之久，颇有建树。至正十四年(1354)四月，文人杨铸为王良撰写政绩碑，王良部将武德将军、益都淄莱万户府管军上千户所达鲁花赤伯颜帖木儿和忠显

① 《元史》卷一二○《肖乃台传》附《兀鲁台传》，第2967页。

② 《元史》卷八六《百官》二，第2157页。

③ 《元史》卷一二○《肖乃台传》附《兀鲁台传》，第2967页。

④ 《元史》卷一四《世祖纪十一》，第301页；卷九九《兵志·镇戍》，第2543页。

⑤ 《元史》卷一六二《刘国杰传》，第3808页。

校尉、益都淄莱万户府管军中副千户权德庆镇遏万户府事余泰等为王良立碑纪功。[①] 王良部镇戍德庆，显然是元末政府面对德庆地区瑶獠叛变的状况采取的临时应对措施，但同时也反映了德庆地理位置的重要性。

二、元广东地区军事镇戍的特点及意图

元在广东地区进行军事镇戍，将其纳入统治之中，在军事机构的设置以及军事力量的分布上可谓颇费心机，既要保证广东地区人民臣服在其统治之下，从而保证南部边疆的安宁，又要向南海诸国积极进取，使元政府在外交上处于绝对优势。通过以上分析元在广东地区的军事布置，可以总结出元在广东地区军事镇戍的一些特点，从而反映出元统治者的意图。

1.元在广东地区军事部署范围较广但具有临时性

元在广东地区的军事布置范围较广，治所广州路，最西肇庆路，最东潮州路，均有镇戍。作为其治所的广州路，有镇守广州路万户府在此，又有原丞相伯颜手下善射之人组成的 2500 人合必赤军长期在此地驻扎。至元二十四年(1287)之后，合必赤军北还，朝廷又派了 2500 人更代，那么不论镇守广州路万户府分属以下路府州县的军队人数有多少，作为广东道治所的广州路始终有不少军队。潮州和惠州属于粤东地区，也是朝廷重点防御的地区，如上文所说高闹儿所统领的季阳万户府从至元二十二年(1285)到元贞元年(1295)这十年之间，一直在广东地区镇戍，而在惠州镇戍的时间也将近十年之久，河北保定以邸顺为首的归德万户府也曾经在惠州驻扎。潮州地区是元政府在粤东地区的军事要地，元在此地设有一个万户府进行镇戍，本文推断此万户府乃是蒙古世家肖乃台之孙脱落合察儿的江州万户府。而德庆路靠近广西，更需要朝廷进行重点防戍，益都淄莱万户府王良所部便在至正十年(1350)移镇德庆，至正十四年(1354)返回龙兴，在德庆长达四年之久。通过以上论述，也不难看出，元在广东一道的军事镇戍其实还是比较广泛的，以治所广州路为中心，最东经惠州到潮州，往西至徭獠叛乱频繁的德庆地区。

元朝统治者虽然费尽心机布置广东地区的军事力量，但该地区的军事镇戍往往都具有临时性的特点。这是在广东某个地区形势严峻、民变频发的情况下元政府所进行的临时调动，并没有形成一个完整的系统。如季阳万户府并非在广东地区长期驻扎，在惠州最多有十年；益都淄莱万户府王良所部在德庆镇戍也仅仅是元顺帝年间的事，而且在德庆有四年之久；至元二十四年(1287)之后移镇潮州的江州万户府乃是因为此地多盗，江

---

① (元)杨铸:《德庆路镇遏万户王侯政绩碑》,(清)阮元等修:道光《广东通志》卷二一五《金石略》,第 3826 页上栏。"于"字原缺,据杨文骏修光绪《德庆州志》卷五《职官志·武职》补,成文出版社影印本,1974 年,第 700 页。

西行枢密院官员月的迷失请发兵平叛。可见，元代在广东地区的这些机构或者军事力量的布置基本上带有临时性特点，这是根据实际情况而设定的。具体广东地区发生了什么事情，才促使朝廷对其他万户府进行调动，史籍中则少有记载，可与元政府的意图作一结合。元政府在广东地区调动军队，主要是由于广东地区民变频发，不得不派兵镇压，另一方面，也为元政府积极进取南海诸国服务。

2.为元政府镇压民变及向南海诸国积极进取服务

奉元政府之命驻扎在广东地区的军队目的性十分明显，明确贯彻元政府的政策和意图，为元朝确立在广东乃至岭南地区的统治而服务。其主要作用如下：

(1)镇压和预防叛乱

如上所说，元政府在广东地区布置军事具有临时性，很多时候都是由于此地爆发叛乱，不得不派兵镇压，如至元二十四年(1287)，朝廷又命脱落合察尔"移镇潮州，值贼张文惠、罗半天等啸聚江西，行枢密院檄讨之，领兵破贼寨，斩贼首罗大老、李尊长等，获其伪银三，卒于军"[①]。在潮州镇戍的江州万户，其主要作用便是剿灭潮州叛贼。至元二十四年(1287)五月，江西行枢密院副使月的迷失请求元世祖忽必烈派兵支持，忽必烈遂下令："以广东系边徼之地，山险人稀，兼江西福建贼徒聚集，不时越境作乱，发江西行省忽都铁木儿麾下军五千人，往镇之。"[②]此次发忽都帖木儿麾下五千人(疑为脱落合察儿统领的江州万户府)镇守广东地区，乃是因为江西、福建贼时不时越境作乱。至元二十五年(1288)七月，广东贼钟明亮势力壮大，月的迷失又请求在广东地区设立一个万户府，发蒙古军三百人予月的迷失。高闹儿家族的季阳万户府镇戍惠州，也是因为盗贼谭大獠、朱珍等作乱，灭里干继承了高闹儿季阳万户府万户职位，在元廷命令之下镇戍广东，但"寻移戍惠州，平盗谭大獠、朱珍等"[③]。元贞元年(1295)，在平定广东盗贼告一段落之后便还镇袁州，在广东地区也仅有几年之久。元朝末年，顺帝一朝，广东地区民变爆发尤其频繁，更需政府加大兵力进行防御和镇压。益都淄莱万户府王良部在至正十年移镇德庆，而王良所部益都淄莱万户府镇戍德庆的背景也是"德庆民猺杂处，且界广西，数罹寇虐"，朝廷派其镇戍乃是对瑶乱进行镇压以及对德庆等路人民进行抚绥。而且《德庆路镇遏万户王侯政绩碑》说"候今摄治分阃，然瓜期已及，代还豫章有日矣"[④]，说明益都淄莱万户府王良分部镇戍德庆只是权宜之计，返回江西治所龙兴只是早晚之事。

可见，元在广东地区布置的兵力，其目的是镇压此地区叛乱。忽必烈爱将刘国杰在经略湖广、镇压民变的过程中，更加强了对粤西等民族地区的驻防："经画茶陵、衡、郴、

---

① 《元史》卷一二〇《肖乃台传》附《兀鲁台传》，第2967页。

② 《元史》卷九九《兵志二·镇戍》，第2543页。

③ 《元史》卷一三一《高闹儿传》，第3565页。

④ (清)阮元等修：道光《广东通志》卷二一五《金石略十七》，载《广东历代方志集成》第19册，岭南美术出版社，第3506页。

道、桂阳，凡广东、江西盗所出入之地，南北三千里，置戍三十有八，分屯将士以守之，由是东尽交广，西亘黔中，地周湖广，四境皆有屯戍，制度周密。”①清人对此评价说：“屯田之益如此，诚千古良法也。”②如此周密的屯戍，东到广东、西到贵州西部，将湖广行省四周严密防守，明显体现了元政府防御和镇压民变的意图。

(2)为海外进取服务

元政府为了防遏和图谋南海诸国，派了一大批心腹重臣南下岭南作为其先锋官(关于元在岭南地区的任官问题，笔者另撰文探讨，此不赘述)，与此相对应，元朝在岭南地区布置的军队也是为达到这一目的而服务。早在至元二十一年(1284)十一月，湖广行省右丞唆都便建言忽必烈：“交趾与占腊、占城、云南、暹、缅诸国接壤，可即其地立省；及于越里、潮州、毗兰三道屯军镇戍，因其粮饷以给士卒，庶免海道转输之劳。”③唆都建议在交趾即地建省，并且在越里、潮州、毗兰三道屯军进行镇戍，以免元政府的海道运输之劳，从而更好地为元政府向南海诸国积极进取服务。

元朝前期，其统治者一直有向海外诸国进取的宏图大志，这从多次对海外用兵可以看出，岭南地区的大量军队也直接参与了元政府征伐南海诸国的活动。湖广行省的戍军为征伐交趾，便多次在广西静江地区集结。至元二十三年(1286)六月，忽必烈拟对交趾用兵，湖广行省线哥上言朝廷：“今用兵交趾，分本省戍兵二万八千七百人，期以七月悉会静江，今已发精锐启行，馀万七千八百人，皆羸病、屯田等军，不可用。敕今岁故罢之。”④《元史·占城传》中也说：“占城近琼州，顺风舟行一日可达其国。”⑤因其特殊的地理位置，海南岛上的黎兵更是多次被朝廷所派南下征伐，至元二十年(1283)九月壬戌，元政府打算“调黎兵同征日本”⑥；至元二十一年(1284)三月，琼州安抚使陈仲达听郑天佑言“交趾通谋占城，遣兵两万及船五百以为应援”⑦，此次陈仲达就派兵两万以及战船支持朝廷，数量可谓不小；至元二十四年(1287)春正月，又“诏发江淮、江西、湖广三省蒙古、汉券军，及云南兵，及海外四州黎兵，命海道运粮万户张文虎等运粮十七万石，分道以讨交趾”⑧。同年九月，湖广行省省臣又上言：“海南琼州路安抚使陈仲达、南宁军总管谢有奎、延栏总管苻庇成，以其私船百二十艘、黎兵千七百余人，助征交趾。”⑨可见，黎兵在讨伐交趾、助征南海诸国方面起了不小的作用。《琼台志》又载：“元白沙水军系浙军，自宋

① 《元史》卷一六二《刘国杰传》，第3807页。
② (清)段汝霖：《楚南苗志》卷三《苗人总叙下》，伍新福点校，岳麓书社，2008年，第101页。
③ 《元史》卷二〇九《外夷传·安南》，第4641页。
④ 《元史》卷一四《世祖纪十一》，第290页。
⑤ 《元史》卷二〇九《外夷传·占城》，第4660页。
⑥ 《元史》卷一二《世祖纪九》，第257页。
⑦ 《元史》卷二〇九《外夷传·安南》，第4641页。
⑧ 《元史》卷一四《世祖纪十一》，第295页。
⑨ 《元史》卷一四《世祖纪十一》，第300页。

末从祥兴帝船遁至本州岛，为元兵所败，遗卒收为水军，后于白沙津置镇，设官管领，给粮巡防海上。”[①]元在白沙津渡口所设的白沙水军也是为了巡防海上，保证南部海疆的安宁。可见，元在岭南地区的设置兵力，为积极进取南海诸国服务，而广东地区作为岭南的核心地区，自然贯彻着统治者的这一意图。

3.元在广东地区的驻军相对较少

见于史料记载的广东地区的驻军，主要集中在广州路、潮州路，元末也加强了对粤西地区的镇戍。“广为岭南巨镇，瞰海负山，前控蕃夷，后带蛮獠，兵威镇遏，诚为重事。”[②]同时广州又是广东道宣慰使司都元帅府和广东道肃政廉访司所在地，自然是元朝镇戍广东最为重要的地区。元于广州路驻有镇守广州路万户府，……下设宣慰司随司千户、各翼千户所、镇抚所、城内外巡警官等[③]。至于月的迷失所建镇守广州路的又一万户府的具体情况，尚不清楚。季阳万户府是镇守广东的另一万户府，至元十三年(1276)，女真人高闹儿因功进怀远大将军、季阳万户府万户。二十二年(1285)，高闹儿征交趾战死，其子灭里干袭父职，领兵镇广州[④]。寻移戍惠州，平定谭大獠、朱珍之乱。元贞元年(1295)，灭里干统帅的季阳万户府移戍袁州，调离广东，但因南恩州发生民变，灭里干又率部南下，平定叛乱，之后北归，最后卒于袁州[⑤]。河北行唐邸氏所属的归德万户府也曾经有一段时间镇戍惠州。另外，曾随张弘范南征广王赵昺而留戍广州的伯颜丞相等麾下合必赤军2500人，也是镇守广州的一支部队，但至元十七年(1280)，这支部队因“岁久皆贫困，多死亡者”，于是“命更代之”[⑥]。镇守潮州路的是江州万户府，由探马赤军将领肖乃台之孙脱落合察儿担任达鲁花赤，至元二十四年(1287)移镇潮州[⑦]。万户府及其统下千户、镇抚、百户，“皆在子城之西，军营列布焉”[⑧]。如上文所说，移镇潮州的江州万户府，有可能就是从江西行省忽都铁木儿麾下调遣入广的5000兵力。至正十年(1350)，李恒家族统帅的益都淄莱新军万户府王良部，“以江西行省之命移镇德庆”[⑨]，这是从总部龙兴(今

---

① (明)唐胄等:《正德琼台志》卷二一《海道》，载《广东历代方志集成》琼州府部一，岭南美术出版社，2009年，第270页。

② (元)陈大震:《大德南海志》卷一〇《兵防》，第8444页。

③ (元)陈大震:《大德南海志》卷一〇《兵防》，第8444、8450页。

④ 《元史》卷一五一《高闹儿传》，第3565页；屠寄:《蒙兀儿史记》卷九八《高元长传》，《元史二种》，上海古籍出版社，2012年，第628页。

⑤ 《元史》卷一五一《高闹儿传》，第3565页；屠寄:《蒙兀儿史记》卷九八《高元長列傳》，第628页。

⑥ 《元史》卷九九《兵志二・镇戍》，第2541页。

⑦ 《元史》卷一二〇《肖乃台传》，第2967页。

⑧ 陈香白辑校:《潮州三阳图志辑稿》卷之二《建置志》，第112页。

⑨ (元)杨铸:《德庆路镇遏万户王侯政绩碑》，(清)阮元等修:道光《广东通志》卷二一五《金石略》，第3826页上栏。

江西南昌)派出的分戍部队。以上就是广东地区的主要驻兵,最多时也只有五个万户府,以都是中万户府来计算,元驻守广东的军队有两万多人,但是常驻在广东地区的只有镇守广东路万户府,其余四个季阳、归德、江州和益都淄莱万户府都是因为当时广东地区形势严峻,元政府临时派来镇戍,很快便调离广东,其中也只有季阳万户府长驻十年之久。可见,元代在广东地区的驻军其实并不算多。

三、余论

萧启庆先生是研究元代军事制度的集大成者,他在《元代镇戍制度》一文中对元代的镇戍进行了重要分析。认为蒙古统治者为了拱卫大都地区的安全以及加强对江浙经济命脉地区的控制,将蒙古军主要集中于黄河流域,将汉军和新附军主要集结在长江下游地区,因此华南地区各地驻兵数量就相当薄弱,兹摘录他对元代驻守各地军事力量分析如下:

自南宋以来,南方不仅人口稠密,而且大都会较多。欲控制南方,必先紧密地掌握此一区域里神经中枢的大都市,因此南方大城多屯有重兵。1284 年,扬州即驻有三十翼(翼在此处显指千户而言)大军。1290 年于扬州、建康及镇江三角地带设立七万户。当时世界第一大城的宋旧都杭州则设有四万户。外国游客至杭州者皆有戍兵森严之感,据马可·波罗说,杭州共驻军三万人,而在杭州的"一万两千桥梁上,每桥皆驻兵十人,日夜戍守"。至于南方其余各地的镇戍情形,因文献不足,难以确考,但于重要地区党赤设置万户。在 1285 年以前,浙东至少驻有五万户。至于江西行省中约相当于现在江西及广东的一部分,如赣州、潮州、吉安、抚州、建昌等地,在 1284 年皆有军队屯扎。据《潮州志》说,该地所立者为万户(《永乐大典》卷五三四三)可推想上述所立者亦为万户。又据《元史·兵志》,江西行省各地原驻军二百二十六所,1298 年合并为六十四所。福建原置军不详,该年合为五十三所,至于相当今湖北南部、湖南、广西、贵州及广东西南部的湖光行中书省,无法得知其详。四川境内,除去蒙古军都万户府以外,尚有十三万户,云南则有四万户(分见《元史》卷一〇〇)。华中、华南的军力分布,虽不得详知,但可推断:因大部的蒙古军集中于黄河流域,汉军及新附军则集结于长江流域,华南各地之驻兵数量相当薄弱。[①]

而在江南三省中,江西行省"地广兵寡"[②],驻军最少,这与江西行省是典型的以北制南、重北轻南的军事体制有关[③]。至元十五年(1278),元朝于龙兴府初置行省,"分兵诸

---

① 萧启庆:《内北国而外中国·元代军事镇戍》,中华书局,2007 年,第 262—263 页。

② 《元史》卷一五《世祖纪十二》,第 311 页。

③ 李治安:《元代行省制度》,中华书局,2011 年,第 323 页。

路调遣，江西省军为最少”[①]。而湖广行省也与江西行省一样，都是重北轻南的行省，驻兵也并不多。如此少的驻防兵力，使得广东地区一旦发生民变，元政府就不得不从其他地区派兵南下助剿，元政府对广东地区的控制因驻守军队少，显得十分吃力，萧启庆先生更说几乎拥众上万的民变都发生在湖广、江西和福建地区，可见元代对南方控制其实是“力不从心”[②]的，此观点可为我们研究元代岭南地区军事部署提供一个重要思路。

作者简介：

丁书云，中山大学历史学系博士研究生。

① 《元史》卷九九《兵志二·镇戍》，第2540页。

② 萧启庆：《内北国而外中国·元代军事镇戍》，第264页。

完颜伯小考

——兼对《元史·成宗纪》的一则正误

毛海明

[提要]本文依据张伯淳《养蒙先生文集》的相关记载，辨正《元史·成宗纪》中的“完颜伯颜”实为“完颜伯”之误。在此基础上，本文考察了完颜伯的家世和交往。

[关键词]完颜伯颜；完颜伯；完颜仲德；《元史》正误

《元史》卷一八《成宗纪一》载：“[至元三十一年(1294)]六月己亥，以乳保劳，封完颜伯颜为冀国公，妻何氏为冀国夫人。”[①]其中“完颜伯颜”应为“完颜伯”之误。

至元末年，南士张伯淳(字师道)被忽必烈“召问”到大都，数月后，授翰林直学士。元成宗即位，“诏命多出其手”。[②] 在其著作《养蒙先生文集》卷一中，就收有多份他在这一时期撰写的诏书。[③] 其中两份相连，一为《封冀国公制(完颜伯)》，云：“朕丕承大统，嘉念潜藩。其于乳哺之情，宜颁异数。爰有褒崇之典，以及良人。”[④]对照上引《元史·成宗纪》，这份制书的封授对象“完颜伯”，当即至元三十一年六月二十日“以乳保劳”受封的

---

① 《元史》卷一八《成宗纪一》，中华书局，1976年，第385页。

② 《元史》卷一七《世祖纪十四》至元二十九年十月戊子条，第367页；卷一七八《张伯淳传》，第4147页；(元)程钜夫：《程雪楼文集》卷一七《翰林侍讲学士张公墓志铭》，《元代珍本文集汇刊》影清宣统二年陶氏覆刻明洪武本，台北“中央图书馆”，1970年，第646页。

③ (元)张伯淳：《养蒙先生文集》卷一，《原国立北平图书馆甲库善本丛书》影印元至正六年(1346)张氏家塾刻明宣德七年(1432)递修本，第681册，国家图书馆出版社，2014年，页5a—6b。按，此本只存卷一至卷五。全帙(十卷)传世者均为抄本，常见有《元代珍本文集汇刊》影印抄本(台北“中央图书馆”，1970年)，《原国立北平图书馆甲库善本丛书》影印清抄本(第681册)。《文渊阁四库全书》亦据抄本而来，见书前《提要》，台湾商务印书馆，1983年，页2a—2b。

④ (元)张伯淳：《养蒙先生文集》卷一《封冀国公制(完颜伯)》，页5a—5b。

“完颜伯颜”。[①] 紧接着的另一份题《封冀国公母张氏淑惠夫人制》，云：“朕记在潜之旧，怀保我之勤。因妇以及其夫，既封大国；为子而显其母，宜贲幽扃。冀国公完颜伯故母张氏，……”[②]这份制书也明确地记载为“冀国公完颜伯”。由此可见，《元史·成宗纪》中的“完颜伯颜”，应为“完颜伯”之误，“颜”是衍字，当删。

致误原因，是有意篡改，还是无心之失，是出自元武宗朝纂修的《实录》，[③]还是明初《元史》成书时，都不得而知。按说《实录》纂修时间与其所记载的时代并不遥远，出错的可能性较小。错误也许产生于《元史》成书之时。合乎情理的推测，大概是古人以“伯”单字为名并不多见，而“伯颜”又是元人常取的名字，故而致误。[④] 古人取“伯”为名的确不常见，检诸史籍，春秋战国时，晋昭侯名伯，齐国陈庄子名伯。[⑤] 楚人温伯雪子，“姓温，名伯，字雪子”[⑥]。汉高祖刘邦长兄名伯，东晋时名士韩伯亦名伯。[⑦] 此外，秦汉时人项羽的叔父项伯、鲁人高堂生，取“伯”为表字。[⑧]

关于这位“冀国公完颜伯”，在史籍中并非毫无踪迹。刘秉忠《藏春集》卷三收有一首七律，题《赠完颜伯诚甫》，云：

> 春风秋月透孤房，恨杀关雎窈窕娘。枯木岩前空积思，散花天上不闻香。生民世系来千古，相国人家只一郎。安可断流同潦水，合随江汉入汪洋。[⑨]

前人认为赠诗对象为“完颜伯诚”，将“甫”字理解为男子的雅称。[⑩] 古人以“伯”为行

---

① 己亥，六月二十日。参见洪金富《辽宋夏金元五朝日历》，台北“中央研究院”历史语言研究所，2004年，第396页。

② (元)张伯淳：《养蒙先生文集》卷一《封冀国公母张氏淑惠夫人制》，页5a。

③ 元武宗至大元年(1308)三月，“命翰林国史院纂修顺宗、成宗实录”。见《元史》卷二二《武宗纪一》至大元年三月己卯条，第497页。

④ 参见(清)孙志祖《读书脞录》卷六《元史同名》，清嘉庆刻本，页6a—7b。

⑤ 《史记》卷三九《晋世家》：“三十五年，文侯仇卒，子昭侯伯立”，中华书局点校修订本，2013年，第1968页；卷四六《田敬仲完世家》：“襄子卒，子庄子白立。”《索隐》云：“《系本》名伯。”第2274页。(东汉)郑玄、(唐)孔颖达：《礼记注疏》卷八《檀弓上》：“陈庄子，齐大夫陈恒之孙，名伯。”《十三经注疏》本，第5册，台北艺文印书馆，2013年，页8b。

⑥ (西晋)郭象、(唐)成玄英：《南华真经注疏》卷七《庄子外篇·田子方》，《古逸丛书》影宋本，页41b。

⑦ 《史记》卷八《高祖本纪》，第432页注3；《晋书》卷七五《韩伯传》，中华书局点校本，1974年，第1992页。

⑧ 项伯，原名缠，字伯。高堂生，字伯。见《史记》卷七《项羽本纪》注1引司马贞《史记索隐》，第394页；卷一二一《儒林传》注5引《索隐》，第3762页。

⑨ (元)刘秉忠：《藏春诗集》卷三《赠完颜伯诚甫》，《北京图书馆古籍珍本丛刊》影明刊本，第91册，书目文献出版社，1991年，页13a—13b。

⑩ 见罗依果、楼占梅：《元朝人名录》，台北南天书局，1998年，第1963页。

辈，与“仲、叔”相对应，用来取名，以“甫”或“夫”字敬称男性，都是很常见的。然而“甫”还常用来作为表字的一部分。[①] “完颜伯诚甫”，也完全有可能是名伯，字诚甫。

张之翰《西岩集》卷六也收有一首七律，题《寄完颜诚甫诸君》，云：

走遍江湖恰得闲，闲来犹恐未能安。一身完璧固自可，众口铄金原不难。收拾风烟诗卷重，消磨日月酒杯宽。有时忽起思君兴，骑鹤楼高独倚栏。[②]

“诚甫”应该是这位完颜君的表字。刘秉忠(1216—1274)、张伯淳(1242—1303)、张之翰(1243—1296)三人，基本上都属于同时代的文士官僚。三人诗文中的“完颜伯诚甫”“完颜伯”“完颜诚甫”，当是同一人。完颜伯，字诚甫。

在《赠完颜伯诚甫》诗题旁，刘秉忠注：“仲德之子也。”诗中有云：“生民世系来千古，相国人家只一郎。”完颜伯父名仲德。结合诗句，这个完颜仲德，应即《金史》卷一百一十九有传、官至尚书右丞兼枢密副使、金亡殉节的完颜仲德。[③] 完颜仲德进士出身，“为人忠实，有时望”，在北方汉族士大夫中颇有声誉，刘祁将其与田横相提并论，郝经表彰他有“节义”，“死事死国，有古烈士之风”，李治在忽必烈面前称赞他“险夷一节”，“甚可嘉尚”。[④] 作为名士之子，完颜伯与刘秉忠、张之翰等人有所交往，也属正常。《赠完颜伯诚甫》诗不知作于何时。从末尾两联来看，刘秉忠似是在劝慰完颜伯胸怀宽广，顺应潮流，做一番事业。中统、至元初年，刘秉忠与忽必烈、皇太子真金关系密切，由于他的汲引，众

---

① “甫”字一意：“古代男子的美称，多附缀于表字后。”见《辞海》，上海辞书出版社，1980 年，第 54 页。如宋人王安石，字介甫。元人廉希宪，字善甫；程思廉，字介甫；王庆端，字正甫。不一而足。见《元史》卷一二六《廉希宪传》，第 3085 页；卷一五一《王庆端传》，第 3573 页；卷一六三《程思廉传》，第 3829 页。

② (元)张之翰：《西岩集》卷六《寄完颜诚甫诸君》，《景印文渊阁四库全书》本，页 14a。

③ 见《金史》卷一一九《完颜仲德传》，中华书局点校本，1975 年，第 2605—2610 页。按据《金史》及(元)刘祁《归潜志》卷六(中华书局，1983 年，第 61 页)，完颜仲德本名忽斜虎，字仲德。

④ (元)苏天爵：《元朝名臣事略》卷一三《内翰李文正公》引《王庭问对》，姚景安点校，中华书局，1996 年，第 260—261 页；(元)刘祁：《归潜志》卷六，第 61 页；(元)郝经：《郝文忠公临川文集》卷十一《金源十节士歌·仲德行院》，《北京图书馆古籍珍本丛刊》影印明正德二年李瀚刻本，第 91 册，页 11b—12a。

多汉士官僚得以进入元廷和真金幕中。[①] 元成宗生于至元二年,[②]完颜伯与成宗产生交集,妻何氏成为成宗的乳母,或是出自刘秉忠的引荐。

《金史》卷一百三十《列女传》收录了完颜仲德妻,未列其姓,也"不知其氏族",载1233年时,完颜仲德有"妾及二子"。[③] 前引张伯淳撰《封冀国公母张氏淑惠夫人制》,称"完颜伯故母张氏",不知是否就是这位妻子。完颜伯应是完颜仲德"二子"之一,很可能还是长子。《赠完颜伯诚甫》中云"相国人家只一郎",刘秉忠写此诗时,完颜伯的兄弟当已亡故。《寄完颜诚甫诸君》诗也不系年月,据内容判断,张之翰与完颜伯应有着良好情谊。相较刘秉忠的诗作,张诗更显亲切,张、完颜二人年龄,相差应不很大。完颜伯当生于1233年之前,至元三十一年受封时,至少有六十二岁。至元二年,他三十多岁,其妻何氏大概年龄相仿,或者略小,年轻力壮,故而做了成宗乳母。

附带提及,前引张伯淳《养蒙先生文集》卷一收录的两份制书,《封冀国公制(完颜伯)》《封冀国公母张氏淑惠夫人制》,授予对象分别为完颜伯、其母张氏。两人之所以获得封授,完全是由于完颜伯妻何氏曾为成宗乳母,"因妇以及其夫""为子而显其母"。应该还有两份制书,一为写给此次封授的真正主角,冀国夫人、完颜伯妻何氏,一为授给"为子而显其父"的完颜伯父完颜仲德。这两份制书应当也出于张伯淳之手,惜乎传世文集无收,已成佚文。[④]

作者简介:

毛海明,湖南大学岳麓书院助理教授。

---

① 忽必烈潜邸时期,刘秉忠"每承顾问,辄推荐南州人物可备器使者,宜见录用"[(元)王磐:《藏春诗集》卷六《故光禄大夫太保赠太傅仪同三司文贞刘公神道碑铭并序》,页64b]。潜邸"旧侣"李德辉、张文谦、张耕、刘肃、王恂等人,都出于刘秉忠的荐引。他还曾推荐程思廉、王倚进入真金幕府。见《元史》卷一六三《马亨传》《程思廉传》,第3827、3829—3830页;卷一六四《王恂传》,第3844页;卷一七六《王倚传》,第4105页。《元朝名臣事略》卷七《太保刘文正公》引李槃撰《文集序》,第112页。(元)姚燧:《中书左丞李忠宣公行状》,(元)苏天爵编《国朝文类》卷四九,《四部丛刊初编》影元至正杭州路西湖书院刊本,页1b;(元)李谦:《中书左丞张公神道碑》,《国朝文类》卷五八,页9b;(元)王思廉:《河东廉访使程公神道碑》,《国朝文类》卷六七,页1a;(元)刘因:《静修先生文集》卷十六《大元故正议大夫礼部尚书王公神道碑铭》,《四部丛刊初编》影元宗文堂刊本,页9a。

② "(至元二年九月)庚子,皇孙铁穆尔生。"《元史》卷六《世祖纪三》,第108页。

③ 《金史》卷一三〇《列女传》,第2804页。

④ "伯淳虽善属文,然不喜以藻翰自名,殁后无成稿。"其子、孙"搜辑遗稿,编类成书"。元至正六年刊行。至明宣德年间,"是集历经兵焚,失落者多",其曾、玄孙"收赎遗板,访求他本,抄誊修补刊行"。此本"当时流传不广,今则刊本已罕见"。传世《养蒙先生文集》,"率皆抄本"。见刘兆祐《叙录》,《元代珍本文集汇刊》影印抄本前附,第2—3页。据元至正六年张氏家塾刻明宣德七年递修残本,卷一专收《册诏制表》(《目录》,页1a)。今诸本皆不见收,这两份制书,恐佚于至正六年初刊时。

元末琼州女性蔡九娘考[①]

乔玉红

[**提要**]元代末年琼州女性蔡九娘的传说在当地流传几百年，据说她在父亲死后领兵保境卫家，以智慧婉拒当权者对其美色的觊觎，最后为保护乡寨百姓而亡。通过对地方文献中记载的蔡九娘故事里频繁出现的陈乾富与陈子瑚二人的考辨，以及蔡九娘死亡时间及原因的分析，可以发现，蔡九娘的故事远不像表面记载的那么简单，其背后隐藏着元末动乱之时各方对当地掌控权的争夺。

[**关键词**]地方文献；元末；琼州；蔡九娘

在琼州也就是现在的海口地区，有一位被称作“琼州的花木兰，海口的穆桂英”的传奇女性——蔡九娘[②]。在民间传说中，她聪慧美丽、勇于牺牲，成为当地几百年来传说众多的女性之一。但在褪去传说的美丽面纱之后，现实中的蔡九娘是什么样子？尤其陈乾富/陈子瑚对她惮虑思慕、求而未得的绮丽爱情故事是真是假？传说与现实有什么差别？通过对文献的梳理，可发现历史和真实之间存在着巨大的差异，甚或美丽的爱情故事背后却隐藏着血淋淋的权力之争。

一、蔡九娘其人

关于蔡九娘的故事，最早以文字记录下来的是海南人王佐《鸡肋集》中的《蔡烈女

---

① 本文是2014年教育部人文社会科学研究青年基金项目“明清时期珠三角地区女性文化特征转变研究”（项目编号：14YJC770026）的成果之一。

② 蒙乐生：《发现海口　锦绣龙华》，南海出版公司，2008年，第162页。

传》。王佐，生于明宣宗宣德八年(1433)，殁于明武宗正德七年(1512)。这是至今为止见到的最早关于蔡九娘的记载，时距元末动乱仅百年左右：

(蔡九娘)元黎兵千户敦武公之女也。少有姿色，多智略。父亡弟幼，不肯以黎土属之他人，故亲统父兵，俟弟之壮，不肯适人。值末寇乱，能驭众守境，乡人赖之。

乾宁安抚司副都元帅有威重，能祸福生死，慕九娘风采，欲就之。恐见拒，乘暮夜以兵访，意在相染，不然即作恶。九娘豫揣来意，即设盛席，亲行酒肴。酒半酣，迭出女侑觞，乾宁欢甚，沉醉。兵骑卒皆兼馔，人人乐饮，醉去不觉。侵晨，九娘兵亦渐集，颜色非是。乾宁知其不可犯，遂快径去。作诗云："一笑花前醉似泥，绮筵欢剧不闻鸡。马骑到此空归去，不是花迷是酒迷。"

未几，东寇陈子瑚者，凡村寨栅堡，无不降者。垒村去郡城，约四五十里许，四围石壁巉岩，村居其中，九娘独奋聚其村人，备捍御具，且敌且守。贼兵攻之久不下，诱以甘言，务图生致，而九娘守益坚。子瑚技穷，觇知所守者，敌久力竭，因宣言寨中，宜即早降免死，不然，拔寨之日，当尽杀。九娘自知其力不足，乃呼众谓曰：贼帅所得郡城，不守而来，以为我也。岂可以我一身而令乡人尽死，我死则祸息。乃辞谢乡人曰：劳苦诸君，为我日久，决死不辱，诸君可自为去就，今日长别矣，善为后计。众皆洒泪，誓与死。顷间，垒村岩中，原有石峒，深不可测。九娘哈众如厕，良久不复回。众随觅之，则已投深峒中，非人所能到。但遥闻其声，呼云："下石。"遂寂然无闻。

翌日，村寨降贼，子瑚亲临峒口，多计招之，不能得。怒以草塞峒口，举火熏之，九娘死峒中，幼弟在乱中，不知所终。①

嘉靖年间，戴璟主持修订《广东通志初稿》，亦有对蔡九娘的记载：

蔡九娘，千户蔡克宪之女也。有姿色，谙书字，年十一丧父，择配不嫁，越三十，智谋勇略过□男子。值元末寇乱，统父兵保境。乡人赖之。未几东寇陈子瑚陷乾宁，郡邑皆为所有。九娘固守，子瑚屡攻不下，日久乃力竭，泣谢乡人曰："贼帅新得郡城，不守而来，以为我也。我死则祸息矣。"间投入补锦岩以避。翌日，村栅降，子瑚怒以草火岩口熏之，九娘死岩中。②

以后文献对她的描述多源于此。综合这两条记载可知，元末寇乱，蔡九娘领兵保境，

---

① (明)王佐：《鸡肋集》，王中柱校注，海南出版社，2004年，第416—418页。

② (明)戴璟：《广东通志初稿》卷一五《列女》，嘉靖十四年(1535)刻本，岭南美术出版社，2006年，第307页。

乡里赖之。但她何时“统父兵”却语焉不详，按王佐之说，是父亡弟幼时，不愿放弃父亲辖下之权而亲统父兵，以待幼弟长大，故不肯嫁人。九娘死峒中时，其幼弟在乱中不知所终。意即其父死后不久九娘就开始统兵，其弟尚在幼年。而陈乾富与陈子瑚之事发生的时间相隔亦不远，因此蔡九娘死时依然妙龄。但这与《广东通志初稿》的记载却有了矛盾，不仅无幼弟的记载，反而说她年十一丧父，若蔡九娘十一岁父亡，那么她根本不可能有能力统领父兵。而九娘成年后未嫁，三十余岁统兵保境却比较合理，元末寇乱也应发生在她三十岁之后。若真如此，史料的记载便有了问题，唯一可以确定的就是，统兵之权在蔡克宪死后落在蔡九娘身上。但材料的描述却给人造成心理暗示，即蔡九娘年幼之时便统领父兵。

出现类似的矛盾，或许是因为男性文人对年轻女性的偏爱，在无意识中采用理想化的模式来记载她们。文献中此种例子不在少数，如生活于南朝萧梁时代的陈孝女：

陈妙圆，河东富民陈志女。志年八十而卒，妙圆年幼，痛父无嗣，哀毁骨立，不茹荤，矢志不嫁，乃舍其宅僧寺，以田为祀田，令僧世主其祀。大同二年，所司以孝闻。未几卒。广州刺史萧誉异之，乡人立祠寺侧，名孝女祠。南汉加封昌福夫人。[①]

该记载描述了陈女因父死哀痛，营葬后亦亡的故事。此故事的疑点在于，陈志年八十而卒，陈女却年幼。按常理推断，陈志八十岁去世，即便按虚岁计算其女儿也绝对“年幼”不到哪里去。士大夫一再强调其年幼，极可能是出于对年轻女性不嫁守贞的颂扬，潜意识中将笔下人物按照理想中的标准予以完美化。这透露出主流观念对女性贞节的推崇，彰显了舆论对女性性方面的纯一要求，无疑与文人对蔡九娘的描写具有相同作用。

二、陈乾富与陈子瑚之辨

蔡九娘的故事最广为人知的，是其因美貌引起陈乾富，一说陈子瑚的觊觎。某日，陈乾富/陈子瑚引兵而至，欲用武力迫其就范，但九娘以计令其无果而返。这则故事最早见于《鸡肋集》，《正德琼台志》卷四二《杂志》中也有描写：

至元末，敦武千户蔡克宪之女九娘有姿色，副都元帅陈乾富一日引兵就之，九娘度来意必欲强，力不能支，乃设宴张乐，亲行酒，迭出侍女侑觞。乾富欢甚，意不相违，乃肆意剧饮沉醉。兵骑皆兼馔，人人乐饮，恬不为备。九娘乘间避匿。乾富醒，已侵晨，窥其室阒无声矣。觅寻莫知所向，悒悒引兵而去。陈乾富为此赋诗云：“一

① （明）戴璟：《广东通志初稿》卷一五《列女》，嘉靖十四年（1535）刻本，第303页。

笑花前醉似泥，绮筵欢剧不闻鸡。马蹄到此空归去，不是花迷是酒迷。”①

有意思的是，同一本书中居然记载了不同的版本，还对两种说法进行考辨。《正德琼台志》卷五《山川》中写道：

补锦谷，在县南叠村。幽邃险绝。蔡九娘避陈子瑚处。按：旧传九娘，元叠村蔡千户克宪女，有色略，越三十不嫁。文昌陈子瑚陷郡，张安抚弃遁，愈纵略。九娘统父兵御，度不支，乃张宴迎饮劝醉，避匿补锦谷中。瑚醒，赋《空归诗》而去。后大军收捕，蔡族有谋职者以前事诬诉，九娘竟死乾宁狱中。事在至正二十二年。

今以《外纪》考之，又以设酒事为避陈乾富。盖乾富本郡元帅，素通词翰，慕九娘之年貌勇略，喜欲私之。计避一时，诚或有理。若子瑚肆毒，凶贼乡里，怨积骨髓，九娘智略者，岂有迎宴之理？设使未就酒而遽行污；或怒遁而愈肆戮，则孰若先避之。况弃城北遁，乃沙元帅，亦未闻有张也。所说皆与志载不合，故此匿谷之事，断以《外纪》为是。若日是必尝见侵于子瑚，则谷东去大摄尽日力至，今见有九娘墓，是又别有说也。②

王佐在其《鸡肋集》中亦有对此事的思考：“《蔡烈女传》亦有传写作别篇，与此微略不同，称为丘文庄先生作者。然观其中声口，多伪而非真。不然，或当时呈稿而先生未及笔削也。且先生岂不知传中传诗乃陈乾宁所作？子瑚暗劣恶贼，岂能及此？况其诗句中间，尽与子瑚为英雄？惟此烈女不从，其他妇人女子窃而从之者多矣。何其轻待吾人之甚乎！具眼者必能辨之。”③王佐所说的丘文庄即明代永乐至景泰年间的海南人丘浚，但其所说丘浚写的《蔡烈女传》却未见。由王佐的行文来看，或许《鸡肋集》中的《蔡烈女传》未必完全是他自己所撰，而当时可能不止一人为蔡九娘作传，最起码丘浚便是其中之一。但丘浚应该是把饮宴避匿故事的男主人公写成了陈子瑚而非陈乾富，王佐据此发表了反对意见，即陈子瑚“暗劣恶贼，岂能及此”。可见，在距故事发生没多久的明代初年，就已经出现关于故事的男主人公是陈乾富还是陈子瑚的争议。

考陈乾富其人：

陈乾富，临佃人，海北、海南道副都元帅。国朝洪武初纳款授平乐府通判。④

① （明）唐胄：《正德琼台志》卷四二《杂事》，天一阁藏明代方志选刊，上海古籍书店，1964年。
② （明）唐胄：《正德琼台志》卷五《山川上》。
③ （明）王佐：《鸡肋集》，王中柱校注，第418页。
④ （明）唐胄：《正德琼台志》卷四〇《人物五》。

陈乾富，文昌人，至正末副都元帅，译村人。①

《海南陈氏谱》中写道，陈乾富(1334—1376)字一清，拱宸六世孙，善庆之子。元朝末年时官通议大夫(三品)，同知海北海南道宣尉使司副使都元帅。明洪武元年(1368)，应明太祖朱元璋的诏书入朝贺表，授广西平乐府通判，1375 年改授湖广岳州府通判，1376 年 12 月 17 日卒于南京，扶枢归葬文昌溪龙(尾)山。②

除“一笑花前醉似泥”一诗外，陈乾富仍有其他诗作存世：

> 陈乾富为副元帅，控制乾宁军。家多媵侍，小鬟尤丽。有鸟秦吉了，能言而慧。每闻呵喝声，辄呼玉鬟拨琵琶。陈喜而赋诗曰：“使台归骑准鸣笳，花气茶香院院奢。禽慧不须云板约，善窥人意唤琵琶。”③

关于陈乾富之祖陈拱宸的传记为：陈拱宸(1215—1256)又名三老……宋举人，配余氏、黄氏。南宋淳祐己酉年(1242)偕子仲达避乱，由福建莆田祷坑城渡琼，居文昌县溪梅村(今文昌市湖山溪尾村)。后由乡荐授文林郎，1249 年任文昌知县(七品)，在任 8 年，葬于文昌县铜鼓岭圯坑内村北侧。④

可见陈氏在南宋年间由福建莆田迁入琼州落籍并担任文昌县知县，陈家自此建立。通过多年经营，最终到陈乾富时已权倾一方，“福祸生死”。

再看陈子瑚的“构乱”经历：

> 至正癸巳(至正十三年，1353)，文昌土酋陈子瑚构乱，寇乾宁，州县皆为所有。子瑚死，弟有庆踵其势，与逆党伪万户袁元贵、镇抚潘阴、经历吴绍先、千户洪义等屯据琼城。⑤

《海南陈氏谱》对陈子瑚亦有记载，大致同于史料所说。⑥

从陈乾富和陈子瑚两人的身份分析：陈乾富是本郡元帅，素通词翰，居于高位且自命风流，似乎他对美貌和智慧兼备的蔡九娘起了倾慕之心当属正常；蔡九娘囿于其权势，用

---

① (明)戴熺、欧阳灿、蔡光前等纂修：《万历琼州府志》卷九《秩官》，书目文献出版社，1990 年，第 290 页。

② 陈开岩：《海南陈氏谱》第三卷《人文卷》，海南省颖川历史研究会，2005 年，第 136 页。

③ (清)马日炳纂修：《康熙文昌县志》卷九《杂志》，赖青寿、颜艳红点校，海南出版社，2003 年，第 216 页。

④ 陈开岩：《海南陈氏谱》第三卷《人文卷》，第 134 页。

⑤ (明)唐胄：《正德琼台志》卷二一《平乱》。

⑥ 陈开岩：《海南陈氏谱》第三卷《人文卷》，第 136 页。

计使其知难而退亦在情理之中。陈乾富受挫后怅惘赋诗而归，这不仅符合陈乾富的身份，也突出蔡九娘的智慧与气节。相较而言，此时的陈子瑚却已站在元朝政府的对立面，成为构乱之源，中央和地方的矛盾以他领导的农民起义为突破口爆发出来。因此，以蔡九娘的智略来看，是不可能知其淫威反又迎宴的。

综合上述分析，事情就很清楚了。引兵施压反被蔡九娘迎宴避匿，然后赋诗而归的是陈乾富；以暴力威逼最终致蔡九娘死亡的是陈子瑚。之所以两人被混淆，可能是因两人同属文昌陈氏，均对蔡九娘有逼迫之举，故最初记载时就有了混淆。可惜的是，即便是有王佐及《正德琼台志》的考辨，人们依旧没搞清楚，这导致后世记载中"陈乾富"和"陈子瑚"之说共存。① 如清代程秉钊就将两种说法全记录下来以示公允，并赋诗以志："绝代红颜苦捍疆，能拚一死植纲常。野棠落尽春风改，遗蜕谁寻蔡九娘。"②

三、蔡氏之死

史料中有大量关于陈乾富/陈子瑚对蔡九娘觊觎和强迫的记载，甚至还以九娘之口说出"贼帅所得郡城，不守而来，以为我也。岂可以我一身而令乡人尽死，我死则祸息"③之辞。暗指陈子瑚攻打叠村是觊觎九娘美貌，这给人们留下蔡九娘年轻貌美的印象。由此，她以妙龄之身为保清白和全寨百姓，对陈子瑚的淫威予以抗争以至红颜凋零的悲剧故事更能激起人们的同仇敌忾。事实是否如此呢？事实上，王佐并未写明陈子瑚攻打村寨是为美色，仅借九娘之口说出是为自己之语，而劝降则是在战场上强攻不下时的惯用策略，直至最后将藏匿洞中的蔡九娘熏死，也是因多计招之而不能得的结果。

为弄清蔡九娘真正的死亡时间和死因，需要从文献中抽丝剥茧、逐步分析事件的真相。幸运的是，方志编纂者们记下了蔡九娘之妹蔡氏，有的方志还将蔡氏附传于蔡九娘之后，这为后人留下了线索：

> 蔡氏，叠村蔡九娘之妹，至正辛巳(1341)，年二十二，适遵都王和，越十二年而寡。岁壬寅(1362)，伪贼陈子瑚、主簿丘田欲褫之，不屈自缢而死。④

---

① 持此说法的可参见(清)李文烜:《琼山县志》卷二三、卷三〇，海南出版社影印咸丰七年(1857)刻本，2004年；中山大学中国古文献研究所编:《全粤诗》第2册，卷五五《元》，岭南美术出版社，2008年；吴文治主编:《明诗话全编》6，江苏古籍出版社，1997年；蒙乐生:《发现海口 锦绣龙华》。

② (清)程秉钊:《琼州杂事诗》，《丛书集成初编》第3128册，中华书局，1985年，第7页。

③ (明)王佐:《鸡肋集》，王中柱校注，第416—418页。

④ (明)唐胄:《正德琼台志》卷四〇《人物五》；(明)戴璟:《广东通志初稿》，影印嘉靖十四年(1535)刻本，岭南美术出版社，2006年，第307页。

据这条材料可估算蔡氏的年纪。至正辛巳即至正元年(1341)蔡氏嫁给王和,时年22岁,按虚岁算蔡氏应生于元延祐七年即1320年左右。至正十三年(1353)王和去世,蔡氏34岁。壬寅年即至正二十二年(1362),蔡氏已是43虚岁的中年妇人,那么身为蔡氏之姊的蔡九娘年纪必定更大。

我们再从史料中寻找陈子瑚的活动时间:

> 唐亚妹,琼山蕃诞儒家唐栢寿女,年十八。至正甲辰(至正二十四,1364)六月陈子瑚寇乾宁,同再从妹被执至舟中。……[①]
>
> 至正甲辰(至正二十四年,1364),万州土酋符奴达、陈俊甥等窃掠居民。峝首王丽珠既平陈子瑚兄弟等,又自备鞍马兵器抵窠,追剿奴达、俊甥,悉平。[②]

关于陈子瑚的记载此后就没有了,也就是说这两条材料基本把陈子瑚的最晚活动或死亡时间限定在至正二十四年(1364)。

再看《海南陈氏谱》的记载,陈乾富生于1334年,死于1376年,若此记载无误且《正德琼台志》中所记蔡氏年纪为真,那么1341年蔡氏22虚岁出嫁时陈乾富刚7岁。至正十三年(1353)陈子瑚叛乱之时陈乾富19岁,至正二十二年(1362)蔡九娘死时陈乾富28岁。这个时段的他年富力强、位高权重,借威势使女性就犯委身合情合理,可惜对象却是一位43岁以上的中年女性。因此,若几人年龄无误的话,整个故事就有意思了。

再看一下蔡氏的死亡,蔡氏是因反抗陈子瑚等人的"性侵"即"欲裭之",自缢而亡。"裭"的本意有两种,一是剥夺,二是脱去、解下;有的史料所用的字为"欲犯之"。无论陈子瑚等人是"欲犯之"还是"欲裭之",至少一点可以肯定的是,蔡氏在受到威逼时有充分的时间上吊自杀,她的死不像正面遭受兵乱或流寇性侵时采取的激烈行为。而这种因女性反抗暴力性侵而当场死亡的惨例在史籍中触目皆是。那么唯一的可能是,陈子瑚等人的侵犯是预先告知的,她才有充分的时间自缢,蔡九娘的死亡亦是如此。

在文献记载中,蔡九娘除死于补锦谷的结局外,还有其他一些版本,如认为她投螺狮井而死。[③] 又有"或传九娘为东寇所掠,至中途缢死,今大摄有墓"[④]。还有说蔡九娘因设宴迎饮陈子瑚,"后大军收捕,蔡族有谋职者以前事诬诉,九娘竟死乾宁狱中。事在至正二十二年"[⑤]。即蔡氏族中有人想借陈子瑚谋反之事谋取官职而诬蔡九娘与其有染,致

---

① (明)唐胄:《正德琼台志》卷四〇《人物五》。

② (明)唐胄:《正德琼台志》卷二一《平乱》。

③ "《别传》又称九娘投螺狮井。未知孰是,姑两存质疑。"可参见(明)王佐《鸡肋集》,王中柱校注,第416页。

④ (明)唐胄:《正德琼台志》卷四〇《人物五》。

⑤ (明)唐胄:《正德琼台志》卷五《山川上》。

九娘死于乾宁狱中。前两种说法相差无几,既蔡九娘为反抗陈子瑚的淫威自尽身亡,突显了她的贞烈不屈。即便是第三种死于狱中的说法,虽可能性不大,但也对其"迎宴避匿"的反抗予以赞扬。无论哪种死法,蔡九娘死于至正二十二年(1362)前后没有异议。

四、权力与美色之辨

但蔡九娘的死真如史料中所说那样吗?从上面对年龄的分析可看出,蔡九娘(包括蔡氏)的死绝非像表面上所说,她们为维护自己的清白即贞节而死。按正常情况,即便年轻时的蔡九娘再国色天香,到43岁后也已是人入中年,性的吸引力究竟有多强后人难以想象,至于让男人欲夺之而后快的真实性更待商榷。若陈乾富与蔡九娘年纪相仿,在时间和情理上均有可能,但事实却是两者年龄悬殊,虽然不排除历史上确实有此类现象,但却是个例。另一方面,陈子瑚的逼迫事发在蔡九娘已43岁以上的至正二十二年,即其败亡的前两年,虽然陈子瑚的年纪暂时无法考证,但若说是贪图美色,真实性同样值得怀疑。所以"贼帅新得郡城,不守而来,以为我也。我死则祸息矣",此话的真实含义值得商榷。

究其原因,或许和海南地区女性具有的社会地位有关。琼州因深处海上,与中原地区交通不便,一直到很晚都存在较强的异于中原的风俗,女性在政治和社会生活中占据重要地位,如宋代的琼州就处于"母权"影响之下。宋绍兴年间,琼山民许益曾作乱,黎族人王日存之母黄氏抚谕诸峒,无人再敢跟从作乱。[①] 黄氏因功被封宜人,"以为三十六峒都统领"。淳熙八年(1181)黄氏卒,女儿王氏袭职,即后世被称作王二娘者:"峒中有王二娘者,黎之酋也,夫之名不闻。家饶于财,善用其众,力能制服群黎,朝廷赐封宜人,琼管有令于黎峒,必下王宜人,无不帖然。二娘死,女亦能继其业。"[②]嘉定九年(1216)王氏卒,其女即黄氏的外孙女吴氏承袭职位。后人诗曰:"遍抚群黎布义声,承恩三世笃忠贞。千秋巾帼谁堪例,石砫英雄女总兵。"并赞其"凡三世效忠,更在石砫土司秦良玉之前矣"[③]。

可以根据史料重构黎峒这几位女性的传承:黄氏因弹压黎人的功绩被封"宜人";王二娘承袭母爵;接着为吴氏。其顺序为:黄氏(一代)→王二娘(二代)→吴氏(三代)。吴氏承袭"宜人"封号时,琼管安抚司将以官府名义设立的军事要冲大宁寨的管寨权一并授予她,管寨重任亦由王二娘之侄即吴氏表兄黄弼承担。贺喜在谈到她们几人职位承袭的问题时指出,"虽然黎峒各有首领,但是像三十六峒三代女首领这样的土官豪族又有别于

---

① (明)唐胄:《正德琼台志》卷二一《平乱》。

② (宋)周去非:《岭外代答》卷二《外国门上》,《中国风土志丛刊》第61册,广陵书社,2005年,第63页。

③ (清)程秉钊:《琼州杂事诗》,《丛书集成初编》第3128册,中华书局,1985年,第7页。

一般的村峒首领，他们对于一个较大的地域范围有控制权和统摄权，称得上是群雄之首。官府不仅倚赖他们安靖地方，甚至连政令下达都需要借助这些财雄势大的土官”[①]。可以推知，宋代的琼州应是一个女性占据政治话语权的社会，甚至明清时期依然如此。曾有人做过研究，认为明清时期海南作为汉夷杂居的海岛，女性在其中扮演了重要角色，在农耕、编织、墟市贸易等社会经济活动中担当了主角，在社会经济中占有独特地位。[②]

再看蔡氏姐妹的出身。据现存于海南行政区档案馆的海南《琼崖蔡氏族谱》记载，琼崖蔡氏始祖蔡成，宋高宗绍兴间举人，官建安令，因与权臣不和，宋隆兴年间（1163—1164）被贬至琼州，落籍琼山叠里。[③] 也就是说蔡氏是自外迁入琼州的汉人，他们迁入琼州之时应比陈氏还要早八十年左右。经过近二百余年的经营，初到琼州的蔡家已完全站稳脚跟，在基层建立了牢固的势力，族中多人担任官员：

> 千户　蔡有闾，琼山人，敦武正千户，前至元从阔里吉思征黎。子克宪袭。[④]
> 蔡有阖，县尹，弟有开，府教。
> 蔡克宫，教谕，弟克容，主簿。[⑤]

蔡九娘的祖父蔡有闾以外来士人的身份跟随元朝大将阔里吉思廷征讨黎人，因武功被封敦武千户。这就是蔡氏所统之兵、所领黎土的来源。此后其子克宪世袭该职。蔡克宪死后，掌控权又落在了蔡九娘手中。与蔡有闾同辈的蔡有阖，任琼山县县尹；蔡有开，任琼州府教授；与蔡九娘之父蔡克宪同辈的蔡克宫，任琼山县教谕；弟蔡克容，担任琼山县主簿。千户为武职，统领兵卒，县尹、教谕、主簿等皆为文职。可见，此时蔡氏作为外来势力的代表，在琼州原有的政权格局中已取得一席之地。这个过程是对旧有权力格局的打破和势力的重新划分。面对利益的丧失，当地土著必然不会拱手将权力让出，于是就有了对权力的争夺。因此，文献中称蔡九娘“不肯以黎土属之他人”就容易理解了。

在这样的大环境之下，蔡九娘身上发生的故事就易于解释多了，发生的原因极有可能与地方政治格局和权力的再分配有关。不妨大胆猜测一下，女性在四十多岁“高龄”仍遭迫嫁压力，且施暴者与施暴对象年龄悬殊，唯一的可能就是这些女性的身份特殊。一方面，源于女性在琼州固有的社会地位。无论是原住居民或是后来迁到当地的外来人

① 贺喜：《编户齐民与身份认同——明前期海南里甲制度的推行与地方社会之转变》，《中国社会科学》2006年第6期。

② 罗彧：《明清海南女性社会角色研究》，暨南大学硕士学位论文，2007年。

③ 蔡钟泰、蔡乐天续修：《琼崖蔡氏族谱（广东、海南）》，六十卷，民国二十五年（1936年），铅印本。

④ （明）唐胄：《正德琼台志》卷一九《兵防中》。

⑤ （明）唐胄：《正德琼台志》卷四〇《人物五》。

口，都不可避免会受到本地传统的影响，即女性拥有较大的政治权力，这种传统使蔡九娘的统领父兵之举更趋合理。而另一方面，则因为作为外来人口的蔡氏家族对当地原有权力的瓜分。两方面结合，必然使“驭众守境”的蔡九娘成为稳定当地政局、实施有效治理的关键，也就造成蔡氏姐妹深陷权力争夺的漩涡而无法脱身。

因此，陈乾富作为当地另一外来势力的代表，无视与蔡九娘 15 岁以上的年龄差距，率军“欲就之”就不会像后人描写的那般单纯，而是充满政治意味。在和平时期，对权力的争夺尚不到白热化的程度，仅是暗潮涌动，陈乾富的行为即可看作当权者笼络、结交地方势力的手段。他的出发点可能是希望以权势向蔡九娘施压，以温和的方法结交和掌控蔡氏，为自己谋得更大的权力和地盘。但随着蔡九娘的避匿和蔡氏士兵的集结，使得陈乾富以和平手段进行的权利争夺最终失败。而其为掩盖真实目地所赋之诗，却经由人们的传诵，把隐含刀光剑影的权力之争变成香艳旖旎的才子佳人故事，成就蔡九娘美丽、聪慧之名。

如果说陈乾富、蔡氏一族代表的是服从中央意志的那部分人，那么与他同族的陈子瑚则是当地反抗元政府集权统治的那部分人的代表。有意思的是，在《海南陈氏谱》中根本没有记载陈子瑚之世系，而仅存其名。换句话说，陈子瑚除姓陈之外，并不知来自哪一脉。仅是因元代末年的叛乱，他才走进了人们的视野。再加上乱世时期，对地方权力和地盘的争夺不再有任何掩饰，变得赤裸裸起来，于是就有了陈子瑚带兵攻打、使用暴力手段威逼蔡氏姐妹之举。尤其是在陈子瑚败亡之前的两年内，其目的极有可能是想借此控制该地并迅速稳固统治，以挽救失败的命运。这种带有明显政治意图的行为，就成为导致蔡氏姐妹死亡的最深层次原因。只是陈子瑚等人没想到，遭到了蔡氏姊妹的激烈反抗，最终以死亡表达了不合作的态度。两女的死亡，代表的不仅是对女性清白的维护，更代表了她们背后的家族的站位，即坚定地站在了政府一方。这两点恰都是官方所看重的。

百年后的记载者在不明就里的情况下，关注较多的是蔡氏姐妹的自尽死节，他们按照礼教观的思路将之谱写成女性贞烈的代表。于是蔡氏姐妹自然而然秉承了王朝的贞节观，成为主流话语下女性“节烈”形象的表率，成为上至官方认可、中至士大夫颂扬、下至黎民信从的理想女性，亦成为中原儒家礼教泽被琼州、百姓欣承恩泽与教化的“明证”。换句话说，蔡氏姐妹现今的形象，也是被士大夫们根据自身所处时代的需要，不断涂抹、不断塑造的结果。

五、结语

历史现象形成的原因错综复杂，不同情形、不同时段发生的不同故事有不同的因果，但在后人的记载中却因各种原因被模糊了，于是历史的原貌被优美的传说所掩盖和代替。但是在记载的蛛丝马迹之中，则能够抽丝剥茧以尽量还原当时的真实历史。与蔡九娘“纠缠不清”之人，无论是陈乾富或陈子瑚，都应该是特定时间才能发生的特定事件。

或许在和平时期，身为副都元帅的陈乾富确实希望借着对蔡九娘的征服来笼络她所代表的势力、掌控其权力。这是一种较为温和的手段。而蔡九娘也清楚地认识到这一点，于是才有了迎宴避匿、蔡氏士兵集结等软中带硬的抵抗策略，然后才有陈乾富赋诗以归的故事。但到了战乱之时，尤其是此时的陈子瑚已经成为琼州本土势力中与中原元王朝对抗的代表人物，他对蔡九娘和其妹蔡氏名义上的性侵，更多是本土势力和外来汉人（其背后代表的是中原王朝）对当地控制权的争夺，这最终导致了蔡氏姐妹的死亡。

此后，士大夫在记载历史的过程中不可避免地融进了著者的思想，代入了所处时代的价值取舍，将官方意识和主流话语融入其中。于是，这些真假参半的故事造就了蔡九娘美貌、智慧、节孝、刚烈等光辉形象，成为后世文人赞扬的对象，以起到教化民众的目的，尽管这个形象或许早已背离了最初的原型和事实。

作者简介：

乔玉红，天津师范大学历史文化学院讲师。

清代滇越、桂越边境通商口岸开通和贸易路线的演变

——以中法战争前后为中心

陈伟明　聂浩然

[提要]清代中越边境贸易由来已久，中法战争之前，滇越、桂越之间有广西的平而关、水口关、由隘等边境口岸，中法战争之后，在法国的要求下，又增开中国的龙州、蒙自、蛮耗、腾越、梧州等处，越南的保胜（老街）以南、谅山以北两处为通商口岸，而随着通商口岸的变化，以及滇越铁路的修建等因素，中越之间的贸易路线也相应地发生了改变。探讨中越边境的通商口岸与贸易路线的发展演变，对于进一步考察总结中越贸易的繁荣发展，具有重要的意义。

[关键词]中法战争；通商口岸；贸易路线

中越边境贸易由来已久。早在西汉时期，中越两国间的经济往来就已有记载，"粤地，牵牛、婺女之分野也。今之苍梧、郁林、合浦、交趾（引者按，今越南中、北部）、九真、南海、日南皆粤分也……处近海，多犀、象、毒冒、珠玑、银、铜、果、布之凑，中国往商贾者多取富焉"[①]。这种互通有无的经济往来，一直在民间盛行。直到唐朝时期，官方在交趾地区设立历史上第一个正式专管海外贸易事务的市舶司，以保证贸易往来有条不紊地进行。宋朝，南北对峙，陆上边境贸易也以中越贸易为主。明清时期，随着统治者对广西边疆地区加强控制力度，广西社会经济不断发展，区域交通路线不断拓展，交通路线进一步延伸至凭祥、龙州、宁明等边疆地区。同时，明清统治者规定安南贡道必须由广西凭祥镇

① 《汉书》卷二八下《地理志八下》，中华书局，1962年，第1669—1670页。

南关入境，清代更开放广西由隘、平而、水口三关与安南贸易，促进了广西陆路对外交通的发展，对外陆路交通通道网络基本定型。[①] 关于中越边境研究的相关成果，主要有孙宏年的《清代中越边境事件及其影响略论（1644—1885）》[②]，陈文的《清代中越陆地边境跨境问题管理（1644—1840）》[③]。黄滨、张斌的《清代广西段的中越贸易》[④]一认为，中法战争前夕，今广西段在清代的中越经贸陆路孔道共有三关、九十二隘、五十二卡，共一百四十七处，构成了广西入越一百六十余处要道的主体。以上诸多入越要道，又以镇南关、平而关、水口关为商路干道枢纽。清代广西段中越贸易形成了这样相对固定的商路网络格局：西段以三关百隘一百二十卡为孔道，通往越南北部高平、谅山等重要市镇，形成陆运商路带，将广西西南边境地区与越南北部地区沟通连接成联系相对密切的一组国际性贸易市场区；东段以东兴、江坪、玉山门、白龙尾、钦州、北海等今广西沿海大小口岸为起航点或泊站点，伸入越南海岸线上白藤、安阳、海口、涂山、多渔等大小口岸，进而再入越南腹地，形成海运商路带，将广西南部、东部、东南部乃至广东、云南、贵州与越南东部沿海地区、中部地区和南部地区连接成联系较密切的又一组国际性贸易市场区。陆海两条商路带的交叉叠合，又将各自牵动和覆盖的中越两国相关地区，共同合成为清代广西段中越经济贸易一个广大的区域市场圈。相关的研究成果还有很多，在此无法一一赘述。本文拟就清代中法战争前后，中越通商口岸与贸易路线的发展研究，作进一步的探讨。试从更多方面深化清代中越经济贸易发展的研究。

一、中法战争前后滇越、桂越通商口岸的变化发展

一个国家和外国通商的地点，称为通商口岸。政府在通商口岸设置税务机关，对中国和外国商人的合法贸易征收关税。

领事到达口岸，设立领事馆（至少须有可供领事临时办公与居住的建筑物），议定通商细则，确定开收洋税的时间，开始征收洋税。

各口的开埠时间，一般指事先由中外双方共同议定，对停泊该口的外国商船实际征收洋税的第一天，用当时的说法，叫作“开市”之日。“开市”即开埠通商。

---

① 廖红标：《明清时期广西对外交通发展研究》，广西民族大学硕士学位论文，2010 年，第 1 页。

② 孙宏年：《清代的中越边境事件及其影响略论（1644—1885）》，《南洋问题研究》2004 年第 1 期。

③ 陈文：《清代中越陆地边境跨境问题管理（1644—1840）》，《中国历史地理论丛》2011 年第 1 期。

④ 黄滨、张斌：《清代广西段的中越贸易》，《东南亚纵横》1992 年第 4 期。

(一)清代中法战争前中越边境口岸的设立

1.法国入侵越南之前的中越边境口岸的设立

清朝统治时期,在延续前朝政策的基础之上,开放了广西与越南的边境贸易,设云南的白马关等口隘为通商口岸,并允许边民出入。安南黎朝则在牧马、驱驴等地设立交易场所,并采取了相应的管理措施。中越广西边境有三关百隘,入清以后,只有平而关、水口关允许商人和平民出入,另有镇南关作为该国朝贡的通道,其余的几百个关隘一律禁止通行,但各关隘之间仍有小路可以通行,"土苗生长彼地,惯于越山逾岭",时有偷越事件发生。①

清乾隆三年(1738),安南地区爆发内乱,数年不息,时任两广总督策楞上奏朝廷,一度封闭关口,不允许国内商贩前往安南进行贸易。

清乾隆九年(1744),广西巡抚托庸重新开放平而、水口二关。托庸同时上奏清廷,认为南宁、太平、镇安三府与越南临近,原来设置了许多关隘。当时的抚臣金洪题认为,平而、水口两处关隘可以允许商人和百姓出入;镇南关则被定为该国前往清朝的贡道;其余的几百处关隘,一律禁止通行。但是这几百处关隘之间,都有小路,瘴深雾毒,人迹罕至。这些地方丛林茂盛,遍地杂草,有人习惯在这些地区翻山越岭活动,这些地区巡查稍有疏忽,就会出现不法之徒翻越关隘的情况。多年以来每当安南地区发生内讧时,前署督臣策楞奏请严禁不法之徒出入边境,不允许商贩前往安南地区进行贸易,严禁商贩在安南地区逗留,私自与安南妇女通婚。托庸到广西赴任之后,翻阅了相关的文件材料,了解了各司、各道之前的详细情况,各地的关隘都用砖木堵塞,各地都在编练保甲;然后托庸又奏请将太平府明江同知所管的由村一处的关隘开放以便于商民出入往来。托庸走访各地的时候又见到,沿边一带多山地,绵延数千里,这些地方人可以攀附藤蔓而过,实在是难以完全堵塞。距宁明州百余里的由村隘,是连接越南的禄平、文渊、驱驴等地方的枢纽,是货物聚集的地方,宁明州的商贩如果从平而、水口两关出入,必须绕道数百里,大约十余日的路程,十分不方便,即使封闭禁止,也会有人翻山越岭逾越关隘,而且明江地区五十三寨的人民全都依赖贸易为生,如果将村子的关隘封禁,恐怕失业者聚集起来成为土匪强盗,可能对过往的客商行杀人越货的行为,这反而对边防不利。托庸经过走访调查得知交趾地区滨海产盐较多,并且没有禁止私盐的法令,只能听任当地人晒盐贩卖,贩卖私盐的人缴纳官府二十文钱即可随意挑运食盐,之后还可以运回内地,每斤私盐都可以获利银一二分至五六分的回报。越南的万宁州与内地的南宁府仅仅相距几座山头,边境地区的居民贪图利益到越南地区贩盐,遇到政府征发兵役就抱团群居,抵抗政府征兵。现在如果开放由村隘,商人和百姓都会感到便利,不至于寻衅滋事。所以托庸上奏请求

---

① 孙宏年:《清代中越宗藩关系研究》,黑龙江教育出版社,2006年,第166页。

开放由村隘。[①] 这次上奏得到了乾隆皇帝的批准。

云南与越南贸易，主要的通商口隘设置较少，也较晚。仅在清雍正八年(1730)设立了马白关，“任命驻有同知在此经理事务，凡遇商贩出关，给予他们税务司颁发的印结，并颁发烙印有年龄、相貌、籍贯的腰牌，照验放行。待到商旅返回之时就将牌、照上缴，按照旧例收取赋税”。至清乾隆四十六年(1781)底，该关仍是“内地民人于开化通达安南”之路，照旧开放。[②] 这段时期的中越边境口岸主要集中于广西西南部和云南东南部，少而集中。而且其贸易物品除了朝贡的物品外，多为民间日用品。

2.法国入侵越南到中法战争的中越边境口岸

随着英法对中国的第二次鸦片战争，法国开始武力侵占越南。法国侵占越南北圻之后，首先急于开辟的是与云南之间的通商道路。

清咸丰八年(1858)，法国、西班牙以教案为借口，组成联军攻占越南西贡。清同治元年(1862)，法国再次侵占越南边和、嘉定、定祥三省，并将昆仑岛割让给法国。同年6月，法国迫使越南签订《西贡条约》，其中第八条规定，法国的商船可以在湄公河(即澜沧江)下游自由航行。当时，法国就想在湄公河和云南自由地通商。与此同时，法国也在派人偷偷潜入云南，探查云南的地形与物产。云南对外贸易的主要通道为红河(即富良江)航线。清同治五年(1866)，法国海军大尉贾宜发表言论，认为湄公河浅涸多滩，不适合航行，所以，法国便将目光转向了红河。

清同治七年(1868)，法国人杜沛(又译堵布益，涂普义)与云南提督马如龙为平定叛乱，订立供给军器和食品的合约，并且在云南收买铜、锡等，但是苦于运输不方便。1871年，杜氏自云南出发，探测红河上游的水道，见到有民船沿着红河上游行驶，他非常高兴。回国后，杜氏便向海军大臣陈述红河水运的便利，为此得到炮舰一艘。接着他从香港购得炮舰两艘，汽船一艘，雇佣中国船一艘，率领船员一百七十余人，于同治十一年九月，由海防溯红河到达河内。因为红河的水浅，杜氏改换小民船四艘，平安地进入云南，将所运军火全部卖与马如龙。次年三月间，杜氏回到河内，便再次购买大量的食盐，准备再次由红河运入云南。由于食盐为越南国禁止出口物品，此次交易被越南东京总督阮知方严厉制止。当时，法国海军大尉贾宜蓄意经营东京，便一面向法国交趾总督杜百里请兵援助，一面向东京总督要求红河的航运权。因为所求不准，贾宜便攻占河内和东京三角洲的北沟、海洋、安定、沟平、兴安诸镇。

同年十一月，贾宜被刘永福的黑旗军击毙。杜沛率领残部退守河内。清同治十年(1871)正月，杜百里用怀柔手段，撤退东京的法兵。集中海阳，并且诱降越南政府。同年

---

① 《清高宗实录》卷二一九，乾隆九年六月乙亥，中华书局，1985年，第825—827页。

② 中国社会科学院历史研究所编：《古代中越关系史资料选编》，中国社会科学出版社，1982年，第598页。

三月十五日，法越于西贡缔结《法越和平同盟条约》(即第二次《西贡条约》)。依据该条约第十一条规定，开河内、东奈、宁海三处为通商口岸。沿红河到中国至内河道，准许法国通航。清光绪八年(1882)，法人以黑旗军妨碍红河航运，拟在红河沿岸建立堡垒，用以防卫。二月，法国海军大佐黎维尔率兵到河内，与东京总督交涉，总督关城戒备，拒绝不理，黎维尔大怒，攻陷河内。次年二月，黎维尔被黑旗军击毙，法国陆军少将波也率领援军到河内，七月，法国海军少将孤拔又率领援军到达海防，与法国驻东京理事官赫尔曼商议，分兵攻击越都顺化。八月，波也被黑旗军击溃。但是孤拔由顺安半岛登陆，越南政府大惧，求和，二十三日缔结《顺化条约》。根据《顺化条约》第二十三条规定，越南不再是中国的藩属国，越南成为法国的保护国。法国侵略越南的目的已经达到。

当时，清政府对于是否出兵保护越南，犹豫不定，但对于法国占领东京，测量红河水道，希图开放云南通商，却很注意。光绪七年十月总署的奏折中说，越南政权目前积贫积弱，本来就不是法国的敌手，如果任凭法国占领越南全境恐对广西、广东地区的安全构成极大的隐患。且红河是云南澜沧江的下游，在红河通行的轮船，途经越南境内，不日便可抵达云南，法国攻占越南全境一事关系到中国的大局。由此可见，清政府对于中越云南段通商通航颇为重视。

清光绪八年(1882)九月，法国公使宝雷向总署提议越事办法三条，第二条说："法国切愿设法，自海口以达滇境通一条河。惟使该河有裨商务，自应上达中国，以便设立行栈埠头行事。"

同月，李鸿章与宝雷在上海签订协定三条，便根据上述提议，其第二条规定如下："法国得自海口以达滇增通一河路，以保胜(即老街)为中国境地，开之为商埠。"

清光绪十年(1884)四月，李鸿章与法国舰长福尔尼在天津交涉越南事件，清政府曾电示李鸿章说，"通商一节，若在越南互市，尚无不可；如欲深入云南内地，处处通行，将来流弊必多，亟应预防杜绝"①。

当时清兵屡败，亟欲和平解决，但清政府对于开放云南通商一节，仍极重视。可是福尔尼却以赔偿兵费相要挟，最后仍提出"法国的军费可以免于赔偿，但必须允许法国人前来中国开展商业贸易，并且对待法国商人给予优惠"的对待条件，李鸿章也只得承认了。所以在议定的中法谈和草约中，规定如下："法国不向中国索赔军费，中国应开放毗邻越南北圻(即东京区)的边界，所有法国、越南和中国内地的货物自由流通买卖，约定日后派遣双方的使臣商议商业和约的税收细则，法国要求保持边境地区的和平稳定，以期待为法国人开展商业贸易创造有利条件。"②可见法国要求开放云南通商之迫切。

---

① 韦福安、潘兴明：《中法之中越边境通商问题交涉评述》，《柳州师专学报》2007 年第 2 期。

② 王彦威、王亮编：《清季外交史料》卷二六，湖南师范大学出版社，2015 年，第 506—507 页；卷三〇，第 578 页；卷四〇，第 767—788 页。

(二)中法战争后的中越边境口岸的发展

清光绪十一年(1885)6月,中法战争结束,清政府以战败国身份与法国在天津签订《中法会订越南条约》。依据该条约,清廷不仅放弃越南的宗主权,承认越南为法国的保护国,并于滇、桂边境开埠通商。条约中有关开埠通商的重要条款如下:“中国与北圻陆路交界,允准法国商人及法国保护之商人并中国商人运货进出……通商处所:在中国边界者应指定两处,一在保胜以北,一在谅山以北。法国商人均可在此居住……法国亦得在此设立领事馆。”(第五款)①

“北圻与中国之云南、广西、广东陆路通商章程,应于此约画押三个月内,两国派员会议,另定条款,附在本约之后。所有货物进出云南、广州边界,应纳各税,照现在通商税则较减。”(第六款)②

清光绪十二年(1886)4月,中法订立《越南边界通商章程》(即《中法陆路通商章程》)十九款。其中,关于通商的重要条款如下:

“两国议定按照新约第五款,现今指定两处:一在保胜以上某处,一在谅山以上某处,中国在此设关通商,允许法国即在此两处设领事官。”(第一款)③

“凡进口之货,由法国商民或法国保护之人,运至边界通商处所,……按照中国通商海关税则,减五分之一收纳正税。如税则未载,即按估价值百抽五征收正税。……如该商愿将洋货运入内地,须再报关,照通商各海关税则收纳内地子口税,不得援减五分之一之正税折半征收。此项子口税完清后,由海关发给税单,准其持往所指之地方售卖,凡遇关卡,概不重征。”(第六款)④

“凡法国商民及法国保护之人,赴中国内地各处购买土货,运至边界通商处所,出口入北圻者,……照中国通商海关税则减三分之一征出口税。如税则未载,即按估价值百抽五征收正税。”(第七款)⑤

“凡运土货由中国此边关路过北圻至中国彼边关者;或由两边关运出越海口回中国者;其过北圻时,应照法国税则完纳过境税,均不得超过值百抽二。”(第十二款)⑥

清光绪十三年(1887)6月,中法双方在北京订立《中法续议商务专条》十条。其中的

---

① 马冠武:《桂越边境互市贸易论述》,《广西师范大学学报(哲学社会科学版)》2004年第4期。

② 王楠:《〈中法新约〉析论》,《西南交通大学学报(社会科学版)》2005年第2期。

③ 王楠:《〈中法新约〉析论》。

④ 王彦威、王亮:《清季外交史料》卷二,第25—26页;卷九,第164—179页。

⑤ 韦福安:《明清及近代粤商入龙州的历史动因及其地域、身份来源探析》,《南宁师范高等专科学校学报》2008年第2期。

⑥ 郭亚非、张敏:《试论云南近代海关》,《云南师范大学学报(哲学社会科学版)》1995年第2期。

重要条款如下：

"按照光绪十二年三月二十二日所定和约第一款，两国指定通商处所，广西则开龙州，云南则开蒙自。缘因蛮耗系保胜至蒙自水道所必由之处，所以中国允开该处通商，与龙州、蒙自无异。又允法国任派在蒙自法国领事官属下一员，在蛮耗驻扎。"（第二条）①根据这一条约，中国增开了龙州、蒙自、蛮耗为中越之间的通商口岸。

清光绪十九年（1893）6月，中法双方在北京又订立中法商务专条附章九则。其中重要条款如下：

"两国议定：法越与中国通商处所，广西则开龙州，云南则开蒙自。自蒙自至保胜之水道，允开通商之一处，现议非在蛮耗，而改在河口。法国住在河口驻有蒙自领事官属下一员，中国亦有海关一员，在彼驻处。"（第二条）

"议定云南之思茅开为法越通商处所，与龙州、蒙自无异。即照通商各口之例，法国任派领事官驻越，中国亦驻有海关一员。"（第三条）②

"一、凡边界所开之龙州、蒙自、思茅、河口通商四处，若有土货经过越南来往，出此口时，应照十分减四之例收税，专发完税凭单，带同货物到彼口时，免征进口之税。一、由以上四处运土货出口，前往沿海沿江货物通商各口，于边界出口时，应照十分减四之例收出口税，专发完税凭单，带同货物前往。俟到沿海沿江通商口岸，同项土货，通例完纳复进口半税。一、凡有沿海沿江通商口岸运土货经过越南前往以上各处，于出口时征收十成正税，专发完税凭单，带同货物前往。俟到边关进口时，按照十分减四征收，复进口半税。一、以上各地货若带有上项专发凭单出口者，未经各关以前复进口者，已经各关以后，均应照土货例办理。"（第四条）③

以上是法国要求开放云南蒙自、思茅、河口三处通商和中法各条约中有关滇粤边境通商的重要条款。由此可见，在法国的步步侵略和步步紧逼下，中国被迫在滇、桂两省增开中越通商口岸。中法战争之后，中越边境中方增开了众多的口岸，云南多为沿着红河沿岸的口岸，广西亦为沿河口岸，而贸易物品也从日用品转变为矿产等大宗商品。

二、中法战争前后桂越、滇越通商贸易路线的变化发展

清代中越之间的贸易通路主要有两条：分别是以广西、云南为起点。第一条主要是从广西凭祥经镇南关（今友谊关）进入越南文渊（今越南谅山省同登），这是朝贡贸易要道，寻常商人、百姓不能过往。或通过凭祥州进入越南的文渊、脱朗、谅山，或由思明府

① 赵小平：《明清云南边疆对外贸易与国际区域市场的拓展》，《历史教学（高校版）》2009年第2期。

② 袁国友：《论近代前期的滇港经贸关系》，《云南社会科学》2002年第4期。

③ 万湘澄：《云南省对外贸易概观》，全国图书馆文献缩微中心，2006年，第5—8页。

(今宁明县)经摩天岭，过思陵、禄平二州进入越南，或经龙州的平而隘(后改称关，今属凭祥市)或水口关进入越南。第二条经中国云南蒙自经莲花滩进入越南的老街程澜洞或是从河阳隘进入越南。

除此之外，西南边陲，丛林茂密，水陆有多条小道互通。在这些通路中，广西凭祥州由隘到越南谅山的丘驴交通快捷又方便，由隘至丘驴有30余千米，中国货物进入越南一般以丘驴为集散中心。中国的边民、商贩把货物运到丘驴后，可以在丘驴地区等待最长半个月，之后将货物商品再运回国内。由龙州水口关出境的边贸，只能到高平的牧马贸易，不准深入中国内陆地区。如有违反者，越南地区政府可以加以惩戒。此外，隶属于钦州的东兴街、思乐峒是进行边境贸易的市镇，双方来往的边民众多，均为私贩前来开展交易。

中法战争之后，越南脱离中国的藩属国，成为法国的保护国，中越之间的主要的贸易口岸和贸易通道也有了相应的变化。

云南境内的主要贸易口岸和滇越间的主要交通路线如下：

蒙自口：

由越南海防到蒙自再到云南府，旅程如下[①]：

区间	方式	时间
海防到河内	海船运	一天
河内到老街	舢板运	十二天
老街到蛮耗	舢板运	七天
蛮耗到蒙自	兽力运	二天
蒙自到云南府	兽力运	九天
共计		三十一天

据束世征先生的《中法外交史》引《越事备考》说："滇南所产铜、铅、铁、锡、鸦片烟，取道红河出洋；各项洋货，又取道红河入滇，愈行愈熟，已成通衢。"

据光绪十五年(1889)海关报告北海口华洋贸易情形论略说："光绪十年(1884)以前，安南未成法国属地之时，所有洋货运往云南省属之南及广西属之西，皆系经海防而去，运到老街，浪顺，芒街等处。现在进海防口所完之税过重，且往云广两省边界，又须再完中国税饷，所以销运此两省之货，大半经由北海口转运。"[②]可知，在中法战争前，蒙自对外贸易的主线路线是通过红河到达中国；中法战争期间，才改为经由北海地区转运至中国

① 万湘澄：《云南省对外贸易概观》，第17—18页。

② 杨斌、杨伟兵：《近代云南个旧锡矿的对外运销(1884—1943)》，《历史地理》2008年第1期。

国内。但自中国与法国订立滇越边界商务各约之后，蒙自地区改为通商口岸，又仍然改走红河了。究其原因，据光绪十五年(1889)北海口华洋贸易情形论说："输船到海防，其货物系由码头起顿稳固之栈房；而到本口，既无码头，亦无栈房，起货又只可用民户小船泊岸。"

又据同年蒙自海关贸易报告："因经过广西及进入云南之税极重，陆运路程又长，故不足为理想之路线……当时蒙自至蛮耗间原有便利的交通条件，可见该路以往的繁荣景象，不但货物的运输时间短，而且越南货物的通过税，最多不过从值百分之五，商品只需在蒙自关一次缴纳进口税，即可在省内畅销无阻，还可以将货物运往四川地区，故实为当时最为便利的通商路线。且水运下行，自蛮耗至河内，十二日至十五日即可到达，对于土产出口，更加有利。"

由于上述的原因，经过北海口的货物，便迅速地减少了。①

法国要求我国开放云南通商后，对于红河的航运情形，非常失望。红河滩多水险，航运困难。由老街到蛮耗约90千米的航区中，便有大小滩一百多处，其中险滩有大漾、莲花滩、新滩、乌鸡滩等十一处之多。而且河水涨落无常，雨季水涨时，急流汹涌，航行尤属危险。每年由阴历四月中起停运，八月水落后才开船，但每年淹没的船只，多则三四十艘，少则一二十艘，货物沉失不少。所以法国又非法取得了滇越铁路的修筑权。其经过如下：

清光绪二十一年(1895)，中法会订商务专条附章中曾规定："至越南之铁路，或已成者，或日后拟添者，彼此言定，可由两国酌量，妥订办法，接至中国界内。"②

清光绪二十三年(1897)秋，法公使吕班向清政府要求建筑云南铁路特权。法属印度支那总督杜美不管清朝是否同意，便派军官玖巴、杜富等深入云南，分东西两线测绘地图，各造预算，准备修路。次年，法使吕班向总理衙门提出照会三条，其中第一条说："中国国家允准法国国家或指法国公司，自越南边界至云南省城修筑铁路一条。中国国家所为准备者，惟有该路所经之地，与路旁应用地段而已。该铁路正勘察，以后另由两国合订，再行会同订立章程。"总理衙门照复，"可以照办"。这便是法国取得滇越铁路建筑权的经过。

清光绪二十七年(1901)，滇越铁路法国公司正式成立。原定采用西线，系由河口沿红河到新街，折向北行，经大窝子(屏边)、新现(屏边属)、蒙自、鸡街(蒙自属)、临安府(建水)、馆驿(曲溪属)、通海、新兴州(玉溪)、昆阳州、晋必州、呈贡到云南府。后来因为此工程上有很多困难，又遭到建水、蒙自等处的人民的反对，遂议定改用东线。由河口沿白河经碧色寨到阿迷州(开远)为下段，由阿迷州沿南盘江经婆兮(盘溪)至宜良为中段，由宜

① 万湘澄：《云南省对外贸易概观》，第18—20页。

② 陈静：《滇越铁路的修建及影响》，《中山大学研究生学刊(社会科学版)》1999年第3期。

良经呈贡到云南府为上段。清光绪二十九年(1903),中法订立《滇越铁路章程》三十四款。同年十二月,法国政府批准改用东线。清宣统元年(1909),通车至蒙自碧色寨,次年全线完成通车。

滇越铁路为"轨距一公尺"的窄轨铁路,全线里程如下:

越南段——由海防船埠到老街一天[①]。

	区间	里程
1	海防船埠到嘉林	九十八公里
2	嘉林到安湃(晏拜)	一百五十公里
3	安湃到老街	一百四十一公里
	总计	三百八十九公里

滇段——由河口到开远一天,到昆明两天。

	区间	里程
1	河口到蒙自碧色寨	一百七十八公里
2	蒙自碧色寨到开远(阿迷州)	四十三公里
3	开远到盘溪(婆兮)	七十六公里
4	盘溪到宜良	一百零三公里
5	宜良到昆明(云南府)	六十六公里
	共计	四百六十五公里

海防船埠三天到昆明共计八百五十三公里

滇越铁路修筑以后,大大方便了滇越之间大宗商品的贸易和沟通。

此外,云南到越南东京(北圻)间的陆路交通线,有由文山经马关、仁和至越南孟康、花龙或经麻栗坡至越南河阳,这是比较重要的路线。蒙自海关成立后,便在马关设立马白分卡,稽查征税。此路进出口货物为数不多,无足轻重。沿边一带,其他小路很多,除走私外,并无大宗商品进出,海关也无法管辖。

三、结论

以中法战争为界,中法战争前后,中越之间的贸易口岸有很大的区别。中法战争之

① 万湘澄:《云南省对外贸易概观》,全国图书馆文献缩微中心,2006年,第20—23页。

前，中越边境的通商口岸主要是平而、水口和由隘三关，此外还有作为中越之间朝贡贡道的镇南关，滇越之间的马白关。中法战争之后，在法国的一系列的条约的要求下，中越之间越南方面陆续开放了两处通商口岸，一处位于保胜（老街）以南、一处位于谅山以北。中国方面则开放广西的龙州、云南的蒙自、云南的蛮耗（后改为河口）、云南的思茅、云南的腾越（中缅边境）、广西的梧州等众多的口岸；越南亡国后，北圻沦为法国的殖民地。中越交通路线方面，也从沿红河的水路贸易路线到滇越铁路的开辟，交通方式焕然一新。由于贸易口岸的增开和滇越铁路的修筑，中越之间的贸易物品也从生活日用品、朝贡的贡品转变为大宗商品，如矿产、盐等。新开辟的口岸和新式的交通路线在一定程度上对于中越双边的边境贸易起到了一定的促进作用，另一方面，这也是在中法战争中国战败的情况下丧权辱国被迫开放的，既是法国帝国主义对中国藩属国安南的侵略，也是对中国的领土侵略和经济侵略。两国的边境贸易进入了与此前完全不同的历史阶段。

作者简介：

陈伟明，暨南大学文学院教授；聂浩然，暨南大学文学院博士研究生。

美国公使爱德华·康格对"门户开放"政策在中国东北的适应性考察(1901—1902)[①]

张　颖

[**提要**]日俄战争爆发之际,中国东北地区日渐成为美国、俄国和日本竞相争夺的重点和热点地区。面对中俄东北议谈,美使康格在是选择"联合"众国的外交策略还是"单独行动"之间进行适应性考察。随着美俄两国在中国东北牛庄发生的军事冲突,两国在中国东北地区矛盾进一步激化,最终宣告美国对华"门户开放"政策在中国东北地区的失效。

[**关键词**]爱德华·康格;中美外交;"门户开放"政策;中国东北;适应性考察

20世纪初年的中国东北地区日渐成为俄国和日本竞相争夺的重点和热点地区,1904—1905年爆发日俄战争,日俄两国在美国的居间斡旋调停之下签订《朴茨茅斯条约》。在此期间,时任美国公使的爱德华·康格直接参与美国对华"门户开放"政策[②]。

---

① 基金项目:教育部人文社科规划基金项目(13YJA752021);广州市哲学社会科学规划项目(2014GZY07)。

② 爱德华·康格(Edwin H. Conger,1843—1907),共和党人,1898—1905年担任美国驻华公使,积极推动美国对华"门户开放"政策。

历史学界对日俄战争以及美国在华“门户开放”政策已有广泛研究[①]。然而，颇为遗憾的是，迄今为止对于时任美国驻华公使的康格及其同期的外交活动鲜有提及。一般来说，重要的政治家和外交家是对外关系政策的直接推动者。一国外交家的外交理念、才能、素质以及技巧等，对国家的对外关系和外交环境甚至具有决定性的作用。[②] 因此，本文以时任美国驻华公使的康格在华外交活动为视角，具体考察分析美国对华“门户开放”政策在中国东北地区的适用性，为同时期的中美外交政策和实践提供理论依据和现实观照。

一、“联合”还是“单独”行动：中俄东北议谈

19 世纪末至 20 世纪初，东北地区日渐成为美国在华极富发展潜力的进出口商品市场，俄国在 1858 年通过与清政府签订《瑷珲条约》取得对华特权后，侵占中国东北地区的步伐逐步加快。1904 年日俄战争前夕，俄国把美国对华“门户开放”政策抛却脑后，其意欲独霸东北，美国由此将丧失在海外重要的原材料产地和商品倾销市场。美国驻华公使康格在任期间，如何进一步施行和调整对华“门户开放”政策成为当务之急。

美国实行对华“门户开放”期间，美国国内关于中国东北政策存在两种分歧意见：一种观点认为，美国应该承认俄国在中国东北的侵占事实，以换取俄国适度地承认美国“门户开放”政策；另一种观点认为，美国为争取商业利润的广阔空间，拓展美国新疆界，理应采取激进主义政策，对俄国咄咄逼人的侵占行为给予强力打击。美国在中国东北面临的危机促使美国国内的激进扩张主义思潮进一步迸发，国内分歧的意见直接导致了美国前后两次对华“门户开放”政策内容的悖论性质。1900 年美国第二次对华“门户开放”政策的内容，实质上背离了第一次“门户开放”政策时提出的“维护中国完整”原则，尽管美国仍然坚持要求各国承认中国行政和主权完整的条款，但它在面对俄国咄咄逼人的扩张势头尤显犹疑不定和无能为力。此时，中国对于俄国的立场和态度尤为关键，如何在中俄之间争取实现美国在东北地区利益最大化，1901 年始的中俄东北谈判协定亦成为美国驻华公使康格高度关注的焦点。

1901 年 7 月份伊始，清政府和俄国在牛庄开始正式会谈。1901 年 9 月 2 日康格分析形势后认为“现在最担心的是即将在牛庄开始的谈判……那儿的贸易受到相当程度的

---

① 范大美：《美国门户开放政策在中国东北的推行（1900—1910）》，《淮南师范学院学报》2009 年第 4 期；李朋：《美国对东北亚国际事件的政策（1895—1903）》，《学习与探索》2006 年第 2 期；朱海燕：《日俄战争后日俄美的东北亚政策》，《日本学论坛》2005 年第 1 期；朱卫斌：《罗斯福的以日制俄政策与中国东北的“完整”》，《东北师大学报》2005 年第 4 期；高乐才：《日俄战争前后美国远东扩张政策与日美对中国东北铁路的争夺》，《东北师大学报》2004 年第 3 期。

② 基辛格：《大外交》，海南出版社，1998 年，第 54 页。

破坏,俄国将会要求保护铁路权益并由此获取开采矿场、修筑铁路和其他实体贸易的独占权。日本、英国和德国也会要求保护各自国家利益,所以俄国和其他各国利益也存在冲突可能,同时各国之间将会有和俄国、中国建立联盟的愿望和需求,以确保当前他们各自的商业权益”[①]。1901 年 10 月 23 日《北华捷报》披露的中俄东北前期谈判内容进一步证实了康格对形势的分析:一、俄国同意归还包括东三省在内的地区给中国,但基于目前上述省份的混乱无序状态,俄军不宜立刻撤军。两年以后如情况稍有好转,俄军将撤出一半军队,三年以后如当地已恢复和平,俄军将撤出所有军队。二、东北所有铁路修筑权只归俄国所有,清政府不得转交他国。三、东北所有矿场及开采权只归俄国所有,中国不能允许他国在上述省份参与开矿。四、俄国负责挑选和训练中国军队用于东北驻兵,除此以外,按照他国建制和训练的军队不得用于东北的驻防。五、山海关到牛庄的铁路将会归还给中国,但中国必须对俄国给予一定补偿。[②] 由此可见中俄之间的秘密谈判内容涉及俄国在中国东北军事防卫布置和资源利益分配,中俄东北协定必定对美国毫无裨益。康格注意到“李鸿章和俄国大使里萨先生最近正在进行频繁而紧密的会晤,俄国无疑想达成更多要求,目前关于事件的全部真相并不清晰”[③]。与此同时,日本也在密切关注东北事态的发展,得知中俄谈判协议内容,日本即刻向清政府施加压力,禁止李鸿章与俄签约。11 月 7 日,李鸿章因病离世,中俄会谈也由此中断。

在谈判第一阶段,俄国无视美、英和日本等国在东北有长期密切的贸易往来,擅自和中国达成秘密协定,侵害了美国等国在华利益。美使康格认为当务之急是联合在中国东北有共同利益之各国,“我们应该和他国发表联合照会,反对(俄国)损害各国在华增长的商业权益,要确保永久的门户开放政策。尤其港口城市牛庄,俄国的长期占领已经破坏我们的贸易,俄国获取当地的海关进口税为自己所用……”。康格建议各国联合起来与中国进行谈判,倘若在华的西方国家之间能互相签订协议,结成合作关系,俄国也因此不能完全控制中国东北事务,美国在东北的贸易活动不会遭到中断,符合美国实行对华“门户开放”的利益初衷。康格在报告中谨慎地使用了“似乎”的字眼,建议由美国倡议各国联合向俄国施压。“我们向清政府或俄国公使递交的抗议都是无效的,直接决定权来自

---

① “Telegram, Conger to Hay, Peking, Ministers' Dispatches, China”,《美国对外关系文件》(Jules Davids , ed ., American Diplomatic and Public Papers : The Series III , The Sino-Japanese War to the Russ-Japanese War 1894-1905 ,Series Ⅲ,Vol.9),第 95 页。

② “Enclosure 1 in Dispatch 794, 10/30/1901, Conger to Hay, Peking , Ministers' Dispatches, China”,《美国对外关系文件》(Jules Davids , ed ., American Diplomatic and Public Papers : The Series III , The Sino-Japanese War to the Russo-Japanese War 1894-1905 ,Series Ⅲ, Vol.9), 第 96 页。

③ “Dispatch 794, Conger to Hay, Peking, Ministers' Dispatches, China”,《美国对外关系文件》(Jules Davids , ed ., American Diplomatic and Public Papers : The Series III , The Sino-Japanese War to the Russo-Japanese War 1894-1905 ,Series Ⅲ, Vol.9), 第 101—104 页。

于俄国的圣彼得堡。庆亲王和王文韶（新的全权大使）将重返圣彼得堡，王文韶性格软弱，我担心他会屈服于俄国所有要求……”[①]康格恳切“希望尽快得到您的回复，以便有所行动”[②]。

第二阶段中俄东北密谈从1901年12月1日开始，清政府授予庆亲王全权负责修订中俄协议。康格分析认为“中俄之间谈判协议必定会朝着有利于俄国方向发展，俄国为阻止他国干涉，估计谈判将会以秘密方式进行直至签订协议”[③]。双方谈判之后，密谈内容自坊间广泛流传，中俄谈判涉及几项重要内容：一是俄国应归还东北的司法裁判权和行政管理权给中国。二是1896年中俄签署的华俄道胜银行协议将被保留，俄国可以保护其在中国境内的铁路。从1901年起，俄国将陆续撤出以下地区：1901年撤出盛京到辽河以南地区，1902年撤出盛京，1903年撤出吉林和黑龙江；三是俄国在此期间的花费全部由山海关、营口等铁路给予补偿，1901年此地区铁路全部由俄国控制。[④] 康格认为此时“最主要是反对协议的排他性开矿权和俄国对东北的长期占领。俄国目前仍然在牛庄抢掠当地物产财物作为返还东北地区的经济补偿”[⑤]。由于中俄密谈第二阶段再次强调了俄国在该地区的优先特权，对他国在东北利益形成威胁，英国和日本大使相继向清政府发出“不得签署此协议”的书面警告，康格在信中焦急地询问海约翰“我是否需要采取任何行动呢”[⑥]，但康格仍然收不到海约翰的任何指示文件。

实际上，美国政府和美使康格对中俄密谈事件存在较为明显的立场分歧：在中俄密谈第一阶段，康格主张和其他西方各国采取联合行动，向清政府发布“联合照会”，以众国

---

① “Dispatch 794, Conger to Hay, Peking, Ministers' Dispatches, China”,《美国对外关系文件》(Jules Davids , ed ., American Diplomatic and Public Papers : The Series III , The Sino-Japanese War to the Russo-Japanese War 1894-1905 ,Series Ⅲ,Vol.9), 第 101—104 页。

② “Dispatch 794, Conger to Hay, Peking, Ministers' Dispatches, China”,《美国对外关系文件》(Jules Davids , ed ., American Diplomatic and Public Papers : The Series III , The Sino-Japanese War to the Russo-Japanese War 1894-1905 ,Series Ⅲ,Vol.9), 第 101—104 页。

③ “Dispatch810, Conger to Hay, Peking, Ministers' Dispatches ,China”,《美国对外关系文件》(Jules Davids , ed ., American Diplomatic and Public Papers : The Series III , The Sino-Japanese War to the Russo-Japanese War 1894-1905 ,Series Ⅲ,Vol.9), 第 104—108 页。

④ “Telegram, Conger to Hay , Peking ,Ministers' Dispatches ,China”,《美国对外关系文件》(Jules Davids , ed ., American Diplomatic and Public Papers : The Series III , The Sino-Japanese War to the Russo-Japanese War 1894-1905 ,Series Ⅲ,Vol.9),第 105 页。

⑤ “Telegram, Conger to Hay , Peking ,Ministers' Dispatches ,China”,《美国对外关系文件》(Jules Davids , ed ., American Diplomatic and Public Papers : The Series III , The Sino-Japanese War to the Russo-Japanese War 1894-1905 ,Series Ⅲ,Vol.9),第 105 页。

⑥ “Telegram, Conger to Hay , Peking”, “Enclosure in Dispatch 836,12/4/1901, Conger to Hay, Peking, Ministers' Dispatches, China”,《美国对外关系文件》(Jules Davids , ed ., American Diplomatic and Public Papers : The Series III , The Sino-Japanese War to the Russo-Japanese War 1894-1905 ,Series Ⅲ,Vol.9),第 107 页。

合力向俄国政府施压迫使其就范;在密谈的第二阶段,康格面临的形势更为严峻,在处理对俄外交事务上进退维谷。中俄密谈再次强调了俄国在东北利益的排他性和独占性,康格认为在继英日发出警告之后,美国应该迅速地在中俄密谈问题上旗帜鲜明地表明本国的立场,美国"孤立主义"的外交思维未必适用于中国东北瞬息万变的外交形势。但此时美国以长期"孤立主义"传统外交政策的惯性思维,始终向康格强调美国必须"单独行动",避免和其他西方各国"联合行动"。中俄密谈行动和密谈内容,已然违背了美国对华"门户开放"政策的宗旨和原则,美国政府如果坚持要在对华事务上"保持独立"的原则立场,美国在中国东北利益势必无以保全。

各国联合发表抗议中俄密谈的照会并没有发生效用,中国东北形势却变得益发错综复杂起来。此前英国和日本大使连续会晤庆亲王,声称英日两国都一直反对协议中给予俄国在东北修筑铁路和开矿独占权以及长期占领等特权……但是康格认为由于俄国已经实现对东北事实上的占领和控制,中国方面无能为力,各国对于俄国的抗议是没有任何明显效果的:"目前境况下,中国能做什么呢? 东北已经完全在俄国的控制之下。"①或许此时联合各国武力击退俄国不失为一条好计策,但"在目前世界格局情况不明朗的情况下,要其他各国因此联合起来击退俄国的想法不太容易实现……"因此,康格对此问题仍然保持了相当的冷静和克制,"在目前没有来自政府任何明确的指示情况下,我不会和英国以及日本采取联合警告抗议的行动"②。

1901 年 12 月 6 日,康格终于等来了海约翰的指示:"告知庆亲王,美国不希望中国与俄国签订任何形式协议以免威胁到中国领土完整和美国在华的合法利益。"③海约翰给康格的电报表示对中俄违反"门户开放"政策的协定表示担心,对中国将排他性的开矿权、修建铁路权以及其他特权给予一个国家的协定,"显然会损坏中国主权,削弱中国履行国际义务的能力,其他西方国家可能在中国其他地区寻求类似的利益独占权,这将违背美国对华'门户开放'政策'保证中国领土和主权完整''贸易机会均等''利益均沾'的

---

① "Dispatch 836, Conger to Hay, Peking, Ministers' Dispatches, China",《美国对外关系文件》(Jules Davids , ed ., American Diplomatic and Public Papers :The Series III ,The Sino-Japanese War to the Russo-Japanese War 1894-1905 ,Series Ⅲ,Vol.9),第 108 页。

② "Dispatch 836, Conger to Hay, Peking, Ministers' Dispatches, China",《美国对外关系文件》(Jules Davids , ed ., American Diplomatic and Public Papers :The Series III ,The Sino-Japanese War to the Russo-Japanese War 1894-1905 ,Series Ⅲ,Vol.9),第 108 页。

③ "Telegram, Hay to Conger, Washington .FRUS.1902",《美国对外关系文件》(Jules Davids , ed ., American Diplomatic and Public Papers :The Series III ,The Sino-Japanese War to the Russo-Japanese War 1894-1905 ,Series Ⅲ,Vol.9),第 111 页,第 183 页。

宗旨和原则。对此,合众国政府表示密切关注"①。海约翰建议康格将此指示告知清政府,深信他们会给予应有的重视,"促使清政府能够根据局势发展做出最有益的决定",进而调整对俄政策。② 由此可见,在中俄密谈进行到第二阶段之际,美国政府意识到中国东北地区局势对美国不利,但仍然坚持要保持对华政策的独立性,力图在中国东北全面实施美国对华"门户开放"政策。

在中俄密谈的第二阶段,康格遵照美国政府的指示,分别向清政府和俄国阐释美国在中国东北问题上的立场和态度。对中国方面,12 月 12 日,康格按照海约翰的指示向庆亲王提交照会,声称希望保持中国行政和领土的完整,如中俄东北协议签署破坏中国领土完整,所签署协议也不能危及现存条约体系下他国的各项利益。值得康格高兴的是"庆亲王同意我们的观点,他向我保证在最后签署协议前他将会与我进行会晤"。尽管如此,康格听闻清政府政出多门、出尔反尔的惯有作风,所以"在目前这种情况下,我对他做出的种种承诺表示怀疑"③。对俄国方面,1902 年 2 月康格代表美国政府发出抗议俄中签订秘密协议的照会。康格发出的照会清政府方面很快有了回应,清政府认为解决俄国对于中国东北地区独占权的办法是:俄国的货物在离开旅顺港口之时也应缴纳百分之五的税金,从这个意义上而言,所有国家货物都将以平等纳税标准进入东北市场进行贸易。但目前无可辩驳的事实是,在俄国严密控制之下,旅顺港不可能成为自由港,同时牛庄海关也不能为各国提供进口退税补偿。俄国明确表示清政府的照会是单方面的,拒绝进行合作。

此时,美国政府传达关于俄国方面的最新消息,"经美俄两国官方非正式的接触,俄国方面保证拟议的俄中之间东北协议的报道并非真实,俄国政府无意排除其他国家在东北所享有的利益,俄国政府不会做出类似关闭东北开放门户或妨碍美国自由通商的任何事情。驻美俄国大使已经提出同样保证"④。因此,国务卿海约翰向康格明确表示"基于俄国大使给予美国的这种保证,要永远记住本政府的这一愿望:保持中国的领土完整和

① "Telegram, Hay to Conger, Washington . FRUS. 1902",《美国对外关系文件》(Jules Davids , ed ., American Diplomatic and Public Papers : The Series III , The Sino-Japanese War to the Russo-Japanese War 1894-1905 , Series Ⅲ, Vol.9),第 111 页,第 183 页。

② "Telegram, Hay to Conger, Washington . FRUS. 1902",《美国对外关系文件》(Jules Davids , ed ., American Diplomatic and Public Papers : The Series III , The Sino-Japanese War to the Russo-Japanese War 1894-1905 , Series Ⅲ, Vol.9),第 111 页,第 183 页。

③ "Telegram, Conger to Hay, Peking ",《美国对外关系文件》(Jules Davids , ed ., American Diplomatic and Public Papers : The Series III , The Sino-Japanese War to the Russo-Japanese War 1894-1905 , Series Ⅲ, Vol.9),第 105 页。

④ "Telegram, Hay to Conger, Washington",《美国对外关系文件》(Jules Davids , ed ., American Diplomatic and Public Papers : The Series III , The Sino-Japanese War to the Russo-Japanese War 1894-1905 , Series Ⅲ, Vol.9),第 218 页。

所有通商国家的进入自由与机会”①。

实际上,康格并不完全认同美国政府认为俄国同意“门户开放”的承诺。其一,以康格丰富的外交经验,康格认为俄国并不是总能信守诺言和光明磊落行事的国家。正如牛庄领事米勒在给康格的报告中指出“俄国做事的方法与众不同,阴险狡诈而且捉摸不定”②,俄国的官员和商人阶层完全不可信赖,这是所有在东北和俄国人往来外国人的共识。其二,从美国对华“门户开放”政策的实施效果来看,任何港口贸易的利益只有在和俄国贸易没有任何冲突的条件下,才会被认为是自由港口。目前牛庄港口和辽河业已处在俄国的势力控制范围之下,美国期望俄国把已经获取的利益再拱手相让,无异于天方夜谭。依目前中国东北形势的发展,俄国政府给予美国政府的承诺不过是一纸空文,美国对华“门户开放”政策在中国东北施行起来依旧困难重重。其三,俄国而非清政府才是解决中国东北问题的关键因素,目前牛庄港口和辽河地区是东北自由贸易的关键区域,美俄之间的利益冲突不可避免,因此美俄之间有必要签署联合协议来避免战略利益的冲突,保证此地贸易机会的均等。

在中俄东北谈判协议过程中,美使康格积极利用一切机会获取对美国有利的信息,确保美国在现有条约体系内所获取的各项利益。当康格得知庆亲王其实并不情愿担任这次的全权大臣,并且庆亲王请示清政府,表示因为没有得到任何其他国家的外交帮助,最后被迫直接签署中俄协议,康格马上通过私人关系,向庆亲王坦露心迹,表明美国目前在条约体系下取得广泛而重要的东北地区利益,因此,他迫切希望了解中俄谈判协议可能会对美国利益造成的影响,也希望清政府因此能够对挽救中美之间双方利益采取必要的行动和措施。康格希望在中国与任何其他西方国家的谈判协议框架之内,中美之间既定所有条约允许的权益应该得到保障。③

值得注意的是,康格意识到中俄协议的内容对美国在华利益会产生重要影响,密切关注清政府方面对于俄国提出要求的反应,并不失时机向清政府表达美国政府的立场。尽管他认识到形势严峻,认为各国联合起来甚至以武力对抗俄国的情势紧急迫切,但仍然遵循美国政府的指示,保持克制,显示出康格作为美国外交官良好的职业素养。清政

---

① “Telegram, Hay to Conger, Washington”,《美国对外关系文件》(Jules Davids , ed ., American Diplomatic and Public Papers : The Series III , The Sino-Japanese War to the Russo-Japanese War 1894-1905 ,Series Ⅲ,Vol.9),第 218 页。

② “Enclosure in Dispatch 729,9/7/1901,Conger to Hay, Peking ,Ministers' Dispatches, China”,《美国对外关系文件》(Jules Davids , ed ., American Diplomatic and Public Papers : The Series III , The Sino-Japanese War to the Russo-Japanese War 1894-1905 ,Series Ⅲ,Vol.9),第 75—78 页。

③ “Dispatch 836, Conger to Hay, Peking ,Ministers' Dispatches, China”,《美国对外关系文件》(Jules Davids , ed ., American Diplomatic and Public Papers : The Series III , The Sino-Japanese War to the Russo-Japanese War 1894-1905 ,Series Ⅲ,Vol.9),第 108—110 页。

府和俄国的谈判开始以后，清政府方面为了阻止俄国进一步的企图，曾向康格提出请求，派出一名美国人参与谈判，以共同应付谈判中咄咄逼人的俄国人，第二天清政府又向康格发出同样的请求。康格考虑到美国政府一再宣称的“保持独立”的立场，康格告知清政府，由于俄国方面没有这样的意愿，也没有向美国提出要求，因此美国方面不准备提供帮助。① 这说明中国同意美国在东北门户开放政策，也不得不征得俄国同意后方能实行。正如海约翰所认为的“东北问题远为微妙，更为麻烦……似乎知道我们所持立场的力量完全是道义上的”，他也坚持“我们必须用我们所支配的手段把事情做好”②。美国在东北的利益并非由中美两国之间说了算，而是在很大程度上仰赖于俄国的态度，这也从侧面反映出美国对华“门户开放”政策在中国东北受到的最大阻力来自俄国方面。

二、“门户开放”政策的失效：东北牛庄模式差异和美俄利益冲突

1.牛庄对于美国利益的重要性

自汉唐时期以来，牛庄历来是兵家必争之要塞。19 世纪末 20 世纪初，牛庄缘于特殊的历史地理位置，对于日美俄三国而言都有着非同寻常的意义。日俄两国与中国东北地区在地域上毗邻接壤，长期的历史文化交融和政治经济的往来使他们之间形成了深厚悠远、错综复杂的关系。而美国处在太平洋彼岸，远离欧亚大陆，在远东力有不逮，所以美国试图在日俄之间借力打力，以此达到维持美国利益之目的。康格承认自己“才到中国四个月时间，个人观点是无法和长期居住在中国的外交人士、传教士和商人的相比”，“原谅我不能分享更多的焦虑和危机”。③ 美国自十九世纪中期以来在中国东北利益的增长速度明显加快，康格目睹了俄国占领旅顺和英国在牛庄积极活动，因此康格凭着外交官职业的直觉，直言“美国应该更有必要去关注俄国在此地区的活动”。康格认为美国应该充分重视中国东北和牛庄，有如下两方面考虑的因素：

第一，美国在中国东北有特殊利益关系，俄国对中国东北侵略逐步升级必定会对美国利益产生威胁。俄国军队在中国东北边境的频繁活动导致中俄冲突不断，释放出了俄国即将全面侵占中国东北的强烈信号。俄国单方面提出在中俄边境设立中立地带的建

---

① “No.1424, Legation of the Unite States of America: Peking, China, November 3, 1903”, *Despatches from United States Minister to China: Volume124*, November 2, 1903-March 31, 1904. *File Microcopies of Records in the National Archives* :No.92 Roll 125.

② “Telegram, Hay to Conger, Washington”,《美国对外关系文件》(Jules Davids , ed ., American Diplomatic and Public Papers : The Series III , The Sino-Japanese War to the Russo-Japanese War 1894-1905 ,Series Ⅲ,Vol.9)，第 111 页。

③ “No.82, Legation of the Unite States of America: Peking, China, November 3rd, 1898”, *Despatches from United States Ministers to China* : Volume 105, September 1-December 30, 1898. *File Microcopies of Records in the National Archives* : No.92 Roll 106, 107.

议没有被中国采纳,[①]随着俄国在中国东北野心的增强,其活动范围也不断扩大,1900年7月俄国以恢复东北秩序和镇压"暴民"为借口,派出了二十万人的军队,经过三个月的军事行动,取得对东北的控制权,中国东北地区局势进一步恶化。[②] 1901年《辛丑条约》使俄国从中国获取了1亿8千万卢布的赔偿,俄国也迫使清政府达成投资设厂永久性特权的协议,制定本国和他国的进出口商品不同的课税标准。康格认为这对于美国商贸事业而言"不是一个令人愉快的前景",如果美国继续漠视中国东北地区丰富的矿产资源和牛庄的地理要塞位置,俄国将会捷足先登,并通过向清政府购买、租赁等方式逐步获取中国东北利益,终将获取在中国东北地区贸易的独占权。[③] 这将会进一步破坏美国对华"门户开放"政策力图维持的均势局面,对美国在华利益而言损失巨大。康格因此建议美国政府:一、是否应该抗议俄国垄断东北贸易的行为,抗议的具体内容是如何? 二、两年后俄国修建的直抵旅顺和大连港口的跨西伯利亚大铁路将竣工,而"大连对于美国意义非凡,如能确立长久联系,美国将能开通一条环亚太的贸易航线"[④]。康格忧心忡忡又踌躇满志,并期待得到进一步行动的指示,此外,由于牛庄战略地位的特殊性,康格敏锐感觉到牛庄将成为美俄两国在中国东北冲突的敏感地区,建议美国政府应高度重视牛庄,应该在该地委派专门领事。[⑤]

第二,康格认为美国政府应纵横捭阖,积极利用各国之间矛盾冲突,共同抵抗俄国在中国东北地区的势力扩张。在华各国对俄国侵占东北反应不一,但因没有直接利害关

---

① "No.82, Legation of the Unite States of America: Peking, China, November 3rd, 1898", *Despatches from United States Ministers to China*: Volume 105, September 1-December 30, 1898. *File Microcopies of Records in the National Archives*: No.92 Roll 106, 107.

② 1900年11月,俄国辽东半岛总督阿列克息夫上将强迫沈阳的盛京将军增祺签订了一项九款的临时条约:增祺应解除东北军队的武装并解散之、交出军火库中的全部军火、拆除要塞和防御、同意俄国人在沈阳派驻一名驻扎官,同时正式将东北移交给俄国,并附带协议称俄国在此地拥有开采矿场、修筑铁路和其他实业的发展的垄断权。俄国实际上占领了包括牛庄在内的整个东北。东北的内陆、当地政府、军队和市政已经在俄国军事的监管下,然而在牛庄,俄国已经将全部占为己有,并采取绝对的控制,建立了俄国独家控制的临时政府,不仅提高货物的进口关税,还大量挪用税款。

③ "Enclosure in Despatch 143, 2/8/1899, Conger to Hay, Peking, Ministers' Despatches, China",《美国对外关系文件》(Jules Davids, ed., American Diplomatic and Public Papers: The Series III, The Sino-Japanese War to the Russo-Japanese War 1894-1905, Series Ⅲ, Vol.8),第85—89页。

④ "Despatch 729, Conger to Hay, Peking, Ministers' Dispatches, China",《美国对外关系文件》(Jules Davids, ed., American Diplomatic and Public Papers: The Series III, The Sino-Japanese War to the Russo-Japanese War 1894-1905, Series Ⅲ, Vol.9),第83—89页。

⑤ "Dispatch 143, 2/8/1899, Conger to Hay, Peking, Ministers' Dispatches, China",《美国对外关系文件》(Jules Davids, ed., American Diplomatic and Public Papers: The Series III, The Sino-Japanese War to the Russo-Japanese War 1894-1905, Series Ⅲ, Vol.9),第90页。

系，导致在对俄联合行动问题上难以达成一致，康格认为应该认真分析各国与俄国之间的复杂关系加以利用。比如英国与俄国在1898年签署协议，俄国保证铁路修筑和实业发展不涉及长江地区，以此换取英国不干涉俄国势力范围的承诺。因此，康格认为英国不会明确反对俄国在东北的扩张。德国不久之前刚取得对胶州租借地的所有矿产和铁路等独占权，基于获取俄国不干涉的保证考虑，德国应该也不会强烈反对俄国。康格认为日本应该是美国可以联合的国家，康格从日本公使的消息反馈中得知，日本对于俄国保护在东北的铁路和其他实业利益不存在异议，但却明确反对俄国的独占权，声称在必要时会付诸武力，在东北问题上，日本将会是美国联合对抗俄国的首选盟友。

2.俄国在牛庄推行中世纪城市管理模式

1900年8月，俄国趁八国联军进军北京一并侵占牛庄，并按照俄国模式进行市政管理。俄国占领牛庄时声称只是偶尔采用军事的方式来确保俄国边境安全，但是东北秩序完全被破坏以后，"俄国称不能撤退他的军队以此保护自己的利益安全"[①]。康格认为俄国对牛庄的侵占和管理已经超越现行国际法对被占领国的限定范围，进而认为俄国真正目的是以牛庄为样板，实现对东北地区的长期占领。

康格建议美国政府应关注并积极参与对牛庄市政管理的竞争。其一，在政治上，按照康格对国际法的理解，如果被军事占领，应该施行的是当地的市政法律而非占领国的市政法。"目前，牛庄市政基本上处于俄国全面掌控之下，他们处理案件时声称'应在俄国司法框架下解决此事'或'根据俄国现行法律作出审判和惩罚'。在炮舰军队的胁迫之下，当地官员不得不承认俄国城市管理法适用于牛庄。"根据美国驻牛庄的领事报告，俄国对牛庄的管理仍然延续着俄国惯有的中世纪市政管理模式，并不符合西方式的现代化管理理念，集结于东北境内的各路盗匪人马也趁火打劫，牛庄处于极度混乱之中，当地民众不堪其苦四处奔逃流徙。[②] 其二，随着俄国对牛庄的军事占领和政治控制加强，美国在东北地区的贸易也面临着日益受挫的局面。美国任何商品出口到东北，必须缴纳百分之五的进口税，而俄国货物从旅顺港出口自东北则享有免税权。由于美国控股的美华合

---

① "Dispatch 707，Conger to Hay，Peking ，Ministers' Dispatches，China"，《美国对外关系文件》(Jules Davids ，ed .，American Diplomatic and Public Papers ：The Series III ，The Sino-Japanese War to the Russo-Japanese War 1894-1905 ，Series Ⅲ，Vol.9)，第72—73页。

② 目前此地的贸易活动被以不同目的活动在运河两岸的强盗活动所阻碍，在河岸分布着大约两千艘船只控制着航运，每次过河要收取20美元费用，而以前完全是免费过河的。其他地方的河岸也收取3美元或1美元不等的过河费。这些强盗的人数和它们组织的力量在逐渐增长，由此可以认定，俄国当局并不能保障主要交通的安全。中国商人正在联合制定这样的计划：按他们实际航行的船只数量支付给强盗首领一定的金额以获取其对贸易的保护。参见"No.707，Legation of the Unite States of America：Peking，China，July 24th，1901"，*Despatches from United States Minister to China*：Volume 114，August 1-October 9，1901. *File Microcopies of Records in the National Archives*：No.92 Roll 115.

兴公司在中国东北投入了大量的贸易资金,俄国对牛庄的控制显然使美国投资贸易处于极为不利的处境。有数据表明,美华合兴公司正在蒙受着有史以来巨大的经济损失,其在中国东北的贸易水平降至历史最低。康格建议美国政府考虑其在中国牛庄贸易的利害关系,必须迅速采取对俄国占领牛庄的应对之策。康格认为“除非中国能收回这个城市,否则无法为中美贸易提供一个安定和可靠的环境”。[①] 美国需要付诸政治外交甚至于军事手段帮助清政府收回牛庄,或承认俄国占领牛庄的既成事实,但必须实行牛庄地方政府自治,以防止俄国大权独揽。此时清政府的立场态度至关重要,或选择与俄谈判,或选择与其他西方国家联合对抗俄国,将在很大程度上成为左右中国东北地区局势发展走向的重要因素。

总而言之,俄国对中国牛庄军事占领已经既成事实,由此产生的牛庄政治所有权归属、经济贸易机会均等公平问题,不仅让清政府进退两难颇感棘手,且进一步引发了各国在牛庄政治经济外交关系的混乱。美俄关系由此变得错综复杂,俄国的做法必定破坏美国在该地区的贸易利益和均等机会。[②] 国务卿海约翰为此深感忧虑,1901 年 8 月 29 日,他要求康格“务必通过柔克义或邮件详述占领牛庄事件全部情况,并通过各种渠道尽可能了解并获取其他国家对此问题的立场和态度”[③]。

3.美使康格经历美俄牛庄军事冲突

随着形势发展,美俄两国东北贸易利益争端,不可避免地升级成为两国军事冲突。1901 年末至 1902 年初,美俄两国士兵在牛庄发生激烈的军事冲突。尽管该事件影响范围有限、人数规模较少,但处于美国谋求在中国东北地区实现“贸易机会均等”“利益均沾”的“门户开放”政策、俄国强行独占中国东北政策的历史背景之下,这次事件成为美俄两国东北利益矛盾冲突的代表性事件。

根据俄方报道,1901 年 12 月 25 日晚上,三名美国海军士兵袭击了驻扎牛庄的俄军岗哨,俄国士兵受伤,所幸事态迅速得到控制,没有造成进一步的流血冲突。冲突事件引起美俄双方的高度重视。俄国要求美国迅速找到元凶给予惩罚,并且对牛庄附近海岸进行戒严,严格限制美国海军行动自由。1902 年 1 月 9 日晚上,又发生了更为严重的美俄两国士兵之间的冲突。一名独自前往电报局巡逻的俄国士兵在路上被两名美国士兵用

① “No.707, Legation of the Unite States of America: Peking, China, July 24th, 1901”, *Despatches from United States Minister to China*: Volume 114, August 1-October 9, 1901. *File Microcopies of Records in the National Archives* :No.92 Roll 115.

② “No.874, Legation of the Unite States of America: Peking, China, January 8th, 1902”, *Despatches from United States Minister to China*: Volume 116, January 2-March 31, 1902. *File Microcopies of Records in the National Archives* :No.92 Roll 117.

③ “No.874, Legation of the Unite States of America: Peking, China, January 8th, 1902”, *Despatches from United States Minister to China*: Volume 116, January 2-March 31, 1902. *File Microcopies of Records in the National Archives*: No.92 Roll 117.

左轮手枪射伤胳膊。美国驻牛庄领事严词声称这两次冲突事件是由俄国水手引发，并声称他会调查事件的来龙去脉。俄国声称，驻牛庄美国领事与他们的对峙态度在无形之中会进一步激发美国海军士兵们发动更大规模的袭击活动，因此，他们将被迫采取战时特殊措施保护本国士兵，维护牛庄正常社会秩序以配合俄国地方当局的管辖，并拒绝为由此导致的后果负责。① 随即，英国驻附近海域的军舰配合美军向俄军鸣枪示威，美俄两国关系在牛庄军事冲突的紧张势态进一步恶化。

美国牛庄领事米勒也多次致函康格，建议美国政府派遣战舰和100多名海军来到港口以敦促俄国退兵。理由如下："商人一直为没有军队保护之下的贸易而焦虑，他们坚信，一个国家军舰和适当的军事行动对外界能够产生威慑力量，以此保证商业持续性发展。这种强烈情绪和迫切愿望在牛庄目前高压的政治环境和紧张的军事对峙条件下激发出来。商人一直都不能理解，为什么在过去一年时间里，当美国经济利益不断增长，甚至比任何一个国家都获利更多的时候，美国军舰为什么不能为美国商业贸易提供军事庇护？"②康格分析事态发展后认为，在目前情况下，俄国对牛庄的短期占领，已然承担起了牛庄市政管理的责任，但是俄国地方当局的做法违背国际法，没有得到任何国家承认。目前俄国的某些做法只是谨慎地提醒以任何目的到达该城市海岸的外国群体，美国公民完全有权利进入牛庄从事贸易活动，美俄双方可以就登陆牛庄口岸事宜进行协商。美国驻牛庄领事、前往巡查美国海军都必须要保持克制，才能防止事态进一步激化，③实际上，面对美俄两国士兵在牛庄的军事冲突，美使康格处于进退维谷的境地：一方面来自牛庄当地有美国贸易利益商人团体的呼声，要求美国采取军事行动保护在牛庄当地贸易利益，另一方面却是美国政府一再提醒康格，美国需要对牛庄冲突保持克制，维护美国对华实行"门户开放"政策。因此，康格认为"此时美国因为缺乏有效手段和方法，面对俄国的咄咄逼人，我们却毫无能力和办法"④。

美使康格通过对美俄两国在中国东北活动的考察，对俄国在占领牛庄之后市政管理

① "No.722, Telegram, Hay to Conger, Washington", *Despatches from United States Ministers to China*: Volume 114, August 1-October 9, 1901. *File Microcopies of Records in the National Archives*: No.92 Roll 115.

② "Enclosure 1 in Dispatch 874, 1/8/1902, Conger to Hay, Peking, Ministers' Dispatches, China",《美国对外关系文件》(Jules Davids, ed., American Diplomatic and Public Papers: The Series III, The Sino-Japanese War to the Russo-Japanese War 1894-1905, Series Ⅲ, Vol.9)，第170页。

③ "Enclosure 9 in Dispatch 874, 1/8/1902, Conger to Hay, Peking, Ministers' Dispatches, China",《美国对外关系文件》(Jules Davids, ed., American Diplomatic and Public Papers: The Series III, The Sino-Japanese War to the Russo-Japanese War 1894-1905, Series Ⅲ, Vol.9)，第173—174页。

④ "No.874, Legation of the Unite States of America: Peking, China, January 8, 1902", *Despatches from United States Minister to China*: Volume116, August 1, 1899-February 26, 1900. *File Microcopies of Records in the National Archives*: No.92 Roll 117.

模式进行分析,意识到牛庄已然成为美俄利益冲突的焦点,建议美国给予充分重视。与此同时,中国东北三省行政管理权分散,在铁路事务上缺乏国内投资,同时东北地区官员的个人素质差异与彼此间不同的政见等诸多原因,使清政府在东北三省实际上难以形成一致的内外政策。美使康格虽经多次外交协商,然而美国在面对如何处理俄国占领牛庄问题上却收获甚微。

三、结论

日俄战争爆发之前,中国东北地区形势日益严峻,美、日、俄和清政府在此地区进行政治外交和军事博弈,美国政府对于如何处理中国东北问题众说纷纭,意见不一。美国国务卿中国事务顾问柔克义对中国东北问题的看法是:面临俄国在东北的扩张,中国已经逐步失去对东北的控制权,此时美国承认俄国在远东的利益,便可以换取俄国对于美国在东北商业利益安全的保证。以美国驻华公使康格为代表的驻外外交群体和海外商业贸易团体则认为:美国必须采取有效措施并且在必要时付诸军事武力去保护美国的海外利益。综而观之,美国“门户开放”政策在中国东北不适应性有二:其一,中国信息来源的不对称和不完整性是美国政府难以下决心在中国东北实行“门户开放”政策的主要因素。美国驻京公使团和东北领事对中国情况的不熟悉、对各方消息的闭塞和不准确性的掌握,导致了美国对华“门户开放”政策的游移不定。其二,在日俄战争之前美国实行消极的东北政策,如何调和美俄利益纷争,抑或遏制俄国在中国东北地区咄咄逼人的发展态势,美国总统、国务院、康格、柔克义以及驻东北领事之间的观点存在分歧。美国国务卿海约翰在柔克义、康格等人的观点之间游移不定难以定夺,导致了在日俄战争之前,美俄两国关于中国东北利益冲突日渐升级加剧的情况下,美国对华“门户开放”政策的边界内容模糊不清、对俄国侵占中国东北的态度模棱两可,因此其在中国东北地区施行起来困难重重。美使康格在中国东北的外交实践表明,美国对华“门户开放”政策的原则和主旨并不适合中国的东北地区。1904—1905 年爆发了日俄战争,最终俄国战败,日本获胜,美国由此获得在东北地区重新实施对华“门户开放”政策的绝好时机。在美国居间斡旋调停之下,日俄两国签订《朴茨茅斯条约》,俄国的力量被逐渐排挤出东北地区。面临日俄战争之后中国东北权益的重新分配,美国始为维护本国商贸利益进行据理力争。清政府方面要求重新控制东北,美国则力图使各国势力在东北实现重新平衡,中美两国在排华问题大小纠纷持续不断。在日俄战争前后的中国东北地区,中美关系在彼此不信任关系中继续蹒跚而行。

作者简介:

张颖,仲恺农业工程学院马克思主义学院讲师。

爱国心·中学·国语：吴汝纶赴日考察学务与新学制的改革[①]

江　曙

[提要]1902年吴汝纶赴日考察学务，受到日本各界欢迎，其考察成果汇集为《东游丛录》，直接影响壬寅学制的制定，并为癸卯学制的制定提供有益的参考和借鉴。吴汝纶此行最大收获在于提出须普及国民教育、培养国民的爱国心。为此必须普及国语，以“京城声口”统一方言；在课程设置上强调中学为体、西学为用，不能偏废经史之学。从国语统一、中学为体等方面促成国民爱国心的养成，普及国民教育。

[关键词]吴汝纶；爱国心；国语；中学为体；《东游丛录》

1901年吴汝纶被管学大臣张百熙举荐为京师大学堂总教习。1902年赴日考察学务，其成果结集为《东游丛录》，吴汝纶回国前将此书交付东京三省堂刊行，《东京朝日新闻》称赞此书为“于吾学制次第集录极佳，在吾国人亦极有用”[②]。在此之前罗振玉由刘坤一和张之洞奏派赴日本考察学务，编为《扶桑两月记》。湖北候补道李宗棠赴日，著《考察学务日记》。但作用和影响皆远不及吴汝纶赴日考察，《东京朝日新闻》曾评及：“中国来访官吏学生至多，如吴先生之豪俊者，殆绝无有。”[③]

吴汝纶直接影响壬寅学制的制定。吴汝纶赴日考察期间致信张百熙，为张百熙制定

---

① 本文系国家社科青年基金项目“清末民初留日学生与近代小说的现代转型研究(1896—1912)”(项目批准号:17CZW043)阶段性成果之一。

② 《东游日报译编》，华北译书局，1903年，第56页。东京都立图书馆实藤文库藏。

③ 《东游日报译编》，第56页。

学制提供参考材料，并直接加入意见和建议，“至奏定章程，此间尚未全阅，率臆妄言，以备采择！”[①]1902 年张百熙拟订《钦定学堂章程》，即壬寅学制，然未及实行。1903 年 7 月清政府命张百熙、荣庆、张之洞以日本学制为蓝本，重新拟订学堂章程，于 1904 年 1 月公布，即《奏定学堂章程》，又称癸卯学制。将《东游丛录》所载日本学制内容介绍和课程设置与癸卯学制相对比，吴汝纶赴日考察学务的成果被大量采用，吴汝纶写给张百熙的信件和《东游丛录》等为新学制的制定提供有益的参考和借鉴。

学术界关于吴汝纶赴日访问学务的研究多集中在具体事实的考证和梳理上[②]，本文从爱国心的养成、国语统一和中学为体的课程设置等方面探讨吴汝纶在出使日本期间的体验以及对新学制改革的思考，由此揭示明治时期日本文化对吴汝纶在国民教育、国语改革和变革学制等方面的影响。

缘 起

1902 年 6 月 9 日（农历五月初四）吴汝纶从天津出发，10 月 22 日（农历九月二十一日）回到上海。此行历时 136 天，除往返行程 22 天，在日本共 114 天。吴汝纶以清廷五品大员的身份访日，同行有大学堂提调官、浙江补用道荣勋，大学堂提调官、兵部员外郎绍英等五名文武官员和十六名学生。随行的还有中岛裁之，作为通译。

吴汝纶因其特殊身份、古文名望等得到日本各界的热烈欢迎。“是支那人中之持进步主义者。加以非凡之学力，有政治家思想，信难得之人才，来京之日，顾上下一致。”[③]“方今东方中国儒林中最有开化之思想者。”[④]吴汝纶又亟亟学习日本学制，以期挽救晚

---

① （清）吴汝纶：《与张尚书》，《吴汝纶全集》第三册，施培毅、徐寿凯校点，黄山书社，2002 年，第 437 页。

② 关于吴汝纶赴日考察学务的研究有：实藤惠秀：《吴汝纶的日本考察》（《吳汝綸の日本考察》），《近代日中交涉史话》，东京春秋社，1973 年；吴应庚：《吴汝纶与〈东游丛录〉——关于洋务派的教育改革案》（《吳汝綸と〈東游叢錄〉——ある‘洋務派’の教育改革案》），平野健一郎编：《近代日本与亚洲——文化的交流与摩擦》（《近代日本とアジア——文化の交流と摩擦》），东京大学出版会，1984 年，第 54 页；王晓秋：《考察教育兴中华》，《近代中日文化交流史》，中华书局，1992 年；吴伯曜：《吴汝纶的日本教育视察》，林庆彰主编：《近代知识分子在日本》第二册，万卷楼图书股份有限公司，2003 年；王鸣：《吴汝纶的日本教育视察》，《河北师范大学学报》2000 年第 2 期；许海华：《吴汝纶赴日考察始末》，王勇编：《中日关系的历史轨迹》，上海辞书出版社，2010 年。沈卫威《异口同声：从“东京语”到“京城声口”》（《中山大学学报》2013 年第 2 期）论述吴汝纶在日本教育家的启发下在国语统一中所起到的积极作用。曾光光《中国近代教育转型中的吴汝纶》（《暨南史学》第八辑，广西师范大学出版社，2013 年）、何生根《吴汝纶与清末学制》（《教育史研究》2001 年第 4 期），探讨吴汝纶赴日考察学制与清末新学制建设的关系。

③ 《东游日报译编》，第 8 页。

④ ［日］早川新次：《在安庆寄邦人书》，载《吴汝纶全集》第四册，第 1167 页。

清时局，其真切学习日本学制的宏愿也被日本各界赞赏。“于清国教育在最重位置之吴先生，此次来视察日本之教育，我邦岂可不欢迎先生以为荣乎！”①

吴汝纶作为桐城派传人，在古文上颇有名望。“盖府君声在日本既久，方其始至，名公贵人，学士大夫，下至女子厮养，无不踵门参谒，以一见中国大儒为幸。既相接，无不倾倒至甚。”②姚鼐编纂的《古文辞类纂》早在1845、1846和1853年传入日本。③ 日本知识分子也大多模仿清文，因“清之与我，其人或可相及，是犹授受乎几席间也。则其声貌可拟，步骤可循，莫如清文焉”④。桐城派文章在日本得以传播，除了黎庶昌的推动，“张裕钊和吴汝纶等其他的桐城派学者也起到了很重要的作用”⑤。

故此，日本各界欢迎此次考察团，破例受到天皇的接见，记者采访、新闻报道也连续不断，后“十之四五”被译编为《东游日报译编》。诗歌酬唱也络绎不绝，“气力之强，有可惊者。教务本务勿论，每日候门之客不绝，皆亲与笔谈。诗人墨客，流连文酒，其忙冗，旁观之人，皆为之不安，而先生毫不见疲劳之态”⑥。日本文人还积极讨要书法，仅在神户、大阪、西京三地就写书三百余枚。⑦ 九月十三日的《每文新闻》刊载信息，告诫民众尽量少打扰吴汝纶：“至于先生好客，亦且以为烦。汉学诸公，亦宜少知进退也。”⑧此报道并见《东都日报》《日本新闻》《东京朝日新闻》《中央新闻》《大阪朝日新闻》等处，由此可以窥见日本民众对吴汝纶的欢迎程度。

吴汝纶此次赴日重点在考察学制。“先生就中所尤欲精细视察者，则在贫民教育、下等实业、徒弟学校并女子教育机关。”⑨吴汝纶考察中小学校、师范学校、大学堂及其他各类学校共44所，重点考察课程设置、教学设施、教学方法等情况。参加由文部省安排的关于学制的讲座和专题介绍共19次。⑩ 与日本教育名家、政治家或知识分子交流、笔谈多达40多次。

---

① 木村生译：《西七月分东京二六新报》，载《吴汝纶全集》第三册，第754页。

② 吴闿生：《先府君哀状》，载《吴汝纶全集》第四册，第1156页。

③ ［日］大庭修：《江户时代的唐船持渡书的研究》(《江戸時代における唐船持渡書の研究》)，关西大学东西学术研究所，1967年，第483、495页。

④ ［日］川田甕江评，［日］小药昌造、［日］日下宽编：《文海指针》(《文海指針》)，东京府须原屋茂兵卫等出版，1876年。

⑤ 陶德民：《试论桐城派文论在明治汉学界的影响》，载张伯伟编《风起云扬——首届南京大学域外汉籍研究国际学术研讨会论文集》，中华书局，2009年，第195页。

⑥ 《东游日报译编》，第59—60页。

⑦ 《东游日报译编》，第21页。

⑧ 《东游日报译编》，第51页。

⑨ 《东游日报译编》，第15页。

⑩ 吴应庚：《吴汝纶与〈东游丛录〉——关于洋务派的教育改革案》，平野健一郎编《近代日本与亚洲——文化的交流与摩擦》，第54页。

一、爱国心的养成:普及国民教育的核心

吴汝纶在《答新闻记者问中日教育》中明确提出普及教育的核心在于培养国民的爱国心,"论贵国兴隆之基础,存于国民之精神。有谓敝国教育,须以养成爱国心为主者"①。

养成爱国心这一思想在明治大正时期的日本文人中已经形成共识,吴汝纶在与日本知识分子交流中深受其影响。"我认为如论中国留学日本的功过,中国最大的收获在于留学生养成爱国心。今吴汝纶《东游丛录》论及留学生在日本的见闻,日本不仅仅使留学生获得爱国心,日本知识分子也认为非常有必要提倡爱国心。"②(笔者译)

吴汝纶与日本知识界、教育界人士多谈及爱国心培养问题,当访问伊泽修二时,伊泽氏首先就问道:"今日阅报,称述阁下遍访名家,叩'爱国心'之说,所闻必多,以何者论议为最惬尊意?"③由此可见吴汝纶对此问题的重视。

吴汝纶访问大隈重信,大隈也指出教育的一大目的在于"造就国民,即普通教育,团结社会,齐心爱国是也"④。早川新次也指出国民教育未能普及。⑤ 望月兴三郎论述女性教育的重要性,其在于女性可促成子女和家庭的爱国心的养成。⑥

东京大学总长山川健次郎更为直接提出:"教育之必须统一者有三大端:(一)精神;(二)制度;(三)国语。"精神方面指的就是爱国心,"以爱国心为目的,而统一国民之精神,此为最要"⑦。伊泽修二也指出爱国心的培养在于教育、派遣学生留洋和统一语言等。⑧

吴汝纶与嘉纳治五郎会面应谈及国民爱国心养成问题。"某数语接谈,殆笃论君子也。"⑨嘉纳治五郎曾于1902年7月21日至10月16日在中国实地考察教育状况。其论教育的重心是通过教育提升国民素质,培养公德心,养成国民精神,这集中体现在与杨度的论争中。"贵国之实业不兴,由于团力之不结,其根源在于爱国心之浅薄,此教育者多宜注意者也。教育其爱国之道,先不可使其有一种骄傲心,亦不可使其有一种卑屈心……惟各举其无长短,以相比较,徐言其当改革者,则人人皆有自保以求胜人之意,爱国

---

① (清)吴汝纶:《答新闻记者问中日教育》,《吴汝纶全集》第三册,第448页。
② 实藤惠秀:《近代日中交涉史话》,第242—243页。
③ (清)吴汝纶:《贵族院议员伊泽修二谈片》,《吴汝纶全集》第三册,第795页。
④ (清)吴汝纶:《摘抄日记》,《吴汝纶全集》第四册,第715页。
⑤ (清)吴汝纶:《早川新次笔谈》,《吴汝纶全集》第三册,第771页。
⑥ (清)吴汝纶:《经济答问》,《吴汝纶全集》第三册,第773页。
⑦ (清)吴汝纶:《大学总长山川谈片》,《吴汝纶全集》第三册,第788—789页。
⑧ (清)吴汝纶:《贵族院议员伊泽修二谈片》,《吴汝纶全集》第三册,第795—799页。
⑨ (清)吴汝纶:《与张尚书》,《吴汝纶全集》第三册,第395页。

之心，油然日生，和蔼亲洽，不抗不屈，而团力自然能结，国事自然能举矣。”①

嘉纳治五郎与杨度的关于国民性的讨论以及在弘文学院第一次毕业典礼上的讲话深深影响了当时的鲁迅、许寿裳以及通过《新民丛报》的传播影响中国留日学生②。关于国民教育的重要意义，国民性的改造问题逐渐成为留日知识分子的思考核心。

爱国心教育是国民教育最重要的内容，而当时清朝尚未普及国民教育。故当吴汝纶访问菊池大麓时，菊池指出：“中国兴学方针，当注意其国民教育，结成一国团体，亦不可缓。”③日本教育会会长辻新次也提出国民教育的急迫性，“国家之兴亡强弱，系乎国民之智愚贤不肖”④。

国民教育的核心在于爱国心教育，培养国民理想、养成国家观念是国民教育的应用之义。与井上哲次郎的笔谈进一步涉及培养国民的国家理想，“个人之理想，则伦理之本源也；国家之理想，则国家隆盛之原因也”。并建议：“自小学至大学，设伦理修身之科，改造将来之国民，则数十年其效必大显。”⑤

《东京二六新报》建议吴汝纶不应先重视医学，当应致力于使国民养成国家之观念：“贵邦之人民虽智巧，皆出于个人之为，而以国家为务之智识，则若甚少者，此贵邦之所最短也。”并结合日本明治维新的经验，提出：“编辑学校及学校以外可读种种之书籍，盛养国家观念及国民统一之思想，以为贵邦之急务，次之始可言诸科之学术也。”⑥

其次，国民教育主要阶段在小学阶段。嘉纳治五郎曾指出国民精神培养的重点在小学，不在大学。“教育非在其国政府中一二贤豪者之设施，而在全国国民个人之实力。而小学校实为造就种种国民资格之唯一之本原。”⑦

日本很早就在小学提倡国民教育，1890 年《小学教令》明确规定：“小学校应注重儿童身体的发育，以道德教育和国民教育为根本，以及生活必需的普通知识、技能为主要目标。”⑧

吴汝纶深受日本教育名家的影响，认为：“小学教育，国民之教育也，无论士农工商，皆须先入小学。”⑨“小学养成德性，扩充知识，便后有国民选举之权。”“中学校以养成国

---

① 嘉纳治五郎：《支那教育问题》，《新民丛报》1902 年 12 月 30 日。

② ［日］北冈正子：《鲁迅在日本异文化中——从弘文学院入学到“退学”事件》（《鲁迅日本という異文化のなかで：弘文学院入学から“退学”事件まで》），关西大学出版部，2011 年，第 292 页。

③ （清）吴汝纶：《摘抄日记》，《吴汝纶全集》第三册，第 742 页。

④ （清）吴汝纶：《帝国教育会会长辻新次氏谈片》，《吴汝纶全集》第三册，第 792 页。

⑤ （清）吴汝纶：《井上哲次郎笔谈》，《吴汝纶全集》第三册，第 758—760 页。

⑥ 木村生译：《西七月分东京二六新报》，载《吴汝纶全集》第三册，第 755 页。

⑦ ［日］嘉纳治五郎：《嘉纳氏的清国大留学生谈》（《嘉纳氏の清国大留学生谈》），《教育界》1903 年第 1 期。

⑧ ［日］宫原诚一等编：《日本现代教育史资料》第四册，三省堂，1974 年，第 129 页。

⑨ （清）吴汝纶：《文部所讲》，《吴汝纶全集》第三册，第 696 页。

民普通之知识为主。"[①]吴汝纶并写信给张百熙,论及爱国心教育重在小学阶段,"小学校不惟养成大、中学基本,乃是普国人而尽教之,不入学者有罚,各国所以能强者,全赖有此"[②]。

其后,张百熙、荣庆、张之洞《学务纲要》(1903年)也提出:"无论为士为农为工为商,均上知爱国,下足立身。"[③]同时还强调小学阶段的爱国教育。"初等小学堂为养正始基,各国均任为国家之义务教育。"[④]"初等高等小学堂,以养成国民忠国家尊圣教之心为主。"[⑤]

二、中学为体:"深于文者识必通"[⑥]

在日本教育名家和张之洞等人的影响下,吴汝纶认为在课程设置上应坚持中学为体,加强对经义的学习。因经书是爱国心培养的重点,"学失其本则无学,政失其本则无政。其本既失,则爱国爱类之心亦随之改易矣。安有富强之望乎?"[⑦]古文辞是阅读经义的基础。但也不可偏废对西学的学习,吴汝纶强调中学为体、西学为用,中西兼备。

光绪十四年二月,吴汝纶就任保定莲池书院山长,历时14年。初讲授经学与古文,后主张研习西学,先后开设英、日文学堂,延聘美、日教习。在赴日之前吴汝纶积极学习西学知识,与欧美、日本等文人交往甚密。

在吴汝纶赴日前,一度提出废除对经书的学习,尽习西学,在古文方面只需要学习《古文辞类纂》一书。吴曾在《答严几道》一文中指出:"因思《古文辞类纂》一书,二千年高文略具于此,以为《六经》后之第一书。此后必应改习西学,中国浩如烟海之书,行当废去,独留此书,可令周孔遗文绵延不绝。"[⑧]这种观念在赴日考察后得以改变,日本教育名家和知识分子强调学习古文、经义的重要性,他们建议吴汝纶勿废弃中学,应中西兼备。

吴汝纶与古城贞吉等人宴会,古城指出:"劝勿废经史百家之学,欧西诸国学堂,必以国学为中坚。"并进一步提出:"移易风俗,圣贤犹难,五方交通,学有长短,如废贵国之文学,则三千年之风俗无复存者,人则悉死,政则悉败矣。"[⑨]强调以经义为核心的中学是立

---

① (清)吴汝纶:《文部所讲》,《吴汝纶全集》第三册,第661—662页。

② (清)吴汝纶:《与张尚书》,《吴汝纶全集》第三册,第435页。

③ 舒新城编:《中国近代教育史资料》,人民教育出版社,1981年,第199页。

④ 舒新城编:《中国近代教育史资料》,第202页。

⑤ 舒新城编:《中国近代教育史资料》,第206页。

⑥ (清)马其昶:《吴先生墓志铭》,载《吴汝纶全集》第四册,第1154页。

⑦ 舒新城编:《中国近代教育史资料》,第203页。

⑧ (清)吴汝纶:《答严几道》,《吴汝纶全集》第三册,第231页。

⑨ (清)吴汝纶:《摘抄日记》,《吴汝纶全集》第三册,第724页。

国之本，绝对不能废弃。

当然也有提出不同意见者，大隈重信就提出："谓吾经史诗文之学，止宜用之大学专门，不宜用之普通教育。"①不提倡中小学学习经史诗文。

张之洞早在《劝学篇》中就提出加强对经义为主体的学习，以中学为体。"一曰新旧兼学。四书、五经、中国史事、政书、地图为旧学，西政、西艺、西史为新学。旧学为体，新学为用，不使偏废。"②

在日本教育名家和张之洞等人的影响下，吴汝纶认为在课程设置上应坚持中学为体、西学为用、中西兼备。

其后，张百熙主导拟定的《学务纲要》指出："中小学堂宜注重读经以存圣教"，"若学堂不读以书，则是尧舜禹汤文武周公孔子之道，所谓三纲五常者尽行废绝，中国必不能立国矣"③。同时，《钦定蒙学堂章程》(1902 年)中提出需要读经，四书加《孝经》。④《钦定小学堂章程》(1902 年)要求："修身第一，读经第二，作文第三。"⑤《钦定中学堂章程》(1902 年)提出："修身第一，读经第二，算学第三，词章第四。"⑥

张百熙、荣庆、张之洞在《重订学堂章程折》(1903 年)中进一步论述学习经义的重要性："至于立学宗旨，无论何等学堂，均以忠孝为本，以中国经史之学为基。俾学生心术一归于纯正，而后以西学沦其智识，练其艺能。"⑦

并且《学务纲要》提出加强古文辞的学习，这与吴汝纶强调专学古文不同，《学务纲要》提出古文和骈文都应学习。"学堂不得废弃中国文辞，以便读古来经籍。""文学既废，则经籍无人能读矣。""古文所以阐理纪事，述德达情，最为可贵。""骈文则遇国家典礼制诰，需用之处甚多，亦不可废。""外国学堂最重保存国粹，此即保存国粹之一大端。"⑧1918 年前中学生和大学生大多国文主修古文。"自晚清以来，以表达知识为基本指归的'近世文'大量涌现，'灌输国民常识'，也和教授'文章义法'一同成为近代'国文'的两个基本宗旨。"⑨国文教材虽各具特色，但都按照教育规章制度编写教材，黎锦熙在《三十年来中等学校国文选本书目提要》一文认为辛亥革命前"坊间始依钦定课程编印国文教科书；中学以上，所选大率为'应用的古文'(胡适氏用以称桐城派者)，其高者亦不出姚氏

① (清)吴汝纶：《摘抄日记》，《吴汝纶全集》第三册，第 724 页。

② (清)张之洞：《张之洞全集》第十二册，赵德馨主编，武汉出版社，2007 年，第 176 页。

③ 舒新城编：《中国近代教育史资料》，第 202—203 页。

④ 舒新城编：《中国近代教育史资料》，第 398 页。

⑤ 舒新城编：《中国近代教育史资料》，第 405 页。

⑥ 舒新城编：《中国近代教育史资料》，第 498 页。

⑦ 舒新城编：《中国近代教育史资料》，第 197 页。

⑧ 舒新城编：《中国近代教育史资料》，第 204 页。

⑨ 陈尔杰：《"国民常识"与"文章义法"——从小学教科看民初"国文"观念的塑造》，《励耘学刊(文学卷)》2012 年第 1 期。

《古文辞类纂》等书之旨趣与范围”;辛亥革命至五四新文化运动则“中学学制无甚更张,所出国文选本,惟内容稍稍扩大:高年级略选经籍,似乎至此始知由姚选而进取法乎曾选之《经史百家杂钞》也者;又稍稍羼入诗歌”①。

再者,吴汝纶认为在课程设置上应坚持中西兼备,同时也提出中西学时间安排的问题。吴汝纶与长尾槙太郎笔谈,特别提出学生或许学力不逮,难以西学、中学皆学,“课程中半西半,仆以为甚难全合并”,“同班共受一学,此其给合并者,一也;西学门类已多,再加汉学,无此脑力,二也;至大学,则汉文仅止专门,专门则习之者少,其不亡如线;此求两全,必将两失”②。长尾槙太郎建议中学西学各半,不可偏废。

后吴汝纶在对张百熙的信中提出解决方案:“然则欲教育之得实效,非大减功课不可。减课之法,于西学则宜以博物、理化、算术为要,而外国语文从缓。中学则国朝史为要,古文次之,经又次之。”③《学务纲要》针对此问题特别指出:“经学课堂简要,并不妨碍西学。”“西学最重保存古学,亦系归专门者自行研究,古学之最可宝者无过经书。”④中学、西学课程设置问题逐渐得以解决,课程设置思路也逐渐明晰。

三、国语:统一为“京城声口”

《东游丛录》收录吴汝纶与日本教育界人士笔谈二十八篇,涉及国语改革问题的有:山川健次郎、伊泽修二、土屋弘、胜浦鞆雄等人。吴汝纶在近代国语运动中的作用就是极力推广王照的主张,提出国语的概念,主张统一国语,强调在普及教育中推广言文合一与国语统一。

6月30日(农历五月二十五日)东京帝国大学总长、理学博士山川健次郎开宗明义指出:“凡国家之所以存立,以统一为第一要义。教育亦统一国家之一端,故欲谋国家之统一,当先谋教育之统一。”进一步指出国语统一的重要性。“国语似与教育无直接之关系,然语言者,所以代表思想,语言不齐,思想因此亦多窒碍,而教育之精神,亦必大受其影响。此事于他国无甚重要,以贵国今日之情形视之,则宜大加改良,而得一整齐划一之道,而教育始易着手。”⑤突出教育对国家的重要性,同时也强调国语对教育统一的作用,以引起吴汝纶对国语问题的关注与重视。

东京高等师范学校校长、教育家伊泽修二也对国语统一问题发表意见。“访伊泽修

---

① 黎锦熙:《三十年来中等学校国文选本书目提要》,《师大月刊》1933年第2期。

② (清)吴汝纶:《长尾槙太郎笔谈》,《吴汝纶全集》第三册,第765页。

③ (清)吴汝纶:《与张尚书》,《吴汝纶全集》第三册,第436—437页。

④ 舒新城编:《中国近代教育史资料》,第204页。

⑤ (清)吴汝纶:《大学总长山川谈片》,《吴汝纶全集》第三册,第788—789页。

二，留饭久谈，谆谆以国语一致为统一社会之要。”[①]伊泽修二指出增进民众的爱国心必须统一语言，“欲养成国民爱国心，须有以统一之。统一维何？语言是也。语言之不一，公同之不便，团体之多碍，种种为害，不可悉数。察贵国今日之时势，统一语言，尤其亟亟者”。伊泽修二还认为学校教育应该重视国语，“宁弃他科而增国语”。他还出谋划策，希冀吴汝纶能够上奏朝廷，施行国语统一。“苟使朝廷剀切诰诫，以示语言统一之急，著为法令，谁不遵从！尊意‘大费时日’一节，正不必虑。”[②]

土屋弘在给吴汝纶的信中提出国语统一的方法，即以王照的省笔法实现言文统一，其次实现国语统一。“盖工业之所以速成，一在用器之利便。教育以文字为利器，文字之简易利便者，莫若五十音图。敝邦普通教育，以五十音图为先，五十音之为用，宇宙百般之事，无不可写者，而其为字仅五十，虽幼童可辄记之，以此施于初级教育，其进步之速，曾何足怪！”[③]并提议在幼童及贫人中施行五十音图，而中等教育以象形文字。吴汝纶回信提及王照的省笔法，并提出：“拟以此法传之敝国，以为初级教育，庶几所谓九十九人者皆得识字知书，渐开智慧。”[④]

东京第一中学校长胜浦鞆雄宴请吴汝纶，提及中国言文不一致问题，“校长胜浦鞆雄留饭，为言教育，以中国字多难记为言。吾告以近有人作省笔字，胜浦大奇之，以为中国若果行此，普通教育进化必速也”[⑤]。并写信给吴汝纶，建议缩减字数，“除繁就简”，这也是一“急务”。[⑥]

吴汝纶在给张百熙的信中详细论述国语统一的问题，提及王照的省笔法，“略如日本之假名字”，先实现言文一致，进而实现国语统一。“此音尽是京城声口，尤可使天下语音一律。今教育名家，率谓一国之民，不可使语言参差不通，此为国民团体最要之义。”[⑦]

吴汝纶上书张百熙，积极推广国语统一。其后由张百熙曾拟订的《钦定学堂章程》中的《学务纲要》指出“各学堂皆学官音。各国言语，全国皆归一致，故同国之人，其情易洽，实由小学堂教字母拼音始。”“资拟以官音统一天下之语音，故自师范以及高等小学堂，均于中国文一科内附入官话一门。”[⑧]1909年清政府资政院开会，江谦提出将“官话”正名为“国语”，设立“国语编查委员会”。其中高等小学堂于1910年规定加授官话，以为统一国音的预备。1911年学部召开教育会议，通过《统一国语办法案》。

---

① (清)吴汝纶:《摘抄日记》,《吴汝纶全集》第四册,第714页。
② (清)吴汝纶:《贵族院议员伊泽修二谈片》,《吴汝纶全集》第三册,第797—798页。
③ (清)吴汝纶:《土屋弘来书》,《吴汝纶全集》第三册,第749页。
④ (清)吴汝纶:《答土屋伯毅》,《吴汝纶全集》第三册,第427页。
⑤ (清)吴汝纶:《摘抄日记》,《吴汝纶全集》第三册,第738页。
⑥ [日]胜浦鞆雄:《胜浦鞆雄第二次来书》,载《吴汝纶全集》第三册,第806页。
⑦ (清)吴汝纶:《与张尚书》,《吴汝纶全集》第三册,第436页。
⑧ 舒新城编:《中国近代教育史资料》,第210页。

吴汝纶在出访日本前就熟知王照《官话合声字母》。1902 年吴汝纶回国,“自游日本,顿悟普通教育之意,乃特命其同乡门人五人,习芦中穷士所作《官话合声字母》,携之归皖,谓必欲遍传江淮间;又遣门人赍书呈管学大臣,劝其颁行于小学,以利普通教育。”[1]1903 年吴汝纶去世,其子吴辟疆将《东游丛录》中与官话有关的信稿抄寄给王照。王照《官话合声字母》1900 年天津初版,1903 年由北京裱褙胡同“官话字母义塾”重印,“并附益以吴京卿及中日二国人论说之与官话字母有关系者”[2]。王照在《挽吴挚父先生联语并序》一文中提到:“(先生)目睹日本得力之端,在人人用其片假名之国语,而顿悟各国莫不以字母传国语为普通教育至要之原。”[3]吴汝纶是在与日本教育界、知识界人士的多次交流、笔谈后逐渐找到国语统一的解决思路与方法的。

吴汝纶深受日本知识分子对国语重要性的论述的影响,极力推广王照的省笔法,首先实现言文合一,再者进行国语统一,重点发展国民教育。

结　语

吴汝纶赴日考察学务的最大心得在于普及国民教育、培养国民的爱国心。吴汝纶强调国语与国文的学习,以促成国民性的养成。为此必须普及国语使国民言文一致,在课程设置上强调中学为体、西学为用,不能废弃经史之学。在具体课程设置上主张减少学时,中西兼备。从国语统一、中学为体等方面促成国民爱国心的养成。

作者简介:

江曙,广州大学人文学院讲师。

① 王照:《官话合声字母》,文字改革出版社,1957 年,第 37 页。

② 王照:《官话合声字母》,第 2 页。

③ 王照:《官话合声字母》,第 40 页。

论清末责任内阁“筹划试行”中的奕劻[①]

熊元彬

[提要]在清末预备立宪责任内阁的筹办试行过程中，四朝元老奕劻不仅分别为“满族内阁”、暂行内阁的内阁总理大臣，而且还是袁世凯充任“完全责任内阁”总理大臣的力推者，是责任内阁筹办试行过程中至关重要的人物。特别是由于立宪派倡导的“中国宪政化”与清廷主张结合中国国情的“宪政中国化”“中国本土化”之间的矛盾冲突，致使奕劻在责任内阁的筹办试行等相关过程中更为重要，对此值得深挖档案等资料，进行深入研究。

[关键词]清末；责任内阁；筹划试行，奕劻

清末是封建专制王朝向民族民主国家构建的过渡时期，既具有皇族奕劻欲图在中国推行三权分立等西方宪政的民主成分，又不无封建王朝中皇族专制的色彩，在中国近代化过程中占有重要的地位。在清末责任内阁的“筹划试行”[②]、“暂行试办”[③]过程中，清廷相继成立了1906年的“满族内阁”[④]，以及1911年5月8日成立的暂行内阁[⑤]和袁世凯

---

① 基金项目：2016年湖南省教育厅优秀青年项目“清末责任内阁中的奕劻研究”（基金号：16B263）。

② 故宫博物院明清档案部编：《清末筹备立宪档案史料》，中华书局，1979年版，第565页。

③ 《各省咨议局联合会拟呈都察院代奏皇族不宜充当内阁总理大臣原稿》，《大公报》1911年6月18日。

④ 熊元彬：《拖沓还是过急：清末“满族内阁”的设置及其影响》，《求索》2014年第9期。

⑤ 即学界所谓的“皇族内阁”，但实际上因政党未建、国会未开，因而是提前成立的过渡性内阁。见熊元彬《“立宪而后中国可兴”与“欲速则不达”——与关晓红教授商榷》，《学术界》2015年第9期。

的“完全责任内阁”，其中前两届的内阁总理大臣均为奕劻。因此，结合清末复杂的国内外客观形势和清廷的主观意图，深挖档案等相关资料，加强对清末责任内阁中的庆亲王奕劻研究，不仅有益于后人更清晰地认识中国的变革历程，而且还有助于客观认识转型时期的历史性人物。

一、加强庆亲王奕劻研究的缘起

庆亲王奕劻是清末满族重臣、责任内阁的主要倡导者和践行者、辛亥政局变动的关键人物、领班军机大臣、四朝元老、大清权贵和最后一位“铁帽子王”（即“世袭罔替”的世爵）。在清末责任内阁的“试办”过程中，清廷相继成立了 1906 年的“满族内阁”和 1911 年的“皇族内阁”，以及袁世凯的“完全责任内阁”。其中，前两届的内阁总理大臣均为奕劻，而后者虽为袁世凯，但是在其筹建过程中，奕劻曾几度荐举袁世凯组建完全责任内阁，因而在责任内阁的“筹划试行”中，奕劻都起了重要性的作用，有待于进一步的专题研究。

奕劻的政治生涯主要为清末预备立宪时期。其中，清末责任内阁的“试办”及其运行又是奕劻政治生涯的重中之重，其地位之高、影响之大在当时实属少见。甚至民国成立，奕劻结束政治生涯之后，还被时人高举为首赞共和之人。如赵尔巽演讲时所言：“亲贵中首领庆亲王，即是首先赞同共和的人。”[①]

在辛亥鼎革之际，诸如政府主办的《政治官报》和《内阁官报》，以及诸如《申报》《大公报》《时务报》《顺天时报》《中兴日报》《南洋总汇报》等国内外重大报刊都对责任内阁“筹办试行”中的奕劻有过多方面的报道。因此，诚如中国社会科学院近代史研究所研究员马平安所言：对于奕劻这种“既矛盾而又复杂的人物。这些在历史表象背后隐藏的诸多细节，实在值得认真发掘并客观地加以评估”[②]。可见，加强对清末责任内阁过程中奕劻的专题性研究有着较大的学术价值。

此外，加强对奕劻的研究还有助于我们以史为鉴。为加强廉政作风建设，国家中纪委于 2015 年 2 月 16 日、25 日，在其网站上相继发表了《雍正如何让官吏为国家做事》《大清“裸官”庆亲王的作风问题》。前者为廉政作风建设的正面教材，而后者奕劻则作为其反面教材，通过两者一正一反的鲜明对比，以图达到借古讽今和倡导廉洁奉公精神之目的。紧接着，《党政论坛 · 干部文摘》在其 2015 年第 4 期也专门刊发了《铁帽子王奕劻贪腐记》一文，宣称“春节刚过，中纪委监察部网站上一篇《大清‘裸官’庆亲王的作风问题》，将这个名字瞬间炒成了网络热词”。此外，《时代人物》2015 年第 5 期刊载《庆亲王：大清

---

① 章开沅等编：《辛亥革命史资料新编》第 3 卷，湖北人民出版社，2006 年版，第 240 页。

② 马平安：《奕劻在辛亥鼎革之际的努力与抉择》，《史学月刊》2016 年第 5 期。

最后的铁帽子王》,宣称"《大清'裸官'的作风问题》的文章使得庆亲王火了起来"。因此,就国家中纪委进行廉政作风建设而言,加强对清末庆亲王奕劻的专题性研究,可吸取其教训,为当今反腐倡廉提供一定的反面教材,从而又有着重要的应用价值和现实意义。

众所周知,不仅"学史使人明智",而且还可"究天人之际,通古今之变"。但是,在错综复杂的历史背后,其人物,尤其是过渡性的历史性人物不应被表面化、"脸谱化"。诚如凤凰网刊载《习总强调学史:学史使人明智》所言:"没学过历史的,以为姜太公只会钓鱼;学过历史,才知道姜太公钓的是江山。"奕劻贪腐是不可置疑的事实,从这方面而言,中纪委以《大清"裸官"庆亲王的作风问题》作为廉政作风建设的反面教材,可谓恰到好处。但是,若作为专门的历史研究者,在"以史为鉴"之时,可能我们还是应尽可能地回归到当时复杂的历史环境,从主客观、国内外,以及古今中外政治变革的漫长历程等因素进行综合分析,以便充分地了解历史的本来面目。

简言之,无论是在清末预备立宪,还是在责任内阁的"暂行试办"及其运行过程中,甚至在清政府的覆亡方面,奕劻均有着重要的影响。加强对清末责任内阁"筹办试行"中奕劻的专题性研究,不仅有助于破解学界对清末预备立宪认识上的误区,客观地评析历史性人物,达到"以史为鉴",加强当今廉政作风建设的功效,而且还有助于更加清晰地透视近代中国政制建设的复杂性、艰难性。

二、国内外研究现状及其进一步研究

就研究现状来看,虽然清末十年向来就是法学、历史学、政治学研究的重点,但是大多学者都侧重于从"革命党"、革命思潮等相关方面的研究着手,而甚少对清廷改良途径的具体举措进行专题论述,甚至诚如罗志田先生所言,学界对"考察政府试图以变革来维持既存体制的努力和作用的更少,而对既存体制内的朝野共同行动,关注尤少"[①]。作为1911年辛亥鼎革之际的关键性人物,奕劻的一言一行,其影响都极为深远。然而,具体到学界对奕劻的研究,则不仅成果甚少,而且起步较晚,甚至其专题论述基本始于21世纪。

有鉴于此,周增光不仅指出"迄今对奕劻的研究总体上仍较为薄弱,研究论著不过30种,数量少而内容单调,且观点大多一致"[②],而且还认为奕劻在清末政坛中得以崛起,"得益于把握晋升的政治契机,得势而不倒则缘于深谙为官之术"[③]。甚至周增光还通过一定的深入论述,对清廷覆亡的原因与奕劻的关系作了客观的评价,认为"奕劻在清末的

① 罗志田:《革命的形成:清季十年的转折(上)》,《近代史研究》2012年第3期。

② 周增光:《清庆亲王奕劻研究综述》,《满族研究》2010年第1期。

③ 周增光:《庆亲王奕劻从"罪宗之后"到"铁锚子王"》,《文史天地》2015年第8期。

表现，可以发现他的确力主清帝逊位，但并非简单地‘断送大清’或‘首赞共和’”[①]。

在论述晚清时期的奕劻之时，有学者侧重于对甲午战争和义和团运动时期奕劻的研究。如周增光的《奕劻与甲午战争》、贾熟村的《义和团时期的奕劻》、孔祥吉的《奕劻在义和团运动中的庐山真面目》、戴海斌的《也说义和团运动中的奕劻》。然而，在涉及清末十年时期的奕劻之时，大多学者则侧重于从弹劾军机大臣奕劻、奕劻与清末新政、宪政改革，以及与袁世凯关系和贪腐方面的阐述。其中，弹劾方面如王倩的《监察御史和晚清政局——以奕劻被弹劾为线索的考察》、汪强等人的《中国古代弹劾制度的运作机理——以清末御史江春霖弹劾奕劻案为中心》、刘鹏超的《蒋式瑆弹劾奕劻案考析》和《奕劻贪污与晚清政局——以弹劾奕劻案为中心的考察》。奕劻与清末新政、宪政改革、袁世凯关系的阐述方面，如胡志勇的《奕劻与清末新政》、谭义军的《奕劻与宪政改革》、李学峰的《光绪末年袁世凯与奕劻的矛盾关系》、沈僩凡的《袁世凯与庆亲王的“交情”》。

弹劾奕劻与其贪腐作风密切相关。正因为奕劻存在着贪腐、结党营私的实情，以致备受清末时人弹劾。因此，在加强廉政作风建设的今天，影响深远的奕劻自然被视为政治的反面性人物加以论述、研究。2015 年 2 月 25 日，中纪委网站刊载《大清“裸官”庆亲王的作风问题》一文之后，各网站和期刊社相继出现了一系列相关的文章。在网站方面，新华网、人民网、共产党员网、中新网、新闻频道等媒体均对中纪委的该篇文章做了专题报道。

期刊方面，除了上述《党政论坛 · 干部文摘》2015 年第 4 期之外，同年的还有《党政视野》第 3 期刊载闽客的《大清覆灭前的一号干爹：“铁帽子王”庆亲王奕劻》、《廉政瞭望》第 3 期刊载岳晓东的《庆亲王还有哪些劣迹》、《检查风云》第 17 期刊载沈栖的《庆亲王奕劻的“门贴”》、《兰台世界》第 3 期刊载刘鹏超的《试析晚清的奕劻贪污问题》、《经济导刊》第 4 期和《领导之友》第 4 期刊载刁骅的《庆亲王的作风问题》、《共产党员》第 8 期刊载卢俊宇的《中纪委以“庆亲王”为镜的三大用意》，以及 2016 年韩福东的《庆亲王奕劻：改革者为何贪腐》。其中，岳晓东一文认为“奕劻的贪腐名扬海外”，而韩福东一文则认为“就奕劻本人的政治品性而言，他既是一个改革者，又是一个贪腐者”。

基于这些传统的看法，近年来学界已对奕劻作了较为中肯的评析。其中，马平安认为虽然奕劻名声不佳，“但是在辛亥年政局变化中，他却是满族亲贵中头脑最为清醒的一人”[②]。奕劻不仅认清了列强对清廷的抛弃，而且也洞察到了袁世凯向清廷夺权的企图。因此，李学峰指出，不仅在 1906 年袁世凯力主设立责任内阁之时，“奕劻没有完全支持”，而且在 1907 年袁世凯奏陈加速立宪之时，奕劻也加以阻挠，甚至在 1908 年，“奕劻具折

① 周增光：《奕劻与清帝逊位》，《清史研究》2013 年第 1 期。

② 马平安：《奕劻在辛亥鼎革之际的努力与抉择》，《史学月刊》2016 年第 5 期。

弹劾袁世凯与张之洞”[1]。刘鹏超一文，不仅对奕劻作了较为客观地评析，而且还对上述传统的观点作了批判，认为“奕劻其人极其复杂，远不是人们所认识的那样。奕劻存在不为人知的多面性，外在贪庸无能，实则内有城府、工于心计，擅用政治权术，懂得韬光养晦，能够在瞬息万变的政治斗争中保存实力”。

此外，胡志勇一文则从法制史的角度探讨了奕劻与新政的关系，认为“奕劻充分利用其个人的政治权力与威望，影响了新政的发展步骤与方向”。同时，谭义军一文也对奕劻在清末十年中的地位和作用作了客观地评价，甚至认为奕劻“在清末预备立宪的进程中扮演着举足轻重的角色，发挥了关键性的作用”。

但是，有关清末责任内阁“试办”及其运行过程中的奕劻，目前只见彭剑的《“皇族内阁”与皇室内争》、熊元彬的《奕劻为何恳辞总理大臣及恳辞次数之考察》和《再论奕劻担任内阁总理大臣之真相及其作为》，以及马平安的《奕劻在辛亥鼎革之际的努力与抉择》。其中，彭剑一文对奕劻与度支部大臣载泽等皇族之间的矛盾进行了专题分析，认为两者“之间矛盾颇深”[2]，相互牵制。熊元彬认为在奕劻担任内阁总理大臣的半年过程中，曾断断续续的七次恳辞该职，其原因异常复杂，“除了与国内外形势的不断恶化有关外，还跟他年事已高，病情严重，与其他国务大臣关系不合，以及十分惧怕自己更加臭名昭著等有着极为密切的关系。然而，清廷对奕劻恳辞的这些原因却主要又表现为一次次的拒绝、慰留”[3]。此外，熊元彬还进一步分析，论证了奕劻当选内阁总理大臣的深层原因，并结合其作为作了客观评价。同样，马平安一文也对奕劻作了客观的评价，认为奕劻“受命组织责任内阁，却因朝野上下各种政治势力的掣肘、攻击而不得作为”。

因此，即使学界已取得了一定的研究成果，但是对于清末责任内阁“试办”及其运行过程中的奕劻，仍需结合第一手资料，并转换研究思路和进一步拓展研究空间，进行细化的实证性研究。即结合动荡的国内外形势和东西各国不同的宪政原理、完善历程，以及奕劻为维护清廷岌岌可危的统治和自身政治权益的主观意图，专题分析在“试办”责任内阁的过程中，奕劻为何会接连请假？甚至为何会不断恳辞军机大臣和外务部要差？对此朝野有何反应？以及奕劻的责任内阁观及其主观意图、在遴选内阁总理大臣中的表现及其影响，甚至奕劻与国务大臣之间的关系及其影响等等。

三、研究的主要内容及其观点

基于奕劻在清末，甚至在中国整个近代史过程中的重要地位，以及上述研究现状及

① 李学峰：《光绪末年袁世凯与奕劻的矛盾关系》，《团结报》2014年12月18日第7版。

② 彭剑：《“皇族内阁”与皇室内争》，《华中师范大学学报》（人文社会科学版）2011年第2期。

③ 熊元彬：《奕劻为何恳辞总理大臣及恳辞次数之考察》，《晋阳学刊》2013年第1期。

其研究思路，无论是从目前“三严三实”的需要，还是从史学的进一步研究而言，今后学界均可以清末责任内阁“试办”及其运行过程中的奕劻为对象，对如下各问题进行专题论述：

一、奕劻接连请假之原因及朝野之反应。奕劻接连请假原因甚多，且极为复杂。除了被资政院弹劾和朝野的诘难之外，还与其病重在身，以及规避责任及其家庭变故等因素密切相关。如时论所言，奕劻请假“非关于江春霖折参之故”，实由奕劻次女病逝所致，“庆邸以桑榆暮景对之，不免悲伤，是由心怀郁郁，饮食亦觉锐减，刻正延医调理，所以拟请续行请假”①。甚至有时人认为奕劻请假“因见袁氏开缺，决意不出者”，“然庆之当时请假实因足疾，与袁事无关”②。

作为清末权要，推行预备立宪的核心人物，对于奕劻的请假，朝野反应极为强烈。当时，虽然奕劻“因病请假”，但是“朝廷遇有应办要政，无不赖其筹划”。甚至那桐“每隔一日，必亲自到奕劻府邸商议”。除那桐外，“每晚枢垣也必将当日所办之事详细开单，派军机章京呈送至奕劻府邸，并不时听奕劻传见”③。由此可见，朝野对奕劻的倚重之深，对其请假的反应极为强烈。

二、奕劻恳辞军机大臣及外部要差之原因及各方面反应。在清末责任内阁的“试办”过程中，作为清末政要，奕劻为何不断恳辞军机大臣及外务部要差，以及朝野内外各方面的反应，这是一个重大的问题。

学界大多认为奕劻恳辞军机大臣是被弹劾所致，但实际上，“其原因实由振贝子（载振——笔者注）从旁劝谏，亦颇疚心”，“故屡次泣谏庆邸及早乞休，免至以一身为众矢之的。庆邸亦甚以为然，遂决意请退”④。此外，时人“多谓为对付资政院弹劾之计”，但实际上由于“监国曾令毓朗赴奕劻府邸诘责，谓其对于君主竟亦不负责任，且当此时势多艰，不能任劳任怨等语”。奕劻深知自己与监国为首的“载”字辈格格不入，甚至备受监国诘难，“复行请假规避”，甚至“庆邸一时气愤，遂具摺奏请开缺”⑤。

但是，清廷则一直慰留，以致奕劻“恳恩开去军机大臣要差，专理部务恭摺”。除了上述奕劻请假时朝野的反应极大之外，对于奕劻的恳辞，朝野的反应亦极为强烈。即使朝野不知奕劻请假的真实意图，“然其牵动政界之恐慌”不可谓不大。当时，“不独监国及廷臣极力慰留”，而且即使是“一般感恩知己之大吏”，如直督、江督、闽督、甘督、鲁督、皖抚等，“除私电问候、劝慰外，并皆曾经电奏，力请朝廷挽留该邸，勿任请退，以济时艰”⑥。

---

① 《庆邸请假之原因》，《大公报》1910 年 3 月 7 日。

② 《京师近事》，《申报》1909 年 1 月 17 日，第 1 张第 5 版。

③ 《庆邸为朝廷所倚重》，《大公报》1911 年 1 月 7 日。

④ 《庆邸岂有意乞退耶》，《申报》1911 年 1 月 4 日，第 1 张第 4、5 版。

⑤ 《庆邸岂有意乞退耶》，《申报》1911 年 1 月 4 日，第 1 张第 4、5 版。

⑥ 《各督抚对于庆邸之感情》，《大公报》1911 年 1 月 11 日。

三、奕劻的责任内阁观及其意图。对于最终出现的“皇族内阁”，学界大多认为是清廷中央集权或满族排挤汉族的产物，但实际上，最初奕劻等人并不想以亲贵充任内阁总理大臣。在遴选内阁总理大臣之时，满汉朝中大臣拟派亲王为内阁，但奕劻等亲贵则表示反对。如 1907 年孙宝琦、世续、那桐三相国与军机大臣会商，奏请钦派亲王为内阁总理，“并详核一切政务事宜，以昭郑重”。对此，奕劻主张慎选其人，认为责任内阁“改并伊始，必须先行试办”，若用人“不得其人，必致诿卸，贻误反滋弊端，意在从缓请派”亲王。甚至在奉两宫面谕奕劻“仍为总理”之时，奕劻“面奏老病，力辞要差”，并声言内阁总理大臣“在日本亦无派庆王之例”①，以表示其不想开皇族组阁之先例。

无论是清末，还是民国初年，对于幅员辽阔，急需构建民族民主国家的中国而言，加强中央对地方的集中领导都是时代的发展趋势，因而不能一味地否认清廷仿效日本“大权政治”式的中央集权。当时，“各省督抚之力，未尝不足以敌中央”②。即使是在民国初年，地方仍存在着晚清曾国藩以来“就地筹饷”“兵归将有”，俨然一个诸侯国局面的情况，地方势力仍与民国临时政府相互抗衡，使民国临时政府“根本不稳，既没有固定的财政来源，也不能控制其治下的各省财政”③。基于此，在 1912 年 1 月 21 日民国临时政府第一次内阁会议之时，仍有人主张“议行政方针，主张中央集权”④。

不可否认，奕劻与袁世凯一派在“试办”责任内阁过程中的确不无政治野心的一面。如在 1906 年丙午阁制中，袁世凯试图公推奕劻为内阁总理大臣，而自己则为内阁协理大臣。但是，奕劻与袁世凯也有结合古今中外之实的表现。在袁世凯所谓的“政党内阁”“半党内阁”和“官僚内阁”三者之中，他认为，“强有半代议制度组织完全之国家，方有政党内阁发生”。对此，袁世凯还以日本宪政为例，认为日本宪政确立已逾 20 余年，然而直至西园寺组织内阁之时，才“始具半党内阁之模样”，并深信“吾国人民将来参政之能力日益发展，必有政党内阁发现。惟此事宪政草创，吾辈不可不先具一内阁雏形，为日后组织张本”，奕劻与袁世凯均主张在中国先成立“官僚内阁”⑤。然而，章士钊等人则明确反对奕劻等人的“官僚内阁制”，而是主张直接“试办”“政党内阁”，并将以奕劻为首的内阁称为“畸形内阁”⑥。

四、在内阁总理大臣的遴选及其运行过程中奕劻的表现及其影响。在遴选内阁总理大臣的过程中，奕劻的强大对手载泽、载涛等人分别从财政、军事方面对内阁总理大臣的权限进行限制，继而加强了奕劻规避责任，不愿充任内阁总理大臣的意图，“庆亲王以内

---

① 《议派亲王总理内阁事务》，《申报》1907 年 8 月 21 日，第 3 版。

② 《社说》，《东方杂志》第 7 年第 13 期。

③ 胡绳武、金冲及：《辛亥革命史稿》第 4 卷，人民出版社，1991 年版，第 153—154 页。

④ 《记新政府第一次阁议》，《申报》1912 年 1 月 25 日，第 1 张第 3 版。

⑤ 《组织新内阁之会议》，《申报》1908 年 9 月 7 日，第 1 张第 5 版。

⑥ 秋桐：《论畸形内阁》，丁仕原编校：《章士钊辑》，民主与建设出版社，2014 年版，第 18 页。

阁总理责任太重，其摺力辞”[①]。虽然奕劻等大臣反对亲贵充任内阁总理大臣，但是也考虑到满清政府的统治危机，因而也曾表示“该内阁应仿照日本制度对于皇上负政治上之责任”[②]。基于此，在以日本大权政治为准绳的前提下，最终清廷并未接纳奕劻不让皇族组阁的主张，还是决定“内阁以亲贵一人任总理”[③]。在亲贵候选人中，主要有军机大臣奕劻、毓朗，资政院总裁溥伦，以及镇国公载泽四亲贵[④]。

有学者认为，“在对内阁总理大臣一职的争夺中，奕劻采取的是以退为进的手段”[⑤]。但实际上，由于预备立宪进程加速，之前各项既定的立宪事宜均需加速筹画，从而使过渡内阁的总理大臣责重任繁，以致奕劻等皇族间相互推卸责任，几乎都不愿担此重任。诚如时人所言，奕劻“与其拥此无上之政权，而左手不能握兵柄，右手不能掌度支，视总理之位置，既不过若传舍”[⑥]。因此，在首先主张亲贵不宜组阁的建议未获谕批后，奕劻屡次表示不愿充任内阁总理大臣。

奕劻虽有贪腐、结党营私等毛病，但是为维护清廷的统治，在工作方面还是较为尽职的。作为四朝元老，奕劻即使有病在身，“咳嗽频作”“本拟请假调摄”，但是“惟现值筹定阁制及办理各项国际交涉吃紧之时，故不得不力疾从公”。最终，由于奕劻系四朝元老，不仅“各省督抚多半是他的私人，或者是袁世凯的私人”，而且还是维系各派的熟手，因而为维持政局，摄政王载沣认为“可以由他（奕劻——笔者注）对付，维持现状”[⑦]。但是，在既无载泽把持的财政大权，又无载涛等人揽握的军事大权的前提下，奕劻在多重困境中走马上任后，“近来泽（载泽——笔者注）之权本不在庆（庆邸奕劻——笔者注）下，而且时时足以与庆颉颃，则庆邸之逊此席，殆有无限之抑塞”。因此，奕劻“决计请退，以实行其不负责任之本意”[⑧]。

五、奕劻与内阁国务大臣之间的关系及其影响。清末预备立宪中相继成立的“满族内阁”“皇族内阁”，以及以袁世凯为首的“完全责任内阁”，有着政治、经济、军事、边疆危机等复杂多变的深层次原因。其中，派系之间的权益纠纷在清末责任内阁的“试办”及其运行过程中尤为激烈。

作为预备立宪的首要性人物，奕劻与亲贵之间，以及奕劻与国务大臣之间关系错综复杂。既有内阁协理大臣那桐、徐世昌的支持，也有度支部大臣载泽和邮传部大臣盛宣

---

① 《本馆接庆邸力辞总理专电》，《申报》1906 年 11 月 6 日，第 2 版。
② 《北京专电》，《盛京时报》1910 年 12 月 16 日。
③ 《译电译闻》，《时报》1910 年 12 月 13 日。
④ 《内阁总理无非亲贵》，《申报》1910 年 12 月 11 日。
⑤ 胡志勇：《奕劻与清末新政》，华东政法大学 2013 年硕士论文，第 21 页。
⑥ 《国会缩短后之现状》，《时报》1910 年 11 月 16 日。
⑦ 刘厚生：《张謇传记》，上海书店，1985 年，第 165 页。
⑧ 《各枢臣亦均不负责任》，《大公报》1910 年 12 月 31 日。

怀从财政等方面的束缚,盛宣怀"附泽(载泽——笔者注),其视内阁蔑如也",更有海军大臣载洵和陆军部大臣荫昌军事方面的限制,以致奕劻这位内阁总理大臣既无财政大权,亦无军事大权。

甚至与暂行内阁同时成立的军谘府、弼德院又处于三足鼎立之势。因此,该内阁的总理大臣权限的确甚微,以致汉人徐世昌也都将其称为"一半责任之内阁"①。基于此,奕劻曾指出,一亲贵牵制军权(暗指载涛),另一亲贵把持朝政(暗指载沣),两者"均于暗中极力排挤,本邸有名无实,将何以担负责任?"此外,朝中某某虽然"并不思得总理一席",但是"密谋推翻庆内阁","即可擢取协理一席"。因此,在半个多月内已开销60余万金与三位亲贵"百方交欢","并联合议员多人,以为臂助",共同"牵制奕劻"②,继而不仅使奕劻因无军事大权推卸军事责任,而且还使内阁连带负责制未能被真正执行,甚至在"保路运动"方面,各大臣意见分歧,相互抵制。

四、结语

以史为鉴须立足于专题研究,将理论与国情相互结合进行综合阐述,方为可取之法。在清末责任内阁"筹办试行"总理大臣的遴选过程中,并非清廷一开始就以亲贵充任,亦并非一贯就由皇帝钦定,而是曾试图结合候选人的品级,采取投票、公举的方式,甚至在三名总协理大臣的遴选过程中,还一度出现过总理大臣和协理大臣均有一名汉人,而满人只有一席的情况。但是,随着一次又一次国会请愿运动的步步紧逼,促使预备立宪年限不得不递减,因而在以日本大权政治为准绳的前提下,清廷为维护其岌岌可危的统治,综合国内外舆论(虽然国内"多有主张起用袁项城为总理、副大臣者",但是国际上则"极力运动阻挠此举"③),从而最终以亲贵为主,并在满族亲贵几乎均不愿充当这届过渡内阁总理大臣的情况下,组织了一个具有过渡性的暂行内阁。

作者简介:

熊元彬,湘潭大学历史系副教授。

① 中华民国史事纪要编辑委员会:《中华民国史事纪要(初稿)》,中华民国史料研究中心,1982年,第733页。

② 《此人乃欲推翻庆内阁耶》,《申报》1911年10月8日,第1张第4版。

③ 《组织责任内阁之预闻》,《申报》1910年11月20日,第1张第4版。

受难与重生：1906 年旧金山地震冲击下的华人①

王志永

[提要]1906 年，一场突如其来的地震和随后引发的城市大火灾，致使旧金山唐人街几乎成为一片废墟，大批华人流离失所。灾后，由于加州长期以来的排华情绪，导致华人在食物分配、财产安全、灾民营地和医疗救援等方面遭到了诸多不公正的对待。在援助华人灾民过程中，除了旧金山政府有限的救助外，美国民众和宗教组织也积极参与救援，并成为政府援助华人灾民的一个重要补充。最终，华人经过艰苦的努力，迅速完成新唐人街的重建。

[关键词]城市灾难；旧金山华人；旧金山地震；唐人街；灾难救援

1906 年 4 月 18 日 5 时 13 分（旧金山当地时间），沉睡的旧金山湾区剧烈地晃动了 45—60 秒，自俄勒冈州南部到洛杉矶南部的广大地区，甚至位于内陆的内华达州都能明显感受到这次强烈的地震。虽然当时还没有地震测量技术和衡量标准，但据现在估计，这次地震震级约为里氏 7.8 级。剧烈的地震随后引发了蔓延全城的大火，大火足足燃烧了 3 天 3 夜。这场灾难给旧金山造成了巨大的损失，城市超过 3000 人丧生、约 22.5 万人

---

① 本文为国家社科基金青年项目“美国进步时代的城市政治与社会秩序研究”（项目号：13CSS010）的阶段性成果。本研究获“华东师范大学研究生出国（境）短期研修”项目的资助，特表感谢。同时感谢华东师范大学林广教授和李胜博士在本文写作和修改过程中提出的宝贵意见。

失去家园、超过4亿美元的财产损失①、7.5万人被迫离开旧金山寻求避难②。可以说，在2005年卡特里娜飓风袭击美国之前，1906年旧金山这场由地震引发的灾难是美国本土遭受到的最大的城市自然灾难。③

旧金山遭受如此之大的灾难，位于城市中心的唐人街也难幸免，华人在灾后经历了种种苦难和被歧视的遭遇。虽然灾后国内外学界对城市灾难的发生、灾后救援过程和城市重建进行了不同程度的探讨。④ 但美中不足的是，过往的研究大多以灾难的发生和灾后的救援为主体进行，对城市中的华人和唐人街的关注远远不够。⑤ 为弥补这一遗憾，笔者依据救灾调查报告、旧金山与奥克兰的权威报纸和华人回忆录等资料为基础进行分

---

① 美国地质勘探局：《1906年地震后的伤亡和损失》(United States Geological Survey, "Casualties and Damage after the 1906 Earthquake"), http://earthquake.usgs.gov/regional/nca/1906/18april/casualties.php, 2016年10月5日。1906年4亿美元相当于今日80亿美元。

② 拉塞尔·塞奇基金会：《旧金山救援调查：1906年4月18日地震和火灾后采用的救灾组织和方法》(Russell Sage Foundation, *San Francisco Relief Survey: The Organization and Methods of Relief Used after the Earthquake and Fire of April* 18,1906)，纽约调查联合公司1913年版，第69页。

③ 路易丝·奇普利·斯拉夫切克：《1906年旧金山地震和火灾》(Louise Chipley Slavicek, *The San Francisco Earthquake and Fire of* 1906)，切尔西出版社2008年版，第9—10页。

④ 相关的研究论述主要有：查尔斯·尤金·班克斯：《旧金山灾难和维苏威火山恐怖的历史》(Charles Eugene Banks, *The History of the San Francisco Disaster and Mount Vesuvius Horror*)，C.E.托马斯出版社1906年版；约翰·卡斯蒂略·肯尼迪：《大地震和火灾：旧金山，1906》(John Castillo Kennedy, *The Great Earthquake and Fire: San Francisco*, 1906)，莫罗出版社1963年版；查尔斯·莫里斯：《由地震和大火造成的旧金山灾难》(Charles Morris, *The San Francisco Calamity by Earthquake and Fire*)，J.C.温斯顿出版社1906年版；赫尔曼·舒斯勒：《加利福尼亚州旧金山的供水：1906年4月18日地震之前、之中和之后以及随后的火灾》(Hermann Schussler, *The Water Supply of San Francisco, California: Before, During and after the Earthquake of April* 18th, 1906, *and the Subsequent Conflagration*)，马丁·B.布朗出版社1906年版；戈登·托马斯、马克斯·威茨：《旧金山地震》(Gordon Thomas and Max Witts, *The San Francisco Earthquake*)，斯坦因与戴出版社1971年版；詹姆斯·拉塞尔·威尔逊：《旧金山地震和火灾的恐惧》(James Russell Wilson, *San Francisco's Horror of Earthquake and Fire*)，旧金山纪念出版公司1906年版；王旭：《美国西海岸大城市研究》，东北师范大学出版社1994年版；陈浓颜：《百年之痛，大地震摧毁旧金山》，《世界博览》2006年第8期。

⑤ 相关的研究探讨主要有：孙玉梅：《从孤立到参与：中西日报和旧金山唐人街，1900—1920》(Yumei Sun, *From Isolation to Participation: Chung Sai Yat Po* [*China West Daily*] *and San Francisco's Chinatown*, 1900-1920)，马里兰大学博士学位论文，1999年；埃里卡·Y.Z.潘：《1906年地震对旧金山唐人街的影响》(Erica Y. Z. Pan, *The Impact of the* 1906 *Earthquake on San Francisco's Chinatown*)，彼得·郎出版社1995年版；安德里亚·戴维斯·亨德森：《重建家园：旧金山地震和火灾后的性别、灾难救援和社会生活，1906—1915》(Andrea Davies Henderson, *Reconstructing Home: Gender, Disaster Relief, and Social Life after the San Francisco Earthquake and Fire*, 1906—1915)，斯坦福大学博士学位论文，2005年。

析,探讨旧金山唐人街在1906年灾难中遭到了怎样的破坏、灾后华人在排华主义歧视下所经历的种种苦难和美国政府以及民众对华人灾民的援助等问题。

一、受难的华人

自1848年1月加利福尼亚州发现金矿以来,大量的华人开始远渡重洋,涌入“淘金热”的大军之中。1860年代,随着金矿的逐渐枯竭、横跨东西大陆铁路的竣工和频繁发生的暴力排华事件,使得越来越多的华人放弃原来的住处搬进旧金山唐人街。根据美国联邦人口普查的结果,1890和1900年分别有25833和13954名华人生活在旧金山。[①]然而,由于种族歧视、暴力排华和华人隐瞒等原因,实际上,旧金山的华人数量要远远大于官方普查的数字,旧金山华人一直是美国最大的华人群体。最初由于旧金山朴茨茅斯广场周围地区被视为市中心,早期华人便自然而然地选择居住在其附近。1906年之前,旧金山的加利福尼亚街以北、百老汇街以南、干尼街以西、市德顿街以东之间的地区被视为唐人街区域。

1.唐人街遭到彻底摧毁

1906年4月18日5时13分,突如其来的地震袭击了旧金山湾区。顷刻间,地动山摇、房屋坍塌、道路裂开。睡梦中的旧金山人被巨响惊醒,人们纷纷仓皇逃离住所,聚集在城市空旷处,战战兢兢并喃喃地祈祷上帝保佑他们。在唐人街,地震造成砖石建筑物大面积受损,木制建筑物严重倒塌。当地震刚刚停息,由于少数居民使用损坏的火炉生火做早饭,导致数十处住宅着火,而且城市过多使用木材建造房屋,零星小火开始迅速蔓延。更为糟糕的是,地震破坏了城市的供水管道,当大火剧烈燃烧时,消防员却无水可用。在紧急情况下,旧金山政府当局和联邦军队官员立即决定,使用炸药来炸毁房屋,制造隔离带,控制大火。但不幸的是,由于他们没有足够的时间和使用炸药灭火的经验,在灭火中他们往往不能制造出一条足够宽阔的防火带,反而引发了周围建筑物着火。随后不久,大火便开始失去控制,一条条街区的蔓延,在它所经过的地方吞噬着一切。

蔓延的大火很快从干尼街燃烧至唐人街边缘,4月18日下午4时,唐人街也在劫难逃。晚上8时,大火沿着加利福尼亚街和沙加缅度街两侧的建筑物燃烧。[②]午夜之前,大约10000名华人被迫离开自己的住所,加入了无家可归的流浪者的队伍。奥克兰权威报纸《奥克兰论坛报》的一位记者在19日清晨写道:“唐人街杜邦大道成为一片火海,人

---

① 美国人口普查办公室:《人口普查报告,第一卷,1900年美国第二十次人口普查:人口,第一部分》(U.S. Census Office, *Census Reports Vol.1. Twentieth Census of the United States Taken in the Year 1900: Population*, Part 1),美国人口普查办公室1901年版,第565页。

② 埃里卡·Y.Z.潘:《1906年地震对旧金山唐人街的影响》(Erica Y. Z. Pan, *The Impact of the 1906 Earthquake on San Francisco's Chinatown*),彼得·郎出版社1995年版,第36页。

们在大火面前无能为力,没有人去灭火或阻止大火燃烧。士兵们在街道上巡逻,整个街区基本上被居民遗弃。”[①]4月20日上午,唐人街的大火在燃烧了2天多后最终被熄灭。4月22日《奥克兰论坛报》的一位记者描写道:“东方人居住拥挤的地区,所有的木材建筑物完全消失,唐人街几乎成为一片废墟。”[②]

相对于其他族裔来说,华人遭受的财产损失非常巨大。他们从自己的住处匆忙离开时,几乎没有带任何有价值的财物,在大火蔓延到唐人街之前,许多华人希望回到自己的住处,挽救自己微薄的财物,但士兵用武力威逼他们必须离开唐人街。事实上,当华人被士兵强制赶离时,他们仍有足够的时间去挽救自己的财物。但好在华人的死亡人数较小:房屋坍塌造成约20人死亡,数人死于房屋爆炸,大火没有造成华人死亡。[③]

2.背井离乡的华人

自1850年代末期,加州开始频繁出现排华事件,白人排华分子经常歧视、袭击华人。而且在地震后的前几天,华人屡屡受到不公平对待,这些都使得华人对白人极为不信任。灾难期间,华人灾民往往以家庭、邻居或朋友为单位聚集在一起逃离唐人街。金利兰(Leland Chin)回忆起他们离开住宅时的情形:“大火发生的当天,我的家庭、雇员和住在我们楼房里的邻居,我们作为一个小群体一起离开住所,当晚露宿在唐人街附近的一个公园。”[④]“当地震发生时,我的爸爸喊道没有时间去收拾东西。”唐人街居民沈贝茜(Bessie Shum)回忆道:“爸爸带着妈妈,我们的一个邻居抱着我,一起离开住所。”[⑤]

地震引发的大火不仅让华人失去了赖以生存的家园,而且华人在逃亡中还经历了种种苦难,这让他们心理几乎达到崩溃,少数华人试图自杀,来结束痛苦的生活。梁休(Hugh Liang)回忆道:“当我到达普雷西迪奥时,我把自己的行李箱放在由军队提供的临时住所里。但糟糕的是,不久之后,我的箱子被偷了,此时我口袋里没有一分钱,浑身上下只剩下随身穿戴的衣服。”[⑥]此时梁休非常绝望,他不知道如何才能继续活下去,自

---

① 《伟大的城市已成废墟》,《奥克兰论坛报》(“Great City is in Ruins”, *Oakland Tribune*),1906年4月19日。

② 《唐人街的一切都被暴露无遗》,《奥克兰论坛报》(“All of Chinatown has been Unmasked”, *Oakland Tribune*),1906年4月22日。

③ 埃里卡·Y.Z.潘:《1906年地震对旧金山唐人街的影响》(Erica Y. Z. Pan, *The Impact of the 1906 Earthquake on San Francisco's Chinatown*),彼得·郎出版社1995年版,第38页。

④ 倪志伟、布雷特·德巴里·倪:《加州往事:美国唐人街的文献研究》(Victor Nee and Brett de Bary Nee, *Longtime Californ': A Documentary Study of an American Chinatown*),斯坦福大学出版社1972年版,第76—77页。

⑤ 《1906年幸存者/第一个唐人街居民加入旧金山地震纪念仪式》,《旧金山纪事报》(“'06 Survivor / First Chinatown Resident to Join S.F. Quake Memorial”, *San Francisco Chronicle*),2000年4月14日。

⑥ 黄定国:《金山人》(H.K. Wong, *Gum Sahn Yun =Gold Mountain Men*),冯氏兄弟出版公司1987年版,第187页。

杀的念头便浮现在他的心里。当他走到码头的时候,他决定跳海,因为这种方式的痛苦最小。但在关键时刻,一位运载货物的船长发现了他试图自杀,好心的船长给了梁休一些食物和现金,并告诉他前往纳帕城的道路。梁休在纳帕城没有找到自己的亲戚,他便乘坐火车前往奥克兰。在抵达之后,他一直居住在中华浸信会的避难所,直到他重新找到工作。[①]

灾难发生后,由于旧金山政府有限的救助资源,使得华人不得不离开旧金山寻求避难。一些有钱的华人商人前往美国东部避难,但大部分华人逃往附近城市避难。虽然加州的里士满、夫勒斯诺和斯托克顿也遭到了不同程度的破坏,但它们都接纳了约1000名华人灾民,其中萨克拉门托接纳了约3000名华人。[②] 1906年5月1日《洛杉矶时报》报道,自旧金山地震和火灾发生之后,大约有1200名华人涌入洛杉矶,还有更多的华人正在前往洛杉矶的路上,并且预测在接下来的几周里,洛杉矶的华人将会达到近5000名。[③]

由于临近旧金山,奥克兰是接纳华人灾民最多的城市。4月19日《奥克兰论坛报》报道,大约3000—5000名中国人来到奥克兰。[④] 在地震过后的4天内,超过10万名缺衣少食的旧金山人逃往奥克兰,他们大多在奥克兰灾民营地暂住了一晚或几天,然后前往自己的亲朋好友家中寄宿,但仍有成千上万人留宿在梅里特湖附近的帐篷营地,其中包括约4000名中国人。[⑤] 奥克兰的华人社区里曾经一度暂住着超过20000名来自旧金山的华人灾民,他们主要居住在梅里特湖附近的第18和19街区的唐人街和奥克兰东部的空旷处。

3.被洗劫一空的唐人街

当大火逼近唐人街,华人紧急逃离家园时,华人店主往往把自己的大部分财物和商品埋藏在自家的地下室,他们打算等大火熄灭之后立即返回。但事实却并非如此,当大火过后,华人希望露宿在唐人街附近以便更好地保护自己的财产,但联邦军队却要求他们必须暂住在灾民营地,以便控制城市秩序。因此华人没有在大火过后的第一时间回到自己的住处,直至他们的财物被抢劫一空。

---

① 黄定国:《金山人》(H.K. Wong, *Gum Sahn Yun* =*Gold Mountain Men*),冯氏兄弟出版公司1987年版,第188页。

② 《目前奥克兰有超过20000名的中国人》,《奥克兰论坛报》("Over 20000 Chinese are Now in Oakland", *Oakland Tribune*),1906年4月22日。

③ 《中国佬来了》,《洛杉矶时报》("Chink Gold Coming Here", *The Los Angeles Times*),1906年5月1日。

④ 《城市里的中国人》,《奥克兰论坛报》("Chinese in City", *Oakland Tribune*),1906年4月19日。

⑤ L.伊芙·阿门特劳特-马:《故乡唐人街:奥克兰华人社区的历史》(L. Eve Armentrout-Ma, *Hometown Chinatown: The History of Oakland's Chinese Community*),加兰出版公司2000年版,第62页。

灾难发生后，政府当局从一开始便经常忽视华人的生存状况，他们对华人的财产权利则更加漠不关心。4月20日上午，当唐人街的大火刚刚熄灭，国民警卫队和附近的居民便开始趁机抢夺华人的财物。4月27日，随着城市局势稍微稳定之后，政府当局取消了“杀无赦”（即联邦军队、正规警察和所有特派警察都有权当场向趁机抢劫和实施其他犯罪的人开枪）命令。这种取消仅有的保护性禁令，使得更多的掠夺者进入唐人街进行抢劫，甚至许多掠夺者是渡船而来。自政府取消禁令之后，4月28日约有1000名民众随意游荡在被烧毁的唐人街，他们来唐人街的目的，就是挖掘那些埋葬于废墟之下的贵重物品，他们用大麻袋装载物品并带回自己的家中，中国的陶瓷器是他们最感兴趣的物品。[①] 在掠夺者的队伍当中，不仅有国民警卫队的士兵和普通民众，甚至还有社会上流人士。《旧金山纪事报》的一个记者写道：“灾后，那些搜寻有价值财物的高级铁路官员、旧金山和奥克兰上流社会人士和受尊敬的商人，如果我具体提到他们的名字，你一定会非常惊讶。”[②]

针对华人财产安全的状况，清朝驻旧金山总领事钟宝僖向加州州长乔治·帕迪(George Pardee)进行了多次正式抗议，其中包括“国民警卫队正在洗劫唐人街一切有价值的财物”，然而抗议却被忽视。[③] 4月29日华人领袖再一次请求州长致信阿道弗斯·格里利(Adolphus Greely)少将、弗雷德里克·芬斯顿(Frederick Funston)准将和市长尤金·施米茨(Eugene Schmitz)，请求他们允许华人回到唐人街保护自己的财物。然而，这些抗议都未促成政府和军队采取有效措施来保护唐人街，直至灾难发生的3周后，那些最容易发现的物品已被洗劫一空，而且旧金山政府当局和联邦军队迫于华人的压力，才允许华人返回唐人街保护自己的财物，唐人街的掠夺者开始减少。

自1850年代末期，美国西部（尤其加州）频繁发生歧视华人和暴力排华事件，华人在加州屡屡受到不公正对待。然而雪上加霜的是，1906年的一场灾难，唐人街遭到彻底毁灭，导致大量华人无家可归、财物被毁，这给华人的心理和精神造成了巨大的冲击和伤害，甚至少数华人试图自杀来结束生命。在突如其来的灾难发生后，整个旧金山华人群体处于流离失所、动荡不安的状态，他们急需政府和社会各界的物资救援和心灵抚慰。

---

① 埃里卡·Y.Z.潘：《1906年地震对旧金山唐人街的影响》(Erica Y. Z. Pan, *The Impact of the 1906 Earthquake on San Francisco's Chinatown*)，彼得·郎出版社1995年版，第52—53页。

② 《在废墟中忙碌的民兵》，《旧金山纪事报》(“Militiamen Busy Among the Ruins”, *San Francisco Chronicle*)，1906年4月30日。

③ 戈登·托马斯、马克斯·威茨：《旧金山地震》(Gordon Thomas and Max Witts, *The San Francisco Earthquake*)，斯坦因与戴出版社1971年版，第259页。

二、华人的重生之路

灾难过后,政府公正地救援每一位灾民是其义不容辞的责任和义务。然而,政府有限的救助资源和长期的歧视华人,使得华人获得的救助非常有限。那些处于弱势群体和遭受巨大财产损失的华人,由于没有足够的能力和财力进行自救,他们往往流离失所、露宿街头。幸好,一些境况较好的美国民众和宗教牧师基于基本的道德和宗教教义,对华人进行了诸多无私的援助。虽然他们的援助没有从根本上改变华人糟糕的处境,但也帮助华人度过了最危急的时刻,为此后华人重新回到唐人街做出了重要贡献。

1.美国政府和军队对华人的援救

灾后第一时间,尽管政府当局立即建立了救援组织,但华人的基本权利从一开始就没有受到应有的重视。政府救援组织认为华人可以通过华人组织进行救援,然而事实上,灾后华人的生存状况令人堪忧。华人在灾民营地里,不仅面临着严重的食物、帐篷和药品短缺等问题,而且华人营地还发生多次搬迁,华人被迫迁往更为偏远的地区。

当西奥多·罗斯福(Theodore Roosevelt)总统知晓华人所面临的艰难处境时,他于4月23日给旧金山政府官员发送一封电报,要求在援救中华人应该受到公正的对待。接到电报之后,旧金山政府立即组织委员会对华人灾民的生存状况进行调查。同时,联邦军队官员选择下范尼斯大道的梅森堡附近作为华人灾民的临时营地,以避免华人受到不公正对待。但梅森堡附近的居民向军队表示强烈的抗议,他们担心华人把这里作为永久性的住处,最终华人被迫全部迁往位于普雷西迪奥高尔夫球场的营地。4月28日《旧金山纪事报》报道:"在中国人营地,约有400个帐篷提供给他们住宿,25个专门帐篷作为厨房使用,其中每个帐篷可以为多达250个中国人煮饭,此外还有一些帐篷是提供给中国六大公司作为办公室使用。"①

可惜好景不长,华人营地附近的白人居民和业主代表查尔斯·惠勒(Charles Wheeler),向军队当局抗议在他们家园附近建立华人住所。惠勒声称,"夏季的微风把华人营地的臭气吹进了我们的家园"②。最终,在惠勒等人的抗议下,联邦军队在普雷西迪奥东部边缘的尖兵堡对面的军事练兵场建立了一处新的华人营地。然而,由于华人营地多次搬迁和城市灾民营地政策发生变化,华人被迫迁往更为偏远的地区,使得华人对政府和军队越来越失望,许多华人灾民开始逃离营地,前往旧金山附近其他城市或露宿在城市公园。

---

① 《中国人被送往高尔夫球沙地》,《旧金山纪事报》("Chinese Sent to the Golf Links", *San Francisco Chronicle*),1906年4月28日。

② 《靠近尖兵堡的新唐人街》,《旧金山纪事报》("New Chinatown Near Fort Point", *San Francisco Chronicle*),1906年4月29日。

由于奥克兰临近旧金山,再加上那里约有1000名华人,故而地震发生后,大部分华人前往奥克兰避难。当华人抵达奥克兰时,热情的奥克兰华人无私地为其提供食物和临时住处。为援救华人难民,那些在奥克兰没有找到住处的华人,被奥克兰政府送往位于第18和19街区的华人营地。然而,相对旧金山唐人街来说,无论是奥克兰唐人街的人数还是规模,都要小得多,这里没有足够的空间和食物来接纳大量逃难的旧金山华人,华人在这里的处境仍旧非常艰难,他们的营地如同建立在空旷场地的临时帐篷一样,不能抵挡夜晚的寒冷和雨水。然而,除了天灾,政府无视华人的生存状况,进一步加剧了华人的悲惨处境。一位城市卫生巡视员发现患有痢疾的华人灾民李多克(Lee Dock)居住在梅森堡西栅栏附近的一个帐篷里,健康状况非常糟糕。这位巡视员写道:"这种情况的发生应该归咎于政府有关部门,并且他应该被送往医院进行救治,但白人在种族歧视的社会规范下忽视李多克的遭遇,政府部门不愿意照顾华人难民。"①

虽然部分华人在灾民营地度过了最危急的时刻,但他们却没有受到公正的对待,政府、军队和排华分子经常漠视华人的基本权利,华人糟糕的处境没有得到根本的改变。灾难发生约2周后,当城市秩序稍微安定,华人便立即要求离开灾民营地,重新回到唐人街。

2.美国民众和宗教组织对华人的援助

除了政府和军队对华人灾民的救援外,还有另一种不可忽视的非政府组织形式的力量——民众和宗教组织。灾后,一些有正义感的美国民众和宗教牧师对华人在食物、住宿和医疗等方面的糟糕处境十分不满,他们一方面给政府写信,强烈要求政府平等对待华人灾民,另一方面他们开始自发帮助华人灾民。这些无私的帮助暂时缓解了部分华人艰难的处境,成为美国官方援助华人灾民的一个重要补充。

灾难发生后,一些处境稍好的美国公民基于基本的道德情怀,为无家可归的华人灾民提供了暂时的住处。据一位犹太裔美国烟草经销商的女儿回忆,灾后她的爸爸打开自家的地下室为华人灾民提供住处。"从晚上七点开始,爸爸每天都能听到中国人从外面回到地下室,我们不知道他们白天是怎么度过的,而且也不清楚到底有多少中国人居住在地下室。他们从没有到过我家的客厅,我们也没有告诉过任何人关于中国人居住在我家的地下室的事情。"②同样,一位华人厨师把一群华人灾民带到雇主家里暂时避难,雇

① 安德里亚·戴维斯·亨德森:《重建家园:旧金山地震和火灾后的性别、灾难救援和社会生活,1906—1915》(Andrea Davies Henderson, *Reconstructing Home: Gender, Disaster Relief, and Social Life after the San Francisco Earthquake and Fire*, 1906—1915),斯坦福大学博士学位论文,2005年,第122—123页。

② 伊迪斯·H.罗森希恩:《1906年旧金山地震》(Edith H. Rosenshine, "The San Francisco Earthquake of 1906"), http://oac.cdlib.org/view? docId=hb4k40075m; NAAN=13030&doc.view=frames&chunk.id=div00001&toc.depth=1&toc.id=&brand=oac4, 2016年11月20日。

主把他们安置在一间小屋里，华人这才暂时拥有安身之处。①

与此同时，基督教牧师和宗教领袖在救助华人的过程中也发挥了重要作用。在灾难面前，妇女和孩子往往是最大的受害者，牧师唐纳迪娜·卡梅伦(Donaldina Cameron)在华人撤离唐人街时写道："在夜幕降临之后，那些在拥挤人群中的中国女孩是非常危险的。"②灾后，由于唐人街的毁坏，卡梅伦把华人妇女暂时安置在受保护的教堂里，然后把超过60名华人送往位于马林县的旧金山神学院，华人在那里得到了救助。在旧金山，牧师卡丽·戴维斯(Carrie Davis)曾把48名华人妇女和儿童暂时安置在基督教徒家中。在奥克兰，J.H.劳克林(J.H. Laughlin)牧师举办了一场关于救助华人教徒的会议，会议计划筹集一个救助华人教徒家庭和学校的基金。在伯克利，一位来自纽约的基督教女教徒担任救助华人家庭的志愿者。

灾难面前，人类理应携手共担。在灾难发生的第一时间，一些处境稍好的民众和牧师，他们以悲悯、慈善和博爱的人性精神，给予了华人灾民最急需的救助和关怀。事实再次表明，在应对灾难的各种力量之中，民众和宗教组织的支持，绝不是无足轻重，而是十分重要的，它是政府援助灾民的一个重要补充。

3.唐人街的重建工作

当大火熄灭后，人们忙于清理被毁坏的建筑物时，城市的重建计划也逐渐开始展开。坚强的旧金山人乐观地谈论着，他们计划建造富丽堂皇的高楼大厦、宽阔的林荫大道和豪华的住宅来代替那些被摧毁的城市建筑。与城市重建的同时，唐人街的重建计划也开始提上议程。

由于这次地震引发的大火造成唐人街成为一片废墟，这对一些排华分子来说是一个千载难逢的好机会。他们企图要好好地利用这次机会，从而彻底把唐人街从城市中心全部搬迁出去。经过长达40多年的被歧视和迫害，华人知晓此时是一个关键时期，如果继续保持沉默，唐人街将非常有可能搬迁，华人必须采取有效预防措施来阻止搬迁。然而，要想在原址上重建唐人街并非一个简单的事情。灾难结束后，旧金山政府宣称，任何人想要在自己的土地上重新修建房子，都要首先请求政府签发施工执照。面对被毁坏的家园，华人担心一旦贸然把自己微薄的积蓄投资在重建家园上，而后政府当局又强迫他们

---

① 凯瑟琳·胡克：《火灾和地震期间》(Katherine Hooker, "Fire and Earthquake Days")，未发表的回忆录，第8页。转引自安德里亚·戴维斯·亨德森：《重建家园：旧金山地震和火灾后的性别、灾难救援和社会生活，1906—1915》(Andrea Davies Henderson, *Reconstructing Home: Gender, Disaster Relief, and Social Life after the San Francisco Earthquake and Fire*, 1906—1915)，斯坦福大学博士学位论文，2005年，第124页。

② 唐纳迪娜·卡梅伦：《唐纳迪娜·卡梅伦对唐人街居民逃离的描述》(Donaldina Cameron, "Donaldina Cameron's Account of the Flight from Chinatown")，http://www.sfmuseum.net/1906/ew15.html，2016年12月12日。

必须搬迁唐人街，那么他们的损失将会非常巨大。

为消除华人的疑虑和鼓励华人尽快开始重建唐人街，旧金山主流中文报纸《中西日报》5 月 3 日报道："50 个中国房地产主人已经决定回到自己原来的住处，重新修建自己的房子。然而直到今天，政府当局仍没有给任何人签发施工执照。但他们却不担心施工执照的问题，因为华人领袖已经联系了著名的律师，律师在查阅联邦法律章程之后宣称，拥有或租用地产的任何人可以合法在其上面修建新的房子，而地方政府不能有任何干涉。"①这就意味着华人终将会获得施工执照，并完成在唐人街原址上的重建。5 月 18 日，当旧金山政府几乎确定不会阻止华人回到唐人街原址时，华人六大公司向政府请求得到那些即将在唐人街开设店铺的名单，以便帮助他们尽快解决在房地产办公室的注册和一些琐碎的事宜。5 月底，几个较大的华人企业已开始动用自己的财力在唐人街原址上进行重建。

然而，直至 10 月 1 日，政府当局在经过多次商讨唐人街问题之后，最终被迫同意给华人商人颁发施工执照。一旦政府授予施工执照，华人便开始日以继夜地工作，以便能早日重归家园。华人建造新家园的速度极为惊人，1907 年 1 月 12 日《进步期刊》报道："中国人不久将在松树街以北的杜邦街完成重建，并且那里将会聚集大量的华人。"②当 1907 年春节悄然来临时，虽然唐人街尚未完成重建，但仍旧吸引了大批华人来此庆祝，而且旧金山政府允许华人鸣放鞭炮庆祝节日。最终，经过华人的不懈努力，整个唐人街地区于 1908 年完成重建，这比整个城市的重建提前了 1 年。

三、结语

综上所述，1906 年的一场城市灾难不仅彻底摧毁了旧金山唐人街，而且还迫使华人离开家园去面对一个充满歧视的世界。然而，灾难摧毁了城市大部分建筑物，却没有将城市的种族歧视彻底埋葬，当城市最危急的时刻刚刚得到少许缓解，种族歧视便开始复燃。灾难过后，即便罗斯福总统介入对华人的救援，清朝官员和华人领袖屡次抗议救援过程中的种族歧视，华人灾民仍旧在食物分配、灾民营地、财产安全和医疗卫生等方面受到诸多不公正的对待。虽然旧金山政府救助华人的力量十分有限，但一些民众和宗教牧师的积极参与，部分改善了一些华人糟糕的处境。最终，坚强的华人依靠自身的努力克服重重困难，度过了最危急的时刻，并在华人领袖的引导下坚持选择在唐人街原址上重

① 《中西日报》(Chung Sai Yat Po)，1906 年 5 月 3 日。转引自埃里卡・Y.Z.潘：《1906 年地震对旧金山唐人街的影响》(Erica Y. Z. Pan, *The Impact of the* 1906 *Earthquake on San Francisco's Chinatown*)，彼得・郎出版社 1995 年版，第 91 页。

② 《整个城市的价值都在上升》，《进步期刊》("Values Moving Up all over the City", *Journal of Progress*)，1907 年 1 月 12 日。

建家园。经过坚持不懈的努力，华人迅速在原址上重新建立起新唐人街，旧金山唐人街的历史由此翻开了崭新的一页。

21 世纪是城市的世纪，世界城市化将达到一个新的高度。随着我国经济的高速发展，城市化程度快速提高，城市的人口密度也不断增加。据国家统计局数据显示，2016 年末我国常住人口城镇化率为 57.35%。[①] 然而，如果城市内一旦发生灾难，波及的人群将会非常广泛，容易产生巨大的社会影响。在 20 世纪的最后 10 年里，我国因各种灾难造成的损失占全球灾难损失的近 25%，且有近 80%的灾难性事件是发生在城市内。[②] 因此，应对城市灾难已成为城市管理的重中之重，成为关系民生的重要内容，引起了国家政府与社会各界的高度重视。本文通过对 1906 年华人的受难与政府和民众的救援进行研究，一方面旨在丰富我国的华人华侨史研究内容，另一方面试图为提高政府和民众救援灾难的能力，帮助我们更好地面对和应对城市突发灾害，提供一些经验和教训。进入 21 世纪以来，全球城市灾难频繁发生，灾难往往给人类带来巨大创伤的同时，也经常会引起世人对“受难与救援”的深刻思考。回顾 1906 年旧金山华人的受难与重生，或许对今天应对海外华人华侨的突发事件提供一些借鉴。

作者简介：

王志永，华东师范大学历史学系博士研究生。

① 中国国家统计局：《2016 年统计公报》评读，http://www.stats.gov.cn/tjsj/sjjd/201702/t20170228_1467357.html，2017 年 3 月 1 日。

② 李文涛：《城市社区灾难医疗救援应对机制的研究》，吉林大学博士学位论文，2013 年，第 1 页。

广东天乳运动对“天乳”的审美建构

徐霞辉

[提要]近代以来，束胸被视为摧残女性身体的旧习，而成为社会革新的内容之一。1927年，广东在全国率先开始反女性束胸的天乳运动，并进行宣传。除了“天乳”有助于健康卫生与保种救国的宣传以外，倡新者还对“天乳”所体现的美进行大量论述。为与以平胸为美的观念抗争，倡新者试图通过对“天乳”多元的审美建构——健康美、自然美、曲线美——来达到移风易俗的目的。然而，天乳运动收效不彰，显示移风易俗确非易事，有赖于整个社会审美观念的转变和社会力量的时移势易。

[关键词]天乳；审美；建构

1927年7月7日，新上任不久的广东省民政厅厅长朱家骅在广东省政府委员会第三十三次会议上递交《禁止妇女束胸的提案》，并获通过。广东官方由此在全国率先掀起禁止妇女束胸的天乳运动。1928年，北京政府内政部及安徽、河北、江苏、南京、湖南、辽宁、浙江等省市先后发布严禁束胸令，[①]天乳运动由此在全国展开。

广东省的提案曰：“查吾国女界摧残身体之陋习有二，一曰缠足，一曰束胸……比缠足为甚者，厥为束胸。盖缠足陋习，不过步履不便，其痛苦只及于足部。若束胸则于心肺部之舒展，胃部之消化，均有妨害……厅长有见及此，亟思将女子束胸之陋习，严行禁革。

---

① 《令各省市教育行政长官暨各国立大学校长为准函请禁止学校女生束胸仰各遵照由》，《大学院公报》1928年第1卷第8期；《女子不得违禁束胸》，《安徽教育行政周刊》1928年第1卷第16期；《民政厅令各县奉令查禁女子束胸一案仰遵照由》，《河北省政府公报》1929年第518期；《部咨令知确实查禁女子束胸》，《江苏省政府公报》1930年第329期；《严禁妇女束胸缠足》，《首都市政公报》1930年第54期。

拟请由省政府布告，通行遵照，自布告日起，限三个月内，所有全省女子，一律禁止束胸，并通行本省各妇女机关及各县长设法宣传，务期依限禁绝。”[①]

在近代新旧更替的过程中，缠足与束胸为女性身体中最引人关注的部分。当时的倡新者往往将束胸与缠足并提，视为束缚女性的两大陋习，并掀起颇具影响的反缠足（天足）与反束胸（天乳）运动。然学界对束胸的关注程度远逊于缠足。有限的现有成果[②]对天乳运动的研究，主要从当时倡新人士的观念出发，重点关注以下两个方面：其一，与倡新者视束胸为陋习，将天乳运动作为保国强种良方的“国族论述”一脉相承的是，天乳运动被描述为女性摆脱传统礼教束缚与追求女性独立的“解放”过程。其二，由于天乳运动的开展同时受西方生理卫生知识影响，故天乳运动也成为近代女性接受西方生理卫生知识、走向身体保健的一部分。[③] 此外，上述成果以倡新者观念为依据，侧重于反束胸一面，而作为身体主体的女性观念，以及坚持束胸的作为则被忽略。

本文的研究对象是广东天乳运动过程中报章对“天乳”的讨论。观诸这一时期报刊对束胸问题的各种论述，不难发现，“天乳”所包含的“保种救国”诉求与“健康卫生”观念并非讨论的主体，束胸与“天乳”背后的不同审美观念则更受关注。“天乳”的倡导者也意识到，泛政治化的国族论述毕竟与女性的现实生活相去甚远，美的问题才是影响女性选择的更重要的因素[④]。倡新者亦以审美观为切入点对“天乳”进行宣传，试图通过“天乳”包含的女性美的重新建构来达到移风易俗的目的。本文试以广东天乳运动过程中广州报刊围绕束胸问题的论述为切入点，通过梳理出倡新者对“天乳”美的宣传及其宣传效应，探究这一时期（20 世纪 20、30 年代）社会（包括女性）对女性的审美观念变迁，以及这样的观念变迁如何影响天乳运动进程，进而对社会转型过程中的移风易俗问题进行探究和思考。

---

① 《民政厅提议严禁女子束胸案》，《广东省政府周报》1927 年第 1 期，第 11 页。

② 刘正刚、曾繁花：《解放乳房的艰难：民国时期天乳运动探析》，《妇女研究论丛》2010 年第 5 期；《妇女束胸罚金 50 元起》，《文史博览》2009 年第 2 期；黄强：《从天乳运动到义乳流行：民国内衣的束放之争》，《时代教育》2008 年第 18 期；王心喜：《民国粤省“天乳运动”的台前幕后》，《婚育与健康》1996 年第 3 期。

③ 如广东省妇女联合会、广东省档案馆联合编《广东妇女运动历史资料》，将有关广东天乳运动的部分史料归入“妇幼生理卫生与保健”，参见广东省妇女联合会、广东省档案馆编《广东妇女运动历史资料》，1991 年。

④ 台湾游鉴明在讨论“近代中国女子健美的论述”时，曾论及近代趋新人士曾使用健美论述讨论女性束胸问题。参见游鉴明《近代中国女子健美的论述（1920—1940 年代）》，载游鉴明主编《近代中国的妇女与社会 1600—1950》，“中央研究院”近代史所，2003 年。杨兴梅也曾指出，婚嫁取向及与之密切相关的审美观念，是影响缠足问题的关键所在。参见杨兴梅《观念与社会：女子小脚的美丑与近代中国的两个世界》，《近代史研究》2000 年第 4 期。

一

束胸习俗始于何时,难以找到确切的考证。然而,至少在明清时期,束胸就已广为流传,当时女性流行穿一种专用于束住胸部的紧凑内衣,名"捆身子"。[①] 民国时期,女性束缚胸部的内衣比较"捆身子"已经有所松弛,是一种又紧又小的小马甲或小背心。天津《北洋画报》于1927年6月8日、25日、29日刊载的"中国小衫沿革图说"中所绘小马甲的图片中,小马甲或前片用一排密密的纽扣或后片用一根长长的穿孔带子紧紧束住胸部。广州的报刊描述当地妇女普遍具有穿这种密纽扣内衣的习惯,"妇女辈——劳动者除外——普遍束缚双乳,着密纽扣的内衣"[②]。

民国时期,束胸大多由有一定教育背景的城市女性追随,这使得束胸具有某种角色形象的代表意义。时人调查发现,城市女性尤其是受教育的女性束胸的占99%,乡间妇女束胸的只占少数,且女性体力劳动者也大多不束胸。[③] 广州街头曾发生一件这样的趣事,一位先生带着没有束胸的夫人逛街,被沿街的男士讥为"村下婆"。本来没有"时髦病"的"她"受不了如此讥讽,回家就束起胸来,并言"我不耐得人家这样的冷讽热诮。我不愿意佩这个村下婆的徽号"。[④] 由此可见,束胸更多被城市女性追捧,甚至成为一种城市女性的身份特征。而在城市中,追求时尚的从众心理更加普遍,有力地影响着不愿做"村下婆"的女性的选择。广东天乳运动开展后,全国各地掀起反束胸的天乳运动,城市女学生成为严禁束胸的对象之一。1930年,教育、内政两部联合发函,要求全国各地查禁女学生束胸。令中这样描述女学生的从众心理,"前行后效,相习成风,虽明知妨害身体发育,然以环境所趋,不肯独异"。[⑤]

束胸究竟因何而起?上述教育、内政两部的发文中已经说明,"以束胸为美观",也就是时人的审美观观念造成的结果。与缠足以小脚为美的观念相似,束胸表现的是以平胸为美的观念。广州报纸刊载时人的美人标准8条,其中一条是:"小,耳欲其小,乳房欲其小,足欲其小。"[⑥]从作者"虾须"这一名称来看,这样的审美标准应来自当时的男性。然女性也主动参与其中,渐渐形成风尚。《玲珑》杂志载文分析女性为何束胸道:"女子为什么要束胸束腰呢?据一般人的研究,是由于在某一时期,妇女认胸部平坦或腰部细小为

① 黄强:《中国内衣史》,中国纺织出版社,2008年,第123页。
② 一庵:《妇女应改良的》,《广州民国日报》1925年10月7日,第9版。
③ 《天乳运动》,《大公报》1927年9月15日,第5版。
④ 旅人:《只得由她束吧》,《广州民国日报》1927年8月26日,第11版。
⑤ 《查禁女子束胸》,《江苏省政府公报》1930年第329期,第15页。
⑥ 虾须:《理想中之美人》,《广州民国日报》1927年7月18日,第11版。

美丽……到现在依然有大部分妇女相信使她们美观的方法，便是把胸部弄得平板。”[①]原来胸小和腰细联系在一起，均为当时女性对于自己的身体普遍所持的审美观念。女性们一方面以平胸为美，同时以胸部隆起为丑。天乳运动开展后，不愿放胸的女性这样说道：“唔束胸突起来，郁郁吓（粤语，“一动一动”之意），又肉酸，又丑怪。”

二

天乳运动由官方主导在广东省开展后，引发报刊对束胸的热烈讨论。报刊所载言论中，不乏以西方生理卫生知识及保种救国观念为依据的宣传，然而，各方讨论更多的却是束胸背后的审美观念。天乳运动开展后不久，就有人撰文指出，要说服女子放弃束胸，当从“美”处着手。文中曰：“古语说得好‘为爱潇洒甘抵冷’，换一句话‘为爱美观不怕羞’也是一样名言。你看，从前女子的外衣很短，又不穿裙，着起条狭窄的裤，两解——臀部——隆然。本来较之胸部隆然，丑多几倍，但是她们恬不为怪，你穿我穿，也因为，为爱美丽不怕丑呢。所以我们提倡解放胸部，打破羞耻界，首要从美观着手，在报屁股上大吹法螺，大倡曲线之美。女子看了，谁也最新，谁也毅然释放。”[②]

该文论者认为，女性服饰变化根本上是为了一个“美”字，实在是点到了女性心理的要害。其实，即便是倡导“天乳”的官方，也并没有回避其中的审美问题。朱家骅的提案也道：“年来女界风气已开，但仍有以束胸为美观者，不知欧美各国女子无不注意胸部发达，并以丰满隆起为合卫生，而美观者。”在这里，官方的论述兼顾了女性的“美观立场”。与此同时，倡新者借报刊对“天乳”进行多层次的审美建构，加以宣传。

健康美。报章反对束胸的理由中，宣传最有力的当属束胸有碍女性身体健康。然而，除了用西方生理卫生知识宣传“天乳”有助于身体健康外，倡新者不失时机地宣传以健康为美的审美观念。1926 年 4 月 9 日，《广州民国日报》刊文《女子解放中的一个生理问题》，文中详细地从身体组织器官的角度论述了束胸对身体几乎所有重要器官的危害后，认为，“我们看现在大多数的妇女，面黄脸枯的，不耐辛苦的，都从这里启其祸端”。[③]意即束胸导致“面黄脸枯”，哪有美丽可言？更有论者尖锐指出，这些陋习都是男性偏颇错误的审美观所致。“他们（男子）又依了不真实的美的标准，选择女子，束胸啦，裹腰啦，缠足啦，多方戕贼，自成薄柳弱质了！”[④]“中国妇女有肺痨病美之恶称，其观念与习惯之不正确可想，西谚无健全之母者，无健全之国民，因打破肺痨病美之传统恶习，而注意体

---

① 林莲莹：《妇女束胸与束腰之起源》，《玲珑》1933 年第 3 卷第 42 期。

② 《天乳运动中最可虑的一件事束腰》，《广州民国日报》1927 年 8 月 27 日，第 11 版。

③ 文心：《女子解放中的一个生理问题》，《广州民国日报》1926 年 4 月 9 日，第 4 版。

④ 项翔高：《女子体育与女子的将来》，《青年妇女》第 36 期，《民国日报》1929 年 1 月 23 日，第 2 页。

育尚矣。”[①]批评缠足、束胸背后那种以病为美的变态审美观，其实就是要树立以健康为美的新的审美观。为树立健康美的女性形象，时人进而主张女子应抛弃束缚、发展体育锻炼来健全身体。正是在以健康为美的宣传过程中，关于乳房的美的标准呈现出多元的趋向。有人在报章谈女性美的时候，专门提出一条标准为“乳要能充分发育”。原因为“乳部所以要充分发育者，因为两乳能充分发育，胸部才丰隆可爱”。这和原来以乳小为美的标准已大相径庭。[②]

自然美。自然美的审美建构几乎表现在近代所有女性的身体变化中。“天足、天乳、天耳(反对戴耳环)”中之“天”阐述的正是“天然”“自然”的观念。有论者在倡导“天乳”的文中这样质问束胸的女性，“为什么身受新教育的女子们，也这样的害羞不愿意显露她的‘天乳’的自然美，而硬把己身的胸部压将起来呢?”[③]报章甚至直接描述了未经束缚的“天乳”形态，并大赞其美丽。1927 年 8 月，《广州民国日报》连载小说《二少奶乳的解放》，描述了一个富室二少奶解放双乳的故事。这位二少奶因自己长期束胸以致胸部变形，十分懊恼，便找来未曾扎过乳的女仆娥姐，好奇地想看看她的“天乳”是何等模样。小说中这样描述道：“美丽！那真是美丽！乳房高耸在雪白的胸脯上面，似乎比胸脯还要分外白。圈在乳尖下面小似菽粟的小红点，颜色倒红的格外淡些。伊于是伸过手轻轻的摸了一下，坚硬而带着弹性，天乳！圆而丰满的天乳！”[④]这些文字几乎有些露骨的直接描绘和宣传没有任何束缚的“天乳”在物质形态上的美。极具女权意识、倡导女性解放的人士认为，摆脱身体的束缚是女性解放的第一步，解放后女性获得的自然美具有人格独立的内涵，也是一种人格上的美。1931 年《中国卫生杂志》刊登一名叫马开予的作者所写的文章《束胸勒乳》，认为“天乳”恰恰表现了那种“天赋所赐的美”，因而反问束胸者“何必再用人力平板地束直它?”接着，论者尖锐地指出，女性以束胸求美实为给别人看，批评这种做法是“自取下贱”的行为，与平等观念恰恰背道而驰。[⑤] 而《劳动与妇女》上的一篇文章将女性身体的解放与人格的独立直接联系起来，“什么说是形式的解放，即为提倡剪发禁止裹足及一切表面现象。在看自然美，而解放一切的需要，此种解放自然是好的，于卫生人格上何等的美!”[⑥]

曲线美。从由“平”到“曲”这一过程来看，曲线美较直接挑战了以平胸为美的审美观念。天乳运动执行委员会的六言昭示中这样写道，“务求恢复天乳，曲线何等美研”。[⑦]

---

① 确士:《辽肥原理》,《广州民国日报》1929 年 5 月 17 日,第 12 版。

② 未醒:《我也谈谈女性美》,《广州民国日报》1928 年 1 月 17 日,第 8 版。

③ 刘万轮:《为提倡天乳运动告革命妇女》,《广州民国日报》1929 年 8 月 1 日,第 12 版。

④ 《二少奶乳的解放》,《广州民国日报》1927 年 8 月 18 日,第 11 版。

⑤ 马开予:《束胸勒乳》,《中国卫生杂志》1931 年、1932 年合集。

⑥ 美魂:《讨论女子解放的问题》,《劳动与妇女》1921 年 3 月 20 日,第 6 版。

⑦ 《天乳运动执行委员会六言昭示》,《广州民国日报》1927 年 8 月 27 日,第 11 版。

有论者撰文试图以曲线美的审美观代替平胸为美的观念："人体真美。以曲线丰隆，色泽光润，体态苗条，才算得是真美。……胸部曲线，也要丰隆突起才是美观，故西洋妇女多束腰装乳，务求胸曲线之丰隆。但我国妇女却将胸部束起，以压低胸部的曲线。其关于生理上之合和不合，观我生固不加以断定。但是束胸的妇女，胸如壁立，绝无曲线之可言，失却本来美观，这是大大不应该的了。"[①]1927 年 7 月，广州《现象报》《广州民国日报》连续刊登"名画预约广告"，要搜集欧美及中国佳丽照片，择其曲线姿势秀美者印刷出售，名其"曲线精华"。报刊的宣传，使敏锐的市场迅速捕捉到曲线美所包含的商机。服装店多了量胸高一项，香烟广告上的美女胸部也开始高耸起来。

"天乳"本为欧美女性的风俗，倡导者对"天乳"的多元审美建构也明显受到不同层面的西方思想观念的影响。"健康美"以健康为重点，在反对束胸的病态美的基础上强调美的前提是身体健康，这一审美建构与同样强调健康的"国族论述"虽走向不同，起点却大体一致，即都深受西方现代生理卫生与健康观念的影响。"自然美"在阐发其"天然""自然"观念的时候，反对的是束胸对女性身体的束缚，并认为，这些束缚的实质是女性要取悦男性的男尊女卑与女性人格不独立的状态。而解脱束缚、回归天然正是思想解放、人格独立的开端。由此可见，自然美本着西方男女平权的观念，强调的是女性人格独立的美。曲线美的审美建构更具美学的内涵。它强调女性胸部的丰满隆起，与以小、平为美的平胸观念直接对抗，是一种直观的感性形式的美。然而，值得注意的是，曲线美的审美观念在与市场结合的过程中，产生丰胸产品与报章广告中的丰胸美女，从而使"天乳"异化为"丰乳"，显示出曲线美的审美建构影响更为复杂。

三

面对官方带强制意味的推广和天乳倡导者的大力宣传，女性究竟作何选择？女性的选择究竟取决于哪些因素，又怎样影响着天乳运动的进程？

报章丰胸药物广告的出现，证明彼时的广州已有一定数量的女性放弃束胸，尊崇以丰满隆起的"天乳"为美的观念。接受"天乳"的女性大多为深受西方观念影响的时髦新派人物。连载小说《二少奶乳的解放》中的二少奶是一位留学归来、生活舒裕、社交丰富的姨太太。1928 年 2 月 7 日《越华报》上署名为"人家女"的作者描述见到一位"时髦派之先党人物"，她"双峰高耸，臀部丰足"，这位"天乳"女性说明自己接受"天乳"，正是因为对美的追求，"总之我们妇女们的心理，总要有人夸靓、美丽、时派，就以为得了无上的荣幸了！"[②]

---

① 观我生：《女子束胸与胸部曲线》，《广州民国日报》1927 年 8 月 12 日，第 11 版。

② 人家女：《读了钳发与束胸两问题后》，《越华报》1928 年 2 月 7 日，第 3 页。

天乳运动后较长时间，报章仍然可见屡屡重申的束胸禁令，提示着束胸现象仍然普遍存在，天乳运动的效果并不如人意。大多数女性仍不肯放弃小衫，顾虑和理由是多方面的。有人担心，“倘若全驰其防，则为狂狼者所触必多”。[①] 天乳运动开展后不久，广州有五姑娘、二小姐、陈四姑、黄九姑、八姑娘、二叔婆、三少奶等成立“束胸同志会”，集体支持束胸。五姑娘申诉了四个理由：1.束胸对健康无害。“倘若束胸是一件于身体有害的事，那么老已经禁止了，何至今日才谋解放呢？”2.平胸好看。“试看下我们呢一个双峰高耸的胸部，而能压到他成一个南安腊鸭一般，是何等好看啊！”3.双乳解放后，裁衣不方便。4.没有了细衫，就没有细衫袋来装钱，不方便。[②] 四个理由中，后两个理由是基于生活不便，前两个理由却直接挑战了天乳运动所宣传的健康美和曲线美观念，仍坚持以平胸为美。报载一名叫“四嫂”的女性这样质疑“天乳”：“又不见珠海堤畔，荔子湾头之疍妇乎？又不见作苦力之妇人乎？此中无一不尽情解放者，世人谁有一赞其曲美者？”[③]部分女性接受“天乳”是因为认可“天乳”所包含的美，而更多的女性却因为她们仍然持“平胸”为美的观念而难以放弃束胸。

除了女性难以转变之外，男性对女性的审美观念有力地影响着女性的选择。一位自认为没有“时髦病”的未束胸的女性上街时，却被几位男性讥讽为“难睇”（粤语“难看”之意）。这位女性回家就“借了一件小衫，依样葫芦，居然亦束起胸来”。[④] 无论是基于“女为悦己者容”的观念，还是因为女性在多方面仍然依赖男性的现实考量，女性在很大程度上需要考虑男性的审美观来决定自己的穿着和打扮。而男人们在束胸运动开展之际，讨论女性束胸问题时这样说道：“试问有几个男子不爱小衫的，有几多个男子禁止他的妻妾穿小衫的。……从美的立场上来讲，（小衫）似乎仍有存在的价值。”[⑤]

值得注意的是，即便人们的审美观念从平胸美转变为曲线美，天乳运动在实际操作的过程中又出现新的问题，绝非放胸恢复自然那么简单。有人提出：“如今严禁束胸了，但是有一种女子，俗称观音身，双乳是不会高耸的，有什么法子使他变成大家一样呢？”[⑥]这时，已有商家开始推广丰胸药物。《珠江星期画报》连续刊登广告“罗泽礼”牌“排毒有白花膏，生肌有琥珀膏”，广告中的女士上身完全裸露，胸部高耸。[⑦] 然而，人为让胸部丰隆，是表现了曲线美，却又失去天然的美，并使刚刚解放的双乳遭遇新的束缚。连载小说《二少奶乳的解放》中，二少奶解除束胸后，不满于自己长期压迫、扁平的双乳，特意制作

---

① 天涯浪客：《隔窗艳语》，《越华报》1927 年 8 月 10 日，第 1 页。

② 是桂平人也：《束胸同志会开会秩序》，《公评报》1927 年 8 月 13 日，第 2 页。

③ 天涯浪客：《隔窗艳语》，《越华报》1927 年 8 月 10 日，第 1 页。

④ 旅人：《只得由她束吧》，《广州民国日报》1927 年 8 月 26 日，第 11 版。

⑤ 浪漫生记：《乳运声中之甲乙谭》，《广州民国日报》1927 年 8 月 26 日，第 11 版。

⑥ 卤货老板：《女子切肤问题》，《珠江星期画报》1927 年 9 月 25 日，第 14 页。

⑦ 《珠江星期画报》1927 年 9 月 25 日、10 月 2 日、10 月 9 日、10 月 16 日、10 月 23 日。

了两个假乳放进衣服当中,使胸部看起来“和娥姐的乳的高度完全是一样的”①才最后作罢。由此可见,二少奶接受的是丰乳而非“天乳”。或许连倡导者们都始料未及的是,天乳运动的宣传竟使“天乳”发展为“丰乳”。

诚然,倡新者从美处着眼宣传天乳,确实抓住了束胸问题的要害,但要改变整个社会的审美观念却并非易事。有质疑天乳运动的论者进一步指出,欧美人的审美观与中国人的审美观本就不同,批评忽略审美国情的“天乳”倡导者为“欧美化而不考实在的中国人”,文中这样写道:“欧美女子大奶,在欧美人看来,或者是美观的,在欧美化而不考实在的中国人看来,或者也以为美观,但是……我说女子的美,尤其是中国女子,决不但是胸部,而大奶尤非美观。须知女子的美,贵乎体态苗条,决不是奶大两握,致失其苗条体态的反以为美。”②美的问题与社会文化背景有密切关系,不宜随意嫁接,确为的论。有人这样指出:“在同一时代的社会中虽有种种不同的美的观点存在,即各种人群的美的观点存在,但在这中间必然有一种美的观点占着支配地位,这种占支配地位的美的观点便是那时代社会的美的标准。”③

1930年1月2日,广东省政府针对女校学生仍流行束胸一事,训令广东省民政厅、教育厅和广州市政府,要求查禁女校学生束胸。训令中云:“略谓近来各地女校学生,均以束胸为美观。”④除了女学生外,那些口号上喊着要解放的“革命妇女”对待束胸问题,在行动上也并没有干脆利落地抛掉束缚自己的小衫。“许多自号革命的新妇女,天天开口妇女运动,合口妇女解放。但是她本身仍受着狭小背心压迫,就不想法去谋解放。”⑤以平胸为美的观念仍然普遍存在,“天乳”倡导者对“天乳”构建的新的审美观念暂时还不能为大多数女性所接受。移风易俗确非易事,从社会层面来看,“天乳”要全面代替束胸,或许还得有赖于整个社会审美观念的转变和社会力量的整体时移势易。

作者简介:

徐霞辉,暨南大学历史系博士研究生,广州大学人文学院历史系副教授。

① 《二少奶乳的解放》,《广州民国日报》1927年8月23日,第11版。

② 我恨:《我对天乳话题谈几句话》,《公评报》1927年8月17日,第2页。

③ 王以明:《美的标准》,《申报》1935年3月3日,本埠增刊第1版。

④ 《查禁女子束胸案》,《广东省政府公报》1930年1月2日,第54页。

⑤ 刘万轮:《为提倡天乳运动告革命妇女》,《广州民国日报》1929年8月1日,第12版。

朝鲜王朝前期的“废四郡”问题研究[①]

刘　阳

[提要]朝鲜王朝设于鸭绿江上游南岸的“四郡”撤废后，其遗存地域形成了所谓的“废四郡”地区。因女真进入该地，迫使朝鲜王朝为了维护该地而采取了一系列对策。即，以其在成宗时代发现女真入猎该地及在中宗时代发现女真入居该地，为女真进入该地的前后事件结点，其对该地从疏忽到“体探”式维护，再从疏忽到驱逐式维护，最后从驱逐失败后放弃维护到因历史的偶然因素而又有了维护的希望，见其整个维护的过程可谓一波三折。而正是这种曲折维护的过程，构成了整个“废四郡”问题在朝鲜王朝前期的衍化历程。总的来看，其随着该问题的衍化而努力维护的表现，源于其对先代所拓疆域的记忆，而这更成为其要保有该地乃至维系先前鸭绿江界河状况的主观动力。

[关键词]废四郡；朝鲜王朝；鸭绿江；女真

若欲探究本论题，首先需要明确一下什么叫“废四郡”问题。此即“四郡”撤废后，围绕朝鲜王朝对其原有地域的所有权维护及再开发所产生的一系列相关问题，而这片原有地域便被称作“废四郡”地区。该系列问题总历时相当长，从朝鲜王朝前期到后期(即由明至清)，由此大体可分为前后两个阶段，而本文主要阐述的是其前一阶段中所发生的种种问题，姑且称之为前期“废四郡”问题。之所以阐释该问题之概念，是因为学界对此尚

---

① 本文系2017年度国家社科基金青年项目“朝鲜王朝前期的北方经略与中朝界河形成诸问题研究”(项目编号:17CSS009)的阶段性成果。

未给予具体的定义，甚至容易将该问题与“四郡”撤废事件[①]混为一谈。而只有弄清了这个概念，才能清晰地理解该问题与“四郡”撤废事件乃至更早的“四郡”设置问题之间的关联与区分。

显而易见，“废四郡”问题是“四郡”设置后突遭撤废的产物。换言之，“废四郡”地区的出现，就是朝鲜王朝自开国以来在鸭绿江上游南岸力行开拓大业的一次倒退。既如此，那么该问题如何衍化，就直接关系到此前已然形成的鸭绿江上游界河此后能否继续维持。这是明清中朝边界史研究中至关重要的问题，因此，对其探讨就显得尤为必要。但目前学界对其关注较为有限，除了研究考证“废四郡”地理的一些文章外，与之直接相关的成果主要有二：一则为日本学者河内良弘的《明代女真史研究》一书中的一章[②]，一则为韩国学者金顺南的《朝鲜中宗代北方野人的驱逐》一文[③]。此二文皆是阐述中宗代朝鲜王朝驱逐女真、维护“废四郡”地区的力作，只是相对整个“废四郡”问题的研究而言，并不全面。尤其，此二文又皆偏向于朝鲜王朝与女真关系史方面的研究，并非以“废四郡”问题的探讨为中心，而对该问题的探讨恰恰是其中发生的驱逐事件的核心问题，也是实质问题。更何况，从此二文后者的行文中可以看出，其已先入为主地默认“废四郡”地区一直都是朝鲜王朝国境内的疆土，这显然有违史实。

鉴于以往学者的研究状况与问题，本文将通过系统梳理朝鲜王朝维护“废四郡”地区的全过程，力求廓清整个前期“废四郡”问题的衍化脉络。为此，将主要从“废四郡”地区形成之初，亦即“四郡”撤废之时的朝鲜世祖时期（1455—1468）开始论及，直到前期“废四郡”问题结束的朝鲜光海君时期（1608—1623）为止。

一、朝鲜王朝对于“废四郡”地区形成早期的态度

世祖元年（1455）及五年（1459），朝鲜王朝先后将“四郡”撤废。就在这“四郡”之地被空弃前后不久的时间里，朝鲜王朝针对此地相继做出了两项部署：一则是令江界府长官节制使领军赴该地“一年两度巡察”[④]，以防临近的女真人“托以田猎来往”[⑤]；一则是考虑

---

① 所谓“四郡”撤废事件，指的是朝鲜王朝于太宗（1401—1418）至世宗时期（1418—1450）在鸭绿江南岸所设闾延、慈城、茂昌、虞芮“四郡”，在设置数年后基于各种原因突然撤民废地之事。有关此事件的具体阐述，可参见拙文《朝鲜王朝“四郡”撤废事件考》，中国朝鲜史学会 2017 年年会论文集。

② ［日］河内良弘：《明代女真史研究》，赵令志、史可非译，辽宁民族出版社，2015 年，第 643—665 页。

③ ［韩］金顺南：《朝鲜中宗代北方野人的驱逐》，《朝鲜时代史学报》(54)，2010 年。

④ 《朝鲜端宗实录》卷一四，三年四月戊子，韩国国史编纂委员会影印，1970 年。

⑤ 《朝鲜成宗实录》卷一四一，十三年五月丙申，韩国国史编纂委员会影印，1970 年。

到该地东、西部相邻地区的防御将更为严峻，而要加强这些地区的边防，如在其东部“令三水(郡)谨慎自固”[①]，而在其西部分别在上土、楸坡等堡置万户[②]，尤其还“以满浦为镇，(升)佥节制使”[③]，即提升了江界府所属镇堡的防御规格。

相较而言，朝鲜王朝所做的这两项部署中的前一项其实更为重要，因为这将直接彰显其对于保有“废四郡”地区所有权的积极姿态。但事实上，朝鲜王朝对于该项部署，在“四郡”撤废后的二十余年间一直未予实施，而是仅凭后一项部署保持戒备，对“废四郡”地区长期处于不管不问、放任自流的状态。如此状况，究其原因，可能有二：

一方面，朝鲜王朝主观上并未对女真是否会进入“废四郡”地区有所判断，显得有些疏忽大意。当时离“废四郡”地区最近、最有可能进入该地者是建州女真诸部之人，而朝鲜王朝与之关系一开始较好，尤其对李满住等众酋长恩抚多年，自觉“待满住、古纳哈父子兄弟素厚”[④]，不会想到这些女真人会任意进入“废四郡”地区。后来，双方的关系因朝鲜王朝肆意杀害当时居于咸吉道“六镇”城底的毛怜兀良哈部女真著名大首领浪孛尔罕等人之事[⑤]而逐渐恶化，以至于朝鲜王朝对于建州女真人在原本就存有偏见[⑥]的情况下更加不信任，禁止其过于靠近平安道边地。因此，像李满住次子李豆里曾提出“欲移居(鸭绿江边的)皇城平(今吉林省集安市)”[⑦]，便立即遭到否决。而朝鲜王朝对建州女真诸部如此高度警惕的同时，还常常对其进行军事恫吓，甚至奉明朝敕令先后于世祖十三年(1467)及成宗十年(1479)两次助剿建州卫女真[⑧]，斩杀了李满住及其长子古纳哈[⑨]，连续给予其部以重大打击。也许就在这种情况下，朝鲜王朝似乎感觉建州女真人应该也不敢随意靠近朝鲜边地，所谓“囊日往征，(其)畏威而未敢尔”[⑩]即是如此。由此可见，正是这样针对建州女真不断保持警惕、威胁乃至军事自信态度的过程中，使得朝鲜君臣们对于“废四郡”地区的顾虑之心相较于之前，更是长期处于迷失的状态。

另一方面，建州女真等女真诸部对于朝鲜边地的袭扰，客观上使得朝鲜王朝无暇且

---

① 《朝鲜世祖实录》卷二七，八年正月甲子，韩国国史编纂委员会影印，1970年。上土堡在今朝鲜慈江道满浦市松鹤里附近，楸坡堡在今朝鲜慈江道长江郡长江邑附近。

② 《朝鲜世祖实录》卷一九，六年二月丁丑；卷三四，十年八月癸未。

③ 《朝鲜世祖实录》卷一九，六年二月壬子。佥节制使介于万户与节制使之间，且一般由三品堂上官担任。

④ 《朝鲜世祖实录》卷二六，七年十月丁卯。

⑤ 王臻：《朝鲜前期与明建州女真关系研究》，中国文史出版社，2005年，第104页。

⑥ 刘阳、金成镐：《“庚寅事变”始末之再考察》，《韩国研究论丛》第27辑，社会科学文献出版社，2014年，第113—114页。

⑦ 《朝鲜世祖实录》卷三四，十年九月甲寅。

⑧ 《朝鲜世祖实录》卷四三，十三年九月丙子；《朝鲜成宗实录》卷一一〇，十年闰十月癸亥。

⑨ 《朝鲜世祖实录》卷四四，十三年十月壬寅。

⑩ 《朝鲜成宗实录》卷三八，五年正月甲辰。

无力顾及“废四郡”地区。如上所述，朝鲜王朝与建州诸部女真仅在一开始维持了短暂的和平友好局面，但很快双方便逐渐进入紧张对峙的状态。事态变化的起因正源于上述浪孛尔罕被杀事件。此事引发连锁反应，浪孛尔罕家族“人民不忍，(纷纷)要选人马报仇”。[①] 这使得朝鲜王朝大小边患不断、动荡不宁，而这种动荡很快就从咸吉道蔓延到了平安道边地，甚至直到朝鲜王朝首次采取武力剿杀后也未停息。在这个事态长期持续恶化的过程中，包括建州女真在内的多个女真部落不断的报复行动，使得朝鲜王朝对此应接不暇，不得不专注于如何对付女真，如何保护边地军民，从而根本无心兼顾此时已无军无民、相较不甚紧要的“废四郡”地区。甚至，就朝鲜王朝对此事态恶化的实际反应来看，其非但不会为了这个已废弃之地而平添一份负担，反倒更担心女真从该地来袭，故而曾将该地到江界府的来路堙塞[②]，以至于彻底将该地置之度外了。

总之，以上两方面的因素交织在一起，共同导致朝鲜王朝在“废四郡”地区形成最初的一段时间里，一直保持一种漠视的态度。当然，或者还有其他缘由来解释朝鲜王朝为何会有如此态度。但不管怎样，鉴于朝鲜王朝这般弃之不顾，而女真又尚未来居的情况，这至少说明该地在当时正处于权力“真空”的状态，也就是说那时“废旧郡”地区完全可视为无主之地。然而，朝鲜王朝对于该地的这种态度，到了成宗十三年(1482)，却因一个突发事件而猛然发生了改变。

诚如上述，建州女真诸部在朝鲜王朝两次助剿的重创下，势力大衰，转而向朝鲜王朝请求归顺[③]，使得双方长期僵持的关系开始缓解。但恰在此时，朝鲜王朝按常规派出的江界体探人李完等，侦察到三名女真人有造船越鸭绿江的可疑动向，结果在追杀这些女真之余，无意中发现了他们是要去“废四郡”地区进行田猎，且其“来猎处(已)成(蹊)路”。[④] 如此意外的消息传来，让朝鲜君臣们感到既突然又吃惊。而正是突然发现女真的这种看似习以为常的现象，反过来也说明女真绝非刚刚入猎于“废四郡”地区。事实上，至少在该地附近的建州女真人起初并不是很清楚“四郡”已撤废之事，因为直到“废四郡”地区已存在了十年之久的情况下，甚至是建州女真部落中如李满住之子甫乙加大这样的酋长家族人物，还在声称“将寇于闾延、江界等处”[⑤]，所以他们在此期间很可能也并未想到要在“废四郡”地区往来。不过，这以后却很难说。目前尚未发现有充分的史料证据来证明他们确切在哪一年首次入猎于该地，只能稍微推测出他们或许是成宗十年至十

① 《朝鲜世祖实录》卷一九，六年三月己卯。
② 《朝鲜成宗实录》卷五七，六年七月己巳。
③ 《朝鲜成宗实录》卷一四一，十三年五月甲午。
④ 《朝鲜成宗实录》卷一四一，十三年五月丙申。
⑤ 《朝鲜成宗实录》卷八，元年十一月壬辰。

三年间的某一次袭击发现了该地无人，才想要入猎[①]。而之所以要入猎于此，是因为狩猎毕竟在女真的生产生活中占有重要地位，同时该地又充分具备了入猎的条件。毋庸置疑，从女真入猎已久的情况来看，说明该地早已今非昔比。所谓"其地久旷，草木茂而禽兽多"，即原先的城池、耕地因长久荒芜而发生了巨变，俨然已成猎场，因此"虏或潜来射猎"。[②] 显然，这么好的猎场对于女真具有巨大吸引力。何况，像建州女真诸部的生活来源本就匮乏，而不得不经常向朝鲜请求接济，如此该地的价值便更是不言而喻。只是，朝鲜王朝一旦得知了这种情况，便要迅速予以阻止，正如其立刻决定"自今每当春秋，节度使壮其军容巡审，或遣体探秘密巡哨，使彼人不得安心留在"[③]，也就是至此欲重新恢复针对"废四郡"地区的年例巡察政策。此策一出，预示着其正式开始关注对于该地所有权的维护。

二、朝鲜王朝对于"废四郡"地区的"体探"式维护与许混"邀功"事件的发生

然而，朝鲜王朝果真将注意力转回到"废四郡"地区，并不意味着其先前的政策就能再次适用于该地的现实状况。正如上述，鉴于该地的自然环境变化，若再去执行年例巡察，就不甚便利，军士往来的风险也较大。这种境况被当时任平安道都节制使的李克均觉察，他奉令首次巡察该地，居然出现了在"伐木时，人多见死"[④]的局面，故而奏称该地"不可轻易入归、观兵"[⑤]，也就是不能把巡察当作年例常行之事。该奏报引起了朝鲜王廷的重视。有些大臣基于该地已成女真猎场之现状，甚至担忧再巡察，万一与之前体探人李完等一样"猝遇彼人"而生更加严重的冲突，或者因此为女真"斩木开路"而便于其袭扰，或者与之前女真试问边将是否还"往来空城"之所言不符，可又不能再放任该地不管，故不建议"节度使巡审，(认为还是)择壮士深入体探，临机措置为便"。[⑥] 根据这些议论，鉴于当前与建州女真诸部的关系有所缓解，并趋向于和平稳定的局面，为了边地的安危而尽量不破坏这种局面，朝鲜王朝决定对女真采取温和"开谕"的态度，劝女真"勿来猎"，

---

① 据《朝鲜成宗实录》卷一八一，"十六年七月甲戌"条载："李克均在平安道时，被掳唐人来言，野人有入寇四空城之计，必此地也。"其中，四空城即指"废四郡"。而女真既然知道"四郡"已空弃，还要声言入寇，说明其或许是要试探朝鲜王朝对于该地的态度。可能后来通过某一次真的袭击该地后，逐渐发觉朝鲜对该地并不关注，才慢慢入猎于此。因此，再根据李克均是从成宗十年开始任职于平安道的情况，即得出如此推测。

② 《朝鲜成宗实录》卷二四八，二十一年十二月乙卯。

③ 《朝鲜成宗实录》卷一四一，十三年五月丁酉。

④ 《朝鲜中宗实录》卷二五，十一年五月庚戌。

⑤ 《朝鲜成宗实录》卷一四四，十三年八月己未。

⑥ 《朝鲜成宗实录》卷一四四，十三年八月己未。

即在其保证对该地拥有所有权且避免冲突的前提下，支持某些大臣提出的择人谨慎体探而非巡察的建议。[①]

朝鲜王朝对于女真的劝诫的确收到了较好的效果，且又或许因其常年遣军士体探“废四郡”地区[②]，在采取该方式后的数年间内也的确未再传来女真入猎的消息。但女真不来该地，并不等于双方就不再有冲突。因为就像建州女真诸部的首领想要尽可能地维持与朝鲜王朝的安定局面，并不能保证首领们的所有下属都能听从，故曾因少许女真复掠朝鲜边地而使之一度出现了危机[③]。而朝鲜王朝虽也鉴于来之不易的和平局面，曾多方面降低了对女真的防范标准[④]，但并非不防范。由于如上对女真的原有偏见加上之前曾发生过和平局面遭到破坏的前车之鉴，尤其又对女真是否仍记恨前两次剿杀的疑虑未消，故其对女真始终存留一份戒心。正是在如此戒心的作用下，其为防不测而将先世之策变为惯例，即严禁女真在其边地近旁逗留太久，更别提在其江边对岸长期居住乃至恢复越江了。也正是基于如此戒心，一旦出现了女真复掠之事，无论如何，都会被其归咎于建州女真诸部之首领，那么其对这些女真部落之态度，即诸如成宗王对边将所谕：“三卫野人征讨之后，结怨于我深矣。今虽外顺，中心难测……毋狃于无虞，常如敌至，防戍诸事，谨慎措置。”[⑤]由此可见，双方和平的表面暗藏“隔阂”。这就注定了双方再次交好的关系不会长久，终于随着又一个严重事件的发生而彻底破裂，而这正是许混“邀功”事件。

朝鲜成宗二十一年(1490)，原庆尚道密阳府使许混被任命为平安道满浦镇佥节制使。[⑥] 许混新受此职最初的目的是奉特旨驱逐在满浦对岸留屯居生的建州右卫女真童约沙一族人。在童约沙如此来居之前，已有数波女真欲在朝鲜边地对岸逗留乃至居住，且其留屯处离“废四郡”地区还都不远。对于这些女真人，朝鲜王朝无一例外要予以驱逐，以防其“后日窥觇虚实，潜行鼠窃之谋，或生鸱张之计”[⑦]。毫无疑问，童约沙的遭遇亦将不可避免。在朝鲜王朝的武力威胁下，童约沙最终自“焚其庐舍，发向本土”[⑧]。如此连续的驱逐，在不断增加女真积怨的同时，更给因愤于些许女真又来侵害而已充满疑心的朝鲜君臣们，对女真的违禁以更加警惕的“假象”，并被赴任不久的许混利用。随着马上在满浦附近出现的一股女真，被许混察觉并处理，这种“假象”开始一度掩盖了事实

---

① 《朝鲜成宗实录》卷一五三，十四年四月壬午。

② 当时的史料对此并没有明确的记载，只能根据彼时其他相关的史实情况以及此后的史料进行推测。

③ 《朝鲜成宗实录》卷二〇八，十八年十月壬午。

④ 比如，不再禁止女真随意田猎，但底线是女真不越江。参见《朝鲜成宗实录》卷一五三，十四年四月壬午。

⑤ 《朝鲜成宗实录》卷二二三，十九年十二月戊申。

⑥ 《朝鲜成宗实录》卷二四〇，二十一年五月乙丑。

⑦ 《朝鲜成宗实录》卷二四〇，二十一年五月乙丑。

⑧ 《朝鲜成宗实录》卷二四二，二十一年七月辛未。

的真相。这正如许混在此番行事后奏称：

> 九月十四日，彼人六名乘者皮船渡鸭绿江，四人潜入我界，二人因乘船棹向上流……十七日，令江界、上土、满浦三镇戍兵合势待变……十九日未时，贼十人还至向所渡处，左右伏兵一时大呼……追斩七级，贼二人投水，一人游涉而逃。[①]

按照许混此奏，女真属于肆意越界，似有不轨图谋，故而对其斩杀理所应当。该奏报传至朝鲜王廷，朝鲜君臣们起初也都觉得这是合情合理之事，甚至成宗王还赞赏许混“能先事而谋，捕斩殆尽，畅我国威”[②]。实际上，从后来逐渐显露的实情可知，这只是女真正常的狩猎行为，而非有其他任何企图，更为重要的是女真并未越江入猎。[③] 可当时朝鲜君臣们并不清楚这一点。其原因如上所述，虽说之前一直未有女真越江入猎的奏报，但毕竟已有几例小规模的女真扰边事件，尤其又担心女真“迫于驱逐……怀愤必甚”[④]，让朝鲜君臣们不仅误认为此次亦不过是女真再次“欲为鼠窃之计”[⑤]，甚至还误导某些大臣认为“许混袭杀虏人于绝远之地，此非闾延之故墟，必是慈城之弃地”[⑥]，也就是推断女真敢于入猎“废四郡”地区绝非不可能之事，如此就彻底超越了朝鲜王朝的底线，那么许混所做的一切看上去也就显得顺理成章。

好在，许混此事最后总算被朝鲜王朝查明，许混本人被断以“邀功生事，欺罔天聪”[⑦]之罪而遭到处决[⑧]。但这已不重要，因为此事在当时促使朝鲜王朝与女真的矛盾已然激化，从而对朝鲜王朝造成了无法挽回的严重后果，即从成宗二十二年(1491)正月的女真第一次袭击平安道边地开始，直至燕山君时期(1494—1506)，朝鲜王朝被迫针对女真规模大小不等的报复行动的艰辛防卫，就此长期成为其保持与女真紧张关系中的常事。正所谓“今西界之衅，肇于许浑(混)之妄举。彼之鼠窃，非陵我，特怀愤耳”。[⑨] 这种后果对于朝鲜王朝产生了诸多影响，最为重要者正是累及了朝鲜王朝一直以来如上以体探维护的“废四郡”地区，即：

一方面，该后果带给朝鲜王朝极为深刻的教训，使其从此切忌“邀功生事”。其实，朝

---

① 《朝鲜成宗实录》卷二四四，二十一年九月乙亥。
② 《朝鲜成宗实录》卷二四四，二十一年九月丙子。
③ 《朝鲜成宗实录》卷二四九，二十二年正月己丑；卷二五三，二十二年五月己丑。
④ 《朝鲜成宗实录》卷二四五，二十一年闰九月庚辰。
⑤ 《朝鲜成宗实录》卷二四四，二十一年九月乙亥。
⑥ 《朝鲜成宗实录》卷二四八，二十一年十二月乙卯。
⑦ 《朝鲜成宗实录》卷二五五，二十二年七月丁丑。
⑧ 《朝鲜成宗实录》卷二五五，二十二年七月丙戌。
⑨ 《朝鲜燕山君日记》卷三四，五年八月甲午，韩国国史编纂委员会影印，1970 年。

鲜王朝早先不是没有对边将下达过“邀功生事，得不补亡”[①]的警示，甚至在得到如上许混袭杀女真奏报之时，成宗王还如此告诫“为边将者，固不可有意邀功，以生边衅”[②]，但始终并未在其内部引起足够的重视，而在饱受了许混一事所导致的惨痛后果后，让其君臣们在痛定思痛之余，更是逐渐产生了疑畏的心理。而正是这种心理的作用，使得朝鲜王朝此后过于担忧乃至忌讳轻易与女真发生冲突，由此便为其接下来在中宗时代的“废四郡”问题上的被动处理埋下了伏笔。

另一方面，该后果也使得朝鲜王朝在不得不专注于防范女真来袭的同时，放松了对于“废四郡”地区长年进行的“体探”式维护。正所谓“闾延等地在成宗朝，每于秋冬遣本道军官巡行体探，(而)末年不能如此”[③]，那么到了因内部政局动荡而边政逐步荒废的燕山君朝[④]就更不能如此。这样一来，“废四郡”地区便再次步入权力“真空”的状态。也就是该地在二度无主的过程中，一个让朝鲜君臣们始料未及的女真人的出现，更成为朝鲜王朝面临的中宗代“废四郡”问题之所以突然严峻的标志。而此人，正是温下卫女真金主成可。

三、女真向“废四郡”地区的不断涌现与朝鲜王朝难断驱逐

金主成可，又称金主成哥、金主成介或金主成哈等，其原本应是生活于朝鲜王朝咸吉道“六镇”附近的城底女真，后随所部温下卫(或称温火卫，该卫前身据学者考证为图们江下游岸边所居的由骨看兀狄哈部女真构成的喜乐温河卫[⑤])，从图们江附近迁至鸭绿江近旁。由于朝鲜王朝严禁任何女真寄居其江边对岸，因此金主成可随卫居于“距建州卫三日程”[⑥]之地，但也应离朝鲜边地不远[⑦]。待所居暂时安定之后，金主成可等温下卫女真便利用自己靠近建州诸部女真且与之有不少往来关系[⑧]的便利条件，频繁干起了向朝鲜王朝通风报信的“买卖”，以求得朝鲜的赏赐与信任。比如，成宗二十二年，成宗王便针对金主成可如此下谕：“彼人金主成可屡报声息，其功可赏，若又来报，令边将量加前

① 《朝鲜成宗实录》卷五〇，五年十二月己酉。

② 《朝鲜成宗实录》卷二四四，二十一年九月丙子。

③ 《朝鲜中宗实录》卷三八，十五年正月壬寅，韩国国史编纂委员会影印，1970 年。

④ 燕山君在 1498 及 1504 年先后两次发动士祸，逐步迈向荒淫、暴政的极端，使得朝鲜王朝的边务由此乃至中宗即位初期的较长时间内，处于长年废弛的状态。

⑤ 张士尊：《建州女真董鄂部族源考》，《东北史地》2007 年第 2 期。

⑥ 《朝鲜成宗实录》卷二二三，十九年十二月甲午。

⑦ 张士尊：《建州女真董鄂部族源考》，《东北史地》2007 年第 2 期。

⑧ 这从该卫不时与建州诸部女真一起拜见朝鲜边将，或代之向朝鲜传话等种种情况便可看出。

数”[①]；后来更是“升（其为）上护军”且另除“（三品）堂上职，以劝其后”[②]；甚至还念其“效顺告变”，将其因“掳三水人物”而被囚拘的儿子“戒敕送还”[③]。由此可见，金主成可以常年“报变”的“诚意”，一度打动了朝鲜王朝的君臣们，使他们习惯性地将金主成可看作是平安道附近最顺服、最值得信赖的女真人。

在这种情况下，在经历了“中宗反正”[④]后的政局恢复与稳定，已疏于维护“废四郡”地区长达二十余年的朝鲜王朝，到了中宗十二年（1517），突然收到了“金主成介来居（古）闾延越边未彦川”[⑤]的消息，且得知此人“来居已至六年之久”[⑥]。按照如上朝鲜王朝严禁女真寄居近地的惯例，本该严词拒绝乃至积极驱逐金主成可此举，可正是鉴于对金主成可的信任，居然破例同意了金主成可的留居[⑦]。与此同时，这也是一个事态已然严峻而应当引起其特别重视的信号。因为朝鲜王朝根本不清楚“废四郡”地区在这二十余年间到底发生了什么，而事实上，该地因再次长年无其“体探”而早已重新成为向女真开放的“草木丛茂、仰不见天”[⑧]的天然猎场，且女真也早就恢复了在该地附近狩猎乃至入猎于其内部的状态[⑨]，甚至还有移居该地附近乃至内部者。只是，仍鉴于只有可信的金主成可一家来居，朝鲜王朝便低估了此中的严重性，以至于一时又忽略了对于直接关涉“废四郡”地区的此消息的追查。

然而，当本年底金主成可女婿童尚时前来通报，称金主成可一族九户又要于次年“移居茂昌越边”[⑩]，尤其自此一年后更是得到了女真“金巨应仇乃等二十余家来寓闾延越边”[⑪]的消息之时，朝鲜王朝方才感觉事有可疑，遂始派军官前去探察。结果，这首次探察让朝鲜王朝发现了一个令其惊愕不已的现象：闾延地域“沿（鸭绿）江上下，彼人来居者总计九十二户，壮者无虑四百余名，（且）此人等来居已久”[⑫]，又“非特金主成可族亲……

---

① 《朝鲜成宗实录》卷二五三，二十二年五月戊戌。

② 《朝鲜成宗实录》卷二九四，二十五年九月戊戌。

③ 《朝鲜燕山君日记》卷一三，二年三月壬午。

④ 即指朝鲜王朝勋旧派贵族为反对燕山君的暴政，而于1506年发动了旨在推翻燕山君统治的政变。政变后，燕山君被废，原晋城大君即位为王即后来的中宗王，并将一切恢复正规，又实行了一些改革，史称“中宗反正”。

⑤ 《朝鲜中宗实录》卷二八，十二年六月壬子。

⑥ 《朝鲜中宗实录》卷二八，十二年六月壬子。

⑦ 《朝鲜中宗实录》卷二八，十二年六月壬子。

⑧ 《朝鲜中宗实录》卷二五，十一年五月庚戌。

⑨ 《朝鲜燕山君日记》（卷三四）五年七月丁卯条有“彼人（即女真）所告古慈城指向出来人相逢”之语，《朝鲜中宗实录》（卷一二）五年八月丙申条亦有“我卫人（即温下卫）及建州卫人等托称田猎采参……发行向古慈城近处”之语，故据此则有该推测。

⑩ 《朝鲜中宗实录》卷三一，十二年十二月乙丑。

⑪ 《朝鲜中宗实录》卷三五，十四年二月己丑。

⑫ 《朝鲜中宗实录》卷三六，十四年六月甲戌。

(甚至)移入江内居(古)闾延旧城傍近者(还有)二十户”[①]。显然,且不论是否追究金主成可此前或有隐瞒之责,单就看如此史无前例的来居现象,按照朝鲜王朝以往对这里的所有权进行坚决维护的态度,也应马上予以驱逐,何况它也明白这“将为两界巨害,固当驱逐”[②]。但正是在这个要不要驱逐女真的问题上,王朝内部开始产生分歧,由此也就开启了其针对该问题犹豫难决的序幕。只是,当时基于对金主成可的习惯认识,“且前有许居之辞,(担心)遽即驱逐,恐生怨忿”[③],不驱逐之声尚居于主流。尤其是中宗王,朝鲜王朝最终驱逐与否主要取决于他的决策,可其除了与否定驱逐的诸臣一样对金主成可仍抱有幻想外,更有“国家虚悚”[④]“兵食不裕”[⑤]等顾虑,但最关键的还是担忧轻易“逐之则必构边衅”[⑥],且“一开边衅,(则)后事亦难”[⑦]。而导致其有这种担忧,正在于上述因许混事件影响而产生的疑畏心理的作用,即基于前车之鉴,其对与女真冲突尤其是主动“构衅”讳莫如深。也正是其这般忌讳,又作用并贯穿于其接下来的决策中。

在中宗王跟随主流的决策下,朝鲜君臣们选择了再次相信金主成可,采取对金主成可开谕责还的办法,希望借对金主成可的劝离来带动其他所有来居女真人的离开,但却收到了让其意想不到的结果反馈:金主成可非但不愿离去,反而威胁执行开谕的使者称“汝国若欲使我不得居于此地,则我亦为汝国患”[⑧]。这就彻底使其执着于金主成可等人自动离开的迷梦破灭了。凭此,朝鲜王朝自然群情激愤,尤其在主张驱逐派大臣的倡议下,已开始谋划“待秋成驱逐事”[⑨]。

不过,因仍有不少反对驱逐者,特别是中宗王也认为“如此事,慎重可也”[⑩],关于对金主成可等来居女真如何处理的问题,朝鲜王朝内部在此后又历经了两年的争议期。就在如此迟迟不能决断,且又拿不出切实有效的策略之际,朝鲜王朝得知涌向“废四郡”一带的女真数量突然猛增了起来,且有着一发不可收的态势。先是“数月之间,九百余户移居于此”[⑪],而仅又过了一年,来居者更已增至“二千余户”[⑫]。与此同时,之前“本来居住者即温下卫也……(古)闾延、(古)茂昌新所来居者即金朱(主)成哈也。自此人来居以

① 《朝鲜中宗实录》卷三六,十四年六月丙子。
② 《朝鲜中宗实录》卷三六,十四年六月丙子。
③ 《朝鲜中宗实录》卷三六,十四年六月丙子。
④ 《朝鲜中宗实录》卷三七,十四年十一月己未。
⑤ 《朝鲜中宗实录》卷三八,十五年正月壬寅。
⑥ 《朝鲜中宗实录》卷三八,十五年三月丙午。
⑦ 《朝鲜中宗实录》卷三八,十五年二月癸酉。
⑧ 《朝鲜中宗实录》卷三九,十五年四月丙寅。
⑨ 《朝鲜中宗实录》卷三九,十五年四月丙寅。
⑩ 《朝鲜中宗实录》卷三九,十五年四月丁卯。
⑪ 《朝鲜中宗实录》卷四四,十七年五月乙亥。
⑫ 《朝鲜中宗实录》卷四八,十八年五月丁亥。

后,六镇野人,或四五家,三四家,年年移居其处"[①];而今连其以往主要防范的建州三卫女真亦要大量来居,"前后来居者,岁二百余户,而今方出来者络绎不绝。其居候(厚)州者与三水之镇相接,而居上土迫近于江界,此所谓终致西北之患也"[②]。更有甚者,不止"废四郡"地区,就连在该地西部不远、一度作为其禁地的满浦对岸,"而今……又(有来)逼居满浦越边"者[③]。如此剧变的状况,不仅使得朝鲜众臣中主张驱逐者的危机意识愈发强烈,更使得此前不少否定驱逐者也逐渐转向于主张驱逐。也就是说,主张驱逐的声音逐渐占据优势。只是,最后仍有赖于中宗王的决策,面对众臣要求驱逐的奏请,仍每次给予不外乎之前态度的批谕。诸如:"决不可轻举,待时而动可也"[④];"大抵喜开边则邀功生事之人从而出焉"[⑤];"驱逐之事虽云不得已,后日防御之事亦重"[⑥]等等。

应当指出,中宗王自决定开谕金主成可以来如此忌讳"构衅",自有其身为一国之君希望考虑万全的缘故。正如他曾言:"予之欲问于本道(即平安道)者,为举兵非轻,故欲旁求方略耳……若贼寇先侵我境,我不得已举兵应之则可也。今野人等虽来居我空地,别无显著之罪,可谓无名之师也。虽得驱逐,不能防守,则恐有后悔。"[⑦]而这也的确在后来的历史发展中逐步得到了印证。只不过,也恰恰是由于这般忌讳,致使其虽倾向于不驱逐,却并非完全不想驱逐,即其成为众臣犹豫的表率,如此不仅未能解决诸臣的分歧,更使其治下的整个王朝就此驱逐问题长期处于犹豫未断的状态。结果,正是在这种状态下,从首次得知金主成可来居的中宗十二年至中宗十八年(1523),竟给予女真长达七年的移居时间,那就无怪乎形成了如上所言其较难控制的来居女真猛增的局面。这正如有大臣曾如此抱怨:"(古)闾延、(古)茂昌来居野人,当其初来也,听其边将驱逐之言,则恐不至于如此滋蔓,而自上重难其事,在下亦不敢启。"[⑧]

四、朝鲜王朝驱逐女真的彻底失败与前期"废四郡"问题的偶然中止

当然,既然中宗王并非绝对没有驱逐的想法,也就有同意驱逐的可能,那么就总有被

---

① 《朝鲜中宗实录》卷四四,十七年三月甲寅。
② 《朝鲜中宗实录》卷四六,十七年十一月甲寅。
③ 《朝鲜中宗实录》卷四八,十八年五月甲午。
④ 《朝鲜中宗实录》卷四六,十七年九月己酉。
⑤ 《朝鲜中宗实录》卷四七,十八年闰四月丁巳。
⑥ 《朝鲜中宗实录》卷四八,十八年五月丙戌。
⑦ 《朝鲜中宗实录》卷四六,十七年十一月甲寅。
⑧ 《朝鲜中宗实录》卷四八,十八年五月甲午。

群臣言动之时。果然，其在朝中重臣们的力谏下，最终极为勉强地听“从众议”[1]，并由此开始计议及筹备实施如何驱逐的事宜。但问题是，来居女真的规模毕竟已今非昔比，而在如此境况下还要勉为其难，真的就能达到目的吗？这从朝鲜王朝议定乃至实施驱逐后的情况便可见分晓。

这正如，朝鲜王朝经过反复谋划，将原定部分驱逐改为全部驱逐，决议由咸镜南道主将配合平安道主将从东、西两向“同议合驱”，意欲对包括金主成可在内的整个“废四郡”地区的来居女真行“永绝根抵之略”。[2] 按照既定驱逐方案，平安道与咸镜南道两军皆于中宗十九年(1524)正月初六日发军。先是平安道军马初行军之时，与离其最近的三屯女真[3]童他时哈等相遇，或是因此被女真预先发现了异常而走漏了消息，加之当时正值雨雪寒冬之季，及其主将“措置失宜”，最后不仅“略无小利”，反而“人马冻伤甚多”，尤其又在回程中因遭遇女真的伏击而惨败，致使整体“过半死伤”，“且畏虏人尾击，恐劫鼠窃”，而临时改变计划，“径从他路而还”。[4] 再看咸镜南道军马，抑或因女真提前察觉而走漏了消息，此行虽发现了来居女真“家数无虑三四十家”，却仅仅见到“年老无勇”者六七人，并且“以榜文开谕”这些女真也未起效，最后只得“尽烧野人家财物”后回还。[5] 至此，整个驱逐行动仍未完结。因为朝鲜重臣们认为“冒禁来居各屯人，则所当尽皆驱逐，还由直路而来，而(之前平安道军马)闻变中止。(但)最以近境居童他时哈等三屯虏户，不可不尽驱逐”。[6] 于是，平安道军马竟又奉命开始补驱三屯女真。尽管此前朝鲜王朝三令五申“切戒贪杀”，但该支驱逐军在具体执行时还是违令斩杀三屯女真三十人，并擒拿多人，最后又“焚其庐舍而还”。[7]

以上便是朝鲜王朝自女真来居以来终于落实驱逐女真行动的全部经过。显而易见，朝鲜王朝妄图毕其功于一役，以达成一劳永逸目的的想法，在真正实施的过程中因保密不当、考虑不周、将领失策等多重因素的影响，而并未达到其理想的效果，甚至连其需要重点驱逐的金主成可等人的踪迹也未见到[8]，反倒损兵折将。再加上此后不久，被驱女

---

① 《朝鲜中宗实录》卷四九，十八年九月丁亥。

② 《朝鲜中宗实录》卷四九，十八年十月乙丑、十一月乙亥、十二月己亥、十二月丙辰。

③ 这三屯分别为古道洞、波荡洞及童他时哈屯，结合前述河内良弘文中考证，它们分别位于今朝鲜慈江道满浦市三江里(前称古城洞)、松三波(在三江里稍东之地)及烟浦里对岸(今中国吉林集安市蒿子沟村)附近。

④ 《朝鲜中宗实录》卷五〇，十九年正月丙子、癸未、戊子。

⑤ 《朝鲜中宗实录》卷五〇，十九年正月甲午。

⑥ 《朝鲜中宗实录》卷五〇，十九年二月丁酉。

⑦ 《朝鲜中宗实录》卷四九，十八年十二月丁未；卷五〇，十九年二月乙卯。

⑧ 金主成可在此次驱逐后，或是因此迁离，或是不久死亡，或是其它某种原因，突然从朝鲜王朝的视线中消失，而终不见于史料。

真又复还居[①],这等于此次驱逐行动以完全失败收尾。从根本上讲,这种失败似乎是注定的。因为一方面从上述朝鲜王朝在驱逐前的拖延及其驱逐的经过可知,其实际并未完全做好驱逐的准备,只不过是为了应付其自觉已难承受的危局而进行的一场不得已之举,即如中宗王后来曾如此反思"前者驱逐之事,予则欲不为,而举朝强请驱逐,故为之"[②]。另一方面,这片"废四郡"地域对于女真的吸引力与重要性前文已述,因此来居女真也不是朝鲜王朝想驱就能驱走的,甚至在此次驱逐徒劳无功之后,朝鲜君臣们仍不甘心,还不时地派军体探并破坏还居女真的生产生活活动[③],却也并未见效,如此正如女真后来曾自言这里"地品沃饶,农业甚好,虽逐而驱之,旋即还入而居矣"[④]。

此外,相比朝鲜王朝驱逐的失败,更为重要的是其驱逐大军不仅肆意烧毁来居女真的家居财产,甚至不遵政令,因"希望恩赏(而)枉杀髦倪"[⑤],这就与其驱逐只是为了迫使女真离开的初衷背道而驰。但事已至此,后果便可想而知,正如其所自知的那样:"三屯驱逐……与驱逐本意大乖,彼必怨我,仍起边衅"。[⑥] 而事实也的确如此,女真时刻寻机,意欲报复,并终于以袭杀时任满浦镇佥节制使沈思逊的方式,制造了让朝鲜君臣上下皆惊愕万状的"满浦之变"[⑦]。这正如一些大臣随后的感慨:"观祖宗征讨之时,其在世宗朝,闾延边民为彼人所掳而已,(从)无杀将之事,受辱于彼人,莫如今时。"[⑧]

既然朝鲜王朝并不能将女真彻底驱离,尤其"满浦之变"更给朝鲜王朝带来了巨大震动,这就迫使朝鲜君臣们逐渐认识到了驱逐实为"无益而有害"[⑨]之举,从而再也不敢轻言驱逐之事,由此便使得上述其尝试驱逐的行动,成为中宗代首次亦是唯一一次大举驱逐实践。与此同时,因"满浦之变"的惨痛教训,朝鲜君臣们开始检讨当初主张驱逐者的责任,并从此处于极为谨慎的状态,特别是中宗王较之之前也更加畏惧"构衅",再加上在该事变前后爆发于平安道且蔓延、持续的烈性传染病的影响[⑩],以至于即便"满浦杀将之变惨不可言,而(其)朝廷深惩顷祸,缩缩忍羞,口不言兵,(更)置(古)闾延之贼于相忘之域……逻卒之探亦不能渡一步而西"。[⑪]

结果,正是如上对驱逐行动丧失信心以及"满浦之变"的深刻影响,使得朝鲜君臣们

① 《朝鲜中宗实录》卷五一,十九年六月甲寅。
② 《朝鲜中宗实录》卷六三,二十三年十月辛丑。
③ 《朝鲜中宗实录》卷五一,十九年六月戊午、八月戊午;卷五五,二十年十月乙巳。
④ 《朝鲜中宗实录》卷五八,二十二年三月甲辰。
⑤ 《朝鲜中宗实录》卷五〇,十九年四月甲子。
⑥ 《朝鲜中宗实录》卷五〇,十九年三月庚寅。
⑦ 《朝鲜中宗实录》卷六〇,二十三年正月辛丑。
⑧ 《朝鲜中宗实录》卷六〇,二十三年三月丁丑。
⑨ 《朝鲜中宗实录》卷六三,二十三年十月庚申。
⑩ 《朝鲜中宗实录》卷五一,十九年七月辛未;卷六一,二十三年四月己巳。
⑪ 《朝鲜中宗实录》卷八〇,三十年十一月癸酉。

对于“废四郡”地区又渐渐处于长年忽视的状态，而女真也趁此时机大举来居。直到中宗三十年(1535)以后，当朝鲜君臣们忽然反应过来，重新侦察已经“久不体探”[①]的“废四郡”地区之时，发现“来居彼人(已)分百余户……(且)部落益繁……(大有)连居”[②]之势。尽管朝鲜君臣们为此局面再次苦恼、忧虑，但却根本不敢轻动，甚至鉴于“彼地之虏日益滋蔓，多有可忧之事，而未能措之，(已有)将弃其地”[③]的想法。而也正是朝鲜君臣们如此无所适从乃至心灰意冷之余，他们更是再次猛然发现“自三水至(古)闾延、(古)茂昌之间，野人之来居者至于四五千”[④]，已然无法控制，亦无心思阻挡，从此除古慈城郡辖地西部与江界府相接的有限区域[⑤]外，便彻底弃其他绝大部分“废四郡”地区的女真于不顾。

总之，朝鲜王朝对于来居女真的驱逐，就是对“废四郡”地区的维护，而其驱逐的失败就等于维护的失败，尤其是其对绝大部分“废四郡”地区放弃驱逐不再维护，而来居女真又不会轻易离开这些地域，从而意味着其对于这些地域很可能将处于一种无限期失控的状态。同理，也就是来居女真必将无止境地居于此。而此后的事实也的确不断地印证这一点，即自中宗代以后，朝鲜王朝历经仁宗(1544—1545)、明宗(1545—1567)、宣祖(1567—1608)三代国王，对于已经放弃的这些地域长期处于信息失联、几乎不知其情的状态，那么便可想而知来居女真在这里任意居住及来去自由的情况。甚至，在这半个多世纪的时间里，正如上述，朝鲜王朝对于尚还关注的“废四郡”地区最西部边缘的有限区域都不能很好地把控。根据史料记载，以今朝鲜慈江道慈城江为界，朝鲜王朝主要是在此界以西紧靠鸭绿江的几个地点进行过为数不多的维护活动。这几个维护点自西向东分别为：林土(或称林投)、立岩、照牙坪、西海坪等地。[⑥] 而尽管只把精力放在仅仅这样几个地方，也是成效不大。比如，其中相对最为明显的就是对西海坪的维护，但就像上述中宗代驱逐时的遭遇一样，往往难达目的甚至得不偿失，正所谓“西海坪……绝远不能守，恐胡人来居滋蔓，故有时领兵驱逐，不从则击之。(这里)土地肥饶、宜菽谷，故胡人抵禁窃居，驱而复还”[⑦]。

然而，就在朝鲜王朝如上长期忽略“废四郡”绝大部分地区，乃至连其所唯独关注的

---

① 《朝鲜中宗实录》卷八一，三十一年四月戊申。

② 《朝鲜中宗实录》卷九〇，三十四年四月丙寅。

③ 《朝鲜中宗实录》卷一〇一，三十八年十二月壬申。

④ 《朝鲜中宗实录》卷一〇二，三十九年四月甲申。

⑤ 这个区域被朝鲜王朝视为江界府辖地近境，故而其一直较为在意，后来甚至直接将这里当作江界府属地(《朝鲜明宗实录》卷二三，十二年九月戊辰，韩国国史编纂委员会影印，1970年)。对此，下文还将续述。

⑥ 根据相关史料记载，并结合[韩]李仁荣教授的《韩国满洲关系史的研究》(乙酉文化社，1954年)一书第58页“废四郡图”中的考证可知，这几个地点分别位于今朝鲜慈江道满浦市十里洞、三江里(前述古道洞近旁)以及慈城郡照牙洞、西海洞附近。

⑦ 《朝鲜宣祖修正实录》卷二，宣祖元年五月庚戌，韩国国史编纂委员会影印，1970年。

几个地方也如同失去的情况下，到了光海君时期，来居女真却突然从整个“废四郡”原辖地及其附近地区消失殆尽，使得朝鲜王朝又有了复取该地的希望，此为何故？其实，这涉及整个女真民族内部剧烈的凝聚与整合变化，而对此则不得不提及一个伟大的女真英雄即后来的清太祖努尔哈赤。众所周知，努尔哈赤于1583年起兵开始了统一女真各部的战争，而在这个过程中，其对各归附或战败的女真部落惯行的统治政策即所谓的“徙民政策”，也就是以其为中心把新从属的周边各地女真民众徙至其居地附近，以便纳入编户乃至统为“八旗”。[①] 这种做法的目的，自然是为了尽可能地集中优势兵力及物力、财力，以利于其随后逐步发展的兼并战争，尤其是在面对更强大对手时的优势保持。正因如此，努尔哈赤在统一建州女真诸部后，为了与实力强劲的海西女真特别是乌拉部争雄，不断进攻并收取图们江流域的东海瓦尔喀女真诸部[②]，以至于“胁掠诸部，会宁以西藩胡尽为所制，或移为近地，或以为麾下，由此遂强”[③]。也正是在持续收取瓦尔喀女真的同时，光海君二年(1610)三月，努尔哈赤下令“使梨坡[④]、照牙坪、立岩、西海地新卜家基急速移居，老迷弱则仍居旧基，尽食旧谷后移居”，即应同样主要出于收取女真的目的，或兼带向朝鲜王朝示好之意[⑤]，而开始将来居“废四郡”地区的“上下诸(女真)部落(尽皆)撤移深处”。[⑥] 随后到光海君四年(1612)二月，努尔哈赤通过接连在“四郡故地(全面)撤移胡家”，又进一步将“闾延等地未尽撤移胡家并为尽撤”，从而意味着女真来居“废四郡”地区及其近地的历史至此终结。[⑦]

由此可见，来居女真的突然消亡，主要是缘于以努尔哈赤为代表的建州女真势力的勃兴及其进行统一战争的政策需要，从更高的层面上讲就是依赖于当时东北亚局势的迅速变化。因此就其本身很难自动离开而言，不得不说这实属历史的偶然。但不管怎样，来居女真终究是离开了，即整个“废四郡”地区从此再一次回到了“无主”的状态，这就至少给朝鲜王朝留出了可以继续维护乃至控制该地的希望。而这种离开，也正标志着整个

---

① [日]松浦茂:《努尔哈赤(清太祖)的徙民政策》，古清尧摘译，《世界民族》1992年第1期。

② 董万仑:《明末清初图们江内外瓦尔喀研究》，《民族研究》2003年第1期。

③ 《朝鲜宣祖实录》卷一九一，宣祖三十八年九月己亥，韩国国史编纂委员会影印，1970年。

④ 据史料所载，梨坡在满浦镇以东、鸭绿江以北之地，距满浦“三十里道程”(《朝鲜中宗实录》卷六三，二十三年九月甲午)，属于古慈城辖地近地，笔者推测其大概在今中国吉林集安市大青沟一带。

⑤ 努尔哈赤统一女真之前常有越鸭绿江采参、狩猎的行为，让朝鲜王朝非常不满，甚至因此发生了“渭原事件”(1595)，而致使双方关系一度紧张。但努尔哈赤这时并不想与朝鲜交恶，以免累及其统一大业。所以，笔者认为其撤走“废四郡”等地的女真，并规范属下行为，以便尽量避免与朝鲜不必要的冲突，或有向朝鲜示好、缓解双方矛盾的用意。不过，这并非主要目的，而收人扩兵才是其根本意图。

⑥ 《朝鲜光海君日记》卷一〇，二年三月乙酉，韩国国史编纂委员会影印，1970年。

⑦ 《朝鲜光海君日记》卷一七，四年二月癸酉。

前期“废四郡”问题的中止。至于此后，女真(满族)入主中原，朝鲜王朝面对新形势还将如何处理仍然延续存在的“废四郡”问题，则为后话。

五、结语

自世祖王统治初年的“四郡”撤废起，朝鲜王朝对这个地区先是二十余年未予关注，直到成宗时代中期突然发现了女真入猎的现象，才始以派员“体探”的方式加以维护。可多年后突然发生的许混“邀功”事件所导致的严重后果，迫使其中断了这种维护，再次回到了对该地疏于关注的状态。而后到了中宗时期，又发现了女真来居该地的现象，但因许混“邀功”事件所产生的畏忌“构衅”的影响，更使其在是否驱逐来居女真的考量上，陷入了犹豫难断的境地。这种犹豫助长了女真的来居，从而造就了其驱逐的失败，以至于其终究无奈地放弃了驱逐。然而，随着努尔哈赤的兴起以及女真统一进程的加速，该地在被其放弃半个多世纪之后，因来居女真被努尔哈赤突然迁离，再次有了取回该地的新希望。

显而易见，该问题自产生后，在前一发展阶段里绵延逾一个半世纪，全面展现了朝鲜王朝对于“废四郡”地区的间隔式维护，整个过程可谓一波三折。而之所以会出现这种波折，或者说朝鲜王朝之所以不得不对该地进行维护，是因为其始终不情愿完全失去该地的所有权，但恰恰缘于其对于该地的废弃，吸引了女真进入，更因其成为无主空地而便利了女真来居。这就好比，“废四郡”问题之所以被称之为问题，是因为“废四郡”地区的存在造就了种种问题，而其根源也正在于朝鲜王朝早先的“四郡”撤废。

不过，总的来看，朝鲜君臣们毕竟曾努力维护过该地，即充分体现了其对于鸭绿江上游界河的积极维系，这源于其对先代所拓疆域的记忆，成为其要保有该地乃至界河的主观动力。所以，尽管因女真曾占据该地，而致使其只能长期放弃该地，但一旦因历史的偶然赋予其绝好时机，它还将在其主观动力的驱使下重新谋划该地，以至于使得鸭绿江界河由此终得延续。

作者简介：

刘阳，天津师范大学历史文化学院讲师。

波涛涌动的校园：1945年初闽北建阳国立暨南大学风潮研究

高志军　夏　泉

[提要]1941年底太平洋战争爆发，此前一直在上海孤岛坚持办学的国立暨南大学，遂于1942年夏全部播迁至闽北建阳。学校在闽时期，一方面疟疾蔓延，因药品供需矛盾引起龃龉；另一方面，闽籍师生日增，但并无多少话语权，遂有争权之举以获取自身利益诉求。加诸国难多艰，国民政府一是试图引导青年学生从军以补兵源，二是试图左右舆论，暨大当局均执行不力。上述诸端陈陈相因，矛头直指暨大教务长许杰、总务长盛叙功。终于1945年初发生驱逐许、盛的风潮，以二人先后离校告终。笔者通过比对大量文献资料与当事人说法，认为战时奎宁匮乏是诱发是次风潮的导火索，闽籍师生的利益诉求是其主因，许杰的言行亦是重要诱因。围绕这一风潮的始末与动因及各色人等的积极奔走，所呈现的是一幅抗战时期国立大学师生校园生活的复杂面相。

[关键词]暨南大学；闽北建阳；许杰；盛叙功；风潮

"寂寞东南树战旗"①，这是时任国立暨南大学教务长的许杰教授对抗战后期波涛涌

---

① 这是受此次风潮影响的当事人之一许杰于1945年初，建阳暨大风潮发生后所书七律诗中的一句。据许杰的说法，在此期间，他写过两首有关此次风潮的诗，"四十余年来，从未示人"。直至20世纪80年代《暨南大学在建阳》一书排印出版之际，许杰希望对这一段历史"作补白，并以志我当年之心境与感受云耳"，"特行抄寄"，这两首诗才得以示人。详见许杰《诗两首》，中共建阳县委党史研究室编：《暨南大学在建阳》，1998年，第26—27页。

动的暨南大学校园生活的写照。1937年抗战全面爆发后,上海国立暨南大学为避战祸迁至上海租界,得以暂时栖身。然上海已绝非安全之地,"敌伪压迫,日以加紧,上海与后方交通频频断绝,上海已成孤岛,教育堡垒,终难支持"。为作长远计,暨大未雨绸缪,认真擘划,"乃呈请教育部设暨大分校于重庆、福建两处,部准只设福建一处"[①]。暨大校方遂于1941年夏派商学院院长周宪文、训导长吴修赴闽北建阳筹设分校事宜。建阳暨大分校于是年11月15日正式开学,共招收新生250人。[②] 后因1941年12月太平洋战争爆发,暨大迁校事宜再次提上议事日程,终于1942年夏全部迁闽,成为此时期上海高等学校中唯一成功迁校的高校[③],开始了国立暨南大学校史上的闽北建阳时期。

这一时期,暨南大学风潮极少[④],但1945年1月3日发生了部分师生驱逐暨大教务长许杰教授、总务长盛叙功教授的风潮。是次风潮影响深远,以致时过近半个世纪后,当事人许杰对此仍难以释怀[⑤]。本文拟通过对比相关文献资料与时人说法,对是次风潮的始末、成因等进行深入探讨,以期对可能诱发是次风潮的诸多因素逐一剖析,呈现抗战时

---

① 俞剑华:《何师伯丞在建阳》,刘寅生、谢巍、何淑馨编:《何炳松纪念文集》,华东师范大学出版社,1990年,第253页。

② 《闽北暨南分校昨日正式开学》,《申报》1941年11月16日,第2张第7版。

③ 俞述瀚:《何校长在建阳的日子》,刘寅生、谢巍、何淑馨编:《何炳松纪念文集》,第520页。

④ 建阳时期,暨大学生风潮影响较大的除本文所述及外,还有1946年3月文学院教师魏应麒在课堂上解释"伧父"二字引起苏北学生的不满而引发风潮。此事逐渐发展为一部分学生支持的魏应麒一派与另一部分学生支持的卢怀道一派,这两派相互抗衡,后发展到几至械斗,以魏、卢离校而告终。详见《暨南发生学潮》,《申报》1946年3月19日。《申报》所载魏应麟实为魏应麒。魏应麟为其弟。另,此处述及"极少",是较之暨大其他时期而言。事实上,至少在1935年前,暨大风潮频仍,以致影响到了暨大的声誉。对此,校长何炳松在公开场合不止一次谈及。1935年9月12日,何炳松在暨大开学典礼上称:暨大因过去"办理不善",致使"近年来名誉日坠","凡是在本校毕业的同学,均不敢承认是暨大出身";同年12月9日,何氏提及:"本校在过去名誉似乎不大好";何炳松认为"过去暨南大学名誉不好"正是因"分党派的缘故",而1935年教育部委派他主持暨大校务,目的即是"整顿学风","如果整顿不了,就准备停办"。可见暨大在1935年前风潮之多,其发展受风潮影响之深。详见刘寅生、房鑫亮编《何炳松文集》第2卷,商务印书馆,1996年,第775、798、812页。

⑤ 除许杰多年从未示人的两首诗外,1976年3、4月,许杰分别以"七绝"为题,先后"寄盛叙功""再寄盛叙功",是年两月寄盛叙功的内容分别是:"梦叙功同志,惊醒后历历在目。回想建阳旧事已历三十余年矣。一时思潮起伏感慨万端,辗转床头终夜不寐。口占七绝一首,翌日始录出寄之。建阳旧梦卅年前,今夜梦君似昨天;醒后寻思梦里事,辛酸情味向谁传?""棱角销磨三十年,凌人盛气记从前;而今放眼看风物,几个惊奇化自然";许杰之所以"一时思潮起伏感慨万端","辛酸情味向谁传?"深层原因是:许杰避居崇安期间,其13岁的儿子因崇安医疗条件太差而早夭,这给许杰带来了重创,"这是灵魂的创伤,也是生命的创伤",因而引发许杰后来对是次风潮的反思。详见许杰《诗词二十首》,上海暨南大学校友会编:《许杰先生纪念文集》,上海暨南大学校友会,1996年,第257页;另见许杰口述、柯平凭撰写《坎坷道路上的足迹》,华东师范大学出版社,1997年,第312、313、316页。

期国立大学师生校园生活的复杂面相。

一、风潮始末

1945年1月3日晨，在建阳童游文庙暨大校园到处贴满红绿纸条的标语："不准贪污奎宁丸"，"打倒盛（叙功）、许（杰）"。[①] 标语早晨出现在文庙并非偶然。暨大史地系学生陈清岛回忆：在驱逐许、盛前晚，"有人把一扎彩色标语塞进来。我很生气，把它丢去又睡了。清晨上课到文庙，我看到到处贴着红绿标语，要赶许、盛"[②]。事实上，早在1944年6月11日，文庙路边就已出现"打倒盛叙功"的标语。[③] 3日夜11点多，一二百名学生打着火把，喊着口号，气氛异常紧张，看热闹的学生紧跟其后。他们聚集在教工宿舍前，高喊着要许、盛出来。面对围观大喊的学生，许杰站出来同他们对话。许杰与学生的对话"既不能火上加油，又要尽量把话说清楚"，时在场的暨大教师方光焘、王书凯对学生进行了劝解。不久学生散去，但学生要求许、盛离开暨大。[④] 风潮发生后，许、盛立即去找校长何炳松。何让许、盛暂时离校，待他理顺各方关系，以搞清风潮详情。何炳松向二位承诺："我绝不出卖朋友。"二位"同何炳松会面后，星夜离开建阳，到江西崇安"。[⑤] 这里，许杰先生记忆恐有误。许、盛应是先后离开建阳。据许杰之女许玄回忆："在同何校长谈话之后，父亲连夜离开建阳。"[⑥]据徐汝瑚回忆佐证，许杰离开建阳在先，盛叙功在后[⑦]，《何炳松年谱》中也印证了徐的说法：1945年1月26日"召开第十一次谈话会，盛叙功未出席"。[⑧] 另，崇安（今属武夷山市）位于闽北，"江西崇安"说属误记。

1月3日发生的风潮有如一颗石子，抛入平静的湖面，泛起圈圈涟漪。是次风潮并未因许、盛的离校终结。何炳松于翌日前往文庙了解风潮经过，并于6日发布公告，其间他自兼总务长，而教务长由沈炼之代理。此后，何再三电请在浙大龙泉分校工作的王勤堉接任教务长，王氏应允并于3月21日正式出任教务长一职。3月2日、21日，学校召

---

① 钱国屏：《从建阳到上海——1943年至1947年暨南大学学生运动的回忆》，中共建阳县委党史研究室编：《暨南大学在建阳》，第40页。

② 林触平、陈忠斌等：《事实和看法》，中共建阳县委党史研究室编：《暨南大学在建阳》，第97页。

③ 房鑫亮：《何炳松年谱》，刘寅生、谢巍、房鑫亮编：《何炳松论文集》，商务印书馆，1990年，第573页。

④ 许杰口述、柯平凭撰写：《坎坷道路上的足迹》，第306页。

⑤ 许杰口述、柯平凭撰写：《坎坷道路上的足迹》，第305页。

⑥ 许玄：《绵长清溪水——许杰纪传》，山西人民出版社，2000年，第8页。

⑦ 徐汝瑚：《暨南大学在建阳》，政协建阳县委员会文史资料编辑组编：《建阳文史资料》第2辑，1983年，第36页。

⑧ 房鑫亮：《何炳松年谱》，刘寅生、谢巍、房鑫亮编：《何炳松论文集》，第575页。

开第十二、三次谈话会,何炳松分别报告教育部对风潮的处理情况及最终决议:许、盛的薪金算至 7 月止,另“赠旅费各三万元并电部备案;由校长公布解释误会,并解散学生自治会,从军同志会以日内入伍姑准免议”。3 月底,中文学会、史地学会分别决定迎回许、盛。4 月 26 日,文庙又现反对许、盛标语,校方立即发布告,风潮终结。[①]

二、“风潮”动因分析

关于是次风潮,酿成原因有多种说法:战时奎宁匮乏是诱发是次风潮的导火索,闽籍师生的利益诉求是其主因,许杰的言行亦是重要诱因。上述诸因素或犬牙交错、互相交织,或依傍、彼此辐辏影响,展现出是次风潮的复杂面相。现分述之。

1.奎宁与战时建阳暨大师生生活

奎宁是一种生物碱,对控制疟疾症状及治疗恶性疟疾有效。[②] 抗战时期,奎宁成为治疗疟疾的“特效药”。[③] 据当事人回忆,风潮因由与治疗疟疾药物奎宁有关。1942 年夏,暨大整体迁至建阳,尽管成功迁离战区,但迁闽后暨大师生生活异常艰苦。建阳属亚热带季风气候,雨季集中,又地处闽北山地,昼夜温差较大,冬季寒冷。许多学生从沦陷区来到建阳时穿着单薄,到冬天时更是无衣御寒。因学校无力解决此事,校长何炳松经与第三战区长官公署商议,方由第三战区发来棉被 100 条,棉衣 300 件,部分学生穿衣、住宿问题才得以缓解。[④] 教师也有因贫困而不得不变卖衣物以补家用。学生平日多靠贷金度日,生活艰苦,伙食多半是芥菜黄豆,偶尔吃点肉打打牙祭。[⑤] 即便有贷金、助学金,依然有学生要在他人的帮助下才能顺利完成学业。[⑥]

战争的特殊情形与战时生活的普遍困顿波及建阳,暨大“缺衣少药”成为战时常态。生活艰苦提示着暨大师生绝不能有“半点差池”。吃芥菜黄豆的生活易造成营养不良。为此,学校出于维护学生利益,决定:“住院治病学生,药品和基本伙食费由学校供给,营养品需由学生自理”,但有些学生还是困难到连营养费都掏不起。学校遂再做决定:“对患重病而又无经济来源的学生,每人每天由学校供给豆浆和一只鸡蛋”,困难学生的医

---

① 房鑫亮:《何炳松年谱》,刘寅生、谢巍、房鑫亮编:《何炳松论文集》,第 575、576 页。

② 杨宝峰主编:《药理学》(第 8 版),人民卫生出版社,2013 年,第 427、428 页。

③ 许玄:《绵长清溪水——许杰纪传》,第 7 页。

④ 周震东、薛礼生、李东鲁:《记何校长二三事》,刘寅生、谢巍、何淑馨编:《何炳松纪念文集》,第 561 页。

⑤ 戴敦复:《何校长,我们永远记住您!》,刘寅生、谢巍、何淑馨编:《何炳松纪念文集》,第 486 页。

⑥ 白文:《暨南大学在建阳的情景》,政协建阳县委员会文史资料史编:《建阳文史资料》第 7 辑,1987 年,第 9 页。

药、营养问题才勉强暂告解决。[①]

为加强营养，1942年秋，100多名学生联名上书何炳松要求改善食堂伙食。学生要求伙食自办，并成立经济委员会。该委员会由学生自选的代表组成，行使监督食堂的职权。委员会每月换届，轮流管理伙食。何炳松同意了学生的要求，只是将"经济委员会"之名改为"伙食管理委员会"。这一组织一直持续到暨大迁离建阳为止。该会的成立"既改善了同学生活，也促进同学之间的接触和团结"。[②] 具体管理办法是："伙委会"每天轮流派代表至厨房值班以监督伙食，当天值日学生公布米菜日收支状况，每月实行收支月汇总，向全校公布。[③]

学校当局通过给贫困学生发放衣物、棉被，承担医药费、营养费，允许成立"伙委会"等方式使得学生在衣食方面的境况得以改善。但建阳气候条件对广大师生的健康状况依然存在很大威胁。医家认为：平均气温在20—30℃，相对湿度在60％及以上，夏秋季节易引发疟疾。[④] 而建阳年均温一般在15—19℃，年平均相对湿度高达82％。[⑤] 建阳的降水及温湿度等特点为疟疾蔓延传播提供客观条件。疟疾、烂脚病等诸病流行，到了"几于无人不病，病无不剧，甚至有生命危险"的境地。何炳松多方筹措，"添聘校医护士，购置药品"，并向红十字会、青年救济总会等机构呼吁，努力救济患病贫困学生。[⑥] 疟疾横行除与建阳气候多变有关外，医疗水平有限亦是重要因素。时在暨大医务室工作的张惟璇女士回忆："闽北气候很怪，一天有四季变化，瘴气很大，蚊蝇孳生地也多，所以生疟疾的很多。当时医疗设备很差，而且缺医少药。"鉴于奎宁短缺，何炳松特派张惟璇等到南平、福州等地购置。"医务所每天要包大批奎宁丸来发给师生吞服。"[⑦]"少药"与"几于无人不病"之间矛盾凸显。许玄也证实：抗战时期的建阳"几乎人人都有过'打摆子'的痛苦经历"。[⑧]

---

① 周震东、薛礼生、李东鲁：《记何校长二三事》，刘寅生、谢巍、何淑馨编：《何炳松纪念文集》，第561—562页。

② 谢金庭、王准等：《暨南大学在建阳时期学生运动大事记(1941—1946)》，中共建阳县委党史研究室编：《暨南大学在建阳》，第18页。

③ 周震东、薛礼生、李东鲁：《记何校长二三事》，刘寅生、谢巍、何淑馨编：《何炳松纪念文集》，第563页。

④ 徐小元、于岩岩、魏来主编：《传染病学》(第2版)，北京大学医学出版社，2011年，第203页。

⑤ 建阳县地方志编纂委员会编：《建阳县志》，群众出版社，1994年，第82、92页。

⑥ 俞剑华：《何师伯丞在建阳》，刘寅生、谢巍、何淑馨编：《何炳松纪念文集》，第255页。

⑦ 张惟璇：《何校长对医务工作的关心》，刘寅生、谢巍、何淑馨编：《何炳松纪念文集》，第547页。将近半个世纪后，1985年，在上海校友会举行成立大会上，张惟璇女士由于工作认真负责，当年就读建阳暨大学生对其表达感激之情。详见《何炳松纪念文集》，第486页。

⑧ 许玄：《绵长清溪水——许杰纪传》，第7页。

基于此,许玄认为盛叙功对奎宁的保管方式引起部分人的误解,给"闹事者"发动是次风潮以口实。因奎宁难觅,总务长盛叙功遂将其带至家中保管。师生如需奎宁须要到盛处领取。此举激起部分人的不满,认为盛叙功有"贪污"之嫌。[①] 从军学生董运煤在谈及此事时称,发生风潮的当晚有人大喊要打倒盛叙功,原因是:"他贪污学生医药费,特别是有一批印度救济的奎宁丸,私藏在他家里,要求全体'青年军战士'团结起来,驱盛出校。"董运煤称这是对盛叙功的"污蔑"之词。[②] 1943 年考入建阳暨大文学院史地系的钱国屏在回忆这段往事时称:时建阳疟疾流行,但奎宁数量有限,需要时要经总务长盛叙功批准。"学生'怕麻烦',不找总务长盛叙功倒是有的,延误或不批而造成病情加重则从未听说。"[③]

亦有论者指出,部分学生不仅因奎宁一事反对盛叙功,"贪污"学生奖学金也是反对盛的原因之一。有学生认为学校向政府"冒领"奖学金,吃空饷。按当时规定全体暨大学生实行奖学金制度,每生每月领取 34 斤的稻谷充当伙食费。1945 年初的风潮即是因部分人要求清查盛叙功"贪污"学生奖学金而起。当年在暨大读书的周震东等认为:盛叙功兼任总务长时期,"伙委会"依然按照"民主办理"原则管理伙食。[④] 1938—1946 年一直在暨大学习工作的戴敦复亦称:"那时没有听说发生过以权谋私、分配不均的事情。总务长和各院院长都由教授担任,生活待遇都同大家一样,无甚差别。"[⑤]

学生将矛头对准盛叙功,许杰何以被牵涉?许杰认为"他们没有理由找理由",只能将打倒他的理由说成是"许与盛一个鼻孔出气","似乎老盛贪污了分给我这个教务长似的"。[⑥] 风潮发生后,何炳松在致英士大学校长杜佐周的信中对是次风潮发生的原因给出了自己的看法:"唯当此时局,生活困难,师生中烦闷之余,难免以当局为泄愤对象。贵我两校近来之多事,此或为其主因",[⑦]指出战时生活艰难,造成部分师生存在"泄愤"心理。

2.闽籍师生利益诉求与暨大人事纠葛

暨大在闽时期,总体上度过了办学条件虽艰苦,但终究游离于战争边缘之时期,成为

---

① 许玄:《绵长清溪水——许杰纪传》,第 7 页。

② 林触平、陈忠斌等:《事实和看法》,中共建阳县委党史研究室编:《暨南大学在建阳》,第 96 页。

③ 钱国屏:《从建阳到上海——1943 年至 1947 年暨南大学学生运动的回忆》,中共建阳县委党史研究室编:《暨南大学在建阳》,第 40 页。

④ 周震东、薛礼生、李东鲁:《记何校长二三事》,刘寅生、谢巍、何淑馨编:《何炳松纪念文集》,第 563 页。

⑤ 戴敦复:《何校长,我们永远记住您!》,刘寅生、谢巍、何淑馨编:《何炳松纪念文集》,第 486 页。

⑥ 许杰:《我在暨大任教的时候》,暨南大学华侨研究所编:《暨南校史 1906—1949 资料选辑》第 2 辑,1983 年,第 84 页。

⑦ 《致杜佐周》,刘寅生、房鑫亮编:《何炳松文集》第 2 卷,第 769 页。

战时少有的一方较为安全的"净土"。就在师生"享受"得来不易的"战时和平"时，却因校内高层权利分配不均，引发风波。

许杰回忆，暨大迁至建阳后期，人员机构庞杂，派系繁多。而在教职员与工友中又以福建本地人占据多数。对此，福建籍教师认为既然暨大办于建阳，学校在权利分配上理应要有福建人担任要职，事实是"学校的大权却不在福建人手里"，因此，福建籍教职人员"地方主义的情绪日渐高涨"。① 许玄亦认为，暨大初迁建阳时期因教职员工不多，所以能够"同心同德"，"关系都比较密切和融洽"。分校改为总校后，暨大师生人数骤增，校内情况渐趋复杂。到建阳后期，教师与学生又囿于成见好以籍贯分人，而此时福建籍师生在暨大所占比例渐高，闽人却无实权，这自然引来闽籍教师不满。② 因此，是次风潮也被许杰认为是"福建部分人的地方势力思想同国民党军统的勾结用来反对外省人的领导的斗争"③。事实上，在暨大建阳时期，无论是校长还是总务长、训导长、教务长，乃至各院院长之职多为浙人把持，详见表1：

表1:1942—1945年暨南大学历任总务长、训导长、教务长及各院院长一览表④

姓名	职务	起讫时间	籍贯
杜佐周	秘书长	1935年秋—约1943年底	浙江东阳
俞剑华	秘书长	约1944	山东济南
罗君惕	秘书长	约1945	江苏镇江
王子瑜	总务长	1941—1944年夏	北京
盛叙功	总务长	1944—1945年春	浙江金华
胡寄南	教务长	1941—约1942年夏	安徽太平
孙怀仁	教务长	1941—约1942年夏	浙江杭州

① 许杰口述、柯平凭撰写:《坎坷道路上的足迹》，第304页。

② 许玄:《绵长清溪水——许杰纪传》，第5页。

③ 许杰:《我在暨大任教的时候》，暨南大学华侨研究所编:《暨南校史1906—1949资料选辑》第2辑，第84页。

④ 暨南大学校史编写组编:《暨南校史(1906—1996)》，暨南大学出版社，1996年，第304—310页；国立暨南大学《民二十九年毕业纪念册》，上海市档案馆藏，档案号:y8-1-326；台湾行政长官公署人事室编:《台湾省各机关职员录》，沈云龙主编:《近代中国史料丛刊续编》第51辑，文海出版社，1978年，第248页；周川主编:《中国近现代高等教育人物辞典》，福建教育出版社，2012年，第448页；张玉春主编:《百年暨南人物志》，暨南大学出版社，2006年，第65、140、244、278、350、303、361、405、439、498页；刘晓东主编:《中国当代经济科学学者辞典》，上海社会科学院出版社，1992年，第90页。

续　表

姓名	职务	起讫时间	籍贯
王勤堉	教务长	1943	浙江慈溪
许杰	教务长	1944 年夏—1945 年春	浙江天台
吴修	训导长	1935 年秋—1942 年夏	江苏松江
韩逋仙	训导长	1942 年秋—1945 年夏	浙江绍兴
戚叔含	文学院院长	1942—1943	浙江上虞
韩逋仙	文学院院长	1944	浙江绍兴
许杰	文学院院长	1944—1945 年春	浙江天台
周宪文	商学院院长	1942—1945 年冬	浙江天台
王子瑜	理学院院长	1942—1943	北京
江之永	理学院院长	1944—1946 年夏	安徽旌德

由上表知:暨大在建阳时期,把持要职者安徽籍有 2 人,江苏籍 2 人,山东籍 1 人,北京籍 1 人,其余诸人籍贯皆为“清一色”浙人。暨大迁闽有年,而握权柄者闽人无几,由此引发闽籍教师不满,或正因此而使一场风潮悄然酝酿。

这一时期,就读于暨大的闽籍学生人数亦有上升趋势。据有关资料显示:1927—1937 年间,就读暨大的闽籍学生共计达 106 人,与江苏籍 506 人,广东籍 347 人,浙江籍 147 人,江西籍 124 人相较,闽籍人数显然不能与苏粤匹敌。① 但仅 1946 年毕业于暨大的福建籍毕业生就已达 87 人之多。现以 1946 年为例,说明暨大毕业生生源区域分布简况。

表 2:1946 年暨大毕业生分布省份及在总人数中所占比重②

籍贯	人数	占总数(%)	籍贯	人数	占总数(%)
福建	87	29.00	浙江	85	28.30

① 除此,皖籍有 98 人,川籍 76 人,桂籍 56 人,鄂籍 28 人,滇籍 23 人,豫籍 13 人,冀籍 5 人,鲁籍 4 人,晋陕甘吉辽分别是 1、3、2、2、3 人。详见崔占龙《1927—1937 年暨南大学生源省籍研究》,《东南亚研究》2005 年第 5 期,第 94 页。

② 资料来源:《国立暨南大学三十五年度第二学期应届毕业生名册》,上海市档案馆藏,档案号:Q240-1-189。这一时期,南京、上海、北平等城市为院辖市,受国民政府行政院直接管辖,故在上表中将其单独罗列。

续 表

籍贯	人数	占总数(%)	籍贯	人数	占总数(%)
江苏	58	19.30	江西	22	7.30
广东	16	5.30	安徽	9	3.00
上海	6	2.00	南京	3	1.00
山东	4	1.34	湖南	3	1.00
河南	2	0.66	湖北	1	0.33
北平	1	0.33	河北	1	0.33
吉林	1	0.33	辽宁	1	0.33
总计:300 人					

由上表可知,1946 年闽籍毕业生占该年毕业总人数的 29%。1927—1937 年,闽籍毕业总人数尚不及苏省 1/4。1946 年毕业于暨大的江苏籍、广东籍人数分别是:58、16 人,而浙籍有 85 人、赣籍 22 人(以上五省人数合计达 268 人)。这从一个侧面提示着暨大播迁建阳后,就读暨大的闽籍学生比例渐趋上升,以至力压各省,最终得以跃居该年毕业人数之冠。这也折射出在非常时期因战乱频仍,交通阻隔,区域间文化交流时有间断,人口自然流动受阻等因素影响,原地处上海的国立暨南大学此时乃是孤悬东南摇曳之一舟,虽薪火赓续、弦歌不绝,但并非那么“国立”,似有向“地方区域性”大学转换之势。

许杰回忆,福建籍的教师为让闽籍学生考试及格而“时常”找他,“而我也总是板着一副公事公办的面孔对待他们”,“从不虚于应付,从不‘走后门拉关系’”。因之,许杰不仅招致闽籍教师“颇多怨言”,而且“得罪了不少教职员同仁”。[①] 许杰板着面孔,“公事公办”的做法恐给闽人以许氏不近人情之感,而闽人又不得不仰人鼻息。许杰的严肃不近人情的印象给当时的师生留下了深刻印记。暨大校友金永礼称:“许师任职建阳暨大教务长,亦以作风严格传闻遐迩,招致宵小所忌。”[②]可见许杰在任暨大校务长期间确实给人以“严格”之印象。校长何炳松也认为许杰“纯在对付同人同学态度之过于冷酷而缺乏热情”,因而“招怨”。[③] 许玄在回忆乃父的文章中说:“小时候我很怕爸爸。爸爸在家庭中是那种很传统的严父,虽说我最小,哥哥姐姐们都比我大得多,可爸爸从没一点娇惯过

① 许杰口述、柯平凭撰写:《坎坷道路上的足迹》,第 305、307 页。

② 金永礼:《和洪滔兄“悼许杰师”敬步元韵》,上海暨南大学校友会编:《许杰先生纪念文集》,第 89 页。

③ 《致杜佐周》,刘寅生、房鑫亮编:《何炳松文集》第 2 卷,第 770 页。

我,……我做错了事要挨骂,可表现好,比如考试得了好分数或得了什么奖,也不会受到表扬。”[①]由此可知,许杰对于师生抑或子女皆态度严肃。这实际上是他行为处事的惯有方式及其性格使然。

事实上,战时暨大对学生的成绩要求颇为严格。1942年11月9日校长何炳松在暨大大礼堂所作的校长报告中即指出:学生所修学分如有三分之一以上不及格就要留级,一半以上不及格者作退学处理。[②] 后来,校方不但在修学分方面对学生有硬性指标,而且对考试监督机制做出进一步调整。1944年5月18日,暨大部分负责教学的人员开会讨论决定:“本届学年考试及毕业考试,务须请院长、系主任及出题教员出席监试,以肃考规”,“用校长名义函各教员,说明考试成绩关于升留级及公贷费者甚大,务请其将成绩早日缴至教务处”,[③]此举意在规范考试善后,指陈利害关系。时值1944年夏,许杰出任教务长[④],许氏以“冷酷而缺乏热情”之面目“暴露”于世人面前。因考试成绩关系升学及公贷金,但考场纪律因是年5月中旬的会议而严肃起来。笔者认为很有可能是闽籍部分不及格学生请求闽籍教师代为关照升学及贷金之事,闽籍教师遂有求于许杰,但为许氏所断然拒绝。而当时大学校长之下有“三长”,其中教务长管理教学活动。[⑤] 据此,凡有关学生成绩等事宜非许杰不可。这就不难理解为何有闽籍教师“时常”因考试成绩而找许杰。可见,闽籍部分师生对许氏素来“颇多怨言”正源于此。闽籍师生或存在“抱团取暖”的倾向,而当矛盾交织集中于一点,促发是次风潮也就并非偶然。

3.暨大学生从军与校方的态度

抗战进入相持阶段后,战事迁延。举国之人力物力等诸端因战争的残酷荼毒而受到极大重创,给中国人民的抗战事业带来了极大挑战。据统计:国民党在1937—1942年间,仅阵亡人数(不计失踪人数)就高达1116357人。[⑥] 为补充兵源,国民政府早于1938年就已颁布相关条例鼓励18岁以上的学生从军,“这是战时第一次正式鼓励青年学生应召入伍或参与后方服务”。[⑦] 知识青年从军运动真正肇端于1943年冬,原是四川省当局

---

① 许玄:《安息吧,疲倦的老牛》,上海暨南大学校友会编:《许杰先生纪念文集》,第97页。

② 《校长报告(十)》,刘寅生、房鑫亮编:《何炳松文集》第2卷,第816页。

③ 刘方:《何炳松在暨南大学和东南联合大学校长任内的资料辑录》,刘寅生、谢巍、何淑馨编:《何炳松纪念文集》,第428页。据刘方载,该文资料系摘自上海市高教局档案室、上海市档案馆所藏有关档案。

④ 至于许杰为何要担任教务长之职,许杰称,他出任的原因是:“当时建阳暨大‘山中无大树’,而盛叙功任总务长,是因为他与何炳松系同乡,彼此熟悉了解。只有那位训导长,是重庆委派的。”详见许杰口述、柯平凭撰写《坎坷道路上的足迹》,第306页。

⑤ 许杰口述、柯平凭撰写:《坎坷道路上的足迹》,第303页。

⑥ 何应钦:《八年抗战之经过》,沈云龙主编:《近代中国史料丛刊》第79辑,文海出版社,附表《作战以来历年我军官兵伤亡统计表》。

⑦ 江沛、张丹:《战时知识青年从军运动述评》,《抗日战争研究》2004年第1期,第62页。

为征调优质兵源，提高远征军作战素质而发起，其在 1944 年 10 月后趋于高潮。蒋介石在 1944 年 10 月 24 日发表的《告知识青年从军书》中表示：因其时战局“已临到了决战的阶段，一切须为军事，一切须为胜利”，希望知识青年“一致奋起从军”，以“获取抗战的最后胜利”。[①] 蒋氏发表讲话后不久，《中央周刊》随即发表了宣传鼓励从军的系列文章，鼓吹知识青年从军。第一篇即是该刊主编张文伯《青年从军与兵役制度》一文。张氏在文中述及：“因为蹉跎复蹉跎，今天已是仅有的报国机会，也就是我们自效自强的最后机会。如果再一蹉跎，则抗战而败，固同为奴隶，何有乎今日的富贵尊荣；抗战而胜，也难免为民怨所集，归入国家民族的罪人一类。”张氏所要传达出的是抗战与青年学生的命运休戚与共，一荣俱荣，一损俱损，要广大知识青年从军抗战，文章态度较为温和。而发表在同期的《我为什么从军》一文的观点则直截了当的多，文章说：“照耀着唯一的光明之路，便是‘从军’”，“坚挺到底的办法，只有直接参加士兵的行列去打走敌人！也就是从军”，“我们要充实自己，要锻炼自己，创造革命建国的伟大事业，非从军不可”，“我们要到前线去开拓我们的前途”。[②] 整篇文章鼓吹学生从军的意味十分浓烈。从蒋介石及《中央周刊》之言论大概可见国民政府与官方舆论对于知识青年从军之重视。

然而，面对国民政府的最高指示，暨大在政策执行方面并未完全与最高当局的口径相吻。许杰回忆，至抗战后期，因全国兵源紧张，国民政府一改抗战初期学生可以免征兵役的规定，而在大学生中征调兵源。为吸引广大青年从军，教育部颁布了“优待”青年的条例与办法。部分暨大学生利用从军的机会，向学校提出种种要求，为此，暨大在教育部的“优待办法”之外又有若干优待办法。[③] 暨大开出的“优待办法”中就有如一年级学生从军，学籍可算是二年级，若干年之后还可算“毕业”。尽管暨大校方做出了让步，但有些学生进一步要求报名从军可额外增加学分，这遭到许杰的拒绝。许杰认为爱国与学分应予以分开，爱国乃义务，学分却是学生学业程度的标识，学识不会因爱国而自然增长，二者不可等同。[④] 据钱国屏回忆，盛叙功也是拒绝那些“从军‘好汉’不合理要求”的。许杰甚至曾在课堂上公开说过“好男不当兵”。[⑤] 当年就读暨大的许甫如也称：“记得有一次他在上基本国文解释一个典故时，说了‘好男不当兵’”，许杰是“站出来公然反对学生参

---

① 蒋介石：《告知识青年从军书》，秦孝仪主编：《总统蒋公思想言论总集》第 32 卷，台北：“中央”文物供应社，1984 年，第 89、91、95 页。

② 张文伯主编：《中央周刊》（第 6 卷第 41—42 期）第 48 册，中国第二历史档案馆编：《中华民国史档案资料影印丛书》，南京出版社，1997 年，第 36、54、55 页。

③ 许杰口述、柯平凭撰写：《坎坷道路上的足迹》，第 304 页。

④ 许玄：《绵长清溪水——许杰纪传》，第 5、6 页。

⑤ 钱国屏：《从建阳到上海——1943 年至 1947 年暨南大学学生运动的回忆》，中共建阳县委党史研究室编：《暨南大学在建阳》，第 43 页。

军的”。[①] 许杰在青年从军大会上说:“你们报名参加青年军,固然是爱国主义的行为,精神可嘉,国家给你们适当优待以资鼓励,也是应当的。但是,如果以参加青年军为条件提出种种过分要求,这就和出卖壮丁没有什么两样。”[②]许氏“出卖壮丁”的言论成为部分学生手中的“把柄”,也为后来风潮发生时部分学生驱逐许杰提供了直接的“罪证”[③]。许、盛二人对于青年学生从军的消极态度,明显与国民政府热情鼓吹形成鲜明对比。战时遥迁在渝的国民政府与东南“边陲”闽北之间,东西山峦阻隔,相距甚远,况战事繁密紧迫,中央当局对东南之事或有“鞭长莫及”之感。

为加强对地方的控制,三青团建阳分团于 1942 年底正式成立筹备处,暨大训导长韩逋仙担任筹备主任,这位训导长“是重庆委派的”[④]。该分团领导暨南大学、东南联合大学两所高校的组织工作。建阳分团一是建立了组织机构;二是着力培训基层干部,如 1943 年 8 月在江西上饶举办的东南夏令营就有暨大三青团员参加受训,学员返校后即充当骨干力量;三是进行宣传,号召青年参加三青团。1943 年底干事会正式成立,韩逋仙任干事长。[⑤] 通过培养骨干、吸引青年入团等方式,三青团建阳分团的成立扩大了地方与高校中国民党的影响。建阳分团此举显然是要将原有分散的组织重新整合,以形成一股强劲的合力,徐图掌握舆论走向。此外,自 1942 年夏始,韩氏担任暨大训导长管理学生思想工作。韩逋仙曾是“中共地下党员,脱党后成了国民党的走卒”,训导处职员也是“清一色的国民党员”。[⑥] 这表明,韩逋仙担任干事长后手中权势更大,且在暨大渐形成以韩氏为首的三青团领导体系。

据林触平、陈忠斌等人回忆,是次风潮的发生与训导长韩逋仙有关。韩曾扬言:要把“卖马货”的赶出来,“爱马货”的查出来。风潮发生的当晚,韩即表示支持,并称:“反正你们都已参军了,校方不会开除你们。”在韩氏怂恿下,学生燃起火把,酿此风潮。[⑦] 周震东等人也认为是次风潮与韩逋仙不无关系;除此,活动最为积极的三青团骨干魏开瑜亦参

---

① 林触平、陈忠斌等:《事实和看法》,中共建阳县委党史研究室编:《暨南大学在建阳》,第 96 页。

② 许杰口述、柯平凭撰写:《坎坷道路上的足迹》,第 304 页。

③ 如风潮发生当晚暨大部分学生“大喊大叫说总务长盛叙功贪污,而教务长许杰不但通同作弊,而且还诋毁爱国学生‘出卖壮丁’”。详见《绵长清溪水——许杰纪传》,第 7 页。

④ 许杰口述、柯平凭撰写:《坎坷道路上的足迹》,第 306 页。

⑤ 曾晓明:《三青团建阳分团筹建简况》,福建省建阳县委员会文史资料研究委员会编:《建阳文史资料》第 11 辑,1990 年,第 1、2 页。

⑥ 许杰口述、柯平凭撰写:《坎坷道路上的足迹》,第 303、304 页。

⑦ 林触平、陈忠斌等:《事实和看法》,中共建阳县委党史研究室编:《暨南大学在建阳》,第 96 页。

与其中；报名从军的学生因暨大当局不能满足其要求也起到了推波助澜的作用。[①] 钱国屏回忆，魏应麒曾在课堂上多次称他已经为《中国之命运》写了数十篇文章。魏应麒和暨大教师卓如同住一个院子，每有人来访魏，他总是故意拉大嗓门用家乡话说："卓如、许杰，是共产党。"[②]按以上诸人回忆，是次风潮的学生构成，似至少有三股势力汇集于此：三青团成员、从军学生、闽籍学生。当然，三者或有交集，但参加是次风潮的三股势力似乎确定无疑，其背后或有韩逋仙、部分闽籍教师的支持。据载，暨大从军的学生有 66 人[③]，而风潮当晚约有一二百人手持火把，提示着参与是次风潮学生成分之复杂。

至于学生从军优待办法则早在 1943 年由军政部公布的《学生志愿服役办法》（以下简称《服役办法》）中就有明确规定。如第十条规定："学生服役后，应保留其学籍，其在服役期间之成绩，由部队考核通知原学校，以备退伍回校肄业时，按其程度酌予升级。"[④]从该优待条款来看，学生服役期间的成绩经部队考核送原学校，学生能否升级、肄业，校方握有很大的自主权。1944 年国民政府又颁布了《知识青年志愿从军优待办法》（以下简称《优待办法》）。对于青年从军学生，该办法第三条规定："原肄业于各级学校者保留其学籍"；第五条规定："学生得依本人志愿仍回原校，其原系公费生免费生及领有奖学金者，一并恢复，并特许参加升级考试"，"凡参加留学考试及各种考试应予以优先录取之机会"。[⑤]

《优待办法》中对于青年学生的优待条款基本涵盖了《服役办法》中关涉这方面的规定，并有扩展，更加全面地体现出国民政府对青年学生从军的鼓励与支持。《优待办法》是《服役办法》的升级：《优待办法》规定青年学生从军复员后即可升级，不再有成绩的限制；在奖学金等方面，《优待办法》则表现的"小心谨慎"，只是从军学生复员归校后"恢复"，而非复员后"自动"获得奖学金。暨大校方为迎合国民政府发动学生从军的号召，除遵照国民政府规定的办法外，又有放宽。而学分对从军学生升级来说已不再重要，增加额外的学分实则是想争取到更多的公贷金。许杰拒绝此说，并到多个场合对学生这一行为予以抨击。总务长盛叙功在学生参军问题上也抱有芥蒂，反对学生从军，最终因许杰与部分学生矛盾激化而风潮涌起。许、盛被学生围攻也就不难想见。矛盾再经暨大教务

---

① 周震东、薛礼生、李东鲁：《记何校长二三事》，刘寅生、谢巍、何淑馨编：《何炳松纪念文集》，第 563 页。另，魏开瑜乃暨大历史系教授魏应麒侄子。

② 钱国屏：《从建阳到上海——1943 年至 1947 年暨南大学学生运动的回忆》，中共建阳县委党史研究室编：《暨南大学在建阳》，第 42 页。

③ 国立暨南大学《从军学生纪念册底稿》（1945 年），上海档案馆藏，档案号：Q240-1-515。转引自张晓辉主编《百年暨南史》，暨南大学出版社，2006 年，第 162 页。

④ 《学生志愿服役办法》，《福建省政府公报》（1944 年），第 1520—1521 期，第 9406 页。

⑤ 《国民政府公报》（中华民国三十三年十一月十五日），《中华民国国民政府公报》第 191 册，台北成文出版社，第 8 页。

长兼三青团干事的韩逋仙暗下运作,燎原之势不是没有可能。

4.许杰的政治取向引起部分人不满

钱国屏认为发生是次风潮的原因是:许杰、盛叙功在暨大校园内宣传马克思主义、支持学生运动,是“宣传马克思主义的两位主将”,是“学生民主运动的积极支持者”,因此招祸。①

事实上,许杰自早年开始就已自觉自发地宣传无产阶级革命文学了。其在当时发表的作品中对国民党统治多有批评。现举数例说明(如下表 3 所示)。

表 3:许杰早年宣传无产阶级革命思想反对国民党统治事例举要②

公元(年)	时年(岁)	主要活动
1927	27	3 月秘密加入共产党。8 月至新华艺术大学授课,内容为无产阶级革命文学
1928	28	7 月初,南下吉隆坡,并创办《枯岛》文艺周刊,宣传无产阶级文学理论知识
1935	35	6 月,安徽大水,写《江边小景》一文表达对国民党的不满
1942	42	自 10 月 12 日始,《前线日报》连续刊登其小说《的笃戏》,揭露国民党统治
1943	43	是年 2 月,发表杂文《登坑有感》,批评国民党官场败坏
1944	44	该年元旦发表杂文《文学无用武之地》,批评国民党的文化专制政策

纵观许杰年表,其在 27 岁时,已开始在课堂上传播无产阶级革命观。其后许杰开始在公开刊物上发表宣传无产阶级理论、批评国民党当局的文章。综上,许杰所持马克思主义政治观“由来已久”。据许玄回忆,其父因薪水不敷家用,于 1939 年 9 月离开时称浙东“陕北公学”的天台大公中学,南下广东文理学院任教。赴粤后,许杰又不得不于 1941 年 7 月辞去文理学院教职,旋即北上去往设在闽北的暨大分校。许氏被迫辞职的直接原因是该校校长林励儒于是年的撤职。深层原因实则是许杰等教师的讲课内容中含有马克思主义的观点,因之“他们的讲课都很受青年学生们的欢迎”,并且“大家对国民党的腐

① 钱国屏:《从建阳到上海——1943 年至 1947 年暨南大学学生运动的回忆》,中共建阳县委党史研究室编:《暨南大学在建阳》,第 42 页。

② 蒋荷贞:《许杰先生年表》(一)(二),上海暨南大学校友会编:《许杰先生纪念文集》,第 185—186、187—188、196、202、203、204 页。

败政治都很不满，对重庆教育部的屡次干涉十分反感”云云。[①] 许杰亦在回忆录中提及广东文理学院的情形时称：“我在讲课的时候，贯穿着唯物主义的思想。”[②]

正如钱氏所论及，许杰在暨大建阳时期也积极指导学生的社团活动。“未明文艺社”“中国文学研究会”“太白社”等社团组织都曾受到许杰的直接指导。未明文艺社主要是在许杰与方光焘支持下办起来的。许杰是当时暨大“态度最明确的进步教授”。起初，未明文艺社政治倾向并不明显，但到后来其“进步倾向就逐步明确起来”，一再发展到未明文艺社试图通过办墙报、开讲座、传递书刊、举办文艺晚会等方式扩大自身影响，以“形成一定的进步民主力量”，与暨大校园内“活动相当多”的三青团相抗衡。后因 1943 年 4 月陈斐然共产党员的身份暴露被捕而使该社归于沉寂。[③]

就在未明文艺社呈现出颓势之时，太白社恰在此时成立。此时正值“一个进步的学生团体”未名文艺社发起人之一的陈斐然因被“叛徒出卖了……政治身份”而遭到逮捕，这件事对于“进步同学无异是一个警告”，“学校空气沉寂，令人窒息”。对此，许杰并未感到为难与害怕，“欣然同意了我们的所请”。太白文艺社从一开始便扛起“为民主呼喊的旗帜”，反对“风花雪月，无病呻吟”，从而达到“针砭时弊，揭露黑暗”的目的。该社成员许甫如还曾对当时正在建阳剧院上演的《野玫瑰》大加笔伐（关于《野玫瑰》风波详后），将其斥之为“汉奸文学”。[④]

1943 年春成立的中国文学研究会亦得到了许杰、方光焘的指导，“许师提倡学习鲁迅的硬骨头精神和爱憎分明的人生态度；方师强调世界观与作品风格的一致性”。该会以宣传苏联文艺思想为宗旨，通过组织会员阅读和评论苏联文艺书籍，开展专题讨论等方式展开活动。[⑤] 未明文艺社、太白社、中国文学研究会等暨大社团中都有许杰的身影，从以上三社团的宗旨以及进行的相关活动可知：这些社团活动大都宣传马克思主义观，提倡民主，并对现有统治持批判的态度。作为三社团指导教师的许杰恐难置身事外，独

---

① 就在许杰离开大公中学半年后，国民党地方当局即以“宣传赤化”为由停办大公中学。详见《绵长清溪水——许杰纪传》，第 142、143 页。天台大公中学本是创办于 1937 年 10 月的一所学校，该校成立后即邀许杰担任该校校长主持校务。许杰主持校务期间，实施“抗战教育方案”，即将抗战救亡思想编入课本供学生学习。此外学校开设“政治常识”“公民运动”“社会进化史”等课程以及组建“大公剧团”宣传抗日。正是由于许杰实施的“抗战教育方案”才有浙东“陕北公学”之称。详见蒋荷贞《许杰先生年表》（二），《许杰先生纪念文集》，第 199、200 页。

② 许杰口述、柯平凭撰写：《坎坷道路上的足迹》，第 295 页。

③ 金家麟：《在建阳暨大的两年（1941—1943）》，中共建阳县委党史研究室编：《暨南大学在建阳》，第 11—14 页。

④ 许甫如：《为民主呼喊的“太白文艺社”》，夏泉主编：《凝聚暨南精神》，广东人民出版社，2006 年，第 258、259 页。

⑤ 傅春龄：《建阳时期的暨大“中国文学研究会”》，中共建阳县委党史研究室编：《暨南大学在建阳》，第 132、133 页。

善其身。

《野玫瑰》原是由“战国策派”作家陈铨创作的小说《花瓶》脱胎而来,主要讲述夏艳华打入华北敌伪内部充当卧底,最后成功除奸的故事。该剧于1941年在昆明首演,翌年3月初在重庆公演。《新华日报》于1942年3月5—20日连续在当日头版刊登《野玫瑰》的演出广告。[①] 不难看出,《野玫瑰》在重庆的演出是成功的。该剧得到国民政府的褒奖。[②]就在国民政府对《野玫瑰》褒奖前后,又有不同声音传出。1942年3月23日,《新华日报》刊登了一篇《读〈野玫瑰〉》的文章,文章指出:陈铨所编《野玫瑰》的“艺术水准”不仅“依然停留在一九三七年的阶段”,而且陈铨“隐藏了‘战国派’思想的毒素”,[③]其对《野玫瑰》评价并不算高。实际上,即使在抗战时期,国民政府从未放松对文化领域话语权的控制。如国民政府于1941年初成立的“中央文化运动委员会”,其宗旨即是“把文化运动纳入国民党政府预定的轨道”[④]。再如先后任中央政治学校教育长、国民政府宣传部部长的张道藩在《文艺先锋》上发表《我们所需要的文艺政策》一文指出:文艺工作者不应只写社会黑暗的一面,亦不能有不正确的意识。张氏所指“不正确的意识”即“极左倾”“极右倾”“落伍的意识”。正确的意识则是“为社会所需要”且“合乎现实的思想”,[⑤]表达出文艺工作者须“政治正确”的观点。许杰等人倡导的“东南文艺运动”就是意在打破战时东南“文风落后、信息闭塞,文化空气十分沉闷”[⑥]的现象。许杰在建阳时期,提倡文学“反映抗战时期中国东南的生活,为抗日战争服务”。为此,许杰等人曾欲发起组织“东南文艺运动”,后因“局势的重大变化,终于未能完全实现”。但许杰在此时仍有大量文艺作品问世,如针对“战国策派”作家陈铨宣扬文艺与抗战无关以及抗战时期等同于春秋战国诸侯割据时代等论点,许杰予以驳辩,并“毫不留情地揭露他的真面目”。[⑦]

1944年许杰发表《陈铨的〈花瓶〉》一文:“陈铨教授原是战国策派的健将;在过去,他之认识战争,只是列国的混战;而文艺的作用,似乎也就与抗战无关。可是,近年以来,他

---

① 1942年3月5日的广告词是:“公演四幕名剧”;6日:“故事——曲折生动,置景——富丽堂皇”;7—9日:“客满——场场客满,定座——速速定座”;10—12日:“每场客满,坐无隙地。请速订座,庶免向隅”;13日:“今明两晚,最后两场”;14日:“连演八场,场场客满,观众函请,续演三天”;15日:“连演十场,场场客满,观众函请,续演三天”;16日:登有广告,无广告词;17日:“演十二场,场场客满,向隅观众,函请续演”;18日:“场场拥挤,座无隙地,仅有三场,勿失良机”;19—20日:同16日;21日:“演六幕剧《猴儿大王》。”详见1942年3月5日—21日《新华日报》,均见每日第一版。

② 《学术审议委员会决定得奖著作》,《中央日报》1942年4月18日,第3版。

③ 颜翰彤:《读〈野玫瑰〉》,《新华日报》1942年3月23日,第4版。

④ 中国第二历史档案馆、《中国抗日战争大辞典》编写组编:《中国抗日战争大辞典》,湖北教育出版社,1995年,第440页。

⑤ 张道藩:《张道藩先生文集》,九歌出版社,1999年,第607—608、613、697页。

⑥ 许玄:《绵长清溪水——许杰纪传》,第144页。

⑦ 许杰口述、柯平凭撰写:《坎坷道路上的足迹》,第331、334—335页。

也一变了他过去的态度，大唱其民族主义的文学了"，"但我却也同时发现到战国派有南方政府、北平政府的狐狸尾巴"。[①] 许杰对陈铨小说《花瓶》的批评，或就事论事，但这似乎也有可能触发暨大校内有意管控言论、向"中央"看齐者对许杰的抵触情绪。据当时考入东南联大借读于建阳暨大的学生纪渊回忆，1944 年，许杰响应根据地提出的反对投降、反对倒退、反对贪官污吏、反对苛捐杂税等号召，致力于东南文艺运动。这使许杰的名字写进了政府的黑名单里。[②]

另据天台县中教师、许杰同乡曹湘渠回忆，地处浙东的天台，在 1944 年稿源奇缺。兼编《青年日报》副刊《语林》的曹湘渠向许杰约稿，许寄来《鲁迅的"药"》一文在该报发表。此举引起了浙东行署的极大注意，因当局仇视鲁迅文字，不允许在报刊上宣传鲁迅。是年冬，曹氏又因编发了许多"进步作家"的作品，而使其处境恶化。曹氏只得离开天台南下建阳，许杰热情接待了他，并安排了工作。许杰对于曹的人事安排，是否对 1945 年初的风潮起到了推波助澜的作用，尚待有关资料发掘补充，但许杰与国民政府"不合作"的态度，甚至一再"挑战"当局的做法，或许也是造成 1945 年初风潮骤起，许杰遭到打击报复的原因之一。这或许就是曹氏所称被"触怒"的地方恶势力人物与青年军学生联合"勾结"军统特务，掀起了一场"倒许"风潮。[③]

综上，许杰自青年时代起就已经开始宣传马克思主义，甚至为此被迫辞职，但"始终不渝"地秉持马克思主义观，在建阳时亦是如此。在文艺理念上，许杰对当局文艺理论以及陈铨的文艺观点持批评态度。在行动上，许杰敢于收留与当局相抵触之人。显然，不论在官方管控的言论层面，还是行动上，许杰都已经偏离了当局划定的"言论的边界"，渐行渐远。许杰的"一意孤行"，遂将他推到了风口浪尖。部分人正好借助学生风潮，达到驱逐许杰的目的。

三、余论

1942 年 9 月 20 日，时准备前往西南联大任教，途径建阳的浦江清注意到："建阳天气极怪，晨夕如秋，午时如盛夏，夜间如冬，故易致疾病。初到者必病，或疟，或痢，再则癞疥。"[④]这提示着疟疾横行于建阳已是司空见惯。战时奎宁难觅与疟疾肆虐之间的矛盾，成为滋生风潮的温床。抗战时期，即使冠以"国立"的大学，随着办学地师生籍贯人数的增多，国立的大学表现的也就并非那么"国立"。以师生"时常"请求许杰通融为表征，闽

① 许杰：《现代小说过眼录》，立达书店，1945 年，第 1、2、4 页。

② 纪渊：《缅怀许杰老师》，上海暨南大学校友会编：《许杰先生纪念文集》，第 76 页。

③ 曹湘渠：《自古文章重风骨——回忆许杰先生》，上海暨南大学校友会编：《许杰先生纪念文集》，第 34、35 页。

④ 浦江清：《清华园日记·西行日记》，生活·读书·新知三联书店，1999 年，第 179 页。

籍师生因无多少话语权,实际上成为校园中被“边缘化”的一群。风潮的发生正好为闽籍师生提供了寻求获取利益诉求的突破口。以带有国家意志为主要表现形式的青年学生从军运动,在暨大校园内的执行力度并不十分彰显。而许杰此时的某些言行已然超出了国民政府试图划定的“安全边界”。许氏多与当局不合作的态度给“伺机而动”挑动风潮发起者以绝佳口实。

奎宁缺乏实际上成为是次风潮的导火索。战时疟疾的蔓延传播使师生备受煎熬,而对奎宁保管上的误解,使盛叙功贪污奎宁说甚嚣尘上,这说明战时供需矛盾紧张态势已影响到普通师生的生活及人际关系;闽籍师生对话语权的争夺是风潮的主因。闽人手中无权无势的现实或造成其心理上的失衡,特别是在处理不能“上台面”之事时显得尴尬与无奈,尴尬、无奈的背后是其对暨大高层人事布局的深深不满;而许杰的早期活动又与国民政府的主张多背道而行,二者间的张力异常明显清晰,这不可能不引起当局的注意。担任教务长的许杰恰位居暨大高层,“驱逐”许杰,既可稀释消解许氏话语,又可使暨大高层人事布局出现松动迹象,可谓“一石二鸟”,许杰的言行亦是重要诱因。围绕这一风潮的始末与动因及各色人等的积极奔走,所呈现的是一幅抗战时期国立大学师生校园生活的复杂面相。

作者简介:

高志军,暨南大学历史系硕士研究生;夏泉,暨南大学历史系研究员。

广州海上丝绸之路遗迹

——怀圣寺研究述评①

徐　虹

[提要]广州怀圣寺是古代海上丝绸之路的重要文化遗产，自清末以来中外学者从历史学、建筑学、考古学和地理学等不同视角，对怀圣寺及光塔的名称、始建年代、建筑风格及形制多方面进行深入的研究，取得了不少成绩。本文旨在回顾和梳理怀圣寺研究的主要脉络，并作出简要的评析，以便为学界提供参考。

[关键词]怀圣寺；光塔；命名；始建年代；建筑风格

广州，作为古代“海上丝绸之路”的重要港口，是中外海上贸易与文化交流的门户和枢纽，其留存的中外文化遗产之丰广为人知。其中以与伊斯兰教在中国早期传播和发展有密切关系的怀圣寺最为著名，其历史意义远超一地之范畴。广州“海上丝绸之路”世界文化遗产项目申报启动，作为见证中外文化交流的重要遗迹，怀圣寺成功入选。

早在19世纪晚期，涉及广州怀圣寺的论著就已出现，许多著名学者，如陈垣、傅统先、白寿彝等先辈都曾参与其中，且建树良多。由于史料的匮乏、零散，致使学界在相关问题讨论中纷呈己见、聚讼不已。在争论和辩驳中，随着史料挖掘和研究视野的开阔，怀圣寺研究也不断向前推进和拓展，问题涉及了中外文化交流史、宗教史、建筑史等诸多方面。总的看来，已有研究主要集中于相关焦点问题，但因史料所限，尚有史实未能充分阐明，需系统归纳总结。本文以怀圣寺之寺名塔名、始建年代和建筑风格及形制为纲，对前贤代表性研究成果加以梳理和评述，以使学界对该问题研究有一清晰的了解和认识。

---

①　基金项目：国家社会科学基金重大项目“‘海上丝绸之路’古代中东商旅群体研究”（项目编号：16ZDA118）。

一、广州怀圣寺之寺名塔名研究

怀圣寺又名狮子寺，俗称光塔寺，中外学者根据文献古籍和碑文石刻，对“光塔”和“怀圣寺”之名都做过解读和考释。

(一)“光塔”之名的探讨

1911年，法国学者韦希尔(Arnold Jaques Vissiere)在《对中国穆斯林的研究》(*Recherches sur les musulmans chinois*)中谈道，光塔“虽复以厚厚得五叶地锦，但因无雕饰，故被称为光塔”[①]。1929年，日本汉学家桑原骘藏在《蒲寿庚考》中提出，“光塔”之名应该是“Minaret”一词之意译。桑原查证了伊斯兰字典的解释[②]，“Minaret”意为“点火处也。夜间行祈祷时，祈祷呼报人携灯而登，塔外远眺，有如灯台”[③]，因而“光塔”之名应源出于此。1933年，郑师许在《广州怀圣寺的故事》[④]中，认为光塔具有为船舶照明的航海功能，故“光塔”之名应该与其作为航海灯塔有所关联。1958年，万叶在《伊斯兰教东来与我国沿海几处清真古寺始建考》[⑤]一文中提出，因为光塔的塔形如大蜡烛，“凡分二层，下层如烛身，上层如烛心，外壁平坦，全部砖筑，故以光塔称之”。1983年，关连吉、王劲发表的《怀圣寺今昔》[⑥]谈到“光塔”之名有两种说法：一是其塔身表面光洁，与层塔的对称多角不同；二是怀圣寺以前寺临珠江江畔，塔顶有灯光为船舶夜间导航。1989年，曾昭璇的《广州怀圣光塔寺兴建时代考》一文，认为“光塔”除得名于塔身光滑外，与阿拉伯语“邦卡”也有很大的关联，“因附近居住多为伊斯兰教教徒，在礼拜时，即在塔顶高声呼喊‘邦卡’，召呼伊斯兰教徒作礼拜仪式。因喊‘邦’时，‘邦’与‘光’音相近，故俗名‘光塔’”。[⑦] 1990年，廖大珂在《广州怀圣塔建筑年代考》[⑧]一文中指出，光塔的外形圆光似笔，与中国层级式的“楼塔”有很大区别，故被称为“光塔”。

就以上研究来看，学界认为“光塔”得名的原因有三种：一是塔身光滑与其独特的建筑风格有关；二是波斯语“邦克”的音译和阿拉伯语“Minaret”之意译，与其宗教功能有关；三是作为灯塔与其航运导航功能有关。应该说，从这三个层面对“光塔”之名的推断

---

① 中元秀、马建钊、马逢达：《广州伊斯兰古迹研究》，宁夏人民出版社，1989年，第404页。

② 桑原骘藏所引“Minaret”之释义，出自虎士(Thomas Patrick Hughes)编纂的《伊斯兰字典》(*A Dictionary of Islam*)。

③ [日]桑原骘藏著：《蒲寿庚考》，陈裕菁译，中华书局，1954年，第144页。

④ 郑师许：《广州怀圣寺的故事》，《民俗(民俗周刊)》1933年第123期。

⑤ 万叶：《伊斯兰教东来与我国沿海几处清真古寺始建考》，《中国穆斯林》1958年第4期。

⑥ 关连吉、王劲：《怀圣寺今昔》，《中国穆斯林》1983年第4期。

⑦ 中元秀、马建钊、马逢达：《广州伊斯兰古迹研究》，第344页。

⑧ 廖大珂：《广州怀圣塔建筑年代考》，《南洋问题研究》1990年第1期。

和解释都有说服力。

(二)"怀圣寺"名之讨论

"怀圣寺"一名的来由,史籍记载有两种说法,学者们的观点也有所差异。

1946 年,马以愚在《中国回教名礼拜寺记》[①]中指出,《南海百咏》和《广东通志》有关"怀圣"一名的记载不同。前者阐述是为了怀念贵圣穆罕默德,故名"怀圣";后者则提出番塔为怀圣将军所建,故今称"怀圣塔"。马先生仅指出了史籍所载之异,并未探究其缘由。1949 年,韩振华在《唐代广州怀圣寺塔考》[②]中,根据樊封《南海百咏续编》所载,认为"怀圣"二字即怀念圣人穆罕默德之意,推测"怀圣将军"并非官名或封号,而是因年代久远,后人误把创建"怀圣"寺塔之"将军",合称为"怀圣""将军"所建。其观点新颖,对后人影响较大。1958 年,万叶在《伊斯兰教东来与我国沿海几处清真古寺始建考》[③]一文中,以元刻《重建怀圣寺碑记》之"寺曰怀圣,西教之宗"为据,认为寺名取于怀念贵圣之说比"怀圣将军"之说更为有理。1989 年,中元秀在《广州怀圣光塔寺唐建说》[④]中,引述了万叶和韩振华关于"怀圣"寺名的两种说法,认为方信孺所记之"怀圣将军"应是有史为据,确有其人,推断寺名应源于"怀圣将军"。2011 年,李兴华的《广州伊斯兰教研究(下)》一文,在梳理以往学者观点的基础上,对怀圣寺名称做了进一步补充和考释。文中提及"怀圣"之名应始于元刻《重建怀圣寺碑记》,且赞同万叶先生的观点,认为应取于怀念贵圣穆罕默德之意。对于怀圣寺的另一个名称"狮子寺",李先生认为其名始于清代,时人为了将怀圣寺与泉州麒麟寺(清净寺)、扬州仙鹤寺和杭州凤凰寺联系在一起,故起了一个类似的吉祥称呼,"一表示它在元至正十年(1350)的重建与狮子国人僧家讷元卿有关,二表示该寺貌像是一头雄狮"[⑤]。

对于"怀圣寺"之名,大部分学者肯定《南海百咏》的记载,认为寺名取于怀念贵圣之说比源于"怀圣将军"创建之说更为有理。韩振华、中元秀、李兴华等学者基于史料解读的不同,提出了不同的意见,也值得我们参考和进一步探究。

二、广州怀圣寺之始建年代研究

由于"回回由来""宛葛素的故事"和"四贤"等民间传述的广泛流传,长期以来,广州

---

① 马以愚:《中国回教名礼拜寺记》,《东方杂志》1946 年第 42 卷第 3 号。

② 韩振华:《唐代广州怀圣寺塔考》,广东文物编印委员会编:《广东文物特辑》,1949 年,第 119 页。

③ 万叶:《伊斯兰教东来与我国沿海几处清真古寺始建考》。

④ 中元秀、马建钊、马逢达:《广州伊斯兰古迹研究》,第 358 页。

⑤ 李兴华:《广州伊斯兰教研究(下)》,《回族研究》2011 年第 2 期。

怀圣寺都被认为是中国最古老的清真寺，据说是第一位来华的伊斯兰教传教士宛葛素所建。而其建造时间，按传述所言，主要有隋开皇年间、唐武德年间和唐贞观年间三种说法。

这些传述多与史实不合，非神话附会，年代误算，即言从他说，任意牵涉，疑点颇多。但由于与中国伊斯兰教传入史紧密相关，近代意义的中国伊斯兰教研究甫一开始，不少中外学者就对广州怀圣寺的相关传述和建造年代进行了考察和论述。如 1878 年，法国著名学者梯尔桑（Dabryde Thiersant）在其代表作《中国伊斯兰教》（*Le Mahometisme En Chine*）一书中，否定了伊斯兰教于唐贞观年间传入中国的可能性，进而否定了怀圣寺和先贤古墓建于贞观年间的说法。[①] 1895 年，法国学者德弗瑞（Gabriel Devéria）在《中国伊斯兰教的源头》（*Origine de I'islamisme en Chine*）中明确指出，默罕默德的舅舅艾布·宛葛素，这位传说中第一位在中国传播伊斯兰教的人，于公元 670—675 年间死于麦地那附近的阿基克并葬在了那里，因此广州的先贤古墓不可能是宛葛素的茔地，怀圣寺也不可能是宛葛素所建。[②] 1926 年，陈汉章先生在《中国回教史》一文中，分别引述了清人朱一新和丁谦的观点，亦表示“隋开皇说”太过牵强，与历史明显不符。[③] 这些早期相关论著，一般仅就传述提出质疑，未对怀圣寺之始建年代作出深入探究，但其开创性价值值得肯定。

关于怀圣寺的始建年代，至今学界还未有定论。两宋以来的文献虽均称其建于唐代，但也因缺乏有力之物证，为不少学者所质疑。如白寿彝先生在《中国伊斯兰史纲要》中指出，“怀圣寺，相传也是唐时所建，但并无真正的唐代记载可凭”[④]。长久以来，围绕怀圣寺的建造年代问题，学者们观点各异，众说纷纭，形成了激烈的论争，其中以“唐始建”“南宋始建”和“北宋始建”三种观点为主。

（一）“唐始建”说

1926 年，梁启超在《中国之都市（续）》中，论及伊斯兰教入华问题时，引用《闽书》和《南海百咏》所述，认为广州现存怀圣寺番塔创建于唐时，广州是伊斯兰教传入的最初根据地[⑤]。1930 年，张星烺在《中西交通史料汇编》中提到，成书于公元 851 年的《苏莱曼游记》记载广州当时有回教堂一所，他认为此回教堂“必即旧怀圣寺”。[⑥] 1931 年，丁正熙《回教入华考（续）》一文，收录了元刻《重建清净寺碑记》和元刻《重建怀圣寺碑记》，并以

---

① 中元秀、马建钊、马逢达：《广州伊斯兰古迹研究》，第 3 页。

② 中元秀、马建钊、马逢达：《广州伊斯兰古迹研究》，第 388 页。

③ 陈汉章：《中国回教史》，《史学与地学》1926 年第 1 期。

④ 白寿彝：《中国伊斯兰史纲要》，文通书局，1935 年，第 17 页。

⑤ 梁启超：《中国之都市（续）》，《史学与地学》1926 年第 2 期。

⑥ 张星烺：《中西交通史料汇编》（第二册），中华书局，1977 年，第 205 页。

此为据,肯定伊斯兰教是在唐初传入中国,且在广州等南方海岸一带建立了清真寺[①]。1935年,金吉堂在《中国回教史研究》中,同样援引《重建怀圣寺碑记》为证,认为伊斯兰教入华时间应为唐贞观二年(628),并将威尔斯《世界史纲》中所提到的,唐贞观二年太宗助阿拉伯使节"建一清真寺于广东"的说法作为佐证[②]。1941—1946年,马以愚分别在《中国回教史鉴》[③]、《明史何以误算回历及回教隋时入华》[④]和《中国回教名礼拜寺记》[⑤]等论著中,对南宋以来记录怀圣寺的笔记、地方志、碑文和诗作进行了梳理和摘录,他对比了《广州府志》和《泉州[⑥]府志》关于怀圣寺建于初唐的记述,认为"广泉二州,分隶粤闽二省,方志编撰,又非自一人,而所记之年相若,其言宜可信矣"[⑦]。1948年,原怀圣寺阿訇熊振宗,也在《怀圣寺与光塔在文化上的贡献》中明确称:"根据各种的记载,尤其是宋岳珂及方信儒之记载怀圣寺及光塔之建筑在唐时无疑的了。"[⑧]

以上这些涉及怀圣寺的著述,在史料的搜集整理方面起到了积极的作用,但对史料的分析和解读尚不够深入。研究者大多言从相关文字,认同怀圣寺建于唐代,再以此为论据来推断伊斯兰教入华之时间,侧重于宏观层面探讨伊斯兰教传入史,而未将怀圣寺作为研究之主体。

早期力主怀圣寺"唐始建",并进行了系统专题研究的学者应推韩振华。他于1948—1951年连续发表了《唐代广州回回坟考》[⑨]、《唐代广州怀圣寺塔考》[⑩]和《唐宋元时代广州和泉州的伊斯兰古迹》[⑪]等多篇文章,其重要观点包含以下几个方面:第一,他提出,不可把伊斯兰教传入的时间和怀圣寺的创建时间混为一谈,怀圣寺塔以及回回坟之建立,未必于伊斯兰教初入华之时;第二,他否定怀圣寺建于隋开皇年间或唐贞观年间,认为前者纯属无稽之谈,后者则是附会于怀圣寺寺额之贞观元年的说法,其时间早于番塔形制创建之前;第三,对当时在学界影响越来越大的"南宋始建"说予以驳斥。他提出,桑原骘藏之"泉州清净寺为中国最古之回教寺"的观点,仅依据了泉州清净寺之元代阿拉伯碑文,却对广州怀圣寺之元代至正十年(1350)碑文有所忽略;桑原氏因泉州清净寺乃

① 丁正熙:《回教入华考(续)》,《晨熹》1935年第1卷第6、7、8号合刊。

② 金吉堂:《中国回教史研究》,宁夏人民出版社,2000年,第25—26页。

③ 马以愚:《中国回教史鉴》,宁夏人民出版社,2000年,第90页。

④ 马以愚:《明史何以误算回历及回教隋时入华》,《东方杂志》1945年第41卷第10号。

⑤ 马以愚:《中国回教名礼拜寺记》。

⑥ "泉州",即泉州。

⑦ 马以愚:《明史何以误算回历及回教隋时入华》。

⑧ 中元秀、马建钊、马逢达:《广州伊斯兰古迹研究》,第310—311页。

⑨ 韩振华:《唐代广州回回坟考》,《广东日报·民族学刊》1948年6月第7期。

⑩ 韩振华:《唐代广州怀圣寺塔考》,广东文物编印委员会编:《广东文物特辑》,第119页。

⑪ 韩振华:《韩振华选集之五:华侨史及古民族宗教研究》,香港大学亚洲研究中心,2003年,第400页。

侨居当地之蕃商所建，而以为广州怀圣寺亦为宋代蒲姓蕃商所建的观点，“是空想之谈，无所根据”。最后，韩先生明确提出，中国最古之清真寺应为广州怀圣寺，建于唐开元二十九年(741)，其创建人是当时来朝的大食首领和萨。“考《册府元龟》卷九七五，谓开元二十九年丙甲(741年12月)，大食首领和萨来朝，授左金吾卫‘将军’，赐紫袍金钿带，放还蕃。回教徒之大食人，在唐代仅有此次受封为‘将军’，故《历代沿革》所载之怀圣将军，当指开元二十九年受封为左金吾卫‘将军’之和萨。”①韩振华先生上述研究的发表，是对桑原骘藏“南宋始建”说提出后的首次反驳，由此开启了学界长达半个世纪的“唐始建”说和“南宋始建”说之论争。

1949年以后，由于国内社会政治环境的影响，广州怀圣寺研究一度停滞不前。至改革开放后，即20世纪80年代以来，广州怀圣寺研究有了大的突破，主要表现在：一是基于建筑学、地理学和考古学等现代社会科学基础上的学术成果出现；二是对史料、文献的进一步挖掘及对前人研究的进一步深化；三是专题学术研究开始不断涌现。

1980年，陈从周和路秉杰的《广州怀圣寺》②一文，于传统的史学研究方法之外，从建筑史的角度，将怀圣寺之文献记载和光塔的形制现状进行对比印证，认为光塔建于唐代的说法无可非议，但绝非初唐所建，因为西亚、北非现存相似之光塔，皆是公元9世纪中期之产物。此外，文中还对岳珂《桯史》中的相关记述进行解读，认为桑原骘藏的蒲姓南宋建塔之说论据不足，难以成立。此文是改革开放后，研究广州怀圣寺的开山之作，开启了从建筑史研究怀圣寺的新视野，很有启发和借鉴意义。

同样是从建筑史的角度出发，1984年，龙非了的《唐建广州怀圣光塔寺建筑文化考》③却认为怀圣寺正是初唐所建。通过对怀圣寺礼拜堂、门廊、月台和光塔等尺寸关系进行精确丈量，龙先生认为其布局规制符合唐代建筑的度量标准，“保持了唐风遗影”。龙先生的研究使“唐始建”说从此有了科学研究的根基。

1984年，邓端本的《怀圣寺始建年代之争》④一文，对民国以来学界的“唐始建”说和“南宋始建”说之争做了回顾和梳理。分析了双方的代表学者及其观点，最后主张怀圣寺与塔建于唐开元二十九年(741)。此作在史料和研究方法上虽未有进一步突破，但却在对前人研究的总结与归纳中明确了其观点。1985年，古建筑学家邓其生在《广州怀圣寺的建造年代考释》⑤中，运用了多学科交叉的研究方法，主张怀圣寺应建于唐天宝十一年(752)。邓先生认为，从文献考究来看，《南海百咏》等史料均记怀圣寺创建于唐代；从世界伊斯兰教建筑发展史来看，光塔在八世纪中叶建造是合理的；从实物考察来看，光塔使

---

① 韩振华：《唐代广州怀圣寺塔考》，广东文物编印委员会编：《广东文物特辑》，第120页。

② 陈从周、路秉杰：《广州怀圣寺》，《社会科学战线》1980年第1期。

③ 中元秀、马建钊、马逢达：《广州伊斯兰古迹研究》，第334页。

④ 邓端本：《广州说古》，广东旅游出版社，1984年，第45页。

⑤ 邓其生：《广州怀圣寺的建造年代考释》，《广州研究》1985年第6期。

用的砖和灰饰符合唐的规制，且现存光塔的入口距地面高差约1.74米，与唐代城市地面的标高数接近，怀圣寺的总体平面布局均合唐制；从寺址位置来看，怀圣寺应地处唐代蕃坊的中心，附近的“大纸巷”据考证乃当时“大食巷”的讹称。

1989年，地理学家曾昭璇的《广州怀圣光塔寺兴建时代考》[①]从文献、建筑形制、地理位置、考古勘探和海运导航等多方面论述，认为光塔应建于唐贞观年间，且寺塔同建。曾先生的研究为“唐始建”说提供了更多客观且有力的实证。此外，曾先生还对南海甘蕉乡《蒲氏族谱》进行考证，提出族谱中所记“倡筑羊城光塔”的玛哈咪、玛哈嗼二人，并非《桯史》中所记载之占城蒲氏，而是来自北方山东省的蒙古色目人，“先世居西域蒲昌海湖上，湖中蒲生三丈，因以为姓”[②]，所谓“倡筑”光塔实际应是修缮光塔。以此反驳了桑原骘藏所主张的，由南宋占城蒲氏建塔之观点。同一年，中元秀亦发文主张怀圣寺建于贞观年间。他在《广州怀圣光塔寺唐建说》[③]中肯定了穆斯林传说的历史价值，考证了方信孺《南海百咏》作为史料的可靠性，并通过中阿历史文献相互对比印证，从传说到文献，从地理位置到建筑形制，从考古勘探到中外交流等各方面，对怀圣寺之创建年代做了全面而深入的探讨，明确提出光塔应建于唐贞观年间。此外，该文还对桑原骘藏的“南宋始建”说表示否定，认为其论据和结论都无法令人信服，并逐条分析，给予了有力反驳。

2001年，马明达发表了《广州伊斯兰古迹二题》[④]一文，他提出在南宋方信孺《南海百咏》之前，北宋诗人郭祥正就已在诗作《同颖叔修撰登蕃塔》和《广州越王台皇蒋帅待制》中提到了光塔，比方信孺对光塔的记载早了约略半个世纪。并以此作为佐证，认为方信孺说光塔“始于唐时”并非信口之词，应有一定的根据。他在2011年《元刻广州〈重建怀圣寺记〉续跋》[⑤]中也表示，两宋以来文字皆记载怀圣寺和光塔创建于唐，在没有找到有力的反证之前，“不能轻易怀疑这个历时久远的众口之词”。需要指出的是，在马先生之前，廖大珂先生已在《广州怀圣塔建筑年代考》[⑥]中，对北宋郭祥正两首诗作进行了考释。2002年，陈泽泓的《广州怀圣寺光塔建造年代考》[⑦]，对光塔的建造时间、塔寺的平面布局及建筑风格与建造年代关系等焦点问题，梳理并分析了学界的已有研究，在合理吸收和参考前人研究成果的基础上，也赞同怀圣寺应创建于唐代。2007年，宋欣在《小议广州怀圣光塔寺初创年代》[⑧]一文中，同样借鉴前人研究成果，肯定了北宋郭祥正诗作的价

① 中元秀、马建钊、马逢达：《广州伊斯兰古迹研究》，第344页。
② 中元秀、马建钊、马逢达：《广州伊斯兰古迹研究》，第347页。
③ 中元秀、马建钊、马逢达：《广州伊斯兰古迹研究》，第358页。
④ 马明达：《广州伊斯兰古迹二题》，《西北民族研究》2001年第2期。
⑤ 马明达：《元刻广州〈重建怀圣寺记〉续跋》，《回族研究》2011年第4期。
⑥ 廖大珂：《广州怀圣塔建筑年代考》。
⑦ 陈泽泓：《广州怀圣寺光塔建造年代考》，《岭南文史》2002年第4期。
⑧ 宋欣：《小议广州怀圣光塔寺初创年代》，《世界宗教文化》2007年第1期。

值，支持怀圣寺和光塔建于唐代，但作者认为具体建造时期仍有待讨论。

（二）"南宋始建"说

最早提出怀圣寺"南宋始建"说的，是日本学者桑原骘藏。1929 年，他的《蒲寿庚考》被翻译为中文出版。书中写道："斡歌士（即宛葛素）事出于附会，其不可信，学者均知之，无待喋喋。怀圣寺建于唐代，亦无稽之谈"[①]，对《南海百咏》中光塔建于唐时的说法提出了质疑和否定，并认为光塔为南宋蒲姓所建。其论述可归纳为以下三点：一是当时已知的怀圣寺最早记载《南海百咏》，为南宋年间所作，因此"不能尽凭《南海百咏》，遮断为唐代所立"[②]；二是光塔的形制虽与伊斯兰尖塔风格相同，但叙利亚的尖塔始创建于公元八世纪，"故广东番塔绝非唐初所建矣"[③]；三是认为泉州清净寺为"中国最初之回寺"，建于北宋，怀圣寺便不可能建于唐。四是根据岳珂《桯史》所记，认为怀圣寺和塔应为南宋广州的蒲姓蕃商所建。桑原氏出入中外史书之记载，观点新颖，论证过程貌似严谨，时为中国学者所认同，在学界影响很大。

著名学者白寿彝先生同意桑原的意见，认为怀圣寺应建于南宋，且塔与寺的建筑时间相去不远。1940 年，白寿彝先生在跋《重建怀圣寺记》中提出，怀圣寺"创建时期最早恐不过在绍熙壬子前百年之内（公元 1091 至 1191 年）。唐建之说不足信也"[④]。自此，"南宋始建"成为怀圣寺始建年代的主要说法之一。但是，白先生并不完全认同桑原氏的看法，他强调，"虽然，予之不信怀圣寺及塔为唐建，并非谓唐时广东无礼拜寺及塔也"[⑤]，否定了桑原之泉州清净寺为"中国最初之回寺"的观点。在 1945 年的《番长司与怀圣寺》和 1981 年的再跋《重建怀圣寺记》中，白先生重申了他所主张的"南宋始建"观点。

同样主张"南宋始建"说的还有罗香林。他于 1955 年发表的《广州蒲氏源流考》一文中表示，"桑原氏谓光塔建于宋代，说殆可信"[⑥]。但罗先生认为，光塔虽建于南宋，但怀圣寺却是始建于唐，"不能以建寺年代即指为建塔年代也"[⑦]，进而在《蒲寿庚传》[⑧]一书中引《南海甘蔗蒲氏家谱》为证，提出怀圣塔应为南宋初年广州的阿拉伯商人蒲玛哈嗦兄弟所倡筑。

由于没有强有力的史料支撑，甚至援引论据存在着疏漏，怀圣寺之"南宋始建"说自

① [日]桑原骘藏：《蒲寿庚考》，第 142 页。
② [日]桑原骘藏：《蒲寿庚考》，第 145—146 页。
③ [日]桑原骘藏：《蒲寿庚考》，第 144 页。
④ 中元秀、马建钊、马逢达：《广州伊斯兰古迹研究》，第 300 页。
⑤ 中元秀、马建钊、马逢达：《广州伊斯兰古迹研究》，第 300 页。
⑥ 中元秀、马建钊、马逢达：《广州伊斯兰古迹研究》，第 316 页。
⑦ 中元秀、马建钊、马逢达：《广州伊斯兰古迹研究》，第 316 页。
⑧ 罗香林：《蒲寿庚传》，台北"中央文物供应社"，1955 年，第 124 页。

提出后一直为学界所质疑，如韩振华、陈从周、曾昭璇、中元秀等学者都曾撰文进行探讨，并提出了不同的见解，上文已有评述，不复赘言。即便如此，囿于资料的限制，长久以来学界都未能完全否定这一论断，直至 20 世纪 90 年代，北宋诗人郭祥正描写光塔之诗作被发掘，才使“南宋始建”说彻底退出学术舞台，然“北宋始建”一说也由此兴起。

（三）“北宋始建”说

最早提出“北宋始建”说的是古建筑学家刘敦桢。他于 1948 年的《广州古建筑随笔》[①]一文中，提出怀圣寺应建于五代或北宋时期，但未论及具体理由。

1987 年，王鹏飞在《广州光塔寺风信鸡沿革的探索》[②]中认为，怀圣寺应是北宋初期所建。该文重点论述了怀圣寺塔顶之金鸡的历史沿革和功能作用，并结合探讨了怀圣寺始建年代的问题。作者从“怀圣”这一寺名来由着手，认为“怀圣将军”的名称与北宋初年所封的“怀化将军”名号相近，因此推测“怀圣”名号之赐也在北宋之初，“怀圣”的“圣”则可能是指宋太祖赵匡胤，而不是指穆罕默德，由此认为怀圣寺塔的建造应在北宋初期。笔者以为其论断新颖，但论证过程失之轻率，有待商榷。

为“北宋始建”说提供了有力史料支撑的代表学者是廖大珂。1990 年，他发表了《广州怀圣塔建筑年代考》[③]一文，提出怀圣塔的最早记载并非南宋方信孺之《南海百咏》，而见于北宋诗人郭祥正的《广州越王台呈蒋帅待制》和《同颖叔修撰登蕃塔》两首诗中。由此从根本上否定了“南宋始建”说之核心史料依据。廖先生认为，圆锥形尖塔于九世纪时才见于伊拉克和伊朗，因此光塔最早应该是在十世纪以后才出现，进而推测光塔的建造者应是当时侨居广州的外籍穆斯林商人。结合韩振华先生考据的“怀圣”一名与“怀圣将军”之关联，廖先生在查证史籍之后提出，怀圣塔应是北宋大中祥符四年(1011)受封为将军的大食人陁婆离创建。他在 1992 年的《广州怀圣塔建筑问题初探》[④]和 2001 年的《唐宋时期广州的波斯蕃商与怀圣塔》[⑤]中，对其研究做了进一步补充和完善。廖先生的论证，不仅使怀圣寺建造年代研究在史料上有了重大突破，且具有一定的启发意义。

2007 年，黄文宽的《广州古城砖拓片及修城考》一书出版，在论及广州修城历史和蕃坊建立时期时，指出怀圣寺建于唐贞观元年之说不可信，“光塔之建筑大要以北宋为近是”。同桑原骘藏的观点一致，他认为，光塔之形制始建于叙利亚的翁米亚王朝瓦立得第一时(公元 705—715 年，唐中宗及玄宗开元初年)，“不可能先此 80 年已建于中国，且当

---

① 刘敦桢：《刘敦桢全集(第十卷)》，中国建筑工业出版社，2007 年，第 134 页。

② 王鹏飞：《广州光塔寺风信鸡沿革的探索》，《宁夏社会科学》1987 年第 6 期。

③ 廖大珂：《广州怀圣塔建筑年代考》。

④ 廖大珂：《广州怀圣塔建筑问题初探》，《宁夏社会科学》1992 年第 1 期。

⑤ 廖大珂：《唐宋时期广州的波斯蕃商与怀圣塔》，中国中外关系史学会编：《中国中外关系史学会会议论文集》，香港社会科学出版社，2001 年，第 262 页。

时蕃坊亦未设立也"①。2009年，刘有延的《广州怀圣塔建造年代研究》②一文梳理了学界已有的代表性研究成果，认同廖大珂先生的研究思路，并在其基础上提出了修正意见。文中指出，怀圣寺创建的历史时期，必须满足政治、经济、建筑技术等方面的各项基本条件，从这样综合的整体考察来看，北宋熙宁年建造的可能性最大，而主持建造者是当时广州的都蕃长辛押陁罗。

经过多年的探讨和论证，怀圣寺及光塔的始建年代至今仍是意见纷纭，未有定论。"唐始建"说由来已久，且得到了大多数学者的认同，但因缺乏决定性的史料及物证，还需继续寻求令人信服的证据。一些学者结合其他史料，从新的角度先后提出了"南宋始建"说和"北宋始建"说。随着学术研究的积累和进步，"南宋始建"说虽已被证实不符史实，"北宋始建"说也有待进一步的论证，但这些相关讨论和辨析，都是对怀圣寺建造年代的积极思考和探索，其研究历程恰恰表明了学术的不断进步，为今后的广州怀圣寺研究提供了更为全面和客观的参考及借鉴。

三、广州怀圣寺之建筑风格及形制研究

对怀圣寺建筑本体的研究，就目前掌握的资料来看，国外学者关注较早，但涉及内容不多且不够深入。1910年，英国学者海恩波(Marshall Broomhall)出版了《伊斯兰教在中国》(*Islam in China: A Neglected Problem*)一书，记录"光塔高约160尺，而且完全不像国内任何其他的塔"③。1911年，法国韦希尔(Arnold Jaques Vissiere)在《对中国穆斯林的研究》(*Recherches sur les musulmans chinois*)中认为，光塔的建造形制受到了阿拉伯顶塔的影响和启发，并提到"光塔是我们在中国见到的唯一与西方相似的宣礼塔"④。1929年，日本汉学家桑原骘藏在《蒲寿庚考》中指出，"番塔形式，与回教寺之普通光塔(Minaret)无异"⑤，且谈到光塔除了宗教功能以外，也有登高望远之用，"故四五月之交，蕃客多登塔以望本国商舶也"⑥。

最早关注到光塔具有海运导航功能的是国内学者郑师许，1933年他在《广州怀圣寺的故事》⑦中，考证怀圣寺最初应是地处海岸附近，而光塔则有照料船舶航行内河的灯塔作用，其塔顶金鸡就是最初指示风向的信号。郑先生认为，史籍所记"夷人每岁五六月率

---

① 黄文宽:《广州古城砖拓片及修城考》，岭南美术出版社，2007年，第41—42页。

② 刘有延:《广州怀圣塔建造年代研究》，《回族研究》2009年第2期。

③ 中元秀、马建钊、马逢达:《广州伊斯兰古迹研究》，第407页。

④ 中元秀、马建钊、马逢达:《广州伊斯兰古迹研究》，第404页。

⑤ [日]桑原骘藏:《蒲寿庚考》，第144页。

⑥ [日]桑原骘藏:《蒲寿庚考》，第144页。

⑦ 郑师许:《广州怀圣寺的故事》。

以五鼓登其绝顶,呼佛号以祈风信”,即是站在光塔上向船舶指示风向以便航行,因语言不通而被误以为是呼佛号。此外,光塔实际塔高约十六丈五尺,《南海百咏》却记塔高有六百十五丈,郑先生以为并非讹误,而应是指高出海面六百十五丈。这些观点很有启发意义,为后续相关研究提供了参考。1948 年,熊振宗在《怀圣寺与光塔在文化上的贡献》[①]一文中亦有类似论述,他明确指出光塔有作为灯塔便利航海之功能,且光塔形制乃依阿拉伯图纸所建,建筑原料乃就地取材,是用蚌壳、螺壳加以糯米混合调制。1949 年,郑时得在《中古时代阿拉伯民族在广州活动情形》[②]中也认为怀圣寺原是临海而建,光塔之上没有安装避雷的设备,应是靠近水源之故。而世界上航海的灯塔,也是阿拉伯人最先创造的。1958 年,万叶在《伊斯兰教东来与我国沿海几处清真古寺始建考》中也谈及了光塔的导航功能,“塔顶原来所置的金鸡,可以随风旋转,以测风向,入夜即点火其上,以导归帆”[③]。

以上研究多仅就光塔之建筑风格及功能进行分析和阐释,对怀圣寺整体的建筑研究尚未涉及。至 20 世纪 80 年代以后,学界开始对怀圣寺现存的门楼、礼拜殿、望月楼、亭台、光塔等建筑,以至寺址街区展开了全面探究。

1980 年,陈从周、路秉杰在《广州怀圣寺》[④]一文中,从建筑艺术的角度详细介绍了怀圣寺礼拜殿、看月楼和庭院的布局、建构和陈列,提出光塔之圆形,内有塔心柱的形制与中国传统塔结构相异。1984 年,龙非了的《唐建广州怀圣光塔寺建筑文化考》[⑤],精确测量了怀圣寺建筑的整体布局和尺寸关系,提出光塔“有中国寺之华表的性格”,并绘制了怀圣寺和光塔的平面立体图形。通过分析具体数据后,认为怀圣寺的礼拜堂、看月楼、门廊及光塔乃是同时规划修建,且都符合唐初的建筑规制。而光塔的用砖规格应为唐初仪凤年间的新砖。1985 年,邓其生在《广州怀圣寺的建造年代考释》[⑥]中,提出怀圣寺总体平面布局特点是地道的唐代门堂制格局,反映了唐代建筑的气概。同年,刘致平在《中国伊斯兰教建筑》[⑦]一书中,对怀圣寺的平面布局、建筑样式和装饰陈设做了全面分析和介绍,并充分肯定了光塔的砖砌圆形双磴道技术的价值,认为这种外来砌筑技艺影响了后来中国的砖砌佛塔技术。1989 年曾昭璇在《广州怀圣光塔寺兴建时代考》[⑧]中提出,光塔“充分显示了伊斯兰教独特的建筑风格”,并从光塔文化层堆积的厚度分析它应属于唐代

---

① 中元秀、马建钊、马逢达:《广州伊斯兰古迹研究》,第 310—311 页。

② 郑时得:《中古时代阿拉伯民族在广州活动情形》,《广东文物特辑》,1949 年,第 27 页。

③ 万叶:《伊斯兰教东来与我国沿海几处清真古寺始建考》。

④ 陈从周、路秉杰:《广州怀圣寺》。

⑤ 中元秀、马建钊、马逢达:《广州伊斯兰古迹研究》,第 334 页。

⑥ 邓其生:《广州怀圣寺的建造年代考释》。

⑦ 刘致平:《中国伊斯兰教建筑》,新疆人民出版社,1985 年,第 13 页。

⑧ 中元秀、马建钊、马逢达:《广州伊斯兰古迹研究》,第 344 页。

建筑。同年，中元秀在《广州怀圣光塔寺唐建说》[1]中对光塔的高度、形状和功能做了详细考释。2002年，陈泽泓的《广州怀圣寺光塔建造年代考》[2]，重点论述了寺、塔建筑风格不一，塔不在寺的中轴线上的问题，结合探讨了伊斯兰教建筑演变的历史。2003年，马维拉在《怀圣光塔寺的独特建筑艺术》[3]中，从建筑艺术的角度，对怀圣寺独特的中阿合璧式建筑风格做了详细分析和阐释。2011年，李兴华在《广州伊斯兰教研究（下）》[4]一文中，概述了怀圣寺的总体布局和光塔的形制功能，并强调寺内的月台石栏板无论是形制还是雕刻的内容都与广州佛教六榕寺类似，且怀圣寺最初并非中国传统四合院式的布局。

怀圣寺是广州古城的标志性建筑，学者们对其寺址和区位也做了考证。1985年，邓其生在《广州怀圣寺的建造年代考释》[5]中最早提出，怀圣寺应地处于唐代广州蕃坊的中心区域。1986年，马逢达在《广州蕃坊考》[6]中，对怀圣寺附近街区进行了全面且详尽的考证，提出以怀圣寺为中心，东至朝天路，南至惠福西路，西至人民中路，北至中山六路，此四至范围约一平方公里，即唐宋时期的广州蕃坊。而怀圣寺外街巷的名称如“仙邻街”“甜水巷”“擢甲里”等也大多源于阿拉伯语的音译。2009年，何韶颖发表了《广州怀圣清真寺周边街区城市形态解读》[7]一文，以广州怀圣寺及其周边街区为研究对象，对怀圣寺及周边街区的地名、地貌、历史场景、相关历史事件及宗教仪式等进行了还原和解读。

关于光塔塔顶的金鸡，1987年，王鹏飞的《广州光塔寺风信鸡沿革的探索》[8]一文，首次对光塔上的金鸡做了专题研究，详细探讨了金鸡作为风信器的历史沿革，充分肯定其历史意义和科学价值。2002年，陈泽泓的《广州怀圣寺光塔建造年代考》[9]，表示金鸡作为宣礼塔的装饰并不符合伊斯兰教教义，但结合国外伊斯兰教建筑史来看，正好说明了早期伊斯兰教建筑并未形成或遵循严格的宗教装饰原则要求，符合早期伊斯兰教建筑装饰的特点。2015年，陈鸿钧在《光塔金鸡——珠江上的风向仪》[10]中，从文献、考古及地图等多方面入手，探讨了光塔金鸡作为航运风向仪的历史渊源。

根据以上研究来看，广州怀圣寺原建于唐宋蕃坊中心，临近珠江口岸，其整体建筑布

---

① 中元秀、马建钊、马逢达：《广州伊斯兰古迹研究》，第358页。

② 陈泽泓：《广州怀圣寺光塔建造年代考》。

③ 马维拉：《怀圣光塔寺的独特建筑艺术》，《中国穆斯林》2003年第1期。

④ 李兴华：《广州伊斯兰教研究（下）》。

⑤ 邓其生：《广州怀圣寺的建造年代考释》。

⑥ 马逢达：《广州蕃坊考》，载广州市伊斯兰教协会文史资料研究组编《广州市回族、伊斯兰教文史资料选辑（第三辑）》，广州市伊斯兰教协会文史资料研究室，1986年，第191—192页。

⑦ 何韶颖：《广州怀圣清真寺周边街区城市形态解读》，《四川建筑科学研究》2009年第4期。

⑧ 王鹏飞：《广州光塔寺风信鸡沿革的探索》。

⑨ 陈泽泓：《广州怀圣寺光塔建造年代考》。

⑩ 陈鸿钧：《光塔金鸡——珠江上的风向仪》，《广东造船》2015年第1期。

局既体现了典型的阿拉伯建筑风格，又融合了中国传统建筑技艺。光塔除宗教意义外，还兼具航运导航功能，其塔顶金鸡为风信器，建筑原料乃就地取材，是用蚌壳、螺壳加以糯米混合调制而成。总之，学界对怀圣寺的建筑风格及形制研究，从平面布局到建材建构，从工艺技术到艺术特色，从寺址街区到航运功能都有涉及和论证。

除了上述焦点问题，有些学者还对怀圣寺之碑铭牌匾进行了探究。2011 年马明达在《元刻广州〈重建怀圣寺记〉续跋》[①]一文中，对元刻《重建怀圣寺记》中所涉及的五个相关人物进行了详细考证。2006 年张志湘在《广州"怀圣寺"题匾考》[②]中，对怀圣寺头道门上方的同治十年匾额的题词者进行了考证，提出"怀圣寺"匾额的书写者为同治九年(1870)接任广东布政使一职的邓廷楠，而题写匾额的原因则与当时西北回民起义爆发后，清政府对非起义地区的民族宗教事宜采取安抚策略有关。2013 年张志湘又发表《广州怀圣寺"教崇西域"匾研究》[③]一文，考证认为怀圣寺门内悬挂的"教崇西域"匾，既不是光绪皇帝所撰，也不是慈禧太后所题，而是经光绪帝许可的仿制题匾，牵线人可能是清末著名回族外交家杨枢。此外，1957 年端木正的《广州怀圣寺修建史略》[④]一文，还有 1983 年关连吉、王劲发表的《怀圣寺今昔》[⑤]等，则从历史与现状的角度论述了怀圣寺的发展与演变，丰富了怀圣寺研究的内容。

纵观学界现有研究成果，不难发现怀圣寺自创建到命名，光塔的建筑风格与功能作用，都与广州海上丝绸之路的地位密切相关，作为中阿友好交流的历史见证，怀圣寺是古代海上丝绸之路的重要文化遗产。可以说国内外有关广州怀圣寺的研讨日益活跃，突破了传统史学叙述和分析的模式。在研究视角上，经历了由宏观的伊斯兰教传入史研究向怀圣寺专题研究的转变；在研究范围上，展现了由光塔向怀圣寺整体建筑的延伸；在研究方法上，则发生了从单一的历史学视角向建筑学、考古学和地理学等多学科综合考察的变迁。至此，广州怀圣寺研究已发展成为一个内容丰富的现代史学研究课题。尽管如此，现有研究成果仍存在不少缺憾，加之研究多属论文且大都篇幅较小，相关内容未能全面深入解读，其资料亦未有充分挖掘，仍存在继续探讨的空间，故有待学界新成果出现以推进相关问题之探究。

作者简介：

徐虹，暨南大学中外关系研究所博士研究生。

---

① 马明达：《元刻广州〈重建怀圣寺记〉续跋》。

② 张志湘：《广州"怀圣寺"题匾考》，《中国穆斯林》2006 年第 2 期。

③ 张志湘：《广州怀圣寺"教崇西域"匾研究》，《广州社会主义学院学报》2013 年第 2 期。

④ 中元秀、马建钊、马逢达：《广州伊斯兰古迹研究》，第 330 页。

⑤ 关连吉、王劲：《怀圣寺今昔》。

朱杰勤藏书与中外关系史研究

许艳青

[提要]朱杰勤是我国著名的历史学家，中外关系史学科的创始人，同时在华侨史和东南亚史地研究上卓有成就。朱杰勤所藏专业文献、手稿、原版外文书等特色鲜明，探讨其藏书体系与学术研究、学科建设的关系，极具参考价值。

[关键词]朱杰勤；藏书；中外关系史

朱杰勤(1913—1990)，祖籍广东顺德，是我国著名的历史学家，中外关系史学科的创始人，早在民国时期就闻名中外学界[①]，是暨南大学长期倚重的一代学术名师。朱先生教书育人50多年，先后著、译专著20余部，校订或主编书、刊11种，发表论文120余篇，在中外关系史等领域做出了突出的贡献。在此背后，是他一生积累、内容宏富的藏书，支撑着他杰出的学术生涯。1990年先生去世，这批藏书由其家人全部捐赠给暨南大学图书馆。随着古籍普查及赠书管理工作的深入开展，我馆对这批藏书进行了详细的编目、分类、整理，发现一些颇有价值的专业书籍、手稿、稀见原版外文书等。了解这批藏书的价值，可以揭示朱杰勤先生藏书体系与其学术轨迹和中外关系史学科建设之间的密切联系。

---

① 朱杰勤《朱杰勤自传》："1940年开始，我参加了英国皇家亚洲学会马来分会和新加坡的中国南洋学会。在1933年至1949年这段期间，我陆续撰写和翻译有关亚洲史和中外关系史的论文数十篇在国内外学术刊物发表。"(《朱杰勤文集·中外关系史》，广西师范大学出版社，2011年，第6页)

一、朱杰勤藏书整理概况

朱杰勤藏书总计 4000 余册，数量众多，门类齐全，自成体系。按照图书的年代和装订形式的不同，我馆对其藏书进行了不同类别的编目整理，大致馆藏情况如下：

1.线装书

2007 年暨南大学图书馆新馆落成，建立了 24 小时恒温恒湿的线装古籍库，朱杰勤藏书中线装部分 2000 余册在古籍部线装书库设立专柜保存。多年来，由于古籍部人员紧缺，并没有对这批藏书进行系统地分类编目，每部书只加了书签，简单注明题名、册数。随着古籍普查工作的深入开展，我馆正式对朱杰勤藏书进行了详细地编目整理。索取号按照赠书首字母组合“ZS”，以区分其他馆藏古籍，“ZS”之后按照流水号编排架位号。遵循古籍著录规则，照录卷端题名，这样避免了书名页题名、版心题名、目录题名等不统一的问题，也整合了个别分散多处的完帙。另外，有些丛书子目分散放置，通过查询《中国丛书综录》等专业参考书，将其合并归类。根据普查结果，朱杰勤先生藏书中线装书共 483 部，2024 册。其中古籍 318 部 1728 册，占线装书总量的 66％，民国文献 160 余部 290 余册，占线装书总量的 33％，另外还有少量新中国成立后线装图书。按照古籍分类来看，线装书各类所占比重结果如下：

表 1　线装书各类比例表

分　类	部　数	占百分比
经部	34	7％
史部	203	42％
子部	80	16.5％
集部	104	21.5％
丛书	43	9％
新学	19	4％

从表中可知，朱杰勤藏书门类齐全，其中以史部最多，接近一半，另外集部、子部等书也数量可观，反映了朱杰勤先生作为一位史学家在图书资料收藏方面的专业性和广泛性，具有较高的学术利用价值。

2.平、精装书

朱杰勤赠书第二大部分是平、精装书，有 2000 余册，我馆编目人员用中图法对这部分书进行了回溯编目，种次号下标注“朱杰勤藏书”。按照中图法二十二个基本大类来看，朱杰勤藏书涵盖了十九个学科类别，甚至包括生物、医药、农业等，可谓种类齐全。既能体现其专业学科特色，又显示其广博的学术视野。现将各学科图书所占比例列表如下：

表 2　平、精装书各类比例表

分　　类	册数	百分比	分　　类	册数	百分比
A(马恩列毛经典)	101	5%	K(历史地理)	797	38%
B(哲学宗教)	88	4%	N(自然科学总论)	8	0.4%
C(社会科学总论)	26	1%	P(天文学地球科学)	9	0.4%
D(政治法律)	240	11%	Q(生物科学)	3	0.1%
E(军事)	6	0.3%	R(医药卫生)	2	0.1%
F(经济)	92	4%	S(农业科学)	1	0.1%
G(文化科学教育)	27	1%	T(工业技术)	8	0.4%
H(语言文字)	35	2%	U(交通运输)	6	0.3%
I(文学)	228	11%	Z(综合性图书)	334	16%
J(艺术)	15	0.7%	其他期刊	70	3%

从表 2 可以看出，朱杰勤藏书中分量最重的还是历史地理，数量近 800 册，所占比重超过三分之一。其次综合性图书、政治法律是学术研究的重要辅助材料，占四分之一多。而文学艺术是朱杰勤先生的业余爱好，朱杰勤先生在文学艺术方面也卓有成就，早在三十年代就出版专著《秦汉美术史》①，其史学论著通俗易懂，与其热爱文学不无关系。另外，其中英文图书及期刊合计约 350 册，占赠书总量约 17%。

二、藏书特色

朱杰勤的印章

1.朱杰勤藏书印

我国自古以来就有在图书文献上钤印的习惯，名家藏书印与古籍同样具有重要的历史文物价值。朱杰勤先生的藏书印很简朴，印章不大，就是简单的个人名章。常见的大概有五枚，第一枚是朱文方形章“朱傑勤”，第二枚白文方形章“朱傑勤”，第三枚白文竖长方“朱傑勤”，第四枚朱文方形章“朱傑勤章”，第五枚朱文方形章“朱傑勤印”，另有一枚“小廬圖書”，从印色与字体看，与白文竖长方“朱傑勤”相似，或亦为朱先生

① 朱杰勤：《秦汉美术史》，商务印书馆，1936 年 7 月初版，1957 年 12 月重印第 1 版(修订版)。

印章。朱先生的藏书印大多钤在卷端或者序首页、卷末书尾等处,印章与原书页面浑然一体,朱墨灿然,极具观赏价值。

2.名家散佚珍藏

从藏书钤印或者题跋来看,朱先生藏书中不乏名人身后散落民间的珍贵书籍,如岭南著名学者、藏书家梁鼎芬藏《道西斋日记》《东方兵事纪略》等,文献学家黄佛颐藏《松压文钞》,封底有黄佛颐手迹,简述该书作者生平、此书与他书的不同等内容,对于学术研究有一定的参考价值。另有原北伐中将何宣曾经收藏过的《香艳丛书》,以及清代藏书家、刻书家,陈澧门人陶福祥藏书《汉书地理志校本》等。

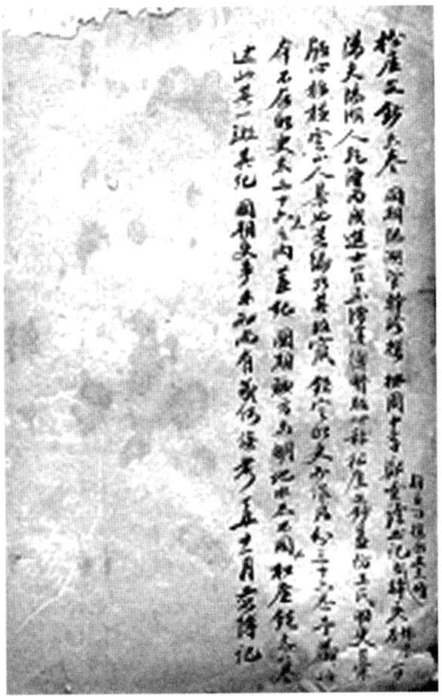

黄佛颐手迹

先生的很多书籍是从旧书店或者书贩手中购买的珍藏,学者对资料的渴求是常人难以理解的,一旦遇到有价值的书籍,他们不惜重金来购买。如朱先生藏书《海国闻见录》一卷图一卷,清嘉庆南汇吴省兰听彝堂刻《艺海珠尘》丛书零种。此书是清代陈伦炯撰,内容包括自然地理和人文地理两大类。书中记载了中国的沿海形势,中国到海外诸国的航程航向。特别记录了防备外夷的侵犯的海防要地。这些内容皆为作者亲历及咨询海外商客所得之记录。书中关于东南亚的大量记载,是中外关系史专业有关南洋历史地理的重要参考文献。朱杰勤先生在衬页朱笔题写:"此书久求未获,在旧书店中见旧识阿二手持一叠书求售,云是才收集者,审之,见此帙,但索价颇昂,卒偿之。朱杰勤五七年六月八日。"由此可见朱杰勤对专业文献的重视,购书之勤,藏书质量之高可见一斑。此书历史地理学家李长傅先生曾做过校注,[①]在研究南洋历史地理方面有较高的学术参考价值,《海国闻见录校注》朱杰勤先生亦有收藏。

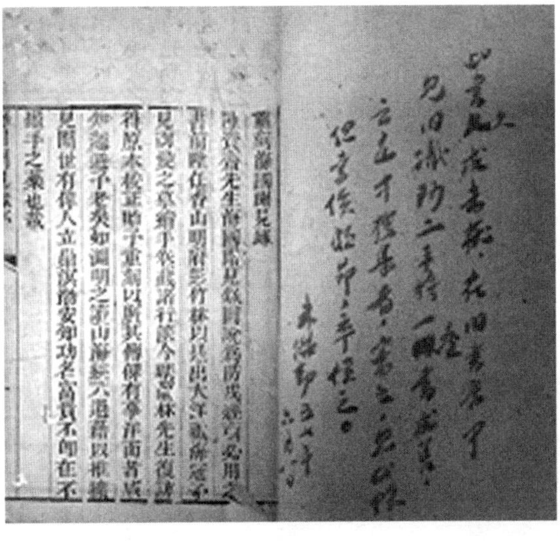

朱杰勤手迹

---

① (清)陈伦炯:《海国闻见录校注》,李长傅校注,中州古籍出版社,1985年。

3.专业文献特色鲜明

朱杰勤先生在学术研究上最大的贡献就是为中外关系史研究填补了许多空白，同时在华侨史和东南亚史地研究上卓有成就，体现在其藏书方面也有明显的专业侧重性。在其藏书中，有关历史地理、政治方面的资料颇为厚实。如与各国关系史的著述，中印关系有唐玄奘著《大唐西域记》及向达辑《大唐西域记古本三种》等；中日关系有汪向荣著《中日关系史文献论考》；中国与东南亚各国关系有冯承钧撰《诸蕃志校注》，元周达观著，夏鼐校注《真腊风土记校注》，汪大渊著，苏继庼校释《岛夷志略校释》；明黄衷的《海语》；马欢著，冯承钧校注《瀛涯胜览校注》；巩珍著，向达校注《西洋番国志》；黄省曾《西洋朝贡典录》；张燮《东西洋考》；严从简的《殊域周咨录》；清陈伦炯撰，李长傅校注《海国闻见录校注》，杨炳南撰《海录》；关于中国和中亚西亚关系的，有元代丘处机、李志常述《长春真人西游记》，耶律楚材的《西游录》，徐松《汉书西域传补注》；关于中国和欧美关系的，何秋涛的《朔方备乘》，缪祐孙《俄游汇编》，李圭《环游地球新录》，梁廷枏《夷氛闻记》等相关论著，非常丰富，对研究中外关系史有巨大的参考价值。在这些史籍的基础上，朱杰勤先生在中外关系史领域做出了突出的贡献。

朱杰勤先生认为，研究中外关系史必须具有中外地理知识，才能史地结合，突出史的内容和作用。因此，朱杰勤藏书中有大量边疆史地方面的著作，如魏源《圣武记》(光绪铅印本)，徐继畬《瀛寰志略》，松筠的《新疆识略》(道光武英殿刻本)，祁韵士的《新疆要略》(光绪石印本)，何秋涛的《朔方备乘》《一镫精舍甲部稿》(清光绪刻本)等，这些著作从不同的角度考察论述了边疆防务的重要性

华侨是中华民族移居海外的一支，是发展中外经济文化交流的先驱，是沟通中外友好关系的重要渠道。因此，华侨史也是中外关系史的重要部分。朱杰勤先生担任暨南大学华侨研究所所长期间，非常重视华侨史的研究，先生收藏的有关华侨方面的资料也很多，如《华侨杂记》《华侨历史论丛》《新加坡华族会馆志》等，是研究中外交通史、国际关系史、中国外交史的重要参考资料。

4.珍稀外文原版书刊

朱杰勤先生藏书的另一大特色是藏有大量外文原版书。通过清点，英文书约有300部，日文书有4部，英文期刊60余册，占新印藏书总量的18%。收藏范围广泛，从马列主义到哲学、政治、经济、语言文学、历史地理等学科都有大量藏书，其中很多专著暨南大学图书馆没有收藏，少数专业论著国内仅在国家图书馆和北京大学等著名高校图书馆有收藏，极大地充实了我馆的馆藏。

比如 *The chinese in batavia and the trouble of* 1740，[①]此书是华人学者陈育崧的英译本，对于了解18世纪初期印尼华侨的处境有重要的参考价值，朱杰勤先生在其论著

---

① [荷]范慕兰：《中国人在巴达维亚和1740年红溪之役》(陈育崧英译本)。

《东南亚华侨史》一书中,曾多处引用或参考此书。此英译本在国内各大图书馆罕有馆藏记录。再如 *Trials in Burma*,[①]朱先生在撰写《东南亚华侨史》时也多有参考,并且考证了作者曾在缅甸做过地方官,是一位同情缅甸人民的开明分子,也是著名的文学家。[②]再如四部日文书籍,都是现当代日本研究中国问题和华侨问题的专家所著,根岸佶《华侨杂记》1942 年由朝日新闻社初版,是比较真实详细记述东南亚华侨社会概况的日文著作。岩村忍的《十三世纪东西交涉史序说》,松浦章的《明清時代における中国蘇禄関係史》和《中国海事史研究の現況》,在我馆馆藏方面都是独有的珍贵的外文资料,至今仍有读者在借阅使用。

5.手稿与批注

朱杰勤先生笔墨生涯 50 多年,默默耕耘,著作等身。其中不少专著在初版后又有再版。最令人可喜的是,《中国古代史学史》这部书的手稿也在这批藏书中被保存下来。1961 年,先生在暨南大学历史系讲授中国史学史,由于当时缺乏适当的教材,他撰成一部《中国古代史学史》作教材之用。此书在 1980 年出版,成为新中国成立以来我国最早出版的中国史学史,反响良好。这部手稿用毛笔写在红格稿纸上,手稿中多有红笔圈点、批注。分量厚重的三册手稿,看出先生为中国社会科学做出的巨大贡献。

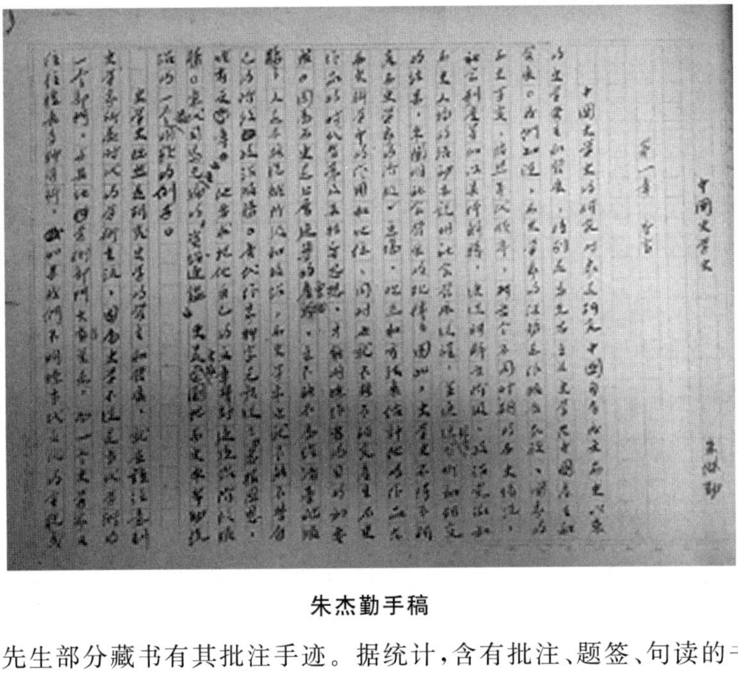

朱杰勤手稿

朱杰勤先生部分藏书有其批注手迹。据统计,含有批注、题签、句读的书籍有 20 余种,60 余册,批语、题记近 100 条。批注形式包括封面题签、眉批、题跋、批校、篇章句读

---

① Collis Maurice, *Trials in Burma*, London:Faber & Faber, ltd.1938.

② 朱杰勤:《东南亚华侨史》,《朱杰勤文集·华侨史》,广西师范大学出版社,2011 年,第 133 页。

等。所书评语、题记，长则数百字，少则寥寥数语。批语内容或评述、或发疑、或纠误，随手之间，颇多精义，反映了朱杰勤先生学识的渊博、精深。考察朱杰勤先生藏书批注内容，可见其学术思想触及历史地理、政治、文学、时事等领域，批注中所表达的观点，揭示了朱杰勤先生的学术思想，为读者了解朱杰勤先生的学术轨迹提供了一个全新的、独特的视角。

三、藏书价值

朱杰勤先生是一位文史学者，因而其藏书总的特点不在其版本之罕见，而在于其专藏之丰富，他的藏书与其教学、研究方向、志趣有着直接的联系。所藏古籍最早的是清代乾隆年间的版本，其他基本上都是道光、同治、光绪年间的，还有许多是民国年间的线装书。蔡鸿生先生曾这样评价朱先生："古籍洋书，并列案头，手不释卷，每当涉及中西互证，便能左右逢源。"[①]这些藏书在朱杰勤先生从事学术研究与学科建设中发挥了巨大的作用。

1.学术研究的源泉

凡从事学术研究的人都知道图书参考资料的重要性，朱杰勤先生也说自己是最喜欢购书藏书的人，而藏以致用又是学者的最大特点。如 30 年代初，先生报考中山大学研究院时，利用其所藏史部书籍，日夜批读，费了一个月的时间写成《中国史学研究》一稿，敲开了学术研究的大门。早在 1936 年商务印书馆就出版了先生专著《秦汉美术史》，后来"因为 1938 年日本侵略军占领广州时，我只身逃出，房屋被毁，其中关于美术史的书籍和实物尽付一炬，使我不得不放弃中国美术史的研究"。[②] 可见藏书对学者从事学术研究的重要性。

朱杰勤先生认为，在人文社会科学领域，"个人如果有生活和时间的保证，辅以足够的参考图书，通过刻苦自学，持之以恒，迟早会有所成就的"。[③] 在拥有丰厚藏书的基础上，朱杰勤先生从 20 世纪 30 年代至 1990 年去世，在其 50 多年的研究工作中，先后著、译学术专著 20 余部，校订或主编书、刊 11 种，发表论文 120 余篇，这些学术成果的得来与其门类齐全的藏书有密切联系。而其论文、论著、译著等学术成果又成为研究中外关系史、华侨史等专业的主要参考书。如朱杰勤先生校订张星烺编注的《中西交通史料汇

---

① 蔡鸿生：《朱公风范长存》，《朱杰勤文集・中外关系史》，广西师范大学出版社，2011 年，第 4 页。

② 朱杰勤：《〈秦汉美术史〉重订本自序》，《朱杰勤文集・中外关系史》，广西师范大学出版社，2011 年，第 3 页。

③ 朱杰勤：《朱杰勤自传》，《朱杰勤文集・中外关系史》，广西师范大学出版社，2011 年，第 1 页。

编》6 册，该书是从中外史籍中辑录了大量相关资料，以地区和国家分类，按时间顺序先后排列，并对其中的地名和史事做了一些考释，是研究古代中外关系史的重要参考资料。1933 年辅仁大学出版，后来朱杰勤将原书与增补的材料合在一起加以整理校订，于 1977 年由中华书局再版，至今仍是中外关系史专业的必备参考书。朱杰勤先生的学术成果体现了藏书与研究相得益彰。

2.学科建设的基石

朱杰勤先生对"中外关系史"作为一个学科专有名词最早做了精辟的论述，拓展了早年学者在中外关系史研究方面的局限性，大力推动中外关系史学科的全面发展。朱杰勤提出了研究中外关系史的学术要求。"学者既需要懂中国史，也需要懂外国史，又需要掌握关系史的专业知识；还需要掌握古汉语，利用古代文献，又要精通一门以上外语，能够运用外文资料。中外关系史又是一门政治性很强的学科，学者必须不断提高理论水平和业务水平。"[①]其数量丰厚、门类齐全的藏书为学科建设奠定了坚实的基础。

在藏书研究的基础上，朱杰勤先生专门撰述了《关于中外关系史研究的几点看法》(《学术研究》1982 年第 4 期)、《怎样研究中外关系史》(《文史知识》1984 年第 5 期)、《试论华侨史研究》(《华侨史论文集》第 4 集，1984 年)，对学科建设提出了具有广泛指导意义的意见。

在推动中外关系史学科建设的同时，朱杰勤先生在东南亚史研究和华侨史研究方向上也取得了重大成就。华侨华人研究是暨南大学重要的学术传统和特色。早在 1927 年，暨南大学便成立了南洋文化教育事业部，开展东南亚及华侨华人的研究。1981 年，经教育部批准，暨南大学在全国率先成立华侨华人研究的专门学术机构——华侨研究所，由朱杰勤教授担任所长。1990 年北京高等教育出版社出版了朱杰勤先生的《东南亚华侨史》，它是我国研究华侨华人历史较早的学术著作，为中外关系史研究开辟了新的领域。之后又主编出版了四集《华侨史论文集》，还有东南亚华侨史丛书系列，世界华侨史丛书系列及十余篇有关华侨史方面的论文。

朱先生在少年时期曾入英文学校学习，很早就熟练地掌握了英文，在研究中可以突破中文史料的局限。抗战初期，先生曾在云南昆明空军学校做翻译，40 年代，为英国皇家亚洲学会马来分会吸收为会员。为了介绍外国史学者有关中外关系史的论著，朱杰勤翻译了《十八世纪中国与欧洲文化的接触》(利奇温著)和《大秦国全录》(夏德著)两书，1962 年先后由商务印书馆出版。

朱杰勤先生在历史地理、政治、经济、文化交流等方面发表了一系列论文和专著、译著。在学术界引起极大反响，为中外关系史学科的发展奠定了坚实的基础。世界知名学

① 朱杰勤：《怎样研究中外关系史》，《朱杰勤文集 · 史学理论》，广西师范大学出版社，2011 年，第 356 页。

者费正清、珀塞尔等人的著作都引用过他的研究成果。其专著在日本、港澳台等著名图书馆都有收藏。

3."一带一路"视野下的现实意义

2013 年,国家主席习近平在出访中亚和东南亚国家期间,先后提出共建"丝绸之路经济带"和"21 世纪海上丝绸之路"的重大倡议,得到国际社会的高度关注。2015 年"一带一路"建设已成为国家战略,中国与沿线国家的贸易增长迅速,为古老的丝绸之路续写新的时代内涵。

今天通过整理朱杰勤先生的藏书,重新回顾先生在中外关系史研究方面做出的努力和突出贡献,具有重大的现实意义。本来中外关系史中很大部分就是对"一带一路"的历史研究,是学者为适应时代的需求而进行的,朱先生也很早就深入探讨过海上丝路交通以及中外往来等问题,在中外经济、文化、友好往来等方面进行了系统地研究①。朱杰勤先生也曾撰写《中外关系史研究与爱国主义教育》一文,强调通过中外关系史的研究,看到过去中国人民对世界做出的伟大贡献,为今天国与国之间的友好交往奠定坚实基础。作为后人我们可以进一步挖掘利用这些学术内涵为当今社会服务。

结　语

朱杰勤先生是一位著名的中外关系史专家,他的藏书极大地丰富了我馆的藏书,有些甚至填补了馆藏文献的空白。他的藏书大体囊括了先生各个时期学术研究所需要的主要参考文献,将其藏书体系与学术取向联系起来综合考察,可以进一步了解朱杰勤先生在中外关系史领域大力拓展的进程,无疑为研究朱杰勤先生学术思想提供了直接的资料。

作者简介:

许艳青,暨南大学图书馆馆员。

---

① 参见纪宗安、孟宪军《朱杰勤与中外关系史研究》,《暨南学报(哲学社会科学版)》2006 年第 6 期。

《暨南史学》稿件格式要求

为便于统稿和编辑出版，《暨南史学》稿件要求来稿按照历史学科论文通行格式编辑。兹作说明，敬请作者周知。

体例上论文各项内容按如下顺序编排：标题（副标题）——作者姓名——摘要、关键词——正文——作者简介（作者名，性别，籍贯，学历或职务等）和说明事项。

文字规格：标题用加粗三号宋体，作者姓名用四号楷体，摘要和关键词内容采用五号仿宋，正文及文后作者简介等用五号宋体。

注释及标点符号等项规范结合《世界历史》《中国史研究》等权威刊物编辑技术体例，具体规定见下文附录。

附录：编辑技术规范

一、注释体例

采用脚注形式，标圆形数码号①②③，每页单独排序。

（一）中文著作和文章的注释体例

1.书籍类注释依次标明著者（编者）、书名、出版社和年代、页码。

如：魏子初：《英国在华企业及其利润》，人民出版社，1951年，第23页。

2.杂志类依次标明作者、篇名、杂志名和期数；报刊类依次标明作者、篇名、报纸名称和时间。

如：李世洞：《学术评奖忧喜录》，《世界历史》1997年第3期。

3.析出文献注释依次标明作者（编者）、篇名、所引文献作者（编者）、书名、出版社和年代、页码。

如：钱乘旦：《论工业革命造成的英国社会结构变化》，载中国英国史学会编《英国史论文集》，三联书店，1982年，第102页。

4.学位论文的注释依次标明作者、篇名，单位名称和博士（硕士）论文、完成年代、页码。例如：

方明东：《罗隆基政治思想研究（1913—1949）》，北京师范大学历史系博士学位论文，2000年，第67页。

5.卷册应紧接书名。例如：

厉以宁：《罗马—拜占庭经济史》上册，商务印书馆，2006年，第111页。

6.校注、翻译著作，均将校注者和翻译人姓名放在书名之后、出版信息之前。例如：

(1)(唐)玄奘:《大唐西域记》，季羡林校注，中华书局，1985年，第23页。

(2)汉斯-维尔纳·格茨:《欧洲中世纪生活》，王亚平译，东方出版社，2002年，第18页。

7.古籍文献除“二十四史”外，其他所有书籍均需要标明作者，出版社，出版年等版本信息。未经现代出版发行者需标明出自哪种版本。

如:(1)(清)张廷玉:《全唐诗》，上海古籍出版社，1991年。

(2)(宋)郑樵:《校雠略》，《通志》，《四库全书》本。

8.如果注释中有解释性或补充说明，在加注参考文献时，一般要用“可参见”“参见”。例如：

关于英国工业化时期的时间界定，可参见郭爱民《工业化时期英国地产代理制度透视》，《世界历史》2011年第3期。

9.引用两个以上出处，出处之间用分号“;”。例如：

程汉大:《英国法制史》，齐鲁书社2001年版，第49页;琼·瑟尔斯克:《英格兰和威尔士农业史》(Joan Thirsk, *The Agrarian History of England and Wales*)第4卷第4册，剑桥大学出版社1967年版，第256页。

10.古籍文献朝代和卷册格式

古籍文献注明朝代用(　)，注明卷数用汉字方式，如“卷一”、“卷三一”。

11.著作中析出文献或章节名

著作中析出文献，或其中章节名，均用书名号“《》”标注。

12.重复出现时信息标注

著述文献重复出现时，可省略出版信息，其余部分保留;期刊文章重复出现时，内容不作省略。

(二)外文著作和文章的注释体例

作者名和著作名必须要有译文和原文。出版者只注出版社中文译名，不注出版地点。

1.作者名用正体，书名用斜体。例如：

克里斯·吉文-威尔逊:《中世纪末期英国贵族:14世纪政治社会》(Chris Given-Wilson, *The English Nobility in the Late Middle Ages : The Fourteenth-Century Political Community*)，路特莱吉出版社1996年版，第164—165页。

2.外文期刊名用斜体，文章名用正体，并加引号，同时加注页码。例如：

保罗·雅各布斯等:《为魔鬼效力》(Paul Jacobs, et al, “Serve the Devil”)，《新非洲人》(*New African*)1990年第3期，第58页。

3.区分间隔号“·”和缩略号“.”:间隔号用在外国人等的人名内各部分，缩略号用在外国人等的人名缩写字母后面。例如：约瑟夫·H.比安克莱纳：《中世纪英格兰的限嗣继承和共同阻却法》(Joseph H. Biancalana, *The Fee Tail and the Common Recovery in Medieval England*)，剑桥大学出版社 2001 年版，第 110 页。

4.外文期刊总卷和期号标出顺序为：总卷、年期号、页码。例如：

H.G.苟特尔勃克：《赫梯王国的权与法》(H.G.Gutrebock, "Authority and Law in the Kingdom")，《美国东方学会杂志》(*Journal of American Oriental Society*)第 268 卷，1954 年第 17 期，第 18 页。

5.外文移行要符合规则。

6.译者和编者加的注，须在注末加译者或编者注，注后不加标点。例如：

作者系俄罗斯经济学家。——编者注

(三)电子文献的注释体例

文章所引电子文献应以数据库公布的档案文献和官方网站原始资料为主。若电子文献有相应的纸质出版物，则应以纸质文献为据，标注纸质文献的出处，并交代电子版本的来源。

电子文献要依次注明作者(编者)名、电子文献题名、获取和访问路径(网址)、引用日期。外文电子文献的作者(编者)名和题名要标明相应的中文译文和原文。例如：

亨森：《印地安领地的博彩》(C.L.Henson, "Gaming in Indian Country"),

http://www.americansc.org.uk/online/Gaming.htm，2013 年 4 月 25 日。

二、文章中注释符号和标点符号的位置

文章中注释符号应位于要说明的内容和引文之后；文章的标题不加任何注释符号；一般不用除冒号和破折号以外的任何符号，可采取空一格的方式处理。

1.引用的是完整的一句话，注释符号放在句末。例如：

他指出："俄国人也被一本万利的皮毛的传闻所吸引，接踵而来，把从勘察加到美国的这条航路变成了一条热闹一时的海上通道。"[①]

2.引用的不是原文，而是原文的意思，注释符号应放在句末的句号之后。例如：

他们首先是以法国存在"起飞"阶段为前提，结果对"起飞"时期一共提出四个假设阶段：一为旧制度后期；二为拿破仑时期；三为七月王朝和第二帝国时期；四为 1895 年—1914 年。[①]

3.注意引文末尾标点符合的使用。

(1)凡是把引用的话独立来用，句末的标点应放在引号里面。例如：

爱因斯坦说："想象力比知识更重要，因为知识是有限的，而想象力概括着世界上的一切，推动着进步，并且是知识进化的源泉。"

(2)凡是把引用的话作为作者自己的话的一部分，句末标点应放在引号外面。例如：

淘金热在学界享有的传统定位也遭受了冲击，因为它同样属于"1788 年澳大利历史中充斥的帝国主义、掠夺性开发、种族主义、男权主义等令人羞耻的故事”①。

三、需要注意的符号

(一)连接号半字线“-”占半格、一字线“—”占一格、两字线“——”占两格。

1.半字线“-”用在外国人的姓名中和外文题目的年代里。例如:

让-夏尔·阿舍兰、任-洛二氏溶液

阿瑟·W.约瑟:《澳大利亚史1789—1999年》(Arthur W. Jose, *History of Australia*,1789-1999),纽约大学出版社,1914年,第2页。

2.一字线“—”用在两个相关的名词之间,构成一个意义单位;用在相关的时间、地点、数目之间;用在几个相关项目之间,表示递进式发展。例如:

(1)秦岭—淮海以北地区;原子—分子论

(2)1953年9月—1985年3月

(3)人类的发展可以分为古猿—猿人—古人—新人四个阶段。

(4)厉以宁:《罗马—拜占庭经济史》,商务印书馆,2006年,第111—115页。

3.两字线“——”,即破折号,行文中解释说明的语句。不能写成“——”。浪纹一般用于科技刊物,本刊一般不用。如:

我们来到大会堂建筑的枢纽部分——中央大厅。

(二)应注意数字和符号的写法,例如:

1. 0.5%—1.5%不能写成0.5—1.5%。以“十、百、千、十万”记位时,不能写成15—17亿,要写成15亿—17亿

2.一两个小时;七八十种;五六十年代(间不加任何符号)

3.带有“几”字的数字必须用汉字,用“多”“余”等表示的概数一般用汉字。

例如:几千年;十几天;十余次;一千多件;约三千会员;十来年;四十岁左右,但是表示略语时应加顿号:二、三线;初中一、二年级;八、九两个月。

4.1998年等年代不能缩写成98年 1960—1980年不能写成1960—80年。

在文章中表示从1960年至1980年时,不能写成从1960—1980年。

5.“第一”“第二”“第三”后面用逗号“,”;“一”“二”“三”后面用顿号“、”;“1”“2”“3”和“A”“B”“C”后面用齐线黑点“.”。

6.文章中的数字一般以“万”为计算单位,不便以“万”计算的数字用逗号分开。

157000为15.7万;4319000为431.9万;43211987为43,211,987。

7.句号、问号、逗号等标点符号不应居一行之首;引号、书名号等前一半不能居行末,后一半不能居行首。

(3)省略号

1.省略号“……”后面不要再加“等等”。

2.省略号前面的话用了句号、叹号、问号,说明是完整的句子,这个句末标点应予保

留;如果前面是顿号、逗号、分号,这个句末的顿号、逗号、分号不保留。省略号后面一般不用标点。例如:

a.不受制约的权力将产生腐败现象。但是,谁来制约?谁来监督?谁能制约?谁能监督?……尚有一系列问题需要深入探讨。

b.在广州的花市上,牡丹、吊钟、水仙……春秋冬三季的鲜花都挤在一起啦!

四、表格

1.文章中必须使用的表格要有标题。

2.如果全文有两个以上的表格,要有序号。

3.表格下要注明资料来源。

敬启读者

《暨南史学》第十五辑本应于 2017 年 11 月出版，由于出版社不可抗力因素，推至 2018 年 1 月出版。

特此说明。

《暨南史学》编辑部